KB190947

트럼프의 남겨진 사명

도서
출판 **하영인**

Trump's Unfinished Mission

10 Prophecies to Save America

Written by
Steve Cioccolanti

Translated by
Joe I-soo, Cho Dai-yon, Gwak Hui-eun

목차

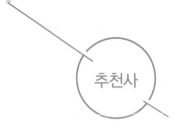

• 나는 스티브 쵸콜란티가 쓴 이 책을 대단히 흥미롭게 읽었다. 난 서호주 사법개혁위원회 전 위원이자 헌법학자로서, 그의 저서 『트럼프의 남겨진 사명』이 매우 훌륭한 책이라고 말씀드릴 수 있다. 이 책의 각 장에는 탄탄한 지식이라는 골격 위에 통찰력이 더해져 있다. 법에 대한 쵸콜란티의 분석은 진정 인상적이다. 특별히 법 체계 및 가정법원에 대한 그의 제언에 감사를 표한다. 나는 기꺼이 내 친구들과 명망있는 동료들에게 이 책을 돌릴 것이다. 그만큼 적극적으로 권하는 책이다.

아우구스토 짐머만 박사 (Dr. Augusto Zimmermann, Ph. D.)
서호주 사법개혁위원회(Law Reform Commission of Western Australia) 위원
서호주법이론학회지(The Western Australian Jurist) 편집장
호주 쉐리던대학교(Sheridan College) 법과대학장

• 기독교는 하나님의 사랑뿐만 아니라 하나님의 공의를 가르치지만, 우리는 이를 간과했다. 스티브 쵸콜란티는 이 점을 파악하고 있었다. 우리가 간과했던 성경의 가르침을 우리 신앙 안으로 재정립할 때 우리의 교회들은 부흥하고 나라는 회복될 것이다. 하나님의 법이 우리를 가르치심을, 인자와 공의가 주의 보좌의 기초임을 우리가 그동안 잊고 살았다.(시편 87, 89장) 하나님의 법을 올바르게 적용하고 미국과 열방에 다시 한번 전파하기 위해, 목회자들이 『트럼프의 남겨진 사명』을 읽어야 하겠다.

앨런 파커 (Allan Parker)
미국 정의재단(The Justice Foundation) 이사장
로우 대(對) 웨이드 소송에서 '로우'였던 노마 맥코비(Norma McCorvey)와
도우 대(對) 볼튼 소송에서 '도우'였던 샌드라 캐노(Sandra Cano)의 변호인단장

• 일이 제대로 풀리지 않을 때, 사려 깊은 사람은 일이 제대로 풀리고 있었던 때로 되돌아간다. 이 책에서 스티브 쵸콜란티는 잘못되어 가고 있는 것들을 드러내고, 성경에서 그것들에 대해 가르치고 있는 것으로 돌아감으로써, 어떻게 하면 잘못된 것들이 제대로 작동하도록 할 수 있는지에 대한 확실한 해결책을 제시하고 있다.

리치 마쉬 (Rich Marsh)
퇴역 해군, 연쇄 창업가, 소프트웨어 개발, 커리어 컨설턴트

• 제가 최우선으로 생각하는 주제를 스티브 쵸콜란티가 집어들었다. 쵸콜란티가 제시하는 아이디어와 해결책이 여러분에게 도전을 줄 것이다. 그 만큼 이 책은 매우 기발하고 창의적이며 비전을 제시하는 책이다.

이 책이 흡입력있는 이유는 쵸콜란티가 미국 정부의 부실에 대한 해답을 십계명에 기반해서 대담하게 제시하기 때문이다. 그 중 몇몇 제안은 믿기지 않을 만큼 너무나 훌륭해서 정치인들이 검토도 해보기 전에 세 번째 대각성 운동으로 실행되어야 할 것이다. 예수님께서 세상에 다시 오셔서 바로 세우실 법들이 이 책에 나온 법들과 매우 가깝지 않을까 상상해보았다. 쵸콜란티가 성경에 입각하여 제시한 해결책은 분명 사고 및 행동 전환의 영감을 불어넣어 준다.

미합중국이 국가 존망의 기로에 서서 분투하는 이때에, 많은 아이디어와 풍부한 자료가 담긴 쵸콜란티의 이 책이 매우 긴요하게 쓰일 것이다.

쉬라 소르코람 (Shira Sorko-Ram)
마오즈이스라엘보고서(the Maoz Israel Report) 편집인
예슈아를 믿는 유대인 운동(the Jewish Messianic movement)의 선구자(1967~)

• 스티브 쵸콜란티의 책『트럼프의 남겨진 사명』은, 미국뿐만 아니라 서방세계가 당면하고 있는 현시점의 문화적 분열 및 딜레마에 관한 새롭고 통찰력있는 질문을 던져 준다. 현재 우리 시스템의 근원 및 결과,

그리고 어떻게 개혁을 이루어 낼 것인지에 대한 저자의 설득력 있는 분석에 감명을 받았다.

예를 들어 교육개혁에 관한 장을 읽으면, 현재 무신론적 인본주의 학자들이 우리의 전통적인 유대-기독교적인 전통에 저질러 놓은 타락을 되돌리기 위한 전략들을 독자들이 배울 수 있을 것이다. 너무나 오랫동안 '정교분리'의 원칙을 잘못 적용했기 때문에 성경이 교육에서 밀려나 있었다. 우리의 젊은이들을 대상으로 삼은 실패한 사회적 실험, 그리고 우리의 지도자들로 하여금 길을 잃게 만든 망가진 가치관에 도전하는 과감한 변화의 시간이 도래했다. 교회와 크리스천 부모는, 다음 세대에게 중요한 이슈에 대한 성경적인 세계관을 전수할 방법을 이해할 책임이 있다.

쵸콜란티의 책은 확실히 비전적이며, 많은 연구로 뒷받침된 책으로, 이 세상에 긍정적이며 영구한 변화를 일으키고자 하는 모든 사람에게 소중한 자원이 될 것이다.

존 맥엘로이 박사 (Dr. John McElroy)
Southern Cross Association of Churches의 설립자 및 이사

• 하나님의 타작석(역자 주: 고대 유대지방에서 타작할 때 타작마당에서 사용했던 돌로 만든 타작기구. 소나 말이 타작석을 끌도록 하여 탈곡을 했음)은 예루살렘의 모리아 산 꼭대기에 있는데, 솔로몬은 그곳에 성전을 세웠다.(대하 3:1) 왜 타작하는 장소가 예배를 드리는 장소가 되었는가?

그리고 왜 하나님은 이 예배하는 장소가 무너지도록 허락하셨는가? 그것은 예배와 공의를 잇기 위한 것이며, 사랑과 제자삼음을 잇기 위한 것이다. 아모스 3장 2절에서 하나님은 "내가 땅의 모든 족속 가운데 너희만을 알았나니 그러므로 내가 너희 모든 죄악을 너희에게 보응하리라 하셨"다. 하나님은 하나님의 자녀를 향한 끝없는 사랑으로 모리아 산지를 영원한 모습으로 주셨다. 하나님은 사랑하는 자녀들을 벌 주지 않은 채로 내버려 두실 수 없으시다.

이것은 오늘날의 미국에게도 진리이다. 타작마당은 알곡과 쭉정이를 갈라놓는 곳이다. 하나님은 미국이 세상의 쭉정이로부터 갈라서도록 이야기하고 계신다. 하나님은 미국이 죄를 지으면서도 벌은 받지 않도록 허락할 수 없으시다. 그렇게 되면 공의로부터 멀어진 더럽혀진 예배가 드려질 것이기 때문이다.

세례요한은 예수님이 손에 키를 들고 자기의 타작 마당을 정하게 하사 알곡은 모아 곳간에 들이고 쭉정이는 "꺼지지 않는 불"에 태우실 것이라고 말한다.(마 3:12) 키는 하나님의 예리한 말씀을 의미한다. 선한 것을 악한 것으로부터 갈라내는 것은 하나님의 법이다.

하나님이 도날드 트럼프 대통령을 알곡과 쭉정이를 구별해내는 하나님의 타작석으로 사용하시며, 하나님의 법을 미국의 현재와 미래의 리더들의 손에 들린 타작의 키로 사용하고 계시다고 이야기함으로, 스티브 쵸콜란티는 독자들로 하여금 미국을 향한 하나님의 사랑에 대한 믿음의 시험대에 직면하여 서게 한다. 이 책의 통찰력은 미국의 미래를 향한 희망을 주고 있으며, 미국이 이 격변의 시대에 열방을 위한 등대의 역할을 하도록 사명을 받았다는 것을 거듭 확인해주고 있다.

데니스 린지 박사 (Dr. Dennis Lindsay)
크라이스트 포 더 네이션즈(Christ for the Nations) 대표

• 스티브 쵸콜란티의 책『트럼프의 남겨진 사명』에 담겨진 비전은 광범위하면서도 설득력있고 미래지향적이다. 2016년에 그의 유튜브 동영상을 보고 왜 우리가 도널드 트럼프를 대통령으로 선출해야 하는지 확신하게 되었다. 그 당시 많은 사람들은 그가 하는 말을 이해하지 못했으며, 정치적 경험이 없는 사업가가 이 땅의 최고 직책에 당선이나 될 수나 있을까 의심하였다. 그러나 쵸콜란티는 지각력이라는 하나님의 은사를 받은 지도자를 예시했다.

그의 새로운 책은 한두 번의 선거를 뛰어 넘는 책이다. 각 장은 미국을 장기적으로 구원하기 위해서 해야 할 계획을 담고 있다. 나는 교육이라는 주제에 관한 그의 통찰력에 깊이 감사한다. 무엇보다도 제4계명에 관한 장에서 개인적으로 죄책감을 느꼈다. 수년 동안 나는 주 7일 동안 일을 했다. 나는 유방암을 앓으면서, 하나님께서는 매주 하루는 쉬어야 한다는 것을 내가 깨닫기 원하시는 것을 알게 되었다. 그래서 주 하루는 국제 TV 방송에 자막을 표시하지 않는다. 오랫동안 이에 대한 죄책감이 있었다. 우리가 스스로를 속이는 거짓말은 믿을 수 없을 정도이다. 우리의 삶과 미래를 갉아 먹고 있지만 우리가 이해하

지 못하는 습관에 익숙해 있다. 쇼콜란티의 통찰력 덕분에, 성경의 모범을 따르면서 내가 건강을 회복하게 되었음을 재확인하게 되었다. 더 나아가 성경의 모범을 따르면 우리나라도 좋은 의미의 굉장한 충격을 받게 될 것을 확신한다.

일부 사람들은 쇼콜란티가 직설적으로 말하는 것을 이해하기 어려울 것이다. 내 건강에 있어서, 나머지 날 중의 하루가 어떤 의미를 가지는지 나도 몰랐다. 어떤 사람들은 미래의 지도자들에게 자신의 영향력을 강요하기 위하여 그의 생각을 왜곡할 수도 있다. 하지만 또 어떤 사람들은 얻을 것이 많으므로 그의 생각을 천천히 받아들이기도 할 것이다. 요약하자면 쇼콜란티는, 우리의 분열된 나라를 신정정치로 바꾸지 않으면서도, 미국인들로 하여금 우리의 기독교적인 전통을 다시 품도록 격려한다. 또 하나의 혁명이 필요한 것은 아니지만, 우리의 영혼과 국가의 정체성에 부흥이 필요한 것은 확실하다. 내 생각으로는, 쇼콜란티는 그리스도의 몸에게, 우리가 하나의 국가로 연합하고 내전을 피하기 위하여 성경적 모범을 채택하는 확실한 방법을 제시하고 있다.

로릴린 로버츠 (Lorilyn Roberts)
여러 상을 받은 작가, 두 자녀를 입양한 어머니,
요한복음 3:16 마케팅 네트워크 설립자,
Word Weavers International 사장(플로리다 게인스빌 지부)

이 책은 완벽하다. 나는 루이지애나 바통루지에서의 징계자문위원장(Chief Disciplinary Counsel) 보조 경력을 포함하여 20년의 경력을 가진 준법률가(역자 주: 변호사 보조원. 법적 전문성은 있으나 변호사는 아니며 법이 허용하는 범위 내에서 전문지식을 활용하거나 변호사의 감독 아래 활동하는 사람)이다. 내가 현장에서 목격했지만 기독교 지도자들은 거의 알지 못하거나 알 수도 없는, 법원의 닫힌 문 뒤편에서 일어나는 일들을 기술하고 있는 문장들에 나는 거듭 확인의 느낌표를 찍고 있었다. 예를 들면 저자가 법원의 개혁을 논하는 장에서, 나의 마지막 법률 관련 사건을 처리하면서 내 뇌리에 떠올렸던 "근친상간"(역자 주: 밀접한 관계를 맺는 사람들끼리만 배타적으로 어울린다는 의미로)이라는 단어를 저자가 똑같이 사용했다는 것에 놀랐다. 나는 판사와 변호사가 같은 침대에 누워 있는 것을 보았다. 나는 불의를 더 이상 참을 수 없어서 망가져 버린 사법 산업을 떠났다. 스티브 쵸콜란티는 이 책을 들고 진흙탕으로 걸어 들어가면서, 어떻게 하면 그 흙탕물을 흘려 내보낼 수 있는지 보여주고 있다.

쥴리 디에즈 (Julie Diez)
전직 준법률가

미국의 위대한 대통령들

표지의 도널드 트럼프는 얼굴을 오른쪽을 향하고 있으며, 네 명의 가장 위대한 미국 대통령을 바라본다. 이 네 명의 대통령은 조지 워싱턴, 앤드류 잭슨, 아브라함 링컨, 로널드 레이건이다.

• 조지 워싱턴은 장군으로 독립전쟁(1775-1783)을 승리로 이끌었으며, 미국의 초대 대통령(1789-1797)으로 선출되었다. 그의 초상은 1달러 지폐에 나온다.

• 앤드류 잭슨은 장군으로 1812년 전쟁에서 미국을 승리로 이끌었다. 그는 민주당을 창당하였으며, 미국의 7대 대통령(1829-1837)으로 선출되었다. 트럼프와 같이 대중에게 인기있는 사람이었으며, "대중의 대통령"으로 알려졌었다.

무효화 위기(1832-33, Nullification Crisis, 사우스 캐롤라이나 주가 연

방 정부의 세금에 무효라고 선언하여 발생한 위기)에 강력하지만 실질적으로 대처하여 사우스 캐롤라이나가 연방에서 탈퇴하는 것을 막았다. 연방을 유지하고 내전을 막았다. 대통령 임기 중 시도된 첫 암살기도를 모면하였다. 그의 초상은 20달러 지폐에 나온다.

- 아브라함 링컨은 미국의 16대 대통령이었다. 최초의 공화당 출신 대통령으로 노예제도를 폐지하였으며, 세계사적으로 가장 유명한 연설 중의 하나인 게티즈버그 연설을 하였으며, 가장 많은 사상자를 낸 미국 남북전쟁(1861-1865) 기간 중에 미국을 이끌었다. 미국 최초로 암살된 대통령이었으며, 그의 초상은 5달러 지폐에 나온다.

- 로널드 레이건은 헐리우드 배우였으며, 캘리포니아 주지사(1967-1975)를 지냈고, 미국의 40대 대통령(1981-1989)이었다. 유창하면서도 유머가 넘치는 연설가로서 "위대한 소통자"라는 별명을 얻었다. 그의 외교정책

은, 하나님은 인간을 자유하도록 창조하셨고 공산주의는 악이라는 도덕적 명료성에 근거하였다. 세계주의의 폭군에 저항하는 그의 명확한 입장은 "힘을 통한 평화"라는 정책으로 나타났고, 이는 1989년 베를린 장벽 붕괴, 1990년의 동서독 통일, 1991년 소련 붕괴, 냉전 (1946-1991) 종식 등을 이끌어 냈다. 이로 인하여 미국은 세계 유일의 초강대국이 되었다.

"레이거노믹스"(Reaganomics)로 명명된 그의 보수적 경제 모델은 감세와 규제완화가 경제를 활성화시키고 세수를 증가시킬수 있음을 증명해 보였다. 레이거노믹스는 1990년대의 경제적 호황의 토대를 마련하였다.

로널드 레이건은 그의 첫 번째 임기 중이었던 1980년 3월 30일에 있었던 암살 기도를 모면하였다. 과거 역사나 모범을 따르면. 그의 초상도 미국의 화폐에 등장할 만하다.

이들이 미국 역사에서 위대한 네 명의 대통령이다. 도널드 J. 트럼프가 다섯 번째가 될 수 있을까?

미국을 다시 경건하게 만들라

『트럼프의 남겨진 사명』(*Trump's Unfinished Mission*)은 10개의 개혁, 10개의 승리하는 정강, 10개의 정책, 나아가 귀를 기울인다면 미국을 살릴 10개의 예언을 표현한 것으로서, 이 10가지는 하나님의 관심사이다.

만약 트럼프 대통령이 하나님의 10가지 관심사를 순종한다면, 그는 역사적으로 위대한 대통령이 될 뿐만 아니라 창조자 하나님의 눈에 위대하게 될 것이다. 그는 믿음으로 세상을 이끌었던 아브라함, 이삭, 야곱, 요셉, 다윗 왕, 베드로 및 바울과 같이 영원한 명예의 전당에 새겨질 것이다. 이 땅에서 하나님의 정의의 모형을 따르는 사람이 하나님의 마음을 기쁘시게 하며 하나님의 상을 받는다는 것은 의심의 여지가 없다.

여기 제시된 10가지 단계는 성경적 원리에 영감을 받은 것이다. 여기에 제시된 행동은 실제적이기도 하지만 이상적이기도 하다. 좋은 정부와 정의로운 사회를 위한 이 모형을 완성하기에는 트럼프 이상이 필요하다. 트럼프 단독으로는 완성할 수 없다. 교회가 공의와 정의에 대하여 깨어나야 한다. 부통령 마이크 펜스는 이 임무를 지속하기 위하여 2024년 대통령으로 출마하도록 부름을 받을 것이다. 적절한 시점에 하나님의 도구로 사용되기 위하여 자신을 완전히 내려 놓은 또 다른 외부자가 이 일을 위해 세워질 것이다. 아마도 카네이 웨스트(Kanye West) 혹은 트럼프 가족 중 한 명. 결국 이 일을 완성하시는 분은 예수님이다.

비전은 거대하다. 즉 미국을 구하는 것이다. 시편 2편에서 하나님의 우선적인 목표는 나라들을 구하는 것임을 알 수 있다. "내게 구하라, 내가 나라들을 네 유업으로, 땅끝을 네 소유로 주리라." 마태복음 28장에서 예수님은 이 사명을 되풀이 하신다, "하늘과 땅의 모든 권세를 내게 주셨으니, 그러므로 너희는 가서 모든 나라들을 제자로 삼아…"

이것은 성경의 명령이지만, 교회가 정치나 사회의 다른 분야에서 멀어지면서 수십 년 전에 이 명령을 대체로 포기하였다. 그래서 교회가 완수하지 않은 사명을 상기시키기 위하여 하나님께서는 트럼프를 세우셨다. 교회는 개인의 구원을 위해서만 아니라 국가의 구원을 위해서도 부르셨다.

예수님에 대한 이사야의 예언은 성취되도록 남아있다. "이는 한 아기가 우리에게 났고, 한 아들을 우리에게 주신바 되었는데 그의 어깨에는 정사를 메었고…"[1]

이것은 아직도 "미완성 사명"이다. 우리 주께서 이를 완성하실 것이다. 주께서는 남자와 여자를 부름심으로 이 일을 하신다. 당신은 이에 동참하겠는가?

내용에 대한 언급

이 책은 어느 장부터 읽어도 좋다. 처음 두 장을 제외하면, 모든 장은 별도의 독립된 책이다. 좋아하는 주제부터 읽으라. 시작하고 싶은 곳에서 시작하라. 그리고 다시 읽기를 바란다. 당신의 삶과 리더십에 항상 도움이 될 것이다.

쉽게 찾아 볼 수 있도록, 각 장은 하나님의 계명(십계명)의 번호와 연관시켰다. 예를 들면, "제7장 태아 생명 보호 및 낙태 금지(6계명)"은 이 장이 6계명을 현대 상황에 적용시켰다는 것을 의미한다. 이것은 무고한 피를 흘리는 것과 낙태 금지에 관한 것이다.

제1장

트럼프에 관한 진실

진보주의자의 장점

나는 민주당원들이 옳다고 생각한다. 민주당원들은 법의 우월성을 이해한다. 그들은 외부적인 사안에 대해서 무지하거나 어리둥절하지 않는다. 그들은 자신들이 원하는 법을 제정할 수만 있다면 모든 것을 바꿀 수 있다는 사실을 안다. 법을 통제할 수만 있다면, 그들은 심지어 어린이들의 마음도 바꿀 수 있다. 그들은 사람들이 어떤 화장실에 들어가야 할지도 바꿀 수 있다. 그들은 우리가 어떤 종류의 결혼을 해야 하는지도 바꿀 수 있다. 만약 그들이 법을 통제할 수 있고, 법정을 좌익 아젠다에 활동적인 판사로 채울 수 있다면, 그들은 모든 것을 점령할 수 있다. 그들의 우선순위와 주요 전략에 있어서 그들이 옳다고 생각한다. 이것이 그들의 강점이다.

도널드 트럼프 – 문제는 복잡하다

좌익 열차는 도널드 트럼프의 당선으로 예상치 않게 탈선하고 말았다. (1962년에 공화당원이 되기 전까지 민주당원이었던) 로널드 레이건처럼, 트럼프도 공화당원으로 등록하기 전인 2001–2009년에는 민주당원이었다. 그는 우익뿐만 아니라 좌익 정치인들에게 기부하기도 하고 그들과 어울리기도 하였다.

현재 2020년 민주당의 대통령 후보 중 많은 사람들, 즉 조 바이든(Joe Biden), 코리 부커(Cory Booker), 카말라 해리스(Kamala Harris), 크리스틴 길리브랜드(Kirsten Gillibrand) 같은 사람들은 트럼프 가족들로부터 기부를 받은 바 있지만, 지금은 트럼프를 멀리해야 하는 입장이 되어서 당혹스러울 것이다. 양 진영에 모두 속했던 경험이 그의 경쟁자들에 비해 트럼프에게는 강점으로 작용하며, 이것이 또한 하나님께서 트럼프에게 권력을 허락하신 이유 중 하나이다.

2004년 CNN의 울프 블리처(Wolf Blitzer)와의 인터뷰에서 트럼프는 다음과 같은 말을 하였는데, 이는 맞는 말이라고 생각한다.

> "경제는 공화당보다 민주당 시절에 더 좋은 것 같다. 지금은, 그렇게 되어서는 안된다. 과거를 되돌아 보면 민주당 시절에 경제가 더 좋았던 것처럼 보인다. … 그러나 확실한 것은 공화당 시절이나 민주당 시절 모두 경제가 좋았다는 것이다. 그런데 공화당 시절에 매우 심한 재해가 있었다."[1]

트럼프가 "지금은, 그렇게 되어서는 안된다"라고 하였는데 이는 공화당이 세금과 이자율에 대한 조치를 취한 이후 경제가 민주당 시절보다 훨씬 좋다는 가정을 인정한 것이다. 그런데 항상 그렇지는 않다는 것이 패러독스이다. 왜 그렇게 되는지가 대부분의 보수적인 기독교인들에게는 미스터리이지만, 트럼프에게는 미스터리가 아니다.

미국의 초강대국 경제는 결코 경제이론이나 경제정책으로 이루어진 것이 아니다. 아담 스미스의 책『국부론』은 1776년 이전에는 없었다. 그로부터 100년이 지난 시점에도 "경제학" 수업은 없었으며, 단지 수학과 그래프보다는 정치와 법을 강조하는 "정치 경제학"만 있었을 뿐이다. 아담 스미스 자신도 정치 경제학을 정치인 혹은 입법자를 위한 학문의 한 분야로 정의하였다. 역사를 보면 분명하다. 평화와 번영은 대학의 좋은 경제학과에서 나오는 것이 아니라 좋은 법의 부산물이다.

트럼프 대통령과 그 후임 대통령들은 사법권의 문제를 심각히 다루어야 한다. 경제와 규제를 다루는 것만으로는 부족하다. 이 모든 것은 한 번의 선거로 뒤집힐 수 있다. 경제는 열매이지, 좋은 사회의 뿌리는 아니다. 평화와 번영의 뿌리는 국가의 법이다. 상부로부터 우리가 **"사법적 투명성 및 책임을 위한 개혁"**이라 부르는 것에 대하여 의식적이며 통합적인 노력이 경주되어야 한다.

이것이 트럼프의 첫 번째 목표이자 트럼프의 남겨진 사명이다. 그가 당선된 주된 이유는, 트럼프의 대법관 지명이 미국을 도덕적 타락으로부터 구할 수 있을 것이라고 그리스도인들과 보수주의자들이 믿었기 때문이다. 기독교인들은 트럼프가 새로운 법관을 지명해서 미국의 공의롭지 못함, 특별히 미국 정부를 구성하는 세 번째 기관, 즉

미국의 대법원과 하급 법원으로 구성된 사법부로부터 유래되는 공의
롭지 못함을 바로잡을 기회가 부여되기를 위해 기도해 왔다. 하지만
하나님께서는 보수적인 법관을 지명하는 것을 넘어서 지도자들에게
할 말씀이 많으시다.

많은 목사와 교회 지도자들은 하나님의 말씀이 그렇게 명확히 하
고 있음에도 법의 중요성에 대해서 명확히 인식하지 못한다. 그래서
하나님께서는, 하나님의 백성이 실의에 빠져 있을 때 고레스 왕을 세
운 것처럼, 도널드 트럼프를 세우셨다.[2] 하나님께서는 교회의 지도자
들이 나서지 않기 때문에 도널드 트럼프를 불러서 사용하신다. 하나
님은 트럼프를 목사가 되라고 부르지 않으시고, 하나님의 마지막 계
획에서 공의의 집행자인 보복자가 되도록 부르셨다.

트럼프의 역할은 공의를 추구하는 것이다. 그가 그 일을 할 때 하
나님의 호의가 그에게 있을 것이며 그는 성공할 것이다. 그가 만약
잘못된 사람들과 그들의 조언을 신뢰하면, 불의가 성행하고 문제가
생겨날 것이다.

그의 첫 번째 임기 중에 그는 공의와 관련해서 잘못된 사람들을 신
뢰했다. 그는 그의 개인 변호사였던 마이클 코언(Michael Cohen)에게
뒤통수를 얻어맞았다. 마이클 코언은 자신의 상사였던 사람의 먼지
를 터는 일에 협조하였다.

트럼프는 취임 첫 날부터 오바마가 임명한 행정부 관리를 교체할
수 있었으며, 그렇게 했다 한들 누구도 의문을 제기하지 않았을 것
이다. 하지만 그렇게 하지 않았다. 법무장관 셀리 예이츠(Sally Yates,
이민에 관한 대통령의 행정명령을 집행하지 말라고 법무부 전체에 통보

하였음), FBI 국장인 제임스 코미(James Comey, 대통령을 약화시켰으며 언론에 FBI의 정보를 유출한 장본인), 법무부 부장관 로드 로젠스타인(Rod Rosenstein, 오바마가 임명한 전임 FBI 국장이었던 로버트 멀러[Robert Mueller]를 러시아 담합 사건의 특별 검사로 임명함)을 해임하는 데 너무 많은 시간이 걸렸다.

트럼프가 셀리 예이츠를 대신하여 제프 세션스(Jeff Sessions)를 임명했지만, 그는 그의 선택을 후회했다. 그 다음의 새로운 법무장관이 러시아 담합 사건에서 그를 구해주었다. 이것으로 22개월 간에 걸친 "마녀사냥"(트럼프는 그렇게 불렀다)과 일련의 더 심한 불의가 끝나게 되었다.

합법적 불의

트럼프 대통령을 둘러싼 대부분의 문제는 정의의 문제였다. 그의 승리는 대부분 정의를 실현할 기회에 공격적인 입장을 취함으로 얻은 것이다. 이 책은 트럼프의 과거에 관한 책이 아니며, 오히려 미국의 장래와 교회가 완성해야 할 예언에 대한 것이지만 문맥을 이해하기 위하여 약간의 배경지식이 필요하다.

처음인 2016년 선거부터 살펴보자. 나는 2015년에 도널드 트럼프가 미국의 다음 대통령이 될 것이라고 예상한 소수의 크리스천 중 하나였는데, 그는 심야 쇼의 농담 대상이었고, 크리스천들은 테드 크루즈(Ted Cruz)가 공화당 후보가 될 것으로 생각했다. 나도 크리스천이 후보가 되기를 바랐지만, 성령의 말씀은 그렇지 않았다. 그때는 정의의 계절이었으며, 트럼프는 친절한 사람으로 하나님께서 선택한 것

이 아니라 신약성경의 말씀과 같이 악한 자에게 하나님의 진노를 집행하는 복수자로 선택되었다.[3]

트럼프가 아직도 오락 프로의 대상이었고, 정치인으로 심각하게 고려되지 않을 때, 트럼프에 대한 나의 몇몇 유튜브 동영상은 백만 조회를 초과했었다. 그때만 해도 거대 소셜 미디어 회사들이 지금 많은 보수 채널들에 가하는 것과 같은 완전한 검열 모드에 돌입하기 전이었다. 트럼프가 공화당 후보가 되었을 때 모든 엘리트 언론과 거대 기술기업의 소셜 미디어는 그의 당선에 반대했고, 그의 당선 가능성은 단지 1%라고 가짜 뉴스를 만들어 냈다.

트럼프가 당선된 이후에는 그러한 논쟁은 끝났어야 했다. 누가 선거에서 이기면 이제는 끝이라고 생각한다. 그런데 좌파 권력자들은 법을 통제하고 있는 한 심지어는 대통령도 통제할 수 있다는 사실을 알고 있기 때문에 그것으로 끝나지 않았다.

그래서 좌익은 사실상 부당함을 야기하는 법적 조사인 멀러 특검을 시작했다. 2017년에서 2019년에 걸친 22개월 동안 멀러와 그의 팀은 거의 3,200만 달러를 사용하면서 2016년 대선 당시 러시아 정부와 트럼프 진영 사이에 담합이 있었는지를 조사하였다. 2년 동안 멀러는 증거를 발견하지 못하였다.

2019년 4월 18일 멀러 보고서가 일반에 공개되었을 때, 민주당은 (2016년 선거를 사실상 뒤집는) 탄핵에 필요한 증거가 보고서에 없음을 알았다. 트럼프 대통령은 무죄를 인정받았으나, 그 문제가 끝났다는 것을 의미하지는 않았다. 바로 그 다음날 그들은 은폐 주장을 시작했다.

트럼프는 사실상 은폐와 정반대되는 일을 했다. 2019년 5월 23일 FBI가 미국시민을 감찰했다는 것을 보여주는 오마바 시절 정보 문서를 기밀해제하여 공개했다. 아마도 정보 기밀을 공개하는 행위를 언론에서 은폐라고 부른 것은 역사상 처음일 것이다. 이것은 상식에 대한 도전이며, 가스라이팅, 즉 자신이 정상임을 의심하기까지 대중을 심리적으로 조종하는 것이다.

부당함은 용어의 속임수나 언어 조작에서도 볼 수 있다. "여성의 출산 관련 선택"은 "아이의 죽음"을 의미하는 코드이다. 미국의 남북전쟁 이전에는 "국가의 권리"는 "노예제"를 의미하는 코드로 사용되었다. 노예제에 반대하는 사람은 연방을 약화시키고 "노예제"를 "선택"할 수 있는 "국가의 권리"에 반대하는 것 같은 죄책감을 느끼게 된다. 법에 저촉되는 부도덕을 선택의 문제로 둔갑시킨다. 이것은 현대의 언론이나 법률 관련 직업에서 만연한 기술이다. 단어를 만들어 내거나 재정의하는 데 능하면 능할수록 법을 쉽게 무기화할 수 있다. 모든 면에서 그들은 예수님께서 끊임없이 부딪쳤던 현대판 바리새인이다.

트럼프 반대자들은 러시아 담합과 은폐 주장으로부터 그의 사업 관련 세금문제로 옮아갔다. 그들은 그와 그의 친구들의 소득세 계산서를 무려 30년 전까지 획득하려 했다. 트럼프와 친구가 된다는 것이 무엇을 의미하는지 상상할 수 있나? 친구는 모두 법적으로 번거로워지고 정치적으로 목표물이 될 위험에 처한다. 이것을 "로페어"(lawfare, 역자 주: 법을 의미하는 law와 전쟁을 의미하는 warfare를 합성한 단어)라고 하는데 이는 적에게 법적 체제를 이용하여 수행하는 전쟁의 한 형태를 말한다.

트럼프의 세금보고서는 연방법으로 보호되어 있다는 것이 좌파에게는 장애물이었다. 그래서 뉴욕주 의회는 트럼프의 주세금계산서를 연방의회가 요청하면 제공할 수 있도록 하는 법안을 발의하였다. 2019년 7월 8일 뉴욕 주지사인 민주당 출신 앤드류 쿠오모(Andrew Cuomo)는 그 법에 서명하였다. 뉴욕 정치인들은 그들이 싫어하는 단 한 사람인 트럼프를 겨냥하여 법까지 기꺼이 개정하였다.

트럼프에게 그러한 짓을 할 수 있다면, 당신에게는 어떻게 할지를 상상해 보라. 트럼프는 지구상 가장 강력한 사람 중의 하나이고, 법정에서 싸울 수 있는 자원을 가진 억만장자이다. 정부의 힘있는 사람이 싸우기로 작정한다면, 일반 시민은 견뎌낼 수 없을 것이다. 이것이 바로 **트럼프의 싸움이 일반 국민의 싸움**이 되는 이유다. 그가 진다면, 정의를 바라는 우리 모두가 진다.

뉴욕주 재무 및 세금국으로부터 트럼프의 세금보고서를 요청할 수 있는 권한이 있는 사람은 연방 하원의 세입위원회 의장인 메사추세츠주 출신 리차드 닐(Richard Neal)이다. 닐은 민주당 출신이지만 뉴욕주법을 따라 뉴욕주에 그런 요청을 할 의사를 보이고 있지 않다. 그러면 다 끝난 것이라고 생각할 수도 있을 것이다.

그러나 그렇지 않다.

헌법의 위기에 해당할 사건으로, 캘리포니아주는 선거인단 선거 98일 전에 5년 치의 세금보고서를 제출하지 않으면 트럼프의 이름을 선거인단 투표용지에 기재하지 못하게 한다고 협박을 하였다. 캘리포니아 주지사 개빈 뉴섬(Gavin Newsom)은 이 상원법안 27호를 2019

년 7월 말일에 서명하여 법으로 확정하였다. 2019년 8월 6일 현재, 트럼프 진영의 전국공화당위원회와 사법감시단이 각각 대통령에 대한 비헌법적 요구라는 점을 들어 주법에 관하여 캘리포니아주를 고소하였다.

민주당은 공격적인 반면 보수주의자들은 수비적이라는 인상을 다시 한번 받는다. 법률적인 전술 면에서 보수주의자보다 민주당이 더 적극적이며 똑똑하기도 하다.

적을 공부하라

사실, 현재 유권자의 의지와 상관없이 정부를 이루는 삼부를 모두 장악하려는 분명한 세 가지 전략을 볼 수 있다. 모두 합법적인 전략이다.

1. 투표연령을 낮추라. 젊은 층은 좌파 사회주의자에 투표하는 경향이 더 높으므로 이를 통해서 의회를 통제할 수 있게 된다. 누군가는 "25세 이전에 사회주의자가 아니면 가슴이 없는 사람이고, 25세 이후에 사회주의자라면 머리가 없는 사람이다"라는 지혜있는 말을 했다.

1971년 7월 1일 미국 헌법 26차 개정이 승인됨으로 투표 연령이 21세에서 18세로 성공적으로 낮아졌다.

2. 간접선거제도를 철폐하라. 이렇게 되면, 미국 인구는 주민들의 좌경화 성향이 높은 도시에 집중되어 있으므로 행정부를 장악하게 될 것이다.

호주에서 저자가 관찰한 바에 따르면, "녹색 좌파"(Green-Left)는 도시의 협잡꾼들인 경향이 있는데 이들은 가장 많은 이산화탄소 발생자들이며, 오지에 대해서는 관심도 없다. 자연과 연결되어 있는 사람들은 녹색보다는 보수에 투표한다. 호주의 노동당은 2019년 선거에서 패배하였는데, 이는 놀라우리만큼 전통적이며 보수적인 시골 유권자를 도외시하였기 때문이다.

선거인단 선거는 기발한 해결책이다. 이 제도는, 도시의 협잡꾼들이 나라 전체의 다른 사람들을 지배하고 시골 사람들의 목소리를 억압하는 것을 방지하는 방법이다. 이 방법은 큰 주가 작은 주의 이익을 해치면서 나라를 통제하지 못하도록 한다. 또 이 제도는, 직접선거에 기반한 국회의원 선거제도의 공통적인 문제점을 방지하는 방법이기도 하다. 직접선거 하에서는 많은 경쟁 정당들이 탄생하고, 끊임없는 후보자들이 최소한의 표를 얻기 위하여 나타난다.

2019년 4월 이스라엘의 선거에서는, 40개의 정당이 후보를 냈으며, 그 중 11개의 정당만이 크네세트(Knesset, 이스라엘 입법부)에서 의석을 확보했다. 선거에서 이긴 사람들도 서로 심하게 반대하여 베냐민 네타냐후(Benjamin Netanyahu)도 정부를 구성할 수가 없었으며, 아무 당도 과반수를 초과하여 협조하기로 찬성하지 않았다. 이러한 경우 직접선거 때문에 정부의 합법성이 오히려 의문시 된다. 많은 돈과 시간을 허비하지만 2019년 9월 재선거가 필요하게 되었다.

2019년 9월 17일 두 번째 선거가 전국에서 실시되었으나 더 많은 투표가 소수 정당에게 갔고 결과는 수주가 지나서도 확정되지 않았다. 누가 수상이 될지 아무도 몰랐다. 베냐민 네타냐후의 리쿠드 당도 베니 간츠의 청백당도 정부를 구성하기에 필요한 61석을 확보하지 못했다. 연정을 이루어 낼 수가 없어서 반대당을 포함한 통합정부를 구성하고 수상을 4년 이내에 교체하는 안을 토의 중이다. 하나의 안은 네타냐후가 2년 수상을 하고 그 다음 간츠가 2년 수상을 하는 안이다. 두 지도자가 동의하지 않을 수도 있으며, 2020년에 이스라엘은 초유의 제3차 선거를 실시해야 할 수도 있다. 단순 다수에 의한 선출이 문제를 단순화하지만은 않는다. 이것이 오히려 정치적 증오를 증가시켜 나라를 의문에 빠뜨릴 수도 있다.

미국 대통령의 정당성은 언제나 같은 방법, 즉 선거인단의 과반 투표로 확보되었다. 이 방법이 변해서는 안된다. 그러나 민주당은 이를 변경하려 최선을 다한다. 규칙에 따라 이길 수 없을 때는 규칙을 조작한다. 한마디로 하자면 그것이 로페어다.

헌법에 정해진 선거제도를 변경할 수 없으면 그들은 탄핵이라는 또다른 법적 술책을 추구한다. 멀러 보고서에는 탄핵을 하기에 충분한 증거가 없게 되자, 가짜 공익신고자가 트럼프와 볼로디미르 젤렌스키 우크라이나 대통령의 통화 내용을 누설하는 시점을 전후하여 그들은 탄핵 관련 규정을 변경했다. 2020년 대선의 한 후보자와 관련된 사람이 2019년 8월 12일에 신고하였다.

2018년 5월부터 2019년 8월 사이에 정보 공동체는, 공익제보자는 범죄에 관하여 직접 알고 있는 정보만 제공해야 한다는 오랫동안 지켜왔던 규칙을 은밀하게 변경하였다.[4] 고발자들은 대통령을 끌어내리기 위하여 간접적으로 들은 증거를 사용할 수 있게 되었다. 이것은 쿠데타를 위한 준비였다.

민주당은 2019년 7월 25일 통화내용이 누설되자 즉시 탄핵 조사를 시작했다. 그들은 하원에서 정식 표결도 없이 대통령에게 무더기

소환장을 발부하여 대통령을 괴롭혔다. 이러한 술책으로 민주당원들은 대통령과 관련한 적법절차를 무시했다. 그는 그의 고발자를 볼 수도 없었고 민주당에게 소환장을 보낼 수도 없었고, 진술서를 요구할 수도 없었고, 변호사를 쓸 권리도 없었다. 이것은 공정한 재판을 비웃는 것이다. 이것은 공산주의 체제나 독재 체제에 흔한 성실청(star chamber, 불공평과 고문으로 악명 높은 재판소)이다. 하원 본회의에 부의되면 탄핵에 찬성하는 민주당 국회의원들은 국민들에게 설명을 해야 할 것이고, 대통령도 적법 절차를 요구할 수 있게 될 것이다.

탄핵이라는 술수는, 공화당이 통제하고 있는 상원에서 트럼프를 유죄로 확정하는 2/3의 찬성을 하지 않을 것이므로, 트럼프를 대통령직에서 물러나게 하려는 목표를 달성하지 못할 것이다. 공화당은 그들이 다수를 차지하고 있을 때, 그리고 그렇게 하는 것이 적절했을 때에도, 행정부와 사법부를 정화하기 위하여 탄핵을 사용하지 않았다는 것이 수치스럽다.

건국자들은 주로 판사들을 제거하기 위하여 탄핵권을 사용했다. 19명의 연방 관리 탄핵 역사를 보면, 15명이 연방 판사(1명의 고등법원 판사와 1명의 대법원 판사 포함)였다. 역사학자 데이비드 바튼(David Barton)은 "탄핵은 판사들이 국민에 대하여 책임감을 갖도록 하는 수단이라고 건국자들은 지적했다"고 언급하였다.[5]

트럼프와 공화당원은 선한 행동 기준에 미달하는 판사들의 늪을 비우기 위하여 이 권한을 충분히 사용해야 한다. 가장 쉬운 방법은 모든 연방 지방법원 판사에 대하여 소아성애 조사를 하는 것이다. 이 문제에 대하여 깨끗하다면 걱정할 필요가 없다. 대중은 소아성애를 처벌하도록 요구한다. 특별히 그들이 다른 사람을 재판하는 위치에 있다면 더욱 그러하다. 모든 나라의 보수주의자들이 너무 돈에 초점을 맞추기 때문에 좋은 사법적 전략을 가지고 있지는 않다. 일반적으로 그들은 경제가 좋으면, 재선될 것이라고 가정한다. 그것은 사실과 다르다.

사람들은 정의에 대하여 관심을 가진다. 크리스천은 본능적으로 돈을 초월한 다른 문제에도 관심이 많으므로, 어떤 정당에도 도움될 일이 많다. 우리의 핵심적인 신념은 도덕성, 공정성, 평등, 정당함, 그리고 정의 등 영원한 것에 관심을 가지도록 가르친다.

경건한 지도자는 기업 친화적인 정책뿐만 아니라 선도적인 윤리 정책도 개발해야 한다. 힐러리 클린턴(Hillary Clinton)은 2019년 10월 4일 트위터에서 민주당의 윤리 정책을 다음과 같이 요약하였다. "미국 헌법의 탄핵 조항이 여기 제기된 문제에까지 미치지 못한다면, 18세기 헌법은 20세기 파쇄기에 갈아버려야 한다!" 이 말은 1974년 텍사스 출신 하원의원 바브라 조던(Barbara Jordan)이 한 말을 인용한 것이다. 의미하는 바는 분명하다. 1) 힐러리 클린턴은 그 말을 믿으며, 2) 민주당은 원하는 바를 얻지 못하면 결코 중단하지 않을 것이며 미합중국 헌법을 개정하거나 거부라도 할 것이다.

3. 대법관의 수를 9명에서 15명으로 늘려라. 이것은 "법원 채우기"라고 불리며, 언젠가 민주당이 대통령과 상원을 차지할 때, 트럼프가 지명한 사람들의 목소리를 희석시켜 사실상 트럼프의 지명을 무력화하려는 것이다.

미국 헌법은 대법원의 규모에 제한을 두지 않고 있다. 1789년의 사법부법은 판사를 6명으로 확정하였다. 의회는 1807년에 이를 7명으로, 1837년에 9명으로, 1863년에 10명으로 증가시켰다. 1866년에는 이 숫자를 7명으로 감소시켰다. 3년 후 1869년 사법부법으로 법원은 9명의 법관으로 구성된다고 정하였으며, 이 숫자는 150년간 변하지 않고 있다.

민주당이 좌파 판사를 법원에 더 넣어서 법원에서 자기가 원하는 것을 얻고자 하는 시도는 전혀 새로운 것이 아니다. 1937년으로 거슬러 가면, 민주당 대통령 프랭클린 루즈벨트(Franklin D. Roosevelt)는 사법절차개혁법을 통하여 판사의 숫자를 15명으로 증가시키려 하였다. 이것은, 대법원이 그의 뉴딜법이 헌법에 합치하지 않는다는 판결을 내린 것에 대한 대응이었다. 그의 입법 추진은, 그 법의 주요 추진자였던 민주당 상원 원내 총무 조셉 로빈슨(Joseph Robinson)이 64세로 때아닌 죽음을 맞음으로 중대한 동력 상실을 겪었다. 부통령을 중심으로 한 보수적인 민주당원들이 루즈벨트의 법안에 반대하였다. 그 법은 국회에서 부결되었다.

공화당원은 지면, 사업으로 돌아간다. 민주당원이 지면, 이길 때까지 법원에 간다. 법관이 은퇴함에 따라 루즈벨트는 마침내 대법원에서 그의 뉴딜에 우호적인 판사 다수를 확보하였다.

보수주의자들은 하나님께서 경제정책이 아닌 법에 초점을 맞추고 나라를 세웠다는 사실을 언제 알게 되려나? 돈이 아닌 공의가 하나님이 축복하시고 국민이 또 다시 선택할 좋은 정부의 근본이다. 돈은 한 순간에 증발할 수 있지만 공의는 영원하다.

민주당의 술책을 참기보다는 트럼프와 보수주의자들은 그들로부터 배워야 한다. 민주당의 탄핵 소추를 거부하기보다는, 많은 부당함을 바로잡기 위하여 건국자들이 만들어 놓은 탄핵이라는 합법적인 방법을 활용해야 한다.(이에 대하여는 법원과 가정의 정의에 관한 장에서 더 다룰 것이다.)

보수주의의 사각지대

정치적 좌파는 정치적 우파보다 법과 정의의 종말론적 이슈에 더 잘 맞추어져 있다. 그들이 선점하고 있는 거의 모든 명분은 사회적 평등과 사회적 정의에 관한 것이다. 미국의 민주당에 속하든, 영국과 호주의 노동당에 속하든 좌파는 큰 정부와 대규모 사회적 프로그램으로 선거운동을 한다. 미국의 공화당에 속하든, 호주의 자유당에 속하든, 영국의 토리당에 속하든 보수주의자들은 감세, 규제완화, 작은 정부 등 주로 경제적인 문제를 이야기한다.

우리 시대의 주요 관심사를 따져보고, 무엇이 가장 중요한지, 그것이 사업인지, 학교인지, 가정인지, 사회보장인지를 결정해야 한다.

보수주의자들은 사업 혹은 경제라고 답하는 경향이 있다. 내 질문은 "하나님께서 지구상에 모델 국가를 만드셨을 때, 하나님은 어떻게 하셨나?"이다. 하나님은 모세에게 "여기 십계명이 있다"라고 말씀하셨다.

하나님은 교육으로 시작하지 않으셨다. 경제로 시작하지도 않으셨다. 다른 어떤 것도 아니었다. 왜? 다른 모든 것은 법으로부터 나오기 때문이다. 변하지 않고, 판사의 판단에 따라 쉽게 오해할 수도 없는 법이 있다면, 정의를 누릴 수 있다. 정의가 있다면, 평화가 있다.

평화가 있다면 그 때야 비로소 오래 지속되는 번영을 누릴 수 있다.

만약 당신이 삶에서 불의를 경험한다면, 이에서 직접 파생되는 평화의 결핍을 알게 된다. 평화가 없으면, 심리적으로, 감정적으로, 경제적으로, 사회적으로, 심지어 영적으로 생산성이 그렇게 높지 않을 것이다. 평화가 없으면, 당신은 최적 상태에 있지 않다. 당신은 더 이상 효율적으로 문제를 풀지 못하며, 새로운 것을 발명하거나, 새로운 사업을 시작하지 못하게 된다. 당신의 가족관계나 대인관계가 나빠질 것이다. 안전하고 건강한 사회의 좋은 것들은 정의로부터 출발한다.

정의는 토대이다.

이 이유로 하나님께서 이 지구상에 특별한 나라 이스라엘을 만들기 원하셨을 때, 하나님께서는 가장 좋은 법을 주셨다.

트럼프의 승리

트럼프의 문제가 정의와 관련되어 있듯이, 그의 가장 큰 성공도 정의와 관련된다. 그가 생명 존중론자 닐 고서치(Neil Gorsuch) 판사와 브레트 캐버노(Brett Kavanaugh) 판사를 지명하고, 예루살렘을 이스라엘의 수도로 인정하고, 디네시 드수자(Dinesh D'Souza, 오바마와 클린턴 행정부의 정치적 탄압 대상)를 사면했으며, 초범이며 폭력을 사용하지 않은 마약사범 앨리스 마리 존슨(Alice Marie Johnson, 21년 이상 감옥생활을 하였음)을 감형함으로 정의의 빛이 흑암의 구름을 뚫고 나왔다.

많은 크리스천들이 트럼프가 성취한 기독교적인 업적의 목록을 요구하였다. 이 책의 초점과 범위를 벗어나지만, 별도의 소책자로 2020

년 중에 발표할 예정이다. 모든 크리스천은 주요 언론이 말하는 것을 모두 믿기 전에 이 업적들을 알아야 한다. 이 서론을 마치기 전에, 크리스천들은 대통령이 정의를 실현하는 대리인으로서의 자격에 대하여 두 가지 염려가 있다고 믿고 있다. 트럼프는 인종차별주의자가 아닌가? 또 히틀러와 같은 독재자가 아닌가?

트럼프는 인종차별주의자인가?

사업가로서 트럼프는 지방 정부의 많은 법적 규제와 소송이라는 법률적 번거로움을 경험했다. 하지만 대통령이 된 이후에 합법적 불의의 진수를 충분히 느끼게 되었다. 2017년 1월 27일 일곱 개의 불안정한 나라(이라크, 이란, 리비야, 소말리아, 수단, 시리아, 예멘)로부터 오는 이민을 심사하라는 첫 행정 명령을 서명하였을 때, 그의 법무부 장관인 샐리 예이츠(Sally Yates)와 하와이 및 워싱턴의 좌파 연방 판사들이 그들의 권한을 남용하여 그의 명령을 정지시켰다. 주요 고발 내용은 대통령이 "인종차별주의자"라는 것이었다.

국가 안보, 이민 그리고 시민권 등은 명백히 대통령의 권한이다. 그 이전의 모든 대통령들도 특정 이민자들을 정지시키거나 출국시키는 행정권한을 사용해 왔다. 로널드 레이건 대통령도 네 번의 이민 금지 명령을 내렸으며, 빌 클린턴(Bill Clinton)은 여섯 번, 조지 W. 부시(George W. Bush)는 6번, 바락 오바마(Barack Obama)도 6번 명령을 내렸다. 그들 모두 트럼프가 사용한 동일한 법, 즉 1952년 이민법 212(f)를 인용하였다.

트럼프의 여행 금지는 대부분의 이슬람 국가들이 리스트에 포함되지 않았으므로 "이슬람 금지"는 아니었다. 실상은 인구가 가장 많은 10개의 이슬람 국가 중에는 단지 이란(7번째로 인구가 많음)만 포함되어 있었다. 이 일곱 국가는 버락 오바마 시절에도 여행 제한국이었다. 역설적으로 7개 국가 중 6개 국가는 유대인 입국을 금한다.(소말리아만이 유일한 예외이다.) 리비아는 자체적으로 이란, 시리아 그리고 팔레스타인 방문자를 금한다! 과한 것이 어디에 있는가?

정작 뉴스에서는 진정한 난민에 대한 배려를 보여주는 트럼프의 행정명령 5(b)항을 보도하지 않았다. 트럼프는 법무부로 하여금, "개인의 종교가 본국에서 소수 종교인 사람이 종교적인 이유로 난민을 신청할 경우 우선적으로 처리하라"고 명령하였다. 이것은 난민을 제한하는 명령이 아니다. 오히려 박해 받는 기독교인이 미국으로 망명하려 할 때 신속 처리 통로를 만들어 준 것이다.

네 가지 다른 이유로 트럼프는 인종차별주의자가 아니라고 말할 수 있다.

첫째, 이슬람은 인종이 아니라 일종의 종교이다.

둘째, 우선적으로 처리하도록 한 박해 받는 기독교인들은 이슬람 동족과 동일한 아랍 민족이므로 인종이 문제가 되는 것이 아니다.

셋째, 트럼프가 종교 전체를 겨냥한 것도 아니다. 안정적인 국가에서 오는 이슬람 신자들은 자유롭게 입국할 수 있다. 심지어 호주에서 오는 이슬람 이맘은 자유롭게 미국에 올 수 있다.

넷째, 그가 난민을 거부하는 것도 아니다. 그는 박해 받는 소수인 난민을 선별하여 우선권을 주는 것이다.

역설은 좌파만큼 사람들을 금지하기 좋아하는 사람은 없다는 것이다. 그들은 트럼프를 무력화시키기 위하여 사법적 행동주의를 사용하기를 주저하지 않는다. 보수적인 연사들이 대학 캠퍼스에서 연설하는 것을 금하고, 헐리우드에서 보수적인 배우에게 재갈물리기 위하여 검열이라는 술책을 사용하기에 주저하지 않는다. 사람들로 하여금 승인되지 아니한 용어를 사용하지 못하도록 "증오법" 및 연설법 등을 제정하는 데 거리낌이 없다.

하지만 트럼프는 그의 행정집행권을 정당하게 행사했다. 대법원은 하급법원의 판결을 뒤집고 트럼프 대통령의 포고 9,645호를 2018년 6월 26일 합법으로 판결했다.

대통령은 연방 정부의 세 번째 조직을 견제할 방법을 찾아야 한다. 이 조직이 수십억 달러의 자산을 가진 대통령을 경멸과 무시로 괴롭힐 수 있다면, 일반인이야 오죽하랴? 우리는 사실상 비뚤어진 변호사와 행동주의 법관들에 대항할 기회가 사실상 전혀 없다.

많은 미국 시민은 합법적 불의로 인하여 고통당하고 있다. 그들은 법적으로 학대당해도 이를 바로잡을 힘이 없다. 이것이야 말로 경건한 지도자들, 즉 트럼프와 그 이후 대통령, 그리고 교회가 해결해야 할 문제이다. 이것이 트럼프의 남겨진 사명이다.

트럼프를 아돌프 히틀러와 같은 나치 독재자에 비교할 수 있나?

일렉트로닉 프론티어 재단의 마이크 갓윈(Mike Godwin)을 인용하자면, "'히틀러 카드'를 먼저 사용하는 사람은 누구든지 논쟁에서 지고 존경의 여지마저 잃는다. 왜냐하면 당신의 적을 역사적으로 가장 나쁜 대량학살자에 비교하는 방법을 사용한다는 것은 그보다 나은 논쟁을 할 수 없다는 것을 보여주기 때문이다."[6] 이 원리는 "불필요한 히틀러 비교"라고도 알려져 있다.

아버지는 "다른 사람에게 하는 것을 보면 그 사람을 알 수 있다"라는 말을 하곤 하셨다. 다른 사람에게 어떤 주장을 하는지를 보면 다른 사람을 비난하는 사람의 특징이 나타난다. 민주당의 논점은, 트럼프의 발언은 혐오스럽고 분열을 조장한다고 주장하지만, "증오"와 "분열"이라는 단어는 대통령보다는 민주당원의 입에서 더 자주 언급되고 있다. 러시아 담합 주장 2년과 1년의 탄핵 쇼가 지나서, 진짜 담합은 정당하게 선출된 대통령을 끌어내리기 위하여 협력한 좌익 엘리트 사이에서 표출되고 있다.

그들이 감행한 일련의 공격은 법적 불의이다. 신약성경에 의하면 이것은 악마의 술책이며, 바리새인들이 예수님에 대하여 사용한 방법이다. 그들은 왕중왕이 죽기를 바랐지만, 그들은 이를 정당화시켜야 했으며, 합법적으로 해야만 했다.

가장 순전한 사람에게 행해진 가장 사악한 불의는 합법적으로 이루어졌다. 악마는 악을 불법적으로 행하기를 원하지 않으며, 나쁜 녀석으로 보이고 싶어하지 않는다. 악마의 방법은 사람들로 하여금 인간에게 최악의 범죄를 저지르게 충동질하지만, 이를 합법적으로 수행하도록 한다.

이것이 바로 아돌프 히틀러와 나치가 제2차 대전 중에 그리고 그 이전에 했던 방법이다. 히틀러는 수백만의 유태인 학살이 합법적으로 이루어졌다는 것을 명확히 하였다. 나치 독일이 유대인을 무시하고, 박해하고, 최종적으로 말살하기 위하여 제3제국(나찌 독일)에서 "뉴렘버그(뉘렌베르크)법"을 제정하였다.

군사적 패배 후 1945-1946년 기간 중의 뉴렘버그(뉘렌베르크) 재판에서 유대인을 살해한 나치 관리들은 자신들을 변호하기 위하여 법에 따라 일을 했다고 주장하였다. 사실상 그들은 "우리는 명령에 따랐을 뿐이다. 우리는 우리나라의 법을 준수했다"고 말했다. "합법성"이 범죄에 대한 변명이 되지 않으며, 도덕성은 정부로부터 유래되는 것이 아니라는 것을 확립했다는 점에서, 뉴렘버그 재판은 서구 문명에서 가장 중요한 사법적 판단이다.

국가의 법보다 더 상위법이 있다. 도덕적으로 볼 때 국가의 법을 따르지 않아야 한다는 것을 알면서 객관적인 도덕법에 반하여 국가법을 따른다면, 더 이상 법적인 보장이 적용되지 않는다.

현대에는 이 판결을 널리 가르치지 않지만, 트럼프 행정부는 이를 공부해야 한다. 왜냐하면 대통령의 적들인 정부내 정부(역자 주: 선출직 공무원에 대항하려는 공무원)가 유사한 전체주의적인 길로 가려고 하기 때문이다. 나치와 같은 술수를 사용하는 이들은 대통령이 아니라 대통령의 적들이다. 웅크린 워싱턴의 관료들은 간접선거제도에 의문을 제기하고 대통령을 러시아 첩자라고 무고(誣告)할 정도로 적법하게 선출된 대통령을 괴롭히는 불법을 저지르고 있다. 트럼프가 받은 공격을 견디어 낼 세계 지도자는 많지 않을 정도로 트럼프는 맷집이 좋지만, 그래도 트럼프가 해야 될 일이 있다.

어떤 일인가?

제2장

미국의 각성

제1차 대각성

미국의 제1차 대각성은 미국 문화의 근간을 형성하게 된 그리스도인의 대대적인 부흥운동으로 1730년부터 1740년 사이에 일어났다. 부자든 가난하든, 흑인이든 백인이든, 남성이든 여성이든 모든 사람들은 회개하고 예수를 믿어 죄사함을 받을 수 있기 때문에, 크리스천 설교가들은 모든 사람을 포함하려 노력하였고, 그 결과 미국인들 사이에 하나의 크리스천 아이덴티티가 형성되었다. 이것이 1960년대 시민 권리 운동이 일어나기 오래전 인종 및 성 평등의 기초가 되었다.

또 이는 교파를 초월한 유대를 이루어 내었다. 이로써 유럽에서 논쟁하던 여러 교파가 미국에서는 "새로운 탄생"을 통하여 공통 근거를 찾았다. 복음주의적 개신교도들은, 교회에 물리적으로 참석하는 것이나 교회의 교리를 지적으로 동의한다고 해서 그리스도인이 되는 것은 아니다는 점에 동의하였다. "중생"해야 한다는 것이다.

제1차 대각성은 미국의 교육에 지대한 영향을 미쳤다. 프린스턴대학교나 다트머스대학처럼 오늘날에는 대부분 세속화 되어버린 아이비리그 대학들이 이 개신교의 부흥으로 세워졌다. 프린스턴의 설립자는 부흥 운동가 조나단 에드워즈(Jonathan Edwards, 1703-1758)였으며, '새로운 탄생' 설교 중 가장 유명한 설교 중 하나인 "분노한 하나님의 손에 있는 죄인들"(1941년 7월 8일 처음 설교)을 설교하였다.

최초로 시집을 출판한 흑인 여성 시인 필리스 위틀리(Phillis Wheatley, 1753-1784)도 제1차 대각성운동의 산물이다. 그녀는 서아프리카에서 미국까지의 여정과 이교도에서 크리스천이 되기까지의 여정에 대하여 썼다. 조지 워싱턴도 그녀의 작품을 칭찬했다. 그녀의 명백한 크리스천 시로 인하여 그녀는 미국과 영국 모두에서 유명해졌다.

제1차 대각성운동의 또 다른 산물은 회중교회 목사 조나단 메이휴(Jonathan Mayhews, 1720-1766)인데, 그의 설교는 미국의 2대 대통령 존 아담스(John Adams)에 의하면, "모든 사람이 읽었다." 그의 설교 "높은 권위에 대한 무저항, 무한한 순복에 관한 강론"은 경건하지 않은 폭군에 저항하는 것이 성경적으로 정당함을 알림으로 미국독립을 견인한 가장 중요한 설교일 것이다. 제1차 대각성이 없었다면 자유롭게 통일된 미국은 없을 것이다.

제2차 대각성

제2차 대각성은 1790년부터 1840년에 이르는 희년이었다. 제1차 대각성과 같이 많은 사람들이 회개하고 교회로 돌아왔다. 그러나 제

2차 대각성은 죄인들은 개인적인 죄를 회개하고 예수를 믿어야 한다는 중생의 메시지를 넘어섰다.

부흥 운동가들은 크리스천으로 하여금 그들의 신앙을 사회적인 문제를 해결하는 데 적용하도록 가르쳤다. 이것은 노예폐지운동, 금주운동, 여권(여성권리)운동 그리고 다른 정치적 개혁과 같은 사회적 복음의 출발이었다.

공화당은 제2차 대각성의 결과로 탄생하였다. 공화당은 1854년 노예제반대당으로 결성되었다. 독실한 기독교인이었던 아브라함 링컨이 첫 공화당 출신 대통령이 되었다.

미국의 경제도 이때 변모되었다. 부흥 운동가들의 영향을 살펴볼 수 있는 한 예는 변호사에서 설교가로 변신한 찰스 피니(Charles Finney, 1792-1875)의 사역이다. 피니가 가는 곳은 어디든지, 죄인들이 금주를 하였기 때문에 술집들이 문을 닫았다. 크리스천들은 죄의 척결을 심각하게 여겼고, 일을 하나님에 대한 봉사로 보기 시작했다. 미국의 크리스천들의 생산성이 엄청나게 높아져서, 독일 경제학자 막스 베버(Max Weber)는 지금도 계속되고 있는 미국 근로자의 엄청난 생산성을 묘사하기 위하여 "프로테스탄트의 직업 윤리"란 말을 만들어 내었다.

최근 2003년까지도 스코틀랜드 역사학자 나이얼 퍼거선(Niall Ferguson)은 미국이 유럽을 계속 앞서가는 이유로 베버의 개념을 언급하면서 다음과 같이 말했다. "거칠게 표현하자면, 프로테스탄트의 직업 윤리가 유럽에서는 쇠퇴하고 추락하는 것을 우리는 목격하고 있다. 이것은 서유럽에서 세속화가 놀라운 승리를 거두고 있음을 의미한다…"[1]

이 시기에 상황이 매우 좋아서 크리스천들 사이에는 곧 예수님이 재림하셔서 하나님 나라를 세우시기를 바라는 기대감이 있었다. 종말 연구 및 계시록 이해에 관한 관심이 높아지기도 했다. 윌리엄 밀러(William Miller)는 1844년 10월 22일에 예수님께서 재림하실 것이라고 예언하기도 했다. 밀러의 재림 예언이 빗나가자 "대실망"으로 인하여 2개의 종교기관이 새로이 생겨났다. 이는 제칠일안식일예수재림교회(밀러의 제자였던 엘렌 화이트[Ellen White]가 설립)와 여호와 증인(찰스 테이즈 러셀[Charles Taze Russell]이 설립. 그는 밀러의 재림 날짜를 1914년 10월로 변경하였는데, 그날에도 예수님께서 실제로 재림하지 않으셨으므로, 예수님께서는 보이지 않는 "임재"로 재림하셨고, 그 해부터 왕으로 다스리고 계신다고 주장함)이다.

미국은 이 시기부터 세계의 제조업 및 산업의 선도자가 되었다. 제2차 대각성이 없었다면, 공화당도, 노예해방도, 경제호황도 없었을 것이다.

제3차 대각성

미국에 제3차 및 제4차 대각성이 있었다는 주장도 있다. 예를 들면 경제사학자 로버트 포겔(Robert Fogel)은 빌리 그래함의 사역을 제4차 대각성의 일부로 본다.

그래함의 사역은 복음전도에서 특별한 시간이었다. 그럼에도 불구하고 나는 제1차와 제2차 대각성에 붙여진 "대"(great)에 해당하는 시기는 아니라고 생각한다. 복음을 설교하는 것이 진정한 "부흥"이다. 이 때에는 제1차 대각성의 메시지를 되살렸다. 새로운 것이 더해지지는 않았다.

사실 1960부터 1980년 시기는 주류 교회의 출석수 감소, 기도금지, 성경금지, 낙태 합법화, 게이 결혼의 합법화 추진을 포함한 크리스천의 패배 및 미국 문화의 세속화 가속 시기로 정의된다. 교회 성장은 오순절 및 은사주의 교회와 같이 중생에 새로운 것을 "추가하는" 교파에서 일어났다. 이들 교회에서는 크리스천 경험에 성령 하나님과의 더 깊은 관계를 추가하였다.

세계에서 가장 큰 교회들은 현재 대체로 방언을 하며 성령의 은사를 사용하지만, 부패와 싸우지 않고 문화를 전통적인 결혼과 생명을 존중하는 방향으로 옮겨 놓지 않았다. 미국의 레이크우드나 호주의 힐송, 한국의 여의도순복음 같은 초대형 교회들은 그들 나라의 문화, 교육, 정치 및 법제에 영향을 거의 끼치지 못하고 있다. 제3차 대각성은 이를 변화시킬 것이다.

교회들이 자신들이 가진 복음의 절정을 깨달을 때까지 제3차 대각성은 오지 않을 것이다. 하나님 계획의 마지막 단계는 정의이다! 예수님은 하나님의 정의를 이 땅에 나타내기 위하여 다시 오신다. 하나님은 개인 구원의 메시지 위에 국가 구원의 메시지를 추가하기 위하여 우리를 부르신다. 예수님은 우리의 개인적인 죄의 해결책이 되실 뿐만 아니라 사회적 정의를 위한 해결책도 되신다.

하나님의 법의 목적은 죄인을 깨닫게 하고 정의를 선포하시는 것이다. 법을 알면 미래를 알 수 있다. 이것은 과학적 법칙에도 해당되며, 영적 법칙에도 해당된다. 법이 예언적이지 않으면 진정한 법이 아니다. 법을 어기면 확실히 대가가 있을 것이다. 복음은 믿는 자의 죄 용서를 약속하지만 회개하지 않는 죄인에게는 심판을 약속한다. 계시록은 악한 통치자와 국가에 정의를 실현하는 것으로 끝난다. 법이 그렇게 예언한다. 우리는 정의를 향해 가고 있지만, 대부분의 크리스천이나 보수주의자들보다 좌파 친구들이 이 영적인 합치점을 선점하는 데 빠르다. 우리 젊은이들은 "사회적 정의"를 요구하지만, 해답을 가진 크리스천들이 깊은 잠에 빠져 있다.

대각성과 관련하여 내가 보는 어려움은, 이를 위해서 우리가 전쟁 준비를 해야한다는 것이다. 1차 대각성은 미국으로 하여금 독립전쟁을 할 수 있도록 준비시켰다. 2차 대각성은 미국이 남북전쟁을 할 준비를 시켰다. 말하기 두렵지만, 3차 대각성은 미국이 제2의 남북전쟁을 수행할 수 있도록 준비시킬 것이다. 제2의 남북전쟁을 피할 수 있다면, 대각성은 우리로 하여금 성경이 곡—마곡 전쟁[2] 혹은 아마겟돈[3] 이라고 부르는 제3차 세계대전을 위한 준비를 하게 할 것이다.

왜 미국을 구해야 하나

우리에게 3차 대각성이 없으면 미국은 다음 전쟁 후 초강대국이 되지 못할 것이다. 영국의 군역사학자 존 글럽 경이 250년으로 추정한 제국으로서의 생명주기를 완성하게 될 것이다.

1776 + 250 = 2026

이 책은 미국을 회복시켜 바른 궤도에 복귀시키기 위하여 도널드 트럼프 대통령과 교회가 무엇을 해야 할지를 명확히 지적하려는 것이다.

미국의 움직임에 따라 나머지 세계가 움직이므로 전세계의 기독교인은 미국의 움직임에 관심을 가진다. 이러한 사실은 2019년 3월 31일부터 시작된 홍콩의 시위에서도 명확히 드러났다. 거의 200만에 달하는 시위대가 정의와 종교의 자유를 위하여 거리로 나와서 호소했다. 누구에게 호소한 것인가? 미국이다. 많은 시위자들이 기독교 찬양을 부르며, 미국 국기를 흔들며, 트럼프 대통령의 개입을 요구하는 모습을 소셜 미디어를 통해서 볼 수 있었다.

1945년 이후 분단된 남한과 북한에서도 같은 모습을 볼 수 있다. 평화, 안정 그리고 언젠가 이루어질 통일을 위해 미국의 지도력을 필요로 하고 있다. 중동, 특히 이스라엘도 미국이 이 지역 평화의 중재자가 되기를 바라고 있다. 한때 공산주의가 휩쓸었으나 기독교가 부흥하고 있는 헝가리나 폴란드 같은 동유럽 국가들도 미국의 지도력 및 군사적 보호를 의지한다. 남미의 국가들 중, 1979–1992년의 12년 간 내전으로 심한 불법을 경험한 후 기독교의 부흥을 맞은 엘살바도르는 미국을 매우 높이 평가하고 있다. 미국은 세계에서 가장 기독교적인 국가이거나, 최소한 최근까지는 그러했던 국가였기 때문에 미국은 뛰어나 보인다.

미국이 얼마나 많은 위험에 처해져 있는지, 우리는 자유와 가치를 얼마나 잃을 처지에 있는지를 많은 사람들은 모른다. 한때 자유의 횟불이었던 미국은, 언론법이 언론의 자유를 목조르고, 가짜 뉴스가 출판의 자유를 독살하며, 성경 탄압이 종교의 자유로 혼동되는, 도덕적 벼랑에 몰려 있다. 우리 젊은이는 방향을 잃었고, 어른들은 우울하고, 가족은 해체되고, 참전용사들은 잊혀졌고, 노인들은 외로우며,

공무원들은 미개하며, 지도자들은 부패했다. 2018년 8월 27일 100명의 기독교 지도자들과 만난 비공개 회의에서 트럼프 대통령이 이야기 했듯이, "미국인은 한 번의 선거로 지금까지 쌓아온 모든 것을 잃을 수 있다."[4]

이 문제를 풀기 위해 필요한 모든 것은 성경에 있다. 우리가 아직도 여기에 있는 것은 우리가 이것을 의심하기 때문이다. 현재 우리 시대를 보면, 인간의 대안, 플랜 B 그리고 하나님의 길을 막는 도전이 성공하지 못할 것이라는 명확한 근거가 된다. 그러나 성경은 이루어진다.

마지막에, 살아 남아서 영생으로 들어가는 사람들은 예수님을 구주로 믿을 뿐만 아니라 의와 공의에 성경을 해석하여 적용하도록 부름을 받게 될 것이다. 그러한 책임 때문에 평범한 지도자와 과거의 탁월한 지도자가 구분되었다.

솔로몬 왕이 왜 세상에서 가장 지혜로운 사람이 되었나? 그는 의롭게 재판할 수 있었다.[5] 예수님은 왜 메시아인가? 그는 모세의 법을 해석하여 진정한 의미를 부여할 수 있었다.[6] 성경을 단순히 이해하도록 훈련 받을 뿐만 아니라, 우리의 생활에서, 가정에서, 직장에서 그리고 궁극적으로 우리 나라에서 정의와 평화를 만들어 낼 수 있도록 성경을 해석할 수 있는 지혜, 유연성, 능력을 가지도록 훈련 받아야 한다는 생각이, 우리가 예언적 종말 혹은 마지막 때를 말할 때 가고자 하는 방향이다. **하나님의 종말론적 관심은 정의이다.** 우리는 죄인의 심판자, 더 나아가 천사의 심판자로 훈련 받아야 한다는 것이 우리가 향하는 바이다.

성도가 세상을 판단할 것을 너희가 알지 못하느냐 세상도 너
희에게 판단을 받겠거든 지극히 작은 일 판단하기를 감당하
지 못하겠느냐 우리가 천사를 판단할 것을 너희가 알지 못하
느냐 그러하거든 하물며 세상 일이랴(고전 6:2-3)

우리는 이 구절에 대하여 말하지 않으며, 학교나 교회 또는 미디어
에서 가르치지 않기 때문에, 이 구절이 대부분의 사람들에게는 매우
생소하게 들린다. 나는 이 생각을 바꾸려 한다.

미국 건국 아버지들의 실수

미국 건국 아버지들은, 역사학자 데이비드 바턴(David Barton)의 지
적처럼 미국이 "세계사에서 가장 장기간 지속된 입헌공화국"이 되는
데 기초가 된 훌륭한 헌법을 제정하였다.[7] 건국자들은 지혜롭기는 하
였으나, 디지털 권리 보호, 성장한 태아의 낙태 혹은 출산 후의 낙태
(유아 살인), 학교에서 조기 성적 노출 혹은 이성의 복장 착용 혹은 성
전환자의 화장실 등으로부터 학생들을 보호하는 문제, 사회적 이데
올로기나 종교적 신념 혹은 이혼 등의 사유로 자녀를 격리시키는 국
가에 대하여 부모의 권리를 보호하는 문제, 결혼의 정의를 확보하는
문제 등 현재 우리가 알고 있는 것을 모두 알 수가 없었다. 기독교 가
치관이 지배적인 식민지 시대에 살던 그들은 이러한 문제를 예견할
수가 없었다. 그럴 필요도 없었다.

하나님은 이를 예견하셨고, 이러한 문제를 풀 수 있는 해답을 성경
으로 미리 제시하셨다. 건국자들은 기독교적인 태도가 우세하여 성

경에 계시된 하나님의 원칙들 중 일부는 헌법에 자세히 설명할 필요도 없다고 생각한 것이 실수였다. 그들이 오랜 시간에 걸쳐 증명된 체계를 좀 더 충실히 따랐더라면 많은 문제들이 예방되었을 것이다.

그러나 너무 늦지는 않았다.

하지만 대통령과 교회가 하나님의 방법이 우리의 방법보다 우월하다는 것을 믿기만 한다면 나라는 다시 되돌릴 수 있다. 너무 오랫동안 냉소주의자들이 우리의 목소리를 억압하고 성경의 지혜를 검열하도록 허용해 왔다. 그들은 의도적으로 "성경이 노예제를 옹호한다"고 성경을 잘못 인용하고 대중을 오도한다. 그러한 주장의 오류는, 성경의 두 번째 책이 삼백만의 유대인을 이집트의 노예신분에서 해방시키는 것으로 시작한다는 사실만 보아도 명백하다. 노예해방이라는 행위는 구약성경 전체를 통하여 하나님의 공으로 흔히 인용된다.

나는 너를 애굽 땅, 종 되었던 집에서 인도하여 낸 네 하나님 여호와니라(출 20:2, 신 5:6; 6:12; 8:14, 수 24:17, 렘 2:6 참조)

신자라면 하나님에 대하여 아는 가장 기초적인 것이, 하나님은 자유를 사랑하신다는 것이다.

또 다른 거짓은 "기독교인은 정치에 관해서 말하면 안된다"는 것이다. 이것은 악한 왕들이 고대의 선지자들에게 했던 말이다.[8] 변한 것이 거의 없다. 대부분의 예언은 개인적인 것이 아니라 정치적인 것이다. 말하자면, 개인을 인도하기 위한 것이 아니라 국가를 구원하기 위한 것이다. 성경에서 정치를 제거하다면, 사사기, 열왕기상, 열왕기하, 역대상, 역대하, 다니엘, 느헤미야, 에스라 같은 책을 모조리 제거해야 할 것이다.

예수님도 사두개인, 바리새인, 헤롯당원들을 마주할 때에는 당시의 정치에 대하여 말씀하셨다. 이들 무리는 오늘날 종교적인 교단과 달리 오히려 주요 정치 집단이었다. 사두개인들은 부자들의 집단이며, 하스몬(마카비 반란의 후손들로 민족주의자)을 지지하였으며, 토라(하나님은 오직 기록된 법만을 주셨으며, 구전되는 법은 믿을 수 없다고 생각하였음)에 대하여 보수적인 견해를 지녔으며, 엄격한 처벌을 믿는다는 면에서 공화당원과 비슷하다.

바리새인은 평민의 집단으로 간주되었으며, 다윗의 후손에게 왕국이 회복되기를 바랐으며, 성경에 대하여 좀 더 자유로운 견해(하나님은 기록된 법 뿐만 아니라 구전되는 법도 주셨다)를 가졌으며, 처벌에 대하여는 느슨한[9] 점에서 민주당과 비슷하다.

헤롯당원들은 헤롯(로마가 임명한 왕) 후손들이 나라를 통치해야 한다고 생각하며 신정정치에 가장 호의적인 면에서 오늘날 호주와 같은 영연방국가에서 볼 수 있는 군주제 옹호론자와 비슷하다.

이 세 분파 중에서 바리새인들이 가장 큰 정치 집단이었다. 좌익의 "살아있는 헌법" 개념과 유사하게 하나님의 법을 자유롭게 해석함으로 제2성전의 파괴 이후, 성전과 메시아 없이 하나님의 법을 순종하는 것이 불가능한 때를 살아남을 수 있었다. 그리하여 그들의 자유주의적인 신앙은 현대 랍비 중심의 유대교로 발전하였다. (오늘날 많은 유대인들이 민주당을 지지하는 것은 이상한 일이 아니다.)

영어에서 "Pharisaical"(바리새적인)이라는 단어가 "hypocritical"(위

선적인)과 비슷한 의미를 가지고 있는데 이는 그들의 종교적인 특성보다는 정치적인 특성에 대한 평가이다. 바리새인, 사두개인 및 헤롯 당원들은 끊임없이 서로 갈등하였지만, 예수님이 왕인 메시아로 출현하는 것이 그들의 미래에 위협이 된다는 공통적인 인식으로 단결하기도 하였다. 종말이 다가오면 예수님은 자신이 전세계에 심판자와 왕과 입법자임을 드러내실 것이다.[10] 교회와 모든 권력자들은 이에 대하여 적절한 준비를 해야 할 것이다.

> 그런즉 군왕들아 너희는 지혜를 얻으며 세상의 재판관들아 너희는 교훈을 받을지어다 여호와를 경외함으로 섬기고 떨며 즐거워할지어다 그의 아들에게 입맞추라 그렇지 아니하면 진노하심으로 너희가 길에서 망하리니 그의 진노가 급하심이라 여호와께 피하는 모든 사람은 다 복이 있도다(시 2:10-12)

성경에 따르면 의심의 여지없이
1. 성경이 정치에 대하여 견제와 균형을 제공하며,
2. 최선의 법은 정치로부터가 아니라 종교로부터 오며,
3. 사악한 정치가는 예언자의 교훈을 싫어하며,
4. 좋은 정치가는 경건한 교훈을 구하였다.

비록 성경이 현대의 바람직한 정치 형태로 신정정치를 제시하지는 않지만, 성경은 정치에 관하여 말하기를 주저하지 않는다. 하나님은 정치를 도덕적, 예언적 영향에서 제외하지 않으셨다.

정치가가 들려고 한다면, 하나님은 성공적인 정치를 위한 모범도 제시하신다. 종국적으로 계시록은 대담하게도 미래의 정치에 대하여 선포한다. 즉, 사악한 정치가는 패배할 것이요 메시아가 승리할 것임을 선포한다.

어떤 집권자들은 이를 위협으로 생각하겠지만, 사랑의 충고로 받아들여야 한다. 중국이나 북한이 위대한 나라가 되기 위하여 우선 해야 할 일은 그리스도인을 박해하는 일을 중단하는 것이다. 얼마나 많은 체제들이 그리스도와 그의 제자들에 대항하여 싸우다가 결국은 무너지고 말았던가? 로마, 오토만 제국, 소비에트 연방을 들 수 있다. 예수님에게 입맞추라! 하나님의 법과 공의를 신뢰하라.

잠든 교회

우리는 이 땅의 삶에서 정의를 갈망한다. 이상한 일은 교회가 더이상 이 문제에 관하여 말하지 않는다는 것이다. 교회에 정의가 없다면 악이 사회에 만연하다는 것을 의미한다.

역설적으로 이 땅에서 정의를 공식적으로 큰 목소리로 부르짖는 유일한 사람들은 급진 좌파이다. 우리가 좌파라고 할 때, 대체로 무신론적인 마르크스주의자, 공산주의자를 의미하며 이들은 큰 정부가 우리의 삶에 개입하며, 세금을 거두며, 우리를 통제하기를 원하는 사람들이다. 어떤 기분이 드는가? 자유를 사랑하는 사람들에게는 별로 좋게 들리지 않을 것이다!

미국에서 가장 영향력있는 교회 지도자들은 TV에서나 강단에서 정의에 관하여 말하지 않기 때문에 이 분야에서의 역할을 완전히 포기하고 있다. 하지만 이것이야 말로 솔로몬이나 예수님의 잘 알려진 부분이다. 메시아를 기대하던 유대인들은, 메시아의 한 특징은 율법(토라)을 재해석하는 능력을 가진 분이라는 것을 알았다. 이 사실은 미드라쉬(Midrash)[11] 라고 하는 유대인들의 성경주석에 여러 번 반복해서 언급되어 있다.

예수님께서는 자비와 "채찍을 휘두르는" 모습이 공존하는 사랑의 모습을 보여 주셨지만 교회는 거의 모든 문제에 "다른 뺨도 돌려대며"의 정책으로 접근하고 있다. 예수님께서는 균형을 유지하셨다. 예수님은 격려와 질책, 보상과 벌, 용서와 공의를 사람들에게 베풀었다. 예수님은 사자이면서 동시에 어린 양이다.

현대 교회는 예수님이 가진 공의의 역할을 폐기해 버렸으므로, 하나님께서는 도널드 트럼프와 같은 강한 지도자를 세우셔서 정치적으로 이끌어 갈 뿐만 아니라 교회로 하여금 사명 중에서 잊고 있는 부분을 깨닫도록 하시는 것이다.

트럼프는 항상 "다른 뺨도 돌려 대며"로 일관하지는 않는다. 그는 악에 대하여 맞서며, 속임수를 드러낸다. 위협에 대하여는 국내외를 가리지 않고 맞선다는 점에서 그는 악과 평화롭게 지내려는 현대의 그리스도인들보다는 차라리 예수님과 더 비슷하다.

트럼프에 대하여 매우 비판적인 그리스도인의 아이러니는, 미국을 제3의 대각성이라는 사명에 복귀시키는 일에 있어서 트럼프보다 나은 아무 것도 제시하지 않는다는 점이다. 마지막 시대의 공의가 추구해야 하는 목표와 주님의 뜻에 대하여 교회가 완전히 깨어난다면, 미국은 지금까지 경험하지 못했던 최선의 시기를 맞게 될 것이다.

미국의 예언적 사명

성경은 승리로 끝날 몇가지 일련의 사건을 예언하고 있다. 종말에 이 세상에 환란이 있을 것이지만 우리는 개인적, 국가적, 세계적, 우주적인 공의의 승리를 준비하고 있다.

미국의 예언적인 역할은 분쟁을 종식하는 국가가 되는 것이다. 미국은 1차 세계대전, 2차 세계대전 그리고 냉전을 끝내는 평화의 중재자 역할을 해 왔다. 독일, 일본, 베트남과 같은 과거의 적국들을 위대한 동맹국으로 만들었다. 저항하는 적을 항복시키고 평화의 조건을 받아들이도록 하기 위하여 때로 전쟁이 필요했다. 1989년 베를린 장벽의 붕괴, 1991년 소비에트 연방의 몰락 같이 총 쏘지 않고 피 흘리지 않고 승리할 때도 있었다.

알렉시스 드 토크빌(Alexis de Tocqueville)이 1835년에 말했듯이, "미국은 선하기 때문에 위대하다. 선하지 않게 되면 위대하지도 않게 될 것이다." 이 선함은 하나님을 경외하고, 성경을 읽으며, 교회에 출석하며, 이웃을 돌보며, 복음을 들고 세계로 향했던 국민들로부터 왔다.

미국의 명성

근래에는 이 선한 특징들이 공격을 받고 있다. 번영하면 자기만족이 자리잡는다. 좋은 시절에 나쁜 사람들이 생겨난다. 반대로 어려운 시절에는 희생, 끈기, 영웅이 나타난다. 평화의 중재자로서 미국의 명성은, 끊임없는 아프가니스탄 전쟁, 해결되지 않는 시리아 내전, 이란과의 적대관계, 중국과의 무역전쟁, 국내의 2차 남북전쟁 가능성 등으로 퇴색되었다. 미국을 원래 사명의 위치로 되돌려 놓을 시간이다. 분쟁의 해결로 유명했던 고대 이스라엘의 한 마을이 있었는데 이 마을이 미국의 모델이 될 수 있을 것이다.

> 여인이 말하여 이르되 옛 사람들이 흔히 말하기를 아벨에게
> 가서 물을 것이라 하고 그 일(분쟁)을 **끝내었나이다**(삼하 20:18)

아벨은 공의를 얻기 위해서 사람들이 찾는 곳이었다. 모든 사람들이 알고 있었다. 아벨은 하나님을 경외하며, 성경을 읽고, 이웃을 돌아보며, 어려운 상황에 하나님의 말씀을 지혜롭게 적용하던 사람들이 있던 곳이었다.

미국은 다시 한번 아벨 같은 곳이 되어야 한다. 이것이 미국을 구하는 방법이다. 미국 시민의 선함과 지도자들의 지혜가 회복될 때, 공의와 평화가 다시 지배할 것이다. 선한 시민이 있다고 하더라도 어리석은 지도자가 있으면 미국을 구하지 못할 것이다. 지도자가 지혜로워도 선한 사람들이 없으면 미국은 사명을 감당하지 못할 것이다.

이 결정적인 시기에 미국은 『협상의 기술』(The Art of the Deal)이라는 책으로 잘 알려져 있을 뿐만 아니라, 협상 기술이 특기인 대통령을 가지게 된 축복받은 나라이다. 그는 2018년 6월 12일 북한의 최고 지도자와 협상한 미국의 첫 대통령이 됨으로 그의 협상력을 증명하였다. 아마도 핵 전쟁은 피할 수 있을 것이다!

과거의 대통령들이 손을 쓸 수 없는 지역에 잡혀 있었던 미국의 수많은 인질을 구해내는 협상을 해냈다. 집으로 귀환한 수감자 중에는

북한에 억류되었던 3명의 기독교인, 터키에 억류되었던 앤드류 부른손(Andrew Brunson) 목사, 예멘에서 풀려난 사업가, 스웨덴에서 풀려난 래퍼 ASAP 록키(Rocky) 등을 들 수 있다. 트럼프는 이 점에서 탁월하였기 때문에 「뉴요커」(*The New Yorker*)는, "포로를 석방시키는 것을 즐기는 것 같다"[12]라고 평가하였다.

예수님은 다음과 같이 말씀하셨다.

> 주의 성령이 내게 임하셨으니 이는 가난한 자에게 복음을 전하게 하시려고 내게 기름을 부으시고 나를 보내사 포로 된 자에게 자유를, 눈 먼 자에게 다시 보게 함을 전파하며 눌린 자를 자유롭게 하고…(눅 4:18)

최소한 성령의 목표 중 둘은 불의를 바로잡는 것과 관련되어 있다. 하나님의 초자연적인 능력도 공의를 실행하는 데 사용될 수 있다. 하지만 협상 기술만 가지고는 내란으로 치닫는 미국을 구할 수 없다. 하나님의 자비, 은혜 그리고 지혜 이 모든 것이 성공을 위한 필수 요소이다. 세계의 많은 지도자들과 같이 트럼프도 많은 목소리를 듣고 있다. "많은 조언자"[13]가 있으면 안전하긴 하지만, 성경이 제시한 정의로운 사회와 좋은 정부를 위한 모범을 개선할 목소리는 없다.

> 한 사회의 법의 원천이 그 사회의 신이다. 당신이 순종하는 법은 당신의 신으로부터 나온다.
>
> 스티븐 맥도웰(Stephen McDowell)[14]

하나님은 법을 제정하신다. 그것을 발견하는 것은 지도자의 일이다. 과학자가 "화요일 물이 끓는 온도는 섭씨 52도가 되도록 내가 새로운 법을 만든다"라는 명령으로 선언할 수 없는 것처럼 정치인이 도덕법을 만들 수는 없다. 정치가가 하나님의 방법과 충돌되는 법을 만들려고 노력한다면, 그는 자신을 우상으로 만드는 것이다.

당신이 순종하는 법이 당신이 순종하는 신을 말해 준다. 신명기 28장 14절에 있는 하나님의 경고 "내가 오늘 너희에게 명령하는 그 말씀을 떠나 좌로나 우로나 치우치지 아니하고 다른 신을 따라 섬기지 아니하면 이와 같으리라"도 같은 논리로 설명된다. 하나님의 법을 떠난다는 것은, 본질상 다른 신을 섬기는 것이고 바로 그것이 우상 숭배라는 뜻이다.

이것은 모든 국가가 궁극적으로 종교적이라는 의미이기도 하다. 기독교 국가는 성경의 원리 위에 서 있다. 회교 국가는 이슬람의 원리 위에 세워졌다. 불교 국가는 불교의 원리에 근거하고 있다. 모든 국가는 그 국민의 종교적 믿음으로 기록되고 전수되어 온 일단의 가정과 신념 위에 세워져 있다.

국가의 갈등과 성공은 그들의 종교적 가정이 얼마나 진실한가를 보여주는 고백이다. 지금까지 인류의 역사에서 기독교적 기반 위에 세워진 국가를 능가하는 국가는 없었다. 이것이 한때 지구상에서 가장 기독교적이었던 미국이, 세계의 최고 강대국이 된 이유이다. 이것이 미국 초기의 입법자들과 그 법의 자연스러운 기능이었다.

미국을 구하는 방법

미국 사람들에게 좋은 가정, 좋은 교회의 원리로 성경을 가르쳐 왔지만, 좋은 정치와 정의의 원리로 성경을 가르치지는 않았다. 크리스천들은 가족과 교회가 하나님의 뜻에 일치하도록 돕기 위하여 성경을 사용했지만, 정치가가 어떻게 행동해야 하고 통치자들이 어떻게 통치해야 하는지를 보여주기 위하여 성경을 사용하는 경우는 드물었다. 교회는 부주의했다. 이 때문에 트럼프가 정의의 문제를 부각시키기 위해서 나타났다.

고대의 모형을 따라, 미국을 회복시키고, 행정부, 입법부, 사법부가 미국을 타락시키지 못하도록 방지하기 위하여 실행을 고려해야 할 열 가지 영감 받은 말, 즉 미국을 구할 열 가지 예언을 독자들에게 제시한다. 이 열 가지 방법 하나하나는 사람의 생각으로부터 나온 것이 아니라 좋은 정부 및 공의로운 사회를 위한 하나님의 모형으로부터 직접 온 것이다. 이 원리들은 하나님의 지시에 따라 개혁을 추구했던 고대 히브리 지도자들과 크리스천 지도자들에 의해 검증된 것이다.

다음의 열 가지 행동은 사실상, 정의와 좋은 통치를 위한 고급과목이다. 이것은 공화당의 지도(roadmap)도 아니며, 민주당의 지도도 아니고, 자유주의자의 지도도 아니다. 성경의 지도이다.

제3장

선거,
이민과 임기제한

: 제 10계명 :

네 이웃의 집을 탐내지 말라 네 이웃의 아내나 그의 남종이나 그의 여종이
나 그의 소나 그의 나귀나 무릇 네 이웃의 소유를 탐내지 말라 (출 20:17)

트럼프의 모든 문제(몇 가지만 언급하자면 존재하지도 않았던 러시아 담합에 관한 멀러 특검, 개인 변호사였다가 배신한 마이클 코언, 민주당의 탄핵 시도, 연방 지방법원의 행정명령 불법선고)는 정의와 관련되어 있으며 그의 가장 큰 성공도 정의(두 명의 대법원 판사 닐 고서치 및 브렛 캐버노 임명, 여러 나라에 억류되었던 미국인 인질 석방, 소아성애 철폐, 형사법개혁)와 관련되어 있다.

> 보아라, 내가 뽑은 나의 종, 내 마음에 드는 사랑하는 자, 내가 내 영을 그에게 줄 것이니, 그는 이방 사람들에게 공의를 선포할 것이다. 정의가 이길 때까지, 그는 상한 갈대를 꺾지 않고, 꺼져 가는 심지를 끄지 않을 것이다(마 12:18, 20, 현대인의 성경)

정의와 예언은 하나님의 법에 근거한다. 이를 따르면, 정의가 실현된다. 이를 순종하지 않으면, 예언이 나타나는데, 이는 미래에 대한 예측이기도 하지만 하나님의 공의로운 성품에 대한 경고이기도 하다. 하나님의 예언을 노스트라다무스와 같은 점쟁이와 경쟁하듯이 하나님께서 미래에 일어날 일을 예측하는 것으로 생각한다면, 이는 오해이다. 그렇지 않다. 하나님의 법은 정의를 요구한다. 하나님의 사랑은, 예언을 통해서 다음과 같이 경고한다. 정의는 피할 수 없는 것이며, 불순종은 회개하지 않으면 심판을 받을 수 밖에 없다. 십계명은 모든 선한 법의 기초가 될 뿐만 아니라 예언이기도 하다. 우리가 하나님의 법을 알면 미래도 예측할 수 있다.

십계명은 정의와 더 나은 미국을 가져다 줄 수 있다. 지도자가 그 국민들에게 진리를 가르치고자 한다면 그 나라가 어떤 나라이든 십계명으로 인하여 정의가 실현되고 더 나은 미래가 펼쳐질 것이다. 끝에서부터 시작해서, 즉 열 번째 계명을 미국에 적용하는 것으로 시작하여 첫 번째까지 살펴보려 한다.

제10계명은 탐심의 금지이며, 탐심은 다른 사람이 가진 것을 원하는 것을 나타내는 고어이다. 이것은 10개의 최상위 법 중 유일하게 세상의 법이 거의 무시하는 태도에 관한 유일한 법이다.

많은 경우에서, 우리 경찰이나 법관은 증거 부족으로 악한 자들의 악을 다룰 능력이 없다. 사람들이 다치거나 무엇이 망가질 때까지 우리의 법집행이나 사법제도는 문제를 일으킨 사람을 다룰 수 없다.

하나님 법의 핵심은 "최고 10개"의 상위법 속에 많은 사회적 불의의 원천인 질투에 관한 규정을 포함하고 있다는 점이다. 질투심이나 탐심을 가진 사람은 다른 사람의 물건을 가지고 싶어한다.

서류가 없는 불법적인 이민자가 합법적인 이주자처럼 행동하는 것은 탐심이다. 미국은 이주자를 환영하지만, 선거에서 불법적으로 투표를 하는 것은 탐심이다. 왜냐하면 그것은 이웃을 보고 이웃의 것을 가지고 싶어하는 것이기 때문이다. 당신은 다른 나라를 보고, 그 나라의 복지를 보고, 투표할 수 있는 권리를 보고, 그것을 가지고 싶어한다. 이 태도는 십계명이 금하는 바이다.

철저한 트럼프 반대자들은 가족이 있거나, 배우자 또는 다른 사랑하는 사람이 있는 불법 이민자들이다. 이들은 트럼프가 법을 집행하려 하면 위협을 느낀다. 그러한 투표자들을 위하여 트럼프가 얼마나 돕든지 상관없이 그들은 결코 트럼프를 좋아하지 않을 것이며, 트럼프 지지자로 바뀌지도 않을 것이다. 그들은 이 나라 법을 어길 뿐만 아니라 하나님의 법을 어기고 있기 때문이다.

2020년 선거

도날드 트럼프는 2020년 선거 이전에 다음과 같은 행정 명령을 내리거나 의회와 협력하여 법을 통과시켜야 한다. 만약 불법 이민자로서 연방 선거에 투표하면 다음과 같은 두 가지 조치가 가해진다. 첫째, 미합중국의 시민이 결코 될 수 없다. 둘째, 즉시 추방되며 재입국을 허용하지 않는다.

만약 당신이 다른 나라에 입국하는 외국인이라면, 당신은 적절한 검증과 절차를 거칠 때까지 합법적 이주자처럼 행동하여서는 안된다. 계속 체류하기 위해서 당신은 그 나라를 사랑해야 하고, 그 나라의 가치를 공유하고, 그 나라의 언어를 사용해야 한다.

나아가 대규모 선거 부정을 도모하거나, 이를 위해서 비용을 지불하거나, 알선하거나, 조직하거나 유도하면 내란죄로 재판에 회부해야 한다. 선거 부정은 적법하게 선출되는 정부를 전복하고, 국민의 선택을 무효화하려는 시도 그 자체이므로 이것은 사형이나 장기 징역형으로 처벌 받아야 할 중죄, 즉 내란죄이다. 인터넷 시대에 선거 부정에는 해킹, 검색엔진 조작, 베네수엘라와 필리핀에서 사용된 것으로 고발된 스마트매틱 같은 전자 투표기 조작 등이 포함된다.[1] 이런 범죄를 저지른 사람은 영구히 투표권을 주지 않아야 하며, 정치적인 위치에서 배제되어야 한다.

이스라엘의 이민

크리스천들은 이민자들에게 동정적이라는 말을 자주 듣지만, 우리와 이민자 모두가 십계명을 어기지 않을 경우에 해당된다. 부러운 나라 이스라엘의 이민 및 동화(同化)에 관한 성경적 모델은 룻이다. 룻은 모압(현재의 요르단 내) 출신이지만, 그녀는 시어머니를 따르고 이스라엘에 정착하기를 원했다. 그녀는 나오미에게 다음과 같이 맹세했다:

> 룻이 이르되 "내게 어머니를 떠나며 어머니를 따르지 말고 돌아가라 강권하지 마옵소서 어머니께서 가시는 곳에 나도 가고 어머니께서 머무시는 곳에서 나도 머물겠나이다 어머니의 백성이 나의 백성이 되고 어머니의 하나님이 나의 하나님이 되시리니 어머니께서 죽으시는 곳에서 나도 죽어 거기 묻힐 것이라" (룻 1:16–17)

고대 이스라엘에서는, 다음 네 종류의 거주자들이 거주 허가를 받은 것으로 보았다.

1. 본국에서 출생한 시민(히브리어로 에즈라[ezrach])

2. 나그네(히브리어로 게르[ger]) 혹은 이스라엘 땅에 거주하며 우상을 섬기지 않기로 선택한 외국인

3. 노아의 7가지 법을 지키면서 이스라엘에 살기로 선택하되 유대교로 개종하기를 원하지 않는 "대문의 외국인"(stranger of the gate) 혹은 "거주 외국인"(히브리어로 게르 토샤브[ger toshav]). 이 사람은 "거류 외국인" 또는 "노아주의자"(Noahide)[2]로도 불린다.

4. 의로운 외국인(히브리어로 게르 쩨데크[ger tzedek]) 혹은 이방인으로 이들은 (남자의 경우) 할례를 포함하여 완벽하게 유대교로 개종하여 이스라엘에서 살기로 결정한 사람을 말한다. 이런 사람은 "의로운 이방인"이라고 불린다.

어떤 경우에도 "외국인"은 최소한 우상 숭배는 하지 않아야 하며, 남성인 경우 최대한 할례를 받는 동화의 조건을 준수할 것이 기대된다. 레위기 19장 34절에서 이방인에 대하여 다음과 같이 말하고 있다.

> 너희와 함께 있는 거류민을 너희 중에서 낳은 자 같이 여기며
> 자기 같이 사랑하라 너희도 애굽 땅에서 거류민이 되었었느
> 니라 나는 너희의 하나님 여호와이니라…(레 19:34)

"너희와 함께 있는 거류민"은 최소한 7개의 노아의 법을 지키는 거주 외국인(ger toshav)일 수 있겠지만, 유대인들은 이 구절이 아브라함과 이삭과 야곱의 하나님을 믿기로 완전히 개종한 의로운 외국인(ger tzedek)을 의미하는 것으로 해석한다.[3]

다윗과 예수님의 조상인 룻이 의로운 외국인으로 간주된다. 룻은 가난한 과부로 이스라엘에 와서 나오미의 문화를 배웠고, 열심히 일했고, 성공적으로 동화되었다.

호주의 이민

호주에서는 이민에 점수제를 사용한다. 이주자는 영주권과 시민권 자격을 위한 충분한 점수를 획득해야 한다. 그래서 이민이 물밀듯이 들어오지는 않는다. 호주는 고립된 섬이기 때문에 호주로 사람들이 밀려들어 오기는 쉽지 않으나, 미국으로 몰려들기는 쉽다.

주택 시장으로 사람들이 몰려들면 어떤 일이 일어나는가? 가격이 상승한다. 고용 시장에 사람들이 몰려들면 어떤 일이 일어나는가? 임금이 하락한다. 당신이 불법 이민자들이 몰려드는 나라의 합법적인 시민이라면 무슨 일이 일어날까?

직업을 얻기가 쉽지 않을 것이다. 직업을 얻어도 보수가 낮을 것이다. 그러는 동안 당신의 비용은 상승할 것이다. 그것이 바로 서류미비 불법 이민자들이 하는 것이며, 이를 억제해야 하는 이유가 바로 그것이다. 또 다른 문제는 일부 이주자들은 현지에 기여하거나 동화할 의향이 없이 온다는 것이다. 그들은 사회보장이 좋은 국가의 가슴에서 나오는 젖을 먹기 위해서 온다. 그들이 직접 혹은 간접적으로 세금을 내는지는 문제가 아니다. 그들은 하나님의 십계명을 어긴다. 그들의 태도는 다양성보다는 분열을 조장한다.

호주인들은 불량 국가로부터 도피하는 사람들에 대하여 동정을 보이고 싶어한다. 그래서 호주에서는 기술 이민제도를 실시한다. 호주는 기술 점수제가 있으나 미국은 이 제도가 없다.

트럼프 대통령은 제도를 변경하려고 노력하고 있다. 그는 이를 점수제(merit) 이민제도라고 부른다. 내가 생각하기에는 기술 이민제도라고 하는 것이 더 이해하기 쉬울 것이다. 점수제를 기반으로 한 기술 이민제도는 점수 문화를 창출할 수 있을 것이다. 자격을 당연한 것으로 받아들이는 문화는 열 번째 계명을 위반한다.

우리 측으로서는 동정심을 가져야 하며, 반대 측으로서는 그들이 들어와서는 탐심을 보여서는 안되기 때문에 제10계명은 무자격 이주자들에 대한 문제를 해결한다.

스위스 이민제도

눈에 잘 띄는 흰 십자가를 중앙에 품은 붉은 국기를 가진, 한때 그렇게도 기독교적이었던 스위스는 제10계명을 순종함에 있어서 모범적인 나라이다. 스위스는 오래전부터, 사회보장 혜택을 받는 이민자들은 시민이 될 수 없게 하였다. 2018년 1월부터는 과거 3년 동안 사회보장 혜택을 받은 적이 있는 시민권 신청자에게 이 금지조항 적용을 연장하는 법을 발효시켰다. 사회보장 혜택을 완전히 반환하면 예외를 적용한다.[4] 이것은 사실상 시민권 신청자 중에서 탐심을 걸러낸다.

스위스가 반이민 국가라는 오해를 하지 않기를 바라며, 스위스와 호주가 서구에서는 이민의 비중이 가장 높은 국가라는 것을 밝혀 둔다. 해외에서 출생한 주민이 인구에서 차지하는 비율이 미국에서는 13.7%이지만 스위스와 호주에서는 사분의 일에 달한다.

스위스에서는 탐심을 다른 방식으로 다룬다. 정치제도 참여와 경제제도 참여 두 가지로 구분한다. 미제스 인스티튜트(Mises Institute)의 리안 매켄(Ryan Maken)이 지적하듯이 "이주자를 경제 영역에 참여하도록 허락하는 것이 반드시 정치 영역에 접근하도록 국가가 허락한다는 것을 의미하지는 않는다. … 경제 영역에 접근하는 것은 사람들이 그와 계약을 하게 되면 경제 영역에 접근하도록 허용되는 것이다. … 하지만 정치 영역에 접근을 허용한다는 것은 투표를 허용하는 것, 정치적인 힘을 자신이나 자신이 속한 단체의 이익을 위하여 행사하도록 종용하는 것 등 복잡한 문제를 야기한다. 그러므로 이주에 대해서는 개방적이나, 시민권으로 확대하는 문제에 대해서는 덜 개방적인 것이 합리적이다."[5]

일시적 거주허가(B-permit) 혹은 정착허가(C-permit)를 원하는 이주자는 경제 영역에 들어오기를 원하는 것이다. 그들은 적어도 5년 이상 스위스에 살아야 한다. 시민권을 신청하고자 하는 이주자는 정치 영역에 들어오기를 원한다. 그들은 정착허가를 받고 최소 10년간 연속으로 스위스에 거주하며, 스위스 문화에 성공적으로 통합되었음을 증명해야 한다. 증명해야 하는 내용에는 흠없는 명성, 스위스 헌법 가치의 존중, 스위스 공식언어(불어, 독일어, 이태리어, 로망쉬) 중 하나에 능통, 고용상태 혹은 일을 하거나 직업훈련을 받기를 원한다는 사실 등이 포함된다.[6]

2019년 1월 1일 발효된 외국인 및 통합에 관한 개정 스위스 연방법은 언어 능력을 스위스 문화 통합의 한 부분으로 정의하고 있다. 스위스 공용어 중 하나를 모국어로 사용하지 않는 지원자는 3년간의 언어교육을 의무적으로 이수해야 한다. 2020년 1월 1일부터는 공인된 기관으로부터 받은 어학 증명서만 인정한다. 통합조건을 충족하지 못한 일시적 거주허가(B-permit) 소지자는 스위스 거주권을 잃을 수도 있다. 언어시험 및 통합의무를 만족하지 못한 정착허가(C-permit) 소지자는 일시적 거주허가 지위로 하락할 수 있다.[7]

스위스는 정치적으로 안정되어 있으며, 사회적으로 발전되어 있는 가장 매력적인 나라 중의 하나로 간주되고 있다. US News와 World Report에서는 스위스를 3년 연속 "가장 좋은 나라"로 평가하였다.[8] 스위스의 이민 정책은 하나님의 이웃에 대한 탐심 금지 원칙을 분별 있게 적용하고 있다.

탐심에 찬 시민

공평해지려면, 10번째 계명을 이민자에게만 적용해서는 안된다. 미국 시민에게도 적용해야 한다. 한 나라의 합법적인 거주자 및 시민들 사이에서 볼 수 있는 가장 좋은 탐심의 예는 정치적인 권력을 탐내는 사람들이다. 삶에서 어떤 다른 특권보다 보통 사람을 가장 빨리 타락시키는 것이 이것이며, 교만한 사람들을 철저히 타락시키는 것이 이것이다.

공무원들이 스스로 정치적인 권력을 탐하도록 조장해서는 안된다. 그리스 민주주의와 미국 건국 초기에는, 자기 본업에 성공하여 공동체에 (토지 소유와 같이) 많은 지분을 가진, 잃을 것은 많으나 얻을 것이 별로 없는 사람들이 스스로 공직에 나섰다.

독립선언서에 서명한 56명 모두 자기의 생명과 소유를 잃을 위험을 감수했다. 아홉 명은 독립전쟁에서 싸우다가 목숨을 잃었다. 두 명은 독립군으로 아들을 잃었다. 프란시스 루이스(Francis Lewis)는 집을 잃었고, 그의 아내는 포로로 잡혀 영국 감옥에서 몇 달을 지내다 사망했다. 의회에서 무보수로 일한 토마스 맥키엄(Thomas McKeam)을 포함하여[9], 서명자 중 몇명은 재산을 약탈당하거나 영국에 의해 몰수당했다. 이 사람들은 탐심으로 정치에 투신하지 않았다. 우리는 어떻게 다시 그렇게 자질을 잘 갖춘 지도자를 찾을 수 있을까?

제10계명을 따르기 위해서, 미국은 사법부 요원을 포함한 모든 공직에 임기를 두는 개헌을 해야 한다.

국부들은 현명하였지만 미래를 다 예측할 수는 없었다. 미국의 초대 대통령은 정직하였으며 독재자가 미국을 통치하는 것을 원하지 않았다. 조지 워싱턴은 인기가 있었으나 삼선 대통령이 될 수 있는 기회를 거절했다. 그의 중임제한은 후대의 프랭클린 루즈벨트(Franklin Roosevelt)가 그 전통을 깨고 네 번의 임기 동안 대통령직에 머물 때까지는 불문율이 되었다. 전직 뉴욕 주지사였던 그는 1933년부터 1945년까지, 대공황으로부터 제2차 대전 말까지 대통령이었다.

루즈벨트는 다른 전통들도 개의치 않았다. 그는 15명의 법관을 "채워넣어" 대법원을 장악하려 했다. 그의 "뉴딜" 정책은 영웅적 언어로 포장된 급진사회주의이다. 그로 말미암아 복지가 증가되었으며, 연방 관료주의가 확장되었고, 개인의 자유에 제한을 가했고,

미국의 개인주의 정신이 유럽식에 가까운 전체주의와 국가주도형으로 변화되었다.

루즈벨트를 좋아하든 싫어하든, 의회는 그로 인하여 대통령 임기를 중임으로 제한할 필요를 인식하게 되었다. 이를 위하여 의회는 1947년 22차 헌법 개정안을 통과시켰고, 이는 1951년 승인되었다.

이로써 임기제한의 중요성을 예측하지 못한 국부들의 실수를 바로잡았다. 의회는 바른 방향으로 한걸음 나아갔다. 이제는 더 나아가야 한다. 제10계명을 위반할 가능성을 제어하기 위하여, 판사와 국회의원에게도 임기제한이 가해져야 한다.

사법부와 입법부를 포함한 어느 누구도 그들의 성과를 막론하고 무한히 그들의 일을 계속하도록 허용되어서는 안된다. 이것은 "공복"(servant)이 된다는 개념에 상충되는 것이다. 이것은 정의의 문제다.

아무리 좋은 통치자라 하더라도 영원히 권력을 장악해서는 안된다. 모든 사람은 언젠가 은퇴해야 한다. 미국의 30개 주에는 대체로 70 내지 75세로 정해진 법관의 의무 은퇴 연령이 있다. 의무 은퇴 연령이란, 특정 연령에 도달하면 법관 혹은 의원으로서의 시간이 끝난다는 것을 의미한다.

하지만 사람의 수명은 세대에 따라 다르므로, 어떤 연령이 적절한 상한인가? 어떤 공무원이 18세부터 상한 연령인 70세까지 권력을 가진다면, 이 상한 연령이 탐심을 억제하는 목적을 실제로 달성하는가?

항상 그러하듯이 성경은 이러한 질문을 예견하고 각 세대가 생각할 수 있는 이상의 해결책을 제시한다.

하나님의 표준은 레위 족속이다. 그들은 이스라엘의 13지파 중의 하나이며, 종교적인 봉사를 위해서 구별된 유일한 지파이다. 이 봉사에는 성전의 건축과 유지, 예배 인도, 도피성의 관리[10], 도덕 교사 및 재판관의 임무를 포함한다.

하나님으로부터 배우는 첫 번째 교훈은 아무도 직업적 정치인이 되어서는 안된다는 점이다. 공동체에서 살면서 법정 바깥의 사람들과 교류하며, 어떤 사람을 재판하기에 앞서 언젠가는 재판을 해야 될지도 모르는 사람들에게 먼저 도덕과 법을 가르치는 책임이 있을 때, 재판관은 재판을 더 잘한다. 하나님은 계명을 가르치기 전에는 아무도 심판하지 않으신다. 부모도 아이들에게 무엇을 해야하는지를 가르치기 전에는 아이를 벌할 수 없다. 법관은 법대에 앉아서 재판하는 일 외에는 아무것도 하지 않는다는 것이 현대 사법체제가 역기능을 하는 이유 중 하나이다.

끊임없이 다른 사람들을 재판하는 부자연스러운 업무에 충분한 휴식을 누리지 못하며, 너무 많은 일을 하며, 과도한 세금을 부담하는 판사에게 이는 부당한 것이다. 이는 국민들에게도 부당한 것이다. 사람들은 법정에서 정의를 추구하지만, 그들이 받는 판결은 법 외의 다른 요인, 즉 판사가 얼마나 지쳐 있는가, 얼마 전에 휴식을 취하였는가, 얼마 전에 음식을 먹었는가 등에 영향을 받는다. 안드레아스 글뢱크너(Andreas Glöckner)가 불합리한 배고픈 판사 효과 재검토에서 "판사도 다른 개인과 동일한 오류와 편견을 보인다는 것이 증명되었다. … 법적 현실에서는 (공식적인 법률 자료는 별도로) 판사의 이념이나 정책적 선호, 심리한 사건의 순서, 직전 휴식으로부터 경과된 시간, 판사가 먹은 음식도 영향을 미친다. 법적 현실주의자들 사이에서는 정의란 판사가 아침식사로 먹은 것이라는 농담이 생겨났다."[11]

하나님은 레위인들에게, 성가대 찬양, 육체적 노동, (성급하게 과실치사로 고발당한 사람을 보호하는) 사회적 임무, 법 교육이라는 긍정적이며 지적인 일 등으로 임무에 균형을 주셨다.

레위인으로부터 배울 수 있는 두 번째 교훈은 하나님께서 그들의 봉사를 20세에서 50세까지로 제한하셨다는 점이다. 이것은 우리에게 30년 봉사라는 임기제한과 은퇴에 관한 모범을 제시한다. 이것은 충분히 긴 임기제한, 즉 나이에 상관없이 30년을 제시한다. 이를 기록한 모세는 120세까지 살았다는 것을 기억하라. 그의 형 아론은 123세를 살았으며, 그의 누이 미리암은 126세를 살았다. 현대의 의학에도 불구하고 인위적인 섭생, 유해한 환경 등으로 120세 수명은 아직도 달성되지 않았으므로 공직의 30년 제한은 우리에게 적용될 수 있다.

다음과 같은 논리적인 질문이 생겨난다. 레위인이 50세 이후에는 뭘 하나? 이에 대한 답을 보면 하나님의 임기제한의 진수가 드러난다. 자신의 사역을 보호하거나 증진시키는 이기적인 야망을 추구하기보다, 레위인은 정해진 시점에 그들의 사역이 다른 사람에게 이전되어야 한다는 사실을 알고 있다. 그러므로 50세 이후에, 성숙한 레위인은 다음에 사역을 하게 될 젊은 세대를 준비시키고, 훈련시키고, 교육시키는 일에 시간을 사용한다.

어떤 직업에서든 원로는 많은 지혜와 권력을 축적할 수 있다. 어떤 것이 대중의 이익에 가장 도움이 되는가? 하나님은 레위 지파의 권한에 대해서 균형과 견제만 도입한 것이 아니라, 그들의 권한을 스스로 유지하기보다는 그들의 지혜를 전수하는 데 초점을 맞추도록 레위인을 인도하였다. 명백히 하나님의 방법을 개선하기는 불가능하다.

탐욕스러운 국가들

지도자들이 강하고, 안전하고, 정의로운 국가를 건설하기 위하여 각 법/예언을 신속히 읽고 채택할 수 있도록 각 장을 짧게 하려고 한다. 내 견해로는 제10계명은 미국에 세 가지의 실제적인 적용이 가능하다. 1) 이민자들의 탐심을 제한하고, 2) 공무원의 탐심을 제한하고, 3) 국가의 탐심을 제한할 수 있다.

제10계명을 법제화한 모든 국가는 공산주의 혹은 사회주의의 발전을 차단시키고 사망시켰다. 사회주의는 제도화된 탐심이다. 사회주의는 정부의 도적질을 합법화한다. 이는 퇴보하는 사회의 징후인 배은망덕, 이기주의, 권리의식의 팽배를 부추긴다.

자유시장 자본주의는 일반적으로 사유재산, 타인을 위한 봉사, 근면을 존중하는 태도를 요구한다. 자유 시장에서 돈을 벌 수 있는 유일한 방법은 타인을 섬기며 그들의 문제를 해결해 주는 것이다. 그러한 경제제도 아래에서 사회안전망은 가계와 교회의 자발적인 자선에 의해서 만들어진다. 이것이 성경에서는 가난한 사람, 병든 사람, 고아 및 잘못 고발된 사람들을 배려하도록 정부가 아니라 개인에게 그렇게 많은 명령을 하는 이유이다.

사회주의 경제에서 정치인들은 시민의 노동을 훔치고, 그들의 자산을 엘리트들이 적절하다고 생각하는 방법으로 재분배할 수 있는 권한을 스스로에게 부여한다. 모든 사람들이 자신의 자산을 빼앗기고 싶지 않기 때문에, 힘의 사용이 필요하게 된다. 사회주의 정부는 시도되는 모든 곳에서 자유를 위협한다.

지구상에서 석유 매장량이 가장 많은 것으로 밝혀졌고, 한때 라틴 아메리카에서 가장 부유했던 베네수엘라는 사회주의 대재앙의 예이다. 그것은 인간성의 참사이기도 하다. 그 나라의 대통령이었던 유고 차베스(Hugo Chávez, 1999-2013)와 니콜라스 마두로(Nicolás Maduro, 2013-2019)의 마르크스주의적 정책으로 그 나라는 파괴되었다. 두 사람 모두 중앙집권적 경제, 주요 산업의 국유화, 정치 권력에 의한 국부의 재분배 등을 주창하였다. 힘으로 경제를 밀어붙이려는 시도로 인하여, 국민들은 자유시장경제에서는 누구나 당연하게 사용하는 지폐를 화장지로 사용하게 되었다.

베네수엘라 경제는 트럼프 1기에 붕괴되었지만 세계의 주류 언론은 이 확실한 사회주의의 실패를 널리 보도하지 않는다. 왜? 이것이 민주당의 정책이고, 서구의 언론인들은 압도적으로 민주당 성향을 가지기 때문이다. 사실 베네수엘라는 질투 혹은 다른 사람들의 것을 가지고 싶어하는 마음을 금하는 제10계명을 어겼기 때문에 망했다.

제10계명을 도입하는 실질적인 방법을 찾는 것이 트럼프의 남겨진 임무이다. 언젠가 트럼프는 사라질 것이다. 나의 기도는, 교회가 제10계명을 선포하고 적용해야 한다는 명령에 깨어나기를 바라는 것이다.

성경의 법이 오늘날 우리에게 적용되지 않는다고 잘못 배운 기독교인들은 새로운 언약의 목적에 대한 예레미야의 예언으로 돌아가야 한다.

여호와의 말씀이니라 보라 날이 이르리니 내가 이스라엘 집
과 유다 집에 새 언약을 맺으리라 이 언약은 내가 그들의 조
상들의 손을 잡고 애굽 땅에서 인도하여 내던 날에 맺은 것
과 같지 아니할 것은 내가 그들의 남편이 되었어도 그들이 내
언약을 깨뜨렸음이라 여호와의 말씀이니라 그러나 그 날 후
에 내가 이스라엘 집과 맺을 언약은 이러하니 곧 내가 **나의
법을 그들의 속에 두며** 그들의 **마음에 기록하여** 나는 그들의
하나님이 되고 그들은 내 백성이 될 것이라 여호와의 말씀이
니라(렘 31:31-33)

하나님은 이스라엘에게 두 약속을 주셨다. 첫 번째 약속은 하나님
께서 그들의 남편이 되는 "혼인의 약속"이라고 부를 수 있다. 남편은
가족을 먹이고 보호한다. 이에 대하여 아내는 충성과 정절을 바친다.

첫 번째 언약을 대신하는 두 번째 언약을 계획함으로 하나님은 이
스라엘에게 두 번째 기회를 주셨다. 이는 모든 유대인과 이방인에 대
하여 열려 있다. 예수 그리스도의 십자가에서 완성된 새로운 언약으
로 하나님께서는 성령으로 우리의 마음에 **하나님의 법**을 쓰시겠다고
약속하셨다. 이 일은 우리가 그리스도를 믿고 중생할 때 일어난다.

새로운 약속을 예언하실 때, 하나님께서는 하나님의 사랑이나, 하
나님의 은혜, 심지어는 그의 독생자 예수님을 우리 마음에 쓰시겠다
고 말씀하지 않으셨다. 누가 그의 법을 우리 영혼에 쓰시겠다고 말씀
하실 수 있나? 오직 심판자만이! 그러므로 이 새롭고 더 좋은 언약은
"정의의 언약"이라고 부를 수 있다.

만약 그리스도인들이 나라들의 정의를 위한 기준으로 하나님의 법을 적용하기를 거부한다면, 우리는 누구의 법 아래 살 것인가? 그 대안은 불완전하고 종종 서로 상충되며 불의를 야기하는 인간의 법이다.

그리스도인들은 모든 사람들이 자신과 같이 믿으라고 요구해서는 안되며 그럴 수도 없다. 신앙은 모든 사람 각자의 선택이다. 하지만 그리스도인들은 공의와 정의와 좋은 정부에 대한 하나님의 기준을 선포할 의무가 있다.

이상적으로 모든 시민은 하나님과 관계를 맺고 있다. 우리가 우리의 마음을 예수 그리스도에게 바치면, 하나님께서 하나님의 법을 우리 마음에 기록하시고, 그때부터 하나님의 법을 어떻게 실천할지를 배우는 일생에 걸친 과정이 시작된다. 성화는 시간이 걸린다.

하나님과 관계가 없는 사람들에게도, 비록 하나님의 법은 단순히 외적인 기준이 되겠지만, 하나님의 법은 이 삶에서 덜 고통받기를 원하는 사람들을 위한 좀 더 정의로운 사회를 만들 수 있는 내재적인 능력이 있다. 개인적으로 공의롭게 또 내적으로 하나님의 법을 따라 살고 싶다면 크리스천이 되어야 하겠지만, 하나님의 법이 사회에 미치는 강력한 영향력을 보기 위해서라면 반드시 크리스천이 될 필요는 없다.

트럼프는 탐욕스러운가?

왜 하나님은 이 정의를 세우는 일에 트럼프를 택하셨나? 트럼프는 다른 정치인들과 무엇이 다른가?

프로 레슬러 출신 미네소타 주지사인 제시 더 보디 벤츄라(Jesse

"The Body" Ventura)가 TV에 출연하여, 왜 자기 아버지는 대부분의 현대 정치인들이 부패했다고 믿었는지를 말하는 것을 들은 적이 있다. "2차 대전 참전 용사인 아버지는 내가 16살이었을 때 '모든 정치인은 도둑놈들인 걸 알아?'라고 말했다. 나는 '그렇지만 아버지. 그렇게 모든 사람을 싸잡아서 말할 수는 없어요. 아버지는 어떻게 아세요?' 아버지는 '쉽지. 그들은 10만불짜리 일에 100만불을 지급하지.'"[12]

사실상, 대통령 선거운동에서는 40만불이면 될 일에 100만불 이상을 쓴다. 버락 오바마는 선거운동에 7억 7,500만불을 사용했다. 힐러리 클린튼은 대통령 선거에 실패했지만 7억 6,800만불을 사용했다. 도널드 트럼프는 2016년에 상대 후보보다 훨씬 적은 3억 9,800만불을 사용했다.[13]

트럼프는 2015년 대통령 출마로부터 2016년 선거에서 이기기까지 트럼프의 재산은 약 31%, 금액으로는 14억불 감소했다.[14] 트럼프는 대통령 집무실에서 근무를 시작한 이후 모든 급여를 참전군인회, 국립공원, 교육부, 그리고 그 외의 많은 기관에 기부했다.

트럼프의 자산감소는 그 전 대통령들의 자산증가와 대비된다. 버락 오바마의 백악관 입성 이전 자산은 130만불이었다. 백악관을 떠난 후 2018년에는 그의 자산은 4,000만불이 되었다.

많은 전문 정치인들과 그의 가족들은 정치적 관계로부터 많은 이익을 누렸다. 민주당 국회의원 맥신 워터즈(Maxine Waters)는 홀어머니 가정의 열세 명 자녀 중 다섯 번째로 가난하게 성장했다. 워터즈는 평생을 정치인으로 살아왔지만, 지금은 백만장자이다. 언론인 턱커 칼슨(Tucker Carlson)은 "그녀가 어디에 사는지 생각해 보라. 로스

앤젤레스에서 가장 부유한 동네 중의 하나에서 6,000제곱피트, 430만불짜리 저택에 살고 있다. 정부에서 40년간 일한 후에 어떻게 그러한 집에서 살 수가 있는가?"라고 언급했다.[15]

많은 전문 정치인들이 어떻게 부자가 되는지는 미스터리처럼 보인다. 그들은 아이폰을 발명한 것도 아니고 호텔을 건축하지도 않았다. 저작권이나 강연이 4,000만불 가치가 있는 것은 아니다.

트럼프를 좋아하든 그렇지 않든 하나는 확실하다. 그는 다르다. 그는 정치로 돈을 벌지 않았으며, 로비스트가 그를 돈으로 살 수는 없으며, 사도 바울처럼 그는 "내가 아무의 은이나 금이나 의복을 탐하지 않았다"(행 20:33)라고 말할 수 있다.

사무엘(사사)로부터 사울(국왕)로 권력이 이동될 때 사무엘은 하나님의 백성에게 다음과 같이 말했다.

> 내가 어려서부터 오늘까지 너희 앞에 출입하였거니와 내가 여기 있나니 여호와 앞과 그의 기름 부음을 받은 자 앞에서 내게 대하여 증언하라 내가 누구의 소를 빼앗았느냐 누구의 나귀를 빼앗았느냐 누구를 속였느냐 누구를 압제하였느냐 내 눈을 흐리게 하는 뇌물을 누구의 손에서 받았느냐 그리하였으면 내가 그것을 너희에게 갚으리라(삼상 12:2-3)

의미는 분명하다. 정치인은 공직자의 위치를 이용해서 자신을 부하게 만들어서는 안된다. 탐내지 말라.

제4장

디지털 권리장전 및 가짜 뉴스

: 제 9계명 :

네 이웃에 대하여 거짓 증거하지 말라 (출 20:16)

많은 사람들이 제9계명을 "거짓말 하지 말라"로 잘못 인용한다. 하나님께서 실제로 모세에게 말씀하신 것은 "네 이웃에 대하여 거짓 증거하지 말라"이다. 이 사이에는 엄청난 차이가 있다.

일반적으로 거짓말하는 것이나 거짓 확인은 괜찮지 않다. 요한계시록 21장 8절에서는 분명하게 "…거짓말하는 모든 자들은 불과 유황으로 타는 못에 던져지리니…"라고 말하고 있다. 하지만 열 개의 최상위 계명에 거짓말은 들어 있지 않다. 거짓 증거는 들어 있다. 왜?

모든 거짓말이 죄가 되지는 않는다. 모든 영화는 오락으로 거짓말을 하거나 그런 척하는 것이다. 대부분의 농담도 거짓말을 수반한다. 아이들과 놀거나 시치미를 떼는 것도 종종 사실을 직설적으로 말하지 않는 것을 의미한다. 이러한 종류의 거짓말은 양성이다. 만약 거짓말이 십계명에 들어있다면 모든 픽션은 십계명 중 하나를 어기는 것이 된다. 독일의 유대인 학살로부터 유대인을 보호하기 위하여 거짓말을 하는 기독교인이 제9계명을 범하거나 죄를 짓는 것은 아니다. 심지어 그들은 선을 위하여 거짓말을 했다고도 할 수 있다.

다윗 왕과 에돔 사람 도엑

다윗 왕이 사울을 피해 도망갈 때, 다윗 왕에게 있었던 유명한 일화가 있다. 다윗 왕은 가드 왕 아기스가 자기를 보호해 줄 것을 믿지 못하게 되자 정신이상인 체, 달리 말하면 "미친 것으로 보이도록 위장했다."(삼상 21:13) 다윗은 의로운 사람으로, 다른 사람에 대하여 거짓 증거하지는 않았으며, 따라서 죄를 범하지는 않았다.

이와는 대조적으로 에돔 사람 도엑은 사울 왕에게 놉에서 다윗을 보았다고 사실대로 말하였지만, 도엑은 사실을 말하되 잘못된 느낌이 들도록 만들었기 때문에 죄를 범한 것이다. 다윗이 사울을 배반하였으며, 놉의 제사장들이 다윗을 도와 반역을 저질렀으며, 다윗과 제사장 사이에서 음모가 진행되고 있다는 암시를 주는 거짓 증거를 하였다.

제사장들은 아무것도 모르는 상태에서 배고픈 다윗 그리고 동행하는 다윗의 사람들에게 먹을 것을 주었다. 도엑은 의도적으로 무고(無辜)한 사람들을 무고(誣告)하였다. 도엑이 사실에다가 의심스러운 세부 사항을 보탠 것을 보면 알 수 있다. 그는 사울 왕에게 "아히멜렉이 그를 위하여 여호와께 묻고 그에게 음식도 주고 블레셋 사람 골리앗의 칼도 주더이다(삼상 22:10)"라고 보고했다.

그의 보고에는 사실처럼 보이는 세 가지 세부사항이 있지만, 다윗과 제사장에 관한 거짓 증거가 포함되어 있다. 명백한 진실은 그들 중 아무도 사울 왕에게 해를 끼치지 않았다는 것이다. 도엑은 제사장이 다윗을 위하여 기도했으며, 다윗에게 먹을 것을 주었고, 다윗에게 (과거 골리앗에 대한 군사적 승리를 상징하는) 칼을 주었다는 세 가지 씨를 뿌려서 사울 왕에게 바쳤고 그 중에 어떤 것이 사울을 가장 화나게 만들지는 사울 왕이 선택할 몫이었다.

결과적으로 사울은 제사장의 기도에 가장 화가 났었는데, 이 부분은 시인하기도 부인하기도 가장 어려운 부분이었을 것이다. 제사장이 다윗을 위하여 기도하였는가, 아니하였는가? 제사장의 말은 도엑의 말에 대한 대답이다. 아히멜렉은 자기를 변호하기 위하여 이 특정 비난에 대하여 답한 것 뿐이다.

> 내가 그를 위하여 하나님께 물은 것이 오늘이 처음이니이까
> 결단코 아니니이다 원하건대 왕은 종과 종의 아비의 온 집에
> 아무것도 돌리지 마옵소서 왕의 종은 이 모든 크고 작은 일에
> 관하여 아는 것이 없나이다 하니라 (삼상 22:15)

사울은 매우 화가 나서 왕의 호위병들에게 명령하여 놉의 모든 제사장을 죽이라고 하였다. 제사장은 왕의 권한이 미치지 않는, 손댈 수 없는 계층이었다. 그 명령을 수행하는 것이 얼마나 부당하고 신성모독인지를 아는 호위병들은 선 채로 가만있었다. 성경은 그들의 의를 다음과 같이 기록하고 있다.

왕의 신하들이 손을 들어 여호와의 제사장들 죽이기를 싫어

한지라(삼상 22:17)

사울은 거짓 증인인 정보원에게 고개를 돌려 명령을 집행하도록
하였다. 도엑은 85명의 죄없는 제사장을 쳐서 죽였다. 이어서 그는
놉이라는 마을 전체의 남자, 여자, 어린이, 유아, 소, 노새, 양을 모
두 살육하였다.

유대역사(Codex Judaica) 기록에 따르면 A.M. 2884년(역자 주: AM
은 Anno Mundi를 나타내며 이는 창세로부터 경과된 연도를 말함), 즉
B.C. 877년에 사울이 도엑을 히브리어로 최고 재판관을 의미하는 아
브 베이트 딘(Av Beit Din)으로 임명했다.[1] 6계명과 9계명을 범한 이
외국인이 대법원장에 해당하는 직책에 임명된 것이다.

이 사건은 십계명을 심각하게 다루지 않을 경우 정부에 많은 잘못
된 일이 벌어질 수 있음을 암시한다. 첫째, 아무도 재판할 자격이 없
는 사악한 인간들이 어떻게 변호사나 법관이 쉽게 되는지를 알 수 있
다. 부도덕한 인간이 정의로운 사람들을 지배하는 것이 얼마나 끔찍
한 비극인가?

둘째, 구약성경 전체에서 가장 끔찍한 죄 중의 하나인 이 죄는 권
력 분리 원칙의 위반과 관련이 있다. 왕과 제사장은 다른 영역에 있
다. 왕은 정치적 군사적 영역을 다스린다. 제사장은 종교적, 사법적
영역을 다스린다. 두 영역은 각각의 세금을 징수하므로 재정문제에
대해서는 모두 영향력을 가진다. 그러나 그 외에는 각각이 경계를 넘
어 타 영역을 침범하지 않았다.

권력을 분리시키는 이 거룩한 칸막이는 제9계명을 범한 한 사람에 의해서 파괴되었다. 이 사건은, 모든 지도자는 제9계명을 심각하게 생각해야 한다는 경고를 보내고 있다.

셋째, 하나님은 지혜로우셔서 "거짓말"이 아니라 "거짓 증거하는 것"을 엄격히 금하셨다는 사실을 배울 수 있다. 거짓말을 하더라도 거짓 증거를 안할 수 있다. 진실을 말하더라도 거짓 증거를 할 수 있다.

예를 들면, 도널드 트럼프는 그의 딸 이방카를 매력적인 여자로 간주하고 있다는 사실을 말할 수 있지만, 그가 근친상간을 범한다는 내용을 암시하면 그에 대하여 거짓 증거를 하는 것이다.

한 그리스도인이 이혼을 했다고 진실을 말하면서 그의 전처가 가정 폭력과 아동학대 경력이 있다는 사실을 누락시킬 수 있다. 앞부분의 진실은, 그가 비윤리적이며 교회의 사역에 부적절하다는 것을 암시한다. 뒷부분의 진실은 동일한 사람에 대하여 완전히 다른 인상을 주며, (앞부분만 말한 경우의) 거짓 증거를 하려고 하는 사악한 의도를 들추어낸다.

성경이 강조하는 바는 거짓말이 아니라 거짓 증거이다. 거짓말 혹은 부분적인 진실로 어떤 사람에게 해를 끼치거나 깎아내리려 하는 것을 현대 언어로 명예훼손(defamation)이라고 한다. (말에 의한 명예훼손을 비방[slander]이라고 하며, 글에 의한 명예훼손을 중상[libel]이라고 한다. 서약을 하고 거짓말을 하는 것을 위증이라고 하며 대체로는 명예훼손과 같은 효과를 가지나 반드시 그런 것은 아니다.) 명예훼손은 심각한 죄이다. 성경에 따르면 명예훼손은 불법이다. 그러므로 제대로 된 나라라면 그것은 온라인이든 오프라인이든 불법이어야 한다. 그런데 그렇지 않다.

가정법원

명예훼손과 위증은 가정법원(이혼법정)에서 너무나 흔하게 발생해서 무고자가 다른 사람의 명성을 망치고도 처벌받지 않으며 판사도 그 범죄를 처벌하지 않는다. 변호사들이 의뢰인을 금전적 조정이나 양육권 다툼에서 유리한 입장에 서게 하기 위하여 무고를 조장한다. (호주에서는 배우자에게 목소리를 높이거나 아내에게 신용카드를 사용하지 못하게 하면 법정은 이를 "가정 폭력"으로 간주한다.)

많은 단순한 사건들이 이러한 무고로 인하여 복잡해지며, 무고가 잘못으로 밝혀지더라도 항상 처벌을 받지는 않는다. 이 속보이는 행동에 가담하고 있는 모든 사람은 제9계명을 범하는 죄를 짓고 있다. 이 부당함이 이민문제보다 더 많은 미국인을 괴롭히고 있으므로, 경건한 대통령이라면 이 문제를 바로잡아야 한다.

가짜 뉴스

대중매체는 어떤 사람의 말을 부분적으로 선택하여 편집함으로 누구든지 명예훼손을 가할 수 있다. CNN이 사람들로 하여금 말을 끝내지 못하게 함으로써 인격을 오해받도록 하는 것을 본 적이 있다. 편집팀이 그렇게 편집하고 뉴스 앵커들이 그렇게 설명하였다. 다른 채널에서 그 사람의 말 전체를 적절한 맥락에서 들을 수 있었기 때문에 나는 사실을 알 수가 있었다.

CNN이 대중을 오도하는 사례로 의회가 2019년 7월 24일 로버트 멀러(Robert Mueller)의 보고서에 대하여 질문하는 것에 대한 보도를 들 수 있다. 멀러는 자신의 보고서가 생소한 것처럼 그 보고서에 대하여 허둥댔다.

영국계 이란인으로 CNN의 국제문제 주(主) 앵커인 크리스틴 아만푸어(Christiane Amanpour)는 아리조나주 출신 연방하원의원인 데비 레스코(Debbie Lesko)를 비웃으면서 청문회 동영상 일부를 보이면서, "저는 그녀의 의도가 무엇인지를 모르겠습니다. 그녀는 멀러에게 '뉴욕 타임즈'와 '폭스 뉴스'를 보고서에 몇 번 인용했는지를 질의했습니다. 이 부분을 보시겠습니다."라고 말했다.[2]

다음은 전후를 포함한 의회 청문회 내용이다.[3]

레스코: "멀러씨, 당신은 서류와 증인에 의한 증거에 근거하기보다는 언론에 많이 의존하고 있는 것으로 보입니다. '워싱턴 포스트'를 몇 차례 인용하셨는지 알고 싶습니다."

멀　러: "뭘 몇 번 했냐고요?"

레스코: "워싱턴 포스트를 인용하신 것"

멀　러: "저, 저, 저는 그 숫자를 알지 못합니다만, 어, 그 숫자를 알고 있지 않습니다."

레스코: "제가 세어보니 60번이었습니다."

[CNN 동영상은 여기서부터 시작함.]

레스코: "뉴욕 타임즈는 몇 번 인용하셨나요? 제가 헤아려 본 바는"

멀　러: "이것도 모르겠습니다."

레스코: "제가 헤아려본 바로는 75회입니다. 폭스 뉴스는 몇 번 인용하셨나요?"

멀　러: "다른 두 경우와 마찬가지로 알지 못합니다."

레스코: "약 25회입니다. 2권은 대체로 언론 기사를 되풀이 한 것
　　　으로 보인다고 말씀드릴 수 밖에 없습니다."
[CNN 동영상은 여기서 종료되었음.]

아만푸어와 논평자들은 그것을 폭스 뉴스에 관한 것으로 왜곡하
고, 공화당원들이 다른 뉴스에 비해 폭스 뉴스가 얼마나 자주 인용되
는지에 관심이 있는 것으로 이끌어간다.

국회의원의 초점은 그것이 아니었다. 대부분의 법률적 심문처럼
핵심은 마지막에 있다. 아래에 아만푸어가 누락시킨 결론이 있다.

레스코: "2권은 대체로 언론 기사를 되풀이 한 것으로 보인다고 말
　　　씀드릴 수 밖에 없습니다. 2권에서는 제가 50달러짜리 유
　　　선 방송 뉴스를 통해서 듣고 알고 있던 것 외에는 거의 아
　　　무것도 없습니다. 그런데 당신의 조사는 미국 납세자의 돈
　　　2500만 달러를 사용하였습니다. 멀러씨 당신 보고서에는
　　　거의 200회의 언론 보도가 인용되어 있습니다."

로버트 멀러는 그의 조사가 엄청난 낭비라는 것이 드러나자 확실
히 불편해 보였다. 그것이 국회의원 레스코의 핵심이었다.

TV 편집으로 아만푸어는, 공화당 국회의원이 폭스 뉴스에 기울어
져 있어서 멀러가 왜 폭스 뉴스보다 얼마나 더 자주 뉴욕 타임즈를
인용했는지를 알고 싶어하거나, 노련한 멀러에게 엉뚱한 질문을 하
여 그녀(국회의원)에게 할애된 짧은 인터뷰 시간을 허비하고 있는 것

으로 보이게 함으로 그 국회의원에 대하여 거짓 증거를 한 것이었다.

아만푸어의 보도는 완전한 언론 사기이지만, 다른 나라의 대다수 시청자들은 단지 CNN을 통해서만 뉴스를 듣는다. 그들이 스스로 인터넷을 조사하지 않으면 대안이 없으며, 구글 탐색을 통해서 얻는 결과는 심각하게 왜곡되어 있다. 구글 탐색을 통해서는 아만푸어의 TV 보도에 대한 동영상이나 평론을 하나도 찾을 수가 없었다. 보통 트럼프의 사소한 말실수도 심하게 공격하는 사실 확인 웹사이트들 중 어느 하나도 이 세계적인 언론인인 아만푸어에 대하여는 사실 확인을 하지 않았다. 확실한 것은 사실 확인 기관과 같은 편에 서 있으면, 무사 통과된다는 사실이다.

그러한 TV 프로그램은, 보도에 있어서 단순히 좌편향된 정도가 아니라 가짜 뉴스이다. 이는 제9계명의 위반이다. 전세계적으로 순진한 시청자들에게 하루 24시간씩 이러한 가짜 뉴스가 반복되고 있다고 상상해 보라. CNN의 뉴스를 신뢰하는 사람들은 사실의 세뇌된 버전을 듣게 된다. 세계사에서 세계의 여론을 CNN처럼 이렇게 통제할 수 있는 힘을 가진 회사는 얼마 되지 않는다. 이러한 (언론의) 힘의 행사에는 막중한 책임과 정직이 요구된다.

모욕적 퇴진

좋은 정부라면 명예훼손자, 위증자, 가짜 뉴스 전달자를 처벌해야 마땅하다. 그렇지 않으면 정의가 무너진다. 하나님께서는 명예훼손 같은 것을 특히 싫어하신다는 것을 보여주는 사건이 성경에 여럿 있다. 가까운 사람이나 높은 권력자에 대하여 거짓 증거를 하면, 이 불법행위는 한 차원 높은 "모욕"이 된다.

부모에 대하여 거짓 증거하는 것은 "내 부모를 공경하라"는 제5계명에서 다룬다. 자신만이 아는 부모의 비밀을 말할 수는 있지만, 그것이 사실이라 하더라도 그것을 드러내어 부모가 다른 사람들 눈에 비하되게 된다면 이것은 "모욕"죄를 범하는 것이다.

배우자, 전 배우자, 자녀들 및 다른 가족들에 대해서도 동일한 죄를 지을 수 있다. 노아가 왜 그의 아들인 함을 거쳐 그의 손자 가나안을 저주했는가에 대해서는 오랫동안 논쟁이 되어왔다. 후손을 저주하는 것은 족장이 할 수 있는 최악의 행위였다. 무슨 일이 일어났는가? 창세기는 다음과 같이 설명한다.

> 하루는 그가 포도주를 마시고 취하여 자기 천막 안에서 벌거벗은 채 누워 있었다. 가나안의 아버지인 함이 자기 아버지의 나체를 보고 밖으로 나가서 그 사실을 두 형제에게 말하였다. (창 9:21-22, 현대인의 성경)

이 사건에 더 많은 죄가 있는지에 상관없이, 한가지는 분명하다. 함의 죄는 다른 사람들에게 노아가 취해서 벌거벗었다고 알린 것이다. 그는 사실을 말했지만 아버지를 모독했다.

다른 두 아들은 어떻게 달리 행동했는지를 주목해 보라. 차이는 문장이 시작되는 "그러자"(역자 주: 영어 성경에는 '그러나'를 의미하는 'but'이라는 단어가 사용됨)라는 단어가 암시하고 있다.

그러자 셈과 야벳이 옷을 가져다가 어깨에 메고 뒷걸음질 쳐서 들어가 아버지의 나체를 덮어 주고 계속 **얼굴을 돌린 채** 아버지의 나체를 보지 않았다. (창 9:23, 현대인의 성경)

문맥을 이해해야 한다. 노아는 지구상에서 벌어진 대규모의 종말을 이제 막 목격했으며, 인류 역사의 유일한 세계적인 홍수를 지내고 살아남아 있었다. 노아도 많은 낙심한 사람들이 하듯, 취하여 통제력을 잃었다.

셈과 야벳도 함이 본 동일한 상황을 목격했지만, 그들은 아버지를 가려 주었다. 잠언 10장 12절은 "사랑은 모든 허물을 가리느니라"라고 한다. 베드로전서 4장 8절은 "사랑은 허다한 죄를 덮느니라"고 한다. 셈과 야벳은 함 그리고 그 아들 가나안과는 달리 반응하였다. 노아가 깨어나서 셈과 야벳을 축복하고 가나안을 저주했던 것을 보면 가나안도 이 일에 관련이 있었던 것으로 보인다.

노아가 술이 깨어 그의 작은 아들이 자기에게 행한 일을 알고 이에 이르되 "가나안은 저주를 받아 그의 형제의 종들의 종이 되기를 원하노라" 하고 또 이르되 "셈의 하나님 여호와를 찬송하리로다 가나안은 셈의 종이 되고 하나님이 야벳을 창대하게 하사 셈의 장막에 거하게 하시고 가나안은 그의 종이 되게 하시기를 원하노라" 하였더라 (창 9:24-27)

함과 가나안의 죄는, 노아가 취해서 벌거벗은 것을 보고 다른 사람들에게 이 사실을 말함으로 노아의 벌거벗음을 드러낸 것이었다. 사실에 입각하여 모독하는 것은 제5계명과 제9계명을 동시에 어기는 것이다. 더 심각한 문제는 오늘날 서구에 살고 있는 우리 다수는 너무나도 이 죄에 익숙해서 더 이상 죄로 느끼지 않는다는 것이다. 모독은 가족이 해체되는 증상 중 하나이며, 연장하여 문화가 쇠퇴하고 있다는 표징 중의 하나이다.

전설적인 싱가포르의 건국자 리관유는 최소한 21명의 개인을 명예훼손법 위반으로 고발하였다.[4] 그는 21개의 소송에서 모두 승리했다. 한편 비판자들은 리관유의 열정으로 인해서, 정부를 조심스럽게 비판하던 국민들에게 찬물을 끼얹는 효과를 가져왔다고 주장하였다. 반면에 싱가포르의 정치적 안정과 경제적 번영을 반박하기는 어렵다.

나는 태국에서 성장하였는데, 그곳에서는 국가를 부를 때 모든 사람은 일어섰으며, 왕을 폄하하는 사람은 없었으며, 군주의 권력 남용 사례는 볼 수 없었다. 태국 국민이 느끼는 것은, 소인배가 느끼는 두려움이 아니라 정의로운 왕 푸미폰 아둔야뎃(Bhumibol Adulyadej), 즉 라마 9세에 대한 높은 존경심이다. 국민은 그를 존중하며, 그도 국민을 존중한다. 대부분의 외국인도 태국에서는 자유를 느낀다. 사람들은 정치에 대하여 평가를 할 수 있지만, 왕의 명예를 훼손해서는 안된다.

극단적인 경우까지 확장될 수 있음을 인정한다. 예수님 당시 로마 황제 티베리우스(A.D. 14-37)는 불경죄(lese majeste)라는 범죄를 엄하게 처벌하였다. 독재자는 비판을 좋아하지 않으며, 명예훼손법을 남용할 것이며, 다른 법도 남용할 것이다. 법 그 자체의 잘못은 아니다. 독재의 징후는 만연한 하나님의 법 무시이다. 명예훼손과 언론의 자유는 서로 균형을 맞추어야 하지만, 서양에 사는 우리는 제9계명을 너무 가볍게 취급하는 경향이 있다.

정보의 문지기인 뉴스 공급 기관의 편집자 및 언론인이 진실을 숨기고, 사실을 왜곡하고, 적법한 절차를 거쳐서 선출된 지도자를 깎아내리기 위하여 거짓말을 만들어낸다면, 문명사회가 만들어지거나 유지될 수 없을 것이다.

도널드 트럼프 대통령을 "러시아 간첩" 및 "인종차별주의자"라고 부르는 것은 제9계명을 위반한 것이다. 이것은 그 나라의 가장 높은 직책에 대한 모독이다. 하나님께서 좋은 정부를 위한 최고의 상위법 중 하나로 "거짓 증거하지 말라"라고 하셨으므로, 어떤 사람에 대하여 사실과 다르게 말하면 법으로 처벌받아야 한다.

어떤 사람이 자신의 주장이 진실인지를 확신하지 못하고 있었다는 사실이 증명되고, 또 그 주장이 틀렸다는 것을 듣고도 자신의 주장을 철회하기를 거부한다면, 그 사람이 제9계명을 어겼다는 사실은 명백하다. 그 사람은 처벌을 받아야 한다.

가짜 뉴스를 차단하는 방법

제1차 헌법 개정은 종교의 자유, 언론 출판의 자유를 보장하는 것이다. 자신들의 믿음대로 살며, 성경을 일반인의 언어로 번역하는 것을 카톨릭교회가 오랫동안 금지하여 왔으므로, 개신교들은 이 모든 자유를 위해 열심히 싸웠다. 성경을 라틴어에서 그리스어, 독일어 및 영어로 번역했기 때문에 어떤 사람들은 고문을 당하고 죽기도 했다. 그러므로 기독교인들은 언론의 자유를 매우 높이 평가한다.

하지만 언론의 자유와 말할 수 없는 내용 사이에는 긴장이 있다. 폭력을 선동해서는 안된다. 불이 나지 않았는데 사람이 많이 모인 극장에서 '불이야!'라고 소리쳐서는 안된다. 테러 가담자를 모집하는 것도 금지되어 있다. 명예훼손으로 무죄한 사람의 명성을 망쳐서는 안된다. 자유와 제한 사이에 어떻게 균형을 잡으면서 가짜 뉴스와 싸울 것인가? 세 가지 제안이 있다.

가짜 뉴스를 없애는 첫 단계로, 대통령과 의회가 라디오 및 TV 방송, 신문사 허가에 관련된 법을 모두 폐지하는 것이다. 정치인이 산업의 표준을 규제하는 방법으로 일반인에게 면허를 주지만, 실상은 경쟁을 억제하고, 독점을 보호하는 관료적 수단이 되고 있다.

예를 들면, 면허 때문에 택시 가격이 상승하게 되고, 택시 회사에게 교통 산업에서의 독점을 허용한다. 우버로 인하여 승객을 위한 개인대 개인의 승차 공유가 이루어지고, 이로 인하여 택시 가격이 내려가게 되고 고객의 선택권이 확대되면서 이러한 상황은 끝났다. 우버는 택시에서 했던 것을 음식 배달로 확장시켰지만, 이 분야는 고객을 만족시키기 위하여 혁신을 해야 할 필요를 느끼지 못할 정도로 경쟁이 없다.

비슷하게, 미디어 회사들은 경쟁에서 정부의 보호를 받는 거대한 선동 독점사업가가 되었다. 이들은 정부가 발행하는 면허를 통해서 경쟁에서 보호를 받는 좌파의 문지기가 되어서, 보수적 견해와 뉴스

생산자를 일반 미국인의 거실에서 퇴출시켰다. 인터넷 사용자들은 문지기들을 우회할 수 있으므로, 이제는 더 이상 면허를 필요로 하지 않는다.

29세의 나이에, 아버지가 1994년에 사준 인텔 486을 장착한 컴퓨터 하나로 최초의 인터넷 기반 독립 뉴스 기관을 1995년에 설립한 사람은 맷 드럿지(Matt Drudge)였다는 사실을 기억하라. 1998년 1월 17일, 당시 21세였던 백악관 인턴 모니카 르윈스키(Monica Lewinsky)와 빌 클린턴 사이의 관계를 폭로한 뉴스를 보도한 것은 바로 「드럿지 리포트」(*Drudge Report*)였다. 「뉴스위크」(*NewsWeek*)는 민주당 대통령을 보호하기 위하여 그 이야기를 죽였지만, 다른 뉴스 기관들은 맷 드럿지 때문에 보도를 하지 않을 수 없었다.

인터넷에 관한 간단한 역사를 보면 상황을 파악할 수 있다.

- 첫 번째 도메인은 1985년에 등록되었다.(symbolics.com)
- 팀 버너스-리(Tim Berners-Lee)가 1989년 CERN을 위해서 월드 와이드 웹(www)을 개발하였으며, CERN 외부에는 1991년 이후에 공개하였음.
- 첫 번째 대중적인 웹 브라우저인 마이크로 소프트 익스플로러는 1995년 사용되기 시작함.
- 핫메일(Hotmail)은 1996년 처음으로 인터넷 기반의 이메일을 제공한 회사 중 하나가 되었음.
- 1997년 드럿지는 그의 이메일 구독자 85,000명을 확보하였음.
- 1998년 그의 컴퓨터에서 이메일을 발송하는 이 가난한 젊은이가 아니었다면, 빌 클린턴이 미국 역사상 탄핵 소추를 당한 두

번째 대통령이 되지는 않았을 것이다.(처음 소추는 130년 전인 1868 앤드류 존슨이었다.)

1995년 드럿지 리포트를 본 후에, 26세 앤드류 브라이트바트 (Andrew Breitbart)는 맷 드럿지에게 메일을 보내서 친구가 되었다. 드 럿지는 브라이트바트를 지도하였고, 그 결과로 그는 현재 좌파 성 향의 「허핑턴 포스트」(Huffington Post)를 2005년 설립하였다. 2007년 에는 우파 성향의 「브라이트바트 뉴스」(Breitbart News)를 설립하였으 며, 2012년 43세로 때가 이르게 사망하였지만 두 신문은 아직도 살 아있다.

이 인터넷 선구자들로 인하여, 정부가 면허를 이용하여 언론 독점 기관을 만들어 내지 않을 때 세상은 좀 더 나은 곳이 되었으며, 언론 은 좀 더 정직해졌다는 것이 증명되었다.

그러므로 모든 언론 면허 법규는 철폐되어야 한다.

가짜 뉴스와 싸우는 두 번째 방법은 언론기관에 지급되는 주정부 재정지원을 중단하는 것이다. 인터넷이 존재하는 오늘날 세금의 지원 을 받는 언론기관이 설 자리는 없다. 대부분의 미국인과 호주인은 뉴 스에 있어서 균형잡힌 접근을 원하지만, 호주의 극좌 ABC(Austrailian Broadcasting Corporation)는 아무런 책임도 없이 10억 달러를 넘는 세 금을 사용할 수 있기 때문에 국가적 영향력을 행사할 수 있다. 공적 자금으로 사회공학(역자 주: 태도와 행동에 대규모 영향을 미치려는 노력) 과 편향된 선동을 수행한다. 미국에서는 PBS나 NPR 같은 공적 매체에 4억 4,500만 달러를 배정한다.[5] "선택 가능한 TV와 라디오가 거의 무한대인데"[6] 왜 연방 정부가 자금을 지급하는 공적 매체가 필요한가? 진정한 보수 정부라면 낭비를 중단하고 자유시장 원리에 맡겨 두어야 한다.

셋째로, 모든 학생들에게 **"미디어 읽기"**를 가르쳐야 한다. 호주의 기독교 학교 한 곳에서는 이를 영어 과목의 일부로 가르치고 있다. 사회과목 또는 기술윤리 과목의 일부로 가르칠 수도 있다. 정보화 시대에 학생들은 왜곡, 사실로 가장한 의견, 위에서 기술한 CNN의 크리스틴 아만푸어의 경우와 같은 의도적 사실 누락을 분별할 수 있는 기술을 연마할 필요가 있다.

일련의 수업을 한 학기에 집중할 수도 있지만, 지역 매체를 비평하는 월간 수업으로 펼칠 수도 있다. 이러한 방법으로 학생들은, 언론인들이 이야기를 자극적으로 만들기 위하여 사용하는 방법, 통계를 왜곡하는 방법, 감정을 조정하는 방법을 알게 된다. 학생들은 정보의 문지기들이 어떻게 제9계명을 어기는지, 또 어떻게 그들에게 책임을 묻는지도 배울 필요가 있다.

대통령이 2019년 10월 11일 루이지애나 집회에서 말했듯이, "부패한 민주당 정치인, 정부내 정부인 관료 그리고 가짜 뉴스 미디어 사이의 부정한 동맹에 대하여 직접적인 조치를 취해야 한다. 그들은 바로 거기에 있다."

온라인 명예훼손

일단 제9계명을 이해하게 되면, 많은 문제를 해결할 수가 있다. 온라인 괴롭힘은 많은 젊은이를 자살로 몰고간 심각한 문제이다. 고치기 쉬운 문제로 부모가 자녀를 잃어서는 안된다. 이렇게 쉽게 아무런 벌도 없이 제9계명을 어길 수 있다는 사실이 불의이다.

현재 온라인 명예훼손을 경험하고 있다고 해도 미국에서는 피해자를 위한 가능한 대책이 없다. 구글 같은 검색 엔진은 내용을 삭제하거나 순위를 낮출 수 있지만, 이러한 기술은 보수적 견해를 검열하는 데 사용한다. 하지만 명예훼손 내용을 삭제하는 데 이러한 기술을 사용한 적은 거의 없다. 검색 엔진은, 악하며 자주 익명으로 활동하는 온라인 명예훼손자들에게 실명의 사용자들과 동등하게 보이고 들릴 권한을 준다. 이것은 범죄로 규정되어야 한다.

마이클 로버츠(Michael Roberts)가 Googliath.org에 쓴 것과 같이, "누군가가 온라인에서 다른 사람의 명예를 훼손하는 데 5분 밖에 걸리지 않는데, 왜 피해자는 그들의 명예를 되찾는 데 법정에서 수만 달러를 지불해야 하나? 온라인에서 선량한 사람을 악의적으로 명예훼손을 하는 악당을 막을 진입장벽은 매우 낮다. 이로 인한 피해자들을 구제하기 위한 장벽 역시 비례적으로 낮아져야 할 필요가 있다. 상황이 그러하므로 모든 사법영역에서 명예훼손법 또는 유사한 법을 개정하여, 신속하게 경제적, 법적 보상을 받을 수 있도록 하는 조항을 포함해야 한다."[7]

로버츠씨는, "명예훼손 피해자가 최소한의 구제와 배상, 그리고 더 중요하게는 명예훼손 검색 결과를 대중의 시야에서 삭제하도록 거대 검색 엔진에 대한 신속한 금지 명령을 요청할 때, 하급법원이 이를 다룰 수 있는 권한이 있어야 한다"고 제안한다.[8]

온라인 명예훼손 혹은 괴롭힘 피해자가 작성하여 웹사이트와 검색엔진과 같은 인터넷 제공자에게 제출하는 '우려 통지 간편양식'을 통일할 필요가 있다. 피해자가 이런 낮은 단계의 구제책을 선택하면, 상위 법정에서나 얻어낼 수 있는 고차원의 배상은 시도하지 않을 것이다.[9]

어느 한 국가가 법으로 구글의 웹사이트에서 명예훼손 내용을 삭제하도록 요구하면, 구글은 그 나라에서는 그 법을 준수하겠지만, 다른 나라에서는 그 논리나 상식을 적용하여 동일한 해로운 내용을 삭제하지 않을 것이다. 그러므로 해로운 웹사이트가 해외에 있을 경우에는 법적 관할권 문제가 발생한다. 어떻게 해야 하나?

호주의 제니스 더피(Janice Duffy)라는 사람은 2017년 구글을 상대로 소송을 제기하였으며, 그 소송에서 승소하여 불문법 국가(호주, 영국, 캐나다, 홍콩 등)의 판례를 만들었다. 불문법 국가에서는 피해자가 구글에게 검색결과에서 명예훼손 관련 자료를 삭제하도록 요청할 수 있게 되었다. 로버츠가 언급하였듯이 "해외의 웹사이트가 명예훼손 문헌을 삭제하지 않는다 하더라도, 검색 엔진이 검색 결과에서 이 공격성 자료를 제외한다면 아무도 그것을 발견할 수 없게 된다는 점에서, 사실상 존재하지 않는 것과 같다."[10]

거대기술기업들은 명예훼손 자료를 삭제해 달라는 요청이 진짜인지 아닌지 어떻게 알 수 있나? 익명의 기관에 의한 인신공격은 보고만 하면 삭제되어야 한다. 온라인에서 괴롭힘을 당하는 십대들이 명예훼손에 대항하는 조치를 쉽게 취할 수 있도록 하는 것을 포함하여 실명을 사용하는 사람들을 쉽게 도울 수 있다. 익명의 ID를 사용하여 자신을 숨기는 사람들로부터, 실명을 사용하여 자신을 드러내는 사람들을 보호하기 위해서 법률 전문가가 필요한 것은 아니다. 온라인 명예훼손에 대한 구제의 장벽을 낮추면 문제가 해결될 수 있다. 이것은 가장 근본적인 문제이지만 사람들을 보호하기 위한 지극히 간단한 절차도 마련되어 있지 않다.

디지털 권리장전

미국의 건국자들은 현명하긴 했지만 사람들의 디지털 데이터를 보호해야 할 필요까지는 예견하지 못했다. 그들은 인터넷 시대가 도래할 것이며, 인터넷 검열, 특히 보수주의자와 기독교인에 대한 검열이 그렇게 쉽고 효율적이 될 것이라는 사실은 몰랐다.

거대기술기업들은 1996년 통과된 통신예절법(Communication Decency Act)의 일부인 47부 230편 법규 뒤에 숨는다. 이 법은 출판사에게는 허용하지 않는 면책특권을 플랫폼 회사에게 적용한다. Tech 회사 중 거인인 구글, 페이스북 그리고 트위터 같은 회사는 출판사가 아니라 플랫폼이라는 것이다. 그러나 이것이 사실이 아니라는 것을 우리는 알고 있다.

트럼프를 포함한 여러 사람들은 구글 검색이 매우 반보수적인 편향을 보인다고 비난할 정도로, 사람들이 무엇을 보아야 할지를 그들이 선택하고 고른다.[11] 기독교인이며 헌법학자인 아구스토 짐머만(Augusto Zimmerman) 교수는 호주의 퍼스(Perth)에서 개최되는 "종교의 자유"에 대한 저명인사들의 컨퍼런스를 페이스북을 통해서 광고하려 하였으나 차단되었다고 보고한 바 있다. 페이스북은 그것이 종교적으로 공격적인 것이어서 그렇게 했다고 주장했다. 아이러니가 아닐 수 없다.[12] 구글에서 뉴스를 검색하면, 종종 그들이 승인한 뉴스 사이트, 거의 모두 좌파 사이트만 보여준다는 점에서, 그들은 사실상 출판사인 것이다. 그들은 중립적인 플랫폼 기능을 수행하지 않는다.

우리의 생활과 삶이 대부분 인터넷 중심이 된 현시대에서는 디지털 권리장전이 필요하다.

2018년 9월 18일 발표된 "트럼프 대통령에게 보내는 공개 서한: 구글, 페이스북, 트위터 및 기타 거대기술기업들을 어떻게 해체할 것인가?"[13]에서 나는 디지털 권리를 향한 기준을 제시했다. 우리는 과거의 가정에 그대로 의존할 수는 없다. 학자들은 구글을, 반독점법으로 회사를 쪼갤 수가 있었던 스탠다드 오일이나 AT&T와 잘못 비교한다.[14] 어떤 사람들은 구글의 검색 엔진을 모회사인 알파벳으로부터 독립시킬 것을 제안하거나, 유튜브를 구글로부터 분리시키는 것을 제안하였지만, 이러한 제안은 핵심을 놓치고 있다.

구글은 인터넷 검색의 90%를 장악하고 있으며, 사람들이 어떤 것을 보게 될지를 결정한다. 1933년 글래스-스티걸 법으로 상업은행과 투자은행으로 나누어졌던 은행과 거대기술기업들은 다르다. 상호 온라인으로 연결될 수 있기 때문에 이 기업들은 비록 쪼개어진다 해도 종이에 기록을 남기지 않고 담합하거나 데이터를 조작할 수 있다.

페이스북, 유튜브, 스포티파이, 애플 아이튠, 트위터는 알렉스 존스(Alex Jones)의 소셜 미디어 플랫폼을 24시간 만에 퇴출시키기로 협의하였다. 그들은 단순한 독점사업자가 아니라 독점사업자의 카르텔이며, 그들이 인터넷에서 견고한 요새를 유지하기 위하여 엄청난 재원을 쏟아부을 것이다.

거대기술기업을 쪼개기보다는, 나는 대통령과 의회에 다음을 제안한다.[15]

1. 데이터 권리를 확보하라 – 대중에게 그들의 사적인 데이터 통제권을 넘겨주라.
2. 전화 회사나 전기 회사를 바꿀 수 있듯이, 소셜 미디어 회사를 탈퇴할 수 있는 자유를 대중에게 허용하라.
3. 통신을 인간의 기본적 요구 및 권리로 여기고 보호하라.
4. 온라인의 언론 자유를 증진하라.
5. 거대기술기업에 의한 검열을 종식하라. 그들과 그들의 대리인은 어떤 것이 가짜 뉴스이며 어떤 것이 신뢰할만한 뉴스인지를 결정할 권한이 없다.
6. 거대기술기업이 국가의 선거에 개입하는 것을 중단시켜라.
7. 데이터 기밀을 복원하라

잊혀질 권리

2014년 유럽법원은, 유럽인은 "잊혀질 권리"가 있다고 판결함으로 데이터의 기밀을 복원하는 방향으로 한걸음을 내딛었다. 유럽인들은, 대중의 이익에 매우 도움이 되는 경우를 제외하고는, 구글 검색 결과에서 "정확하지 않거나, 적절하지 않거나, 관련이 없거나, 지나치다"라고 판단되는 자료를 삭제해 주도록 요청할 수 있다.[16]

소비자 감시(Consumer Watch)의 존 심슨(John Simpson)은 미국인도 동일한 권리를 가져야 한다고 주장한다. 인터넷 이전에는, 황당한 말부터 가벼운 범죄에 이르는 공적인 실수를 한 젊은이들은 결과적으로 "잊혀짐으로 비밀이 유지됨"(privacy-by-obscurity)의 덕을 보았다. 심슨은 "그러한 사건들은 대중의 의식에서 사라져 갔다"라고 말한다. 그러나 디지털 사회에서 젊은 시절의 과오는 영원히 대중에게 보인다.[17] 사회에 해가 되지 않는 시민은 자신의 데이터에 대한 권리를 되찾아야 한다.

통제의 개방

정치인들이 거대기술기업들로 하여금 그들의 데이터를 정화하도록 강요하거나 데이터가 편향되지 않도록 강요하는 것은 가능하지 않을 것으로 보인다. 그들과 그들의 알고리즘은 재무적으로, 이념적으로, 정치적으로 작동한다. 재무적인 관점에서 보면, 부정적인 내용의 조회수가 더 많으므로 광고 수입을 더 많이 올려준다. 구글도 역겨운 내용을 더 많이 올려야 할 이익이 된다. 마이클 로버츠는 구글의 이러한 편향성을 "창피주기 알고리즘"(humiliation algorithm)[18]이라고 불렀다. 정치적인 관점에서 보면, 거대기술기업들은 다음 대통령 선거에서 사회주의적 마르크스주의자들이 이기기를 원한다. 그들의 이념은 반미국적 가치와 세계주의를 증진시키는 것이다.

대통령이 해야할 첫 단계는 거대기술기업들로 하여금 인터넷 표준을 준수하도록 명령하는 것이다. 예를 들면 교류 전력망은 표준화 되었으며, 이로 인하여 전력 공급자들의 경쟁이 가능해졌다. 유선전화 네트워크는 표준화되었으며, 그로 인하여 대규모 경쟁이 생겨났다. 인터넷은 HTML과 같은 프로토콜의 표준화가 이루어졌다. (프로토콜은 서버와 클라이언트 사이의 통신 언어이다.)

거대기술기업은 이와 반대로 표준 프로토콜로 운영하기를 거부한다. 하지만 해결책은 간단하다. 새로운 표준을 만들 필요도 없다. 이미 인터넷 프로토콜 표준화를 위한 위원회 IETF(The Internet Engineering Task Force)가 이를 만들어 놓았다. 거대기술기업들은 그들만의 독점체제를 만들고, 이를 연장하여 그들의 검열 체제를 만들기 위하여 이 표준을 무시한다. 그들의 규모가 아니라 바로 이것이 문제의 핵심이다.

나는 대통령과 의회에 3단계 계획을 제안한다. 첫 번째 단계는 IETF의 표준을 따르도록 하는 것이다. 거대기술기업들도 이 표준을 따라야 한다. 이렇게 되면 그들의 독점적 통제가 도전을 받을 것이며, 경쟁 도입으로 인하여 일부는 무너질 것이다.

소셜 미디어 회사들이 동일한 프로토콜을 사용하도록 명령해야 한다. 그렇게 함으로 거대기술기업들은 개발자들을 자기들 환경 속에 가두어 둘 수 없게 된다. 우리는 모든 사회적 통신과 교통할 수 있는 하나의 인터페이스를 가질 수 있게 된다.

두 번째 단계는 모든 개인 데이터에 대한 통제를 "인터넷 주소록" 혹은 "개인 데이터 금고"를 통하여 사용자의 손에 돌려 주는 것이다. 실리콘 밸리는 오랫동안 "개인 정보 보호는 역사에만 있는 것"으로 가정하고 작동하였다. 이것은 사실이 아니다. 내가 알기에도, 범죄자를 제외하고는 개인 정보를 본인에게 돌려주는 시스템을 설계할 수 있는 개발자가 있다.

세 번째 단계는 깨끗한 소셜 미디어를 지원하는 것이다. 나는 "대체"(alternative)라는 단어를 사용하지 않는다. 나의 계획은 세계 최초의 깨끗한 소셜 미디어를 구축하는 것이다. 그러한 소셜 미디어에서는 테러리스트를 위한 공간은 없다. 대통령의 도움이 있으면 이 계획은 성공할 수 있다. 트럼프가 우리의 디지털 권리와 자유를 위해 선봉에 서서 싸우기 전에는 다른 어떤 세계 지도자도 행동하지 않을 것이므로, 우리에게는 트럼프 대통령이 필요하다.

제5장

사회주의 그리고 재정적인 늪 비우기

: 제 8계명 :

도적질하지 말라 (출 20:15)

"도적질하지 말라"

사람들이 이 한 구절을 믿는다면, 공산주의라는 공포는 없었을 것이다. 공산주의는 권력과 총을 가진 자들에 의한 합법적인 도적질이다. 사람들이 하나님의 말씀을 지켰더라면 20세기에 중국, 러시아, 북한, 베트남, 캄보디아, 앙골라, 쿠바에서 그들의 공산주의 정부의 손에 1억 명이 법의 이름으로 죽지는 않았을 것이다. 이 나라들은 하나님을 믿지 않았고 국가가 하나님이라고 믿었다.

국가가 최고이며 더 이상의 높은 권력을 인정하지 않는다면, 그러면 국가가 어떤 사람의 노동의 열매를 빼앗아 다른 사람에게 재분배할 권리가 있다. 이것을 도적질이라고 한다. 2018년 1월 30일 연두교서에서 트럼프 대통령이 다음과 같이 말하는 것을 듣고 크리스천들이 기뻐했던 이유가 그것이다.

> "미국에서는 정부와 관료제도가 아니라 신앙과 가족이 미국
> 생활의 중심이라는 것을 우리는 압니다. 우리의 모토는 '우리
> 는 하나님을 믿는다'입니다."

그리고 비슷하게 2019년 2월 5일 두 번째 연두교서에서 다음과 같이 말했다.

> "미국은 정부의 강요, 통치, 통제가 아니라 자유와 독립 위에
> 세워져 있습니다. 우리는 자유롭게 태어났고, 자유롭게 살아
> 갈 것입니다. 오늘 저녁 우리는, 미국은 절대 사회주의 국가
> 가 되지 않는다는 결심을 새롭게 합니다."

한 개인이 다른 사람의 소유를 강제로 허락없이 가져 간다면, 도둑이 그것을 어떤 좋은 목적에 사용하려고 하는지에 상관없이 그것은 잘못이다. 그러므로 많은 권력을 가진 사람들이 그렇게 결정한다고 해서 옳은 일이 되는 것은 아니다. 농담 하나가 생각난다.

100달러가 몹시 필요했던 어린 소년이 하나님께 2주간 기도했지만, 돈은 오지 않았다. 그래서 그는 하나님께 100달러를 요청하는 편지를 쓰기로 결심했다. "미합중국, 하나님에게"라는 주소가 적힌 편지를 우체국에서 받고는 이 편지를 대통령께 보내기로 결정했다.

대통령은 너무나 깊은 인상을 받고, 감동되기도 하고 기쁘기도 하여 비서에게 50달러를 소년에게 보내도록 지시했다. 그는 그 돈이면 어린 소년에게는 큰 금액이라고 생각했다.

어린 소년이 답신을 열어서 50달러를 보고 기뻤다. 그는 즉시 앉아서 하나님께 감사편지를 다음과 같이 썼다.

> "사랑하는 하나님, 돈을 보내주셔서 감사합니다. 하지만 하나님께서 무슨 이유인지는 몰라도 그 돈을 워싱턴 DC로 보내셨습니다. 그래서 늘 하듯이 그 악마들이 절반을 가져갔습니다."

정치인들이 합법적으로 사람들로부터 훔치는 방법으로 부채, 인플레이션, 면허, 관료적 비효율이라는 4가지 방법이 있다. 각각의 문제를 해결하고 정치인들이 하나님의 제8계명을 위반하지 못하도록 하는 창의적인 방법을 살펴볼 것이다.

째깍거리는 시한 폭탄

세계의 외환보유 자산으로서 달러의 위상에 가장 큰 위협은 러시아, 중국, 비트코인, 페이스북의 리브라 코인이 아니다. 미국의 초강대국 위상에 가장 큰 위협은 자신의 통제할 수 없는 도적질이다. 이 합법적인 도적질은 여러 모양을 하고 있으며 서로 다른 이름으로 불리고 있다. 그래서 우리는 미국 정부가 자국민의 부를 어떻게 박탈하고 있는지를 우선 알아보려 한다.

"대표 없는 과세는 없다"가 식민지의 불만 중 하나였고, 독립전쟁의 함성이 되었다. 성경에 따르면 르호보암(솔로몬의 아들)의 뜻에 따른 과중한 세금이 이스라엘을 남북으로 갈라지게 하는 원인이 되었다. 나이 많은 지혜로운 사람들은 르호보암에게 백성들의 짐을 가볍게 하라고 조언한 반면, 젊고 가까운 친구들은 백성들을 권위적 통치 아래 두어야 한다고 조언했다. 그는 젊은이들의 어리석은 조언을 따라갔고, 10개의 지파를 잃게 되었으며, 그들은 분리되어 독자적인 나라를 만들었다. 이 나라는 "이스라엘", "에브라임" 혹은 "사마리아" 등 여러 이름으로 불려졌다. 다윗 왕의 손자에게 남은 영토는 "유다"라고 불렸으며, 그 이름으로부터 그 주민을 의미하는 "유대인"이라는 이름이 생겨났다.

부당한 세금이 로마를 포함한 여러 제국의 패망 원인이었다. 영리한 통치자는 백성들의 머리를 치지 않고 백성에게서 세금을 받아내는 데 창의적이 되어야 함을 배운다. 세금은 오직 물건에만 부과되기도 했다. 관세, 재화와 용역에 대한 세금, 부가세 등은 물건의 생산과 소비에 부가되는 세금이다.

인간에게 세금을 부가하는 것은 노예제도와 같이 매우 의문스러운 관행이다. 세금 중에서 매우 독창적인 세금이 개인소득세 그리고 사망세이다. 제8계명이 계속 무시된다면 언젠가 우리는 "출생세"를 보게 될 수도 있다.

정치인들을 중단하게 만들 수 있는 것은 무엇일까? 그들은 사람들이 태어나기도 전에 "수태세" 및 "임신세"를 부가하고 싶어할지도 모른다. 정부가 호흡세, 식사세를 부가하지 못하도록 할 근거는 무엇인가? 그들에게 이런 것들을 권하는 것은 우스꽝스럽지만 뉴욕의 "베이글 절단세", 캘리포니아의 "자동판매기 과일세", 콜로라도의 "커피 두껑세", 캔자스의 "오락세", 인디애나의 "마쉬맬로우세"보다 더 우스짱스럽지도 않다.[1] 정치인들이 과세하는 데 제한이 있나?

있어야 한다.

당신의 것이 아닌 것을 가지는 것은 명시적으로 하나님께서 십계명을 통하여 금하신다. 높은 세금은 역사를 통해서 정치인들을 어렵게 만들었다. 일반적으로 절도가 그렇다. 도적질의 핵심은 훔치는 것이다. 도둑의 목표는 그 일이 발생하는 중에 피해자가 느끼지 못하게 가져가는 것이다.

정부가 "우리 국민"들로부터 동의 없이 때로는 불평도 없이 돈을 가져가는 네 가지 창의적인 방법이 있다.

첫째, 부채 : 그들이 가지고 있는 것보다 더 많이 사용하는 것

사람들은 30일 이내에 상환할 수단이 없이 신용카드를 사용함으로 부채를 진다. 개인은 재무적인 의무를 이행하지 않으면 감옥에 갈 수 있다. 정치인은 그렇지 않다. 그것은 이중 잣대이다.

사적인 시민 중 아무도 소유하지도 않은 돈을 사용하고 벌을 받지 않는 사람은 없다. 미국에서 많은 사람들이 기록적인 개인 부채로 고통 당하고 있으며, 그 부채 중 일부는 법으로 강요된 것이다. 어떤 남편들은 이미 결혼생활 당시의 직업이나 소득수준을 유지하지 않음에도 불구하고 별거수당을 지급해야 하므로, 수당을 지급하지 못해서 감옥에 갈 수도 있으며 실제로 가기도 한다. 미국 정부는 국민에게 별거수당을 지급해야 한다. … 그런데 지급하지 않을 예정이다. 누군가 감옥에 가나?

그럴 것 같지 않다. 사실상 좌익 정치인들은 경제의 바퀴를 계속

굴리기 위하여 그들이 가진 것보다 더 많이 사용하는 것은 "우리의 유익"을 위한 것이라고 주장한다. 그러면 세수보다 공적 비용이 더 많은 "적자 예산"을 운영하는 것에 우리는 감사해야 한다. 이것이 왜 나쁜가를 일반인이 이해하도록 돕는 방법은, 정치인들이 조성한 부채는 납세자가 갚아야 한다는 사실을 알리는 것이다. 달리 말하자면, 정부가 부채를 지게 되면 세금이 상승, 상승, 상승할 수 밖에 없다.

성경은 부채에 대하여 많은 경고를 하고 있다. 잠언 22장 7절은 "부자는 가난한 자를 주관하고 빚진 자는 채주의 종이 되느니라."라고 한다. 모세는 축복받은 나라에 관하여 다음과 같이 말했다. "네 하나님 여호와께서 네게 허락하신 대로 네게 복을 주시리니 네가 여러 나라에 꾸어 줄지라도 너는 꾸지 아니하겠고 네가 여러 나라를 통치할지라도 너는 통치를 당하지 아니하리라."[2]

균형재정 개헌안

"균형재정 개헌안"(Balanced Budget Amendment, BBA)을 채택하지 않으면 미국은 재정적인 후퇴를 경험하게 될 것이다. 균형재정 개헌은 의회와 대통령으로 하여금 연방 정부가 적절한 시간 내에 상환할 수 있는 정도를 초과해서 지출하지 못하도록 하는 것이다. 균형재정을 위한 조항들은 독일, 홍콩, 이태리, 스페인, 스위스 등의 헌법에서 찾아볼 수 있다. 균형재정 규정은 어떠한 경우도 정부가 초과 집행을 할 수 없다는 뜻은 아니다. 성경도 빌리는 것을 금하지는 않는다.[3] 성경은 도적질에 반대한다.

오스트리아, 슬로베니아, 스페인은 공적 부채를 국내총생산(GDP)

의 60%로 제한한다. 스위스 헌법은 경기 사이클에 맞추어 균형재정을 유지하도록 요구한다. 말하자면, 호경기에 흑자재정을 운영하는 한, 불경기에 적자재정을 운영할 수 있도록 의회가 승인한다.

현재 합중국에서 한 주를 제외하고 모두 균형재정을 요구한다. 43개 주가 헌법에 균형재정 조항을 명시하고 있으며, 2개 주는 헌법 개정으로 이 조항을 추가했으며, 4개 주는 주 법으로 규정하고 있다.[4] 버몬트가 유일한 예외이다.[5]

연방 차원에서는, 균형재정 개헌안이 1936년 처음으로 발의된 후, 여러 차례 발의되었으나 의회를 통과하지 못했다.

현대에 들어와서는 로널드 레이건 대통령이 균형재정에 "가장 책임감을 느낀" 대통령으로 평가된다.[6] 레이건 대통령 재임시기인 1982년 상원에서 균형재정 개헌안을 통과시켰으나 하원에서 통과시키지 않았다. 1985년 1991년까지 균형재정을 달성해야 한다는 법안에 서명하였지만,[7] 1998년까지 균형재정은 달성되지 못했다.

균형재정을 위한 레이건의 가장 효과적인 전략은 사실상 반공산주의적 정책이었다. "이 벽을 허물어라!"라는 레이건의 1987년 베를린 연설은 임박한 소련의 냉전 패배와 미국의 승리를 예고했다. 이로 인한 군비 절감, 1980년대 및 1990년대의 소득세 감세, 이자율 하락, 15년 최저 인플레이션, 높은 고용율로 인한 주가상승 등으로 나타난 경제 호황으로 5,000억 달러의 "평화 배당금"[8]이 생겨났다.

1995년, 공화당이 제시한 미국과의 계약(뉴트 깅리치[Newt Gingrich]와 딕 아미[Dick Armey]가 작성한 정강으로 40년만에 처음으로 하원에서 공화당이 승리하게 한 정강)의 일부로 하원에서 균형재정 개헌안을 통과시켰다. 그 개헌안은 상원을 통과하지 못했다. 그럼에도 불구하고 진전은 있었다.

1991년 베를린 장벽이 붕괴되고 소련이 해체되었다. 1998−2001년 클린턴 대통령과 부시 대통령 시절, 미국은 흑자 재정을 실현했다. 이 두 사람 모두 베를린 장벽 붕괴, 소련의 패배, 흑자 재정에 대하여 기여한 바는 없다. 레이건의 철저한 반공산주의 정책이 미국에 성공을 가져다 주었다.

현재 지도자들도 레이건과 동일하게 강력한 반사회주의, 반거대정부 정책을 되풀이 할 수 있을 것이다. 레이건 대통령 재임시, 공산주의의 위협은 외부적이었으며, 주로 소련으로부터 왔다. 오늘날 급진 사회주의 이데올로기는 국내의 학계, 언론계, 정부 관료의 문화에 침투했다. 좌파 교사들, 연예인, 공무원 그리고 언론인들이 사회주의 선동을 쏟아내고 있다.

결과로 밀레니얼 세대의 1/3은 공산주의를 인정하며[9] 10명 중 7명은 사회주의에 투표하려 한다.[10] 카메라를 들이대고 물으면 그 용어들이 무엇을 의미하는지를 아는 사람은 거의 없음에도 불구하고 사실이 그러하다. 이 트렌드가 계속되면, 미국에서 공산주의가 승리하여 국가의 통제가 광범위하게 확산될 것은 확실하다.

거의 모든 문제를 경제문제로 치부하여 정의의 측면을 무시하는 것은 보수주의자들의 근시안이다. 이 문제야말로 당파적인 접근보다 성경적인 접근이 더 통합적 방법이다. 독일에서는 정치적으로 어디에 속하든 나치 및 공산주의 심벌은 선전에 사용할 수 없다.(예술과 교육에는 사용될 수 있다.) 독일은 2차 대전 이후에 반나치 및 반공산주의 법을 형법의 일부로 제정했다. 1956년 독일의 공산당은 금지되었으며, 반헌법적이라고 선언하였다. 독일은 자유의 나라이며, 번영하는 나라로 간주되지만, 인류 역사상 최악의 전쟁에 책임이 있는 이데올로기를 정죄하는 데 아무런 문제가 없다.

미국의 자유주의자들은 변호사와 같은 방식으로 문제를 다루고 싶어하는 반면, 미국의 보수주의자들은 기업인들과 같은 방식으로 문제들을 다루고 싶어한다. 공산주의와의 전쟁에 있어서 보수주의자들은 경제 분야의 전선에서는 승리하였지만, 즉 자본주의 나라가 공산주의 나라보다 더 자유롭고 부유하다는 것을 증명하였지만, 그럼에도 불구하고 밀레니얼 세대와 그 중의 많은 유권자들의 마음을 얻는 데는 실패하였다.

미국 부채 폭탄에 대한 세 가지 해결책을 생각한다.

첫째, 공산주의 선동을 금하고 공산주의의 살인적인 역사를 학생들에게 교육시키도록 하는 사회정의법을 제정하는 것이 큰 정부와 무책임한 지출에 대항하는 방법이 될 것이다. 이는 돈을 벌고, 번영을 증진하면 젊은이들이 이를 "받아 들인다"라는 보수주의 전략보다 더 현대적이며 더 효과적인 방법이다.

로널드 레이건의 반공산주의 전략은 선례가 된다. 그는 공산주의에 대항하여 돈을 사용하였고, 공산주의와 그의 동맹들을 비웃었으며, 라디오와 TV 연설을 통하여 대중을 교육시켰다. 성경은 도적질과 우상 숭배를 금하는 제8계명과 제2계명을 어긴다는 점에서 공산주의에 반대한다. 공산주의는 정부를 신으로 만든다. 이것은 총과 법의 힘으로 강요하는 우상 숭배이다.

둘째, 공화당이 처음부터 주장했던 균형재정 개헌이 이루어졌더라면 실제적으로 정부가 커지는 것을 억제했을 것이다. 건국자들이라면 오래 전에 승인했겠지만, 이 시도는 매번 실패했다.

결과로 미국의 부채는 현재 22조 달러를 초과하며, 이 숫자에는 사회보장, 의료보장, 기타 공적 프로그램 등 정부가 재정 준비없이 국민에게 약속한 것을 시행하기 위해 필요한 122조 달러는 포함되지 않았다.

숫자로만 보면 미국은 세계에서 가장 많은 부채를 지고 있는 나라이다. 또 미국은 외부 부채(외국인에게 개인 및 국가가 진 부채를 합한 것)가 가장 많은 나라이다. 중앙은행이 경제를 "활성화시키기 위하여" 찍어낸 돈으로 버티는 일시적인 "거짓 번영"이 영원히 지속될 수는 없다. 언젠가 IMF의 관계자들이 글로벌 경제의 "초기화"라고 묘사한 심판의 날이 올 것이다.

"초기화"가 발생하면, 많은 금융전문가들이 말하기로는 금, 은, 암호화폐 가격이 치솟을 것이라고 한다. 그러나 그렇게 되지는 않을 것이다. 미국은 달러 가격이 폭락하도록 기다리지 말아야 한다. 재정 문제를 좀 더 현명하게 다루어야 하며 너무 늦기 전에 워싱턴의 관료를 제어해야 한다.(이 문제는 이 장의 마지막 부분에서 다룬다.)

건국의 아버지들이 균형재정 개헌안을 승인했더라면 미국은 째깍거리는 시한폭탄에서 자유로울 수 있었을 것이다. 매년 해가 갈수록 수조 달러의 새로운 부채가 생겨나므로 우리 정치인들이 균형재정 개헌안을 통과시킬 가능성은 더 낮아 보인다. 그들은 선거에서 이기기 위하여 공적 지출을 사용한다. 그들의 정치적 생명이 위험하다. 오늘 그 개정안이 통과된다 해도, 22조 달러의 국가 부채에, 정치인들은 쉽게 허점을 이용하거나, 경기후퇴, 경기침체, 전쟁, 자연재해, 테러 및 기타 국가의 비상사태에는 돈을 쓸 수 있는 조항 등을 이용할 것이다.

성경은 제3의 확실한 해결책을 제시하지만 우리의 문화는 성경의 기준으로부터 너무나 멀리 표류하고 있어서 그 해결책을 받아들일 준비가 안되어 있을 수 있다. 성경은 "도적질하지 말라"와 "빌리지 말라"에서 암시는 하고 있지만 "균형재정법"을 시도하지 않는다. 오히려 하나님은 이스라엘에게 부채를 피하는 기발한 예방책, 희년을 주셨다.

희년(Jubilee)

희년이라는 말은 히브리어 "자유의 해" 혹은 "자유의 나팔 소리"를 의미하는 요벨(yovel)로부터 왔다. 이는 레위기 25장 8-17절에 기록되어 있다. 짧게 말하자면, 매 50년마다 하나님께서는 모든 이의 부채의 탕감을 명령하셨다. 모든 부채는 소멸되고 노예들은 자유가 된다.(주인이 무어라고 말하든지 상관없이 자유하게 되므로 노예는 현재 우리가 의미하는 그런 "노예"는 아니다.) 희년은 반채무제이면서 반노예제이다.

희년은, 50년 차에 원 주인 혹은 그의 상속자에게 땅을 돌려주어야 한다는 의미에서 반독점제이다. 이것은 부유한 개인이나 대기업이 불경기나 "급매물"이 있을 때마다 땅을 기회주의적으로 취득하는 것을 방지한다. 부자는 가난한 사람으로부터 땅을 사서 영구적인 지배계층이 될 수가 없다. 길게 보면 양측 모두 이익이 된다. 희년은 부의 집중에 반대하는 제도이다. 성경은 좌파들에게 "부당한" 부의 불균형에 대한 해답을 제시한다. 그 해답은 공산주의나 강요가 아니라 성경적인 안식과 자유이다.

그러나 많은 좌파들은 그 해결책을 이해도 하지 못하면서 비웃는다. 심지어 일부 크리스천도, 성경을 거부하고 그것을 자유주의적 해석과 소위 독일 "고등비평"으로 은유적인 표현으로 취급하는 지도자들을 용인한다. 성령에 감동된 성경 해석으로 돌아가면, 오늘날의 문제에 대한 즉시 사용 가능한 해답을 볼 수 있다.

희년의 개념을 문자적으로 보더라도, 많은 시민이 부채에 매여 있으며, 집이나 땅을 영원히 잃기도 하며, 심지어는 세금이나 양육비를 지급하지 못하여 감옥에도 가게 되는 오늘날의 미국보다 고대 이스라엘에 더 많은 재정적 자유가 있었음을 알게 된다. 심지어 누군가가 성경에서 말하는 "노예" 상태가 되었다 하더라도, 고대 이스라엘에서는 현대 미국에서 일어나는 그러한 일은 결코 일어날 수가 없었다.

만약 희년이 2020년에 선포된다면, 미국 역사상 처음으로 2070년에 실행될 것이다. 이렇게 되면 신용카드 회사나 은행이 개인 부채로 사람들을 옭아맬 이유가 실제로 사라지게 될 것이다. 또한 대부분의 주택 대출은 30년 상환이며 2070년에는 사라질 것이므로, 모기지 브로커나 은행이 20년 이내에 좋지 않은 대출을 실행하지 않게 될 것이다.

다수의 사람들이 이러한 이점을 충분히 이해하지 못한다 하더라도 성경의 원리는 채택할 수 있다. 성경을 따르지 않는 문화에서는 노예가 죽을 때까지 일한다. 성경적인 문화에서는 휴식없이 계속 일하는 것이 허용되지 않는다. 현재 과학자들은 매주 정기적으로 휴식하는 것이 사람들에게 생리학적으로 필요하며, 경제적으로는 사람들이 더 생산적이 되도록 돕는다는 사실을 이해한다.

7일 중 하루를 쉬는 것은 세상에 준 선물이다. 많은 사람들이 이를 모른다. 주 7일은 지구, 달, 태양 그 어느 것의 움직임과도 일치하지 않는다. 이것의 근거는 천문학에 있지 않고, 신학에 있다.

하나님께서는 6일 만에 천지를 창조하시고, 7일에 안식하셨다. 하나님은 우리에게도 안식하라고 명령하셨다. 신약성경은 이 안식은 예수님에 대한 신앙의 한 유형이라고 설명한다. 다시 말하면, 죄에서 구원을 얻으려면 우리 자신의 노력을 중단하고 예수 그리스도의 완성된 공로에 안식해야 한다. 구원자로 하나님을 믿는 것은 안식으로 증명된다.

모든 사람은 (믿는 자이든 믿지 않는 자이든) 7일째에 안식함으로 생리학적 혜택을 누린다. 복음은 예수님의 완전한 구속 사역 안에서 안식하는 것이 영적으로 더 큰 도움이 되므로 이를 누리도록 권유한다. 전세계적으로 7일을 주 단위로 사용하는 것은 성경이 진리이기 때문이다.

유대인들이 7일 1주 개념을 전세계에 성공적으로 소개하였지만 희년을 소개하지 못한 것은 실패다. 7일 1주 만큼이나 희년은 영적인 것이다. 하나님은 7일마다, 7년마다, 그리고 7×7년, 즉 49년마다 안식을 명령하셨다.[11] 이방인들은 7일 1주만 받아들였지만 이것만으로도 사람의 수명을 수년 연장했고, 말로 표현되지는 않지만 경제적 생산성도 증가시켰다. 이 조그만 안식이 대단하다면, 희년이라고 부르는 안식은 얼마나 더 대단할까!

대각성

대각성 혹은 영적 부흥이 있기 전에는 희년의 오묘함을 미국이 인식할 것 같지는 않다. 목사님들이 경제와 정치에 대하여 성경이 말씀하시는 바를 재발견해야 하지만, 현 세대의 크리스천 지도자들이 모두 세상을 떠나고, 너무 율법적이지도 않고 너무 유연하지도 않은, 그러면서도 성경적으로 균형잡힌 세계관을 가진 새로운 지도자들로 대체될 때까지 그런 일은 일어나지 않을 수도 있다. 이 일에는 담대함과 성숙함이 필요하다.

도널드 트럼프와 카네이 웨스트(Kanye West) 같은 지도자는 역사의 전환점에서 하나님께서 사용하시는 와일드카드 같은 사람들이다. 와일드카드는 예상치 못한 곳에서 나타나며, 엘리트들에게는 바보처럼 보이지만, 아무도 그들을 막을 수 없고 짧은 시간 내에 많은 일을 성취한다. 그들의 탁월함은 적들을 지치게 하지만 그들의 문화적 영향력은 그들이 죽은 후에도 지속된다.

트럼프와 웨스트는 정치적으로 올바르지 않고(역자 주: 정치적 올바름은 정치적 관점에서 편견이 없어야 함을 주장하는 용어임. 동성애를 죄라고 하면 정치적으로 올바르지 않게 됨.) 미디어, 예술, 연예, 정치, 사업, 교회에 참여하는 것에 대해 당당한 지도자의 출현을 의미한다. 이러한 새로운 유형의 인물이 완전히 성장한 사도가 되고, 정부에 대한 성경적 모범이 어떤 것인가를 배우고, 성경적 멘토를 따르기만 한다면, 과거의 크리스천 지도자들이 범했던 실수를 되풀이하지는 않을 것이다.

심지어 좋은 지도자들도 실수는 한다. 대각성이 있어도 경건한 정치 지도자들은 혼자 짐을 질 필요는 없으며, 예언자의 직무가 안전밸브 역할을 한다는 사실을 깨달을 것이다. 성경에서 예언자들은 개별 항목에 대하여 일종의 거부권을 가진 것으로 보이며, 심지어는 전쟁을 거부할 수도 있었던 것 같다. 열왕기상 12장에 따르면, 여로보암이 독립된 북 왕국을 건설하지 못하도록 르호보암 왕이 내전을 시작하려고 하였지만, 예언자 스마야가 왕에게 나라가 분열되는 것을 그대로 두라고 말했다.

> 르호보암이 예루살렘에 이르러 유다 온 족속과 베냐민 지파를 모으니 택한 용사가 십팔만 명이라 이스라엘 족속과 싸워 나라를 회복하여 솔로몬의 아들 르호보암에게 돌리려 하더니 하나님의 말씀이 하나님의 사람 스마야에게 임하여 이르시되 솔로몬의 아들 유다 왕 르호보암과 유다와 베냐민 온 족속과 또 그 남은 백성에게 말하여 이르기를 여호와의 말씀이 너희는 올라가지 말라 너희 형제 이스라엘 자손과 싸우지 말고 각기 집으로 돌아가라 이 일이 나로 말미암아 난 것이라 하셨다 하라 하신지라 그들이 여호와의 말씀을 듣고 그 말씀을 따라 돌아갔더라(왕상 12:21-24)

하나님의 거부권으로 큰 전쟁을 피할 수 있었다. 만약 남쪽과 북쪽 지도자들이 예언자실(室)이라는 공식 조직을 보유하고 있었더라면 1860년대의 남북전쟁은 어떻게 되었을까? 예언자의 말로 인하여 남북전쟁이라는 피비린내 나는 전쟁에서 희생된 62만 명의 목숨을 구할 수 있었을까? 찰스 피니(Charles Finney) 같은 주요 부흥 운동가들이 프로테스탄트 직업 윤리와 크리스천의 사랑으로 우리 문화를 바꾸고 복음화시키던 1830년대와 1840년대의 부흥기 동안 분명히 하나님은 국가의 지도자들에게 말씀하려 하셨을 것이다.

그 이전의 대부분의 부흥과 같이 교회는 전도자와 목사를 양성하는 것 외에는 별로 관심이 없었다. 교회는 예언적 지도자의 필요를 인식하지 못했다. 전도자와 목사는 대체로 정치에는 능하지 않으며, 일부가 뛰어들었어도 대체로 실패했거나 사역을 접었다. 국가의 지도자들에게 조언하는 것은 성경적 예언자의 영역이다. 나쁜 전쟁을 하려는 결정과 같은 악한 결정을 하나님께서 막으시고, 정치 지도자들에게 현명한 길을 선택하도록 하나님께서 간섭하신다고 상상해 보라!

언젠가 하나님께서는 용감하고 균형잡인 지도자를 들어서 균형예산 개헌, 희년 선포, 예언자실 설치 같은 일을 주장하게 하실 것이다. 균형예산 개헌안, 희년, 예언자실은 가까운 장래에 이루어질 것 같지 않으므로, 생명, 자유, 책임을 존중하도록 학생을 교육하고, 공산주의 선전에 대항하여 싸우는 법을 도입하거나 개헌하는 것이 더 현실적이다.

이 장 마지막에서 부채 감소를 위한 더 새로운 해결책을 제시하겠지만, 이 방법을 실천할 수 있는 트럼프나 카네이 같은 지도자를 하나님께서 더 세우시도록 기도할 필요가 있다. 하나님께서는 부족한 사람을 사용하시기를 기뻐하신다. 하나님은 와일드카드를 사용하기 기를 좋아하신다. 하나님께서는 지혜로운 자를 부끄럽게 하기 위하여 겉보기에 멍청해 보이는 사람을 사용하시기를 좋아하신다. "의인이 권세를 잡으면 백성이 기뻐한다"라고 잠언 29장 2절에 쓰여 있다. 그날이 오기까지, 많은 의인들이 다스릴 때까지, 현재의 지도자들은 부채 감소를 위한 다른 해결책을 실천하고, 제8계명을 순종할 것을 제안한다.

작은 정부

현재로서는 정부 지출을 줄이는 핵심 방법은 정부 활동을 줄이는 것이다. 일반적으로 새로운 법을 제정하면 정치인들에게 권력을 이동시키고 시민의 권리는 제한하게 된다고 말해도 크게 틀리지 않을 것이다. 그러므로 정치인들은 자신의 성공을 얼마나 많은 법을 제정했는지로 측정하는 경향이 있지만, 시민들은 정치인의 성공을 얼마나 적게 법을 제정했는지 그리고 얼마나 많은 해로운 법을 되돌리거나 폐지하였는지로 측정해야 한다.

트럼프는 그의 2017년 1월 30일에 제정한 행정명령 13771로 정부기관은 새로운 규정 하나를 도입할 때마다 기존의 규정 두 개를 폐지하도록 하되 규제의 총비용이 증가되지 않게 하였다는 점에서, 이 점을 잘 이해하고 있음을 증명해 보였다. 트럼프는 2017년 새로운 규제 하나를 도입할 때마다 22개의 기존 규정을 폐지하여 그가 제시

한 2:1 비율을 초과했으며, 2018년에는 새로운 규제 하나에 14개를 폐지하였다.[12]

그렇지만 이 명령은 행정부의 규정에만 영향을 미쳤다. 행정명령은 다음 최고책임자에 의해서 뒤집어질 수 있다. 장기적인 개혁은 지갑의 끈을 잡고 있는 입법부에도 필요하다. 연방 국회의원들은 회의 횟수를 줄이고, 비용을 줄이며, 선거도 횟수를 줄이며, 특별 회의는 행정부가 제기한 의안에 투표하는 것으로 제한해야 한다. 텍사스주의 탁월한 규정은 바로 이렇게 되어 있다.

텍사스주 의회는 매 2년에 140일(5개월 미만)만 모이도록 하고 있다. 주지사는 특별 회의를 소집할 수 있지만, 그때에 주의회 의원은 주지사가 제출한 안건에 투표할 수 있을 뿐이다. 특별 회기는 30일을 초과할 수 없다. 주의회 의원들은 두툼한 월급이 아니라 수당을 받으므로, 다른 보통 사람들과 마찬가지로 살기 위해서 다른 일을 해야 한다. 그들은 오스틴이나 텍사스 주민들의 지갑으로 살지 않는다.

텍사스주 헌법은 독특한 특징이 있다. 약한 주지사직을 규정하고 있으며, 부채로 인한 징역형을 금하며, 사냥과 낚시의 권리를 보장하며, 자금을 조달하거나 사용하는 것을 어렵게 하며, 소득세를 부가하는 것이 거의 불가능하도록 하고 있다. 주의회 의원들이 소득세를 법제화하려면 헌법 개정안을 발의해야 하며, 그 개정안은 주민들의 직접 투표에 의해 통과된다.

1876년 텍사스주 헌법이 제정된 이래, 690회의 개정안이 발의되었으며, 507개가 주민투표에 의해 통과되었다. 잘 작동하고 있기 때문에 텍사스 모델이 다른 주와 의회가 따르려는 모범이 된다. 텍사스는 잘 되고 있다. 주내 생산은 미국에서 2위이고 호주와 한국의 GDP 보다 크다. 2019년 텍사스는 인구 기준으로 10대 도시 중 3개를 보유하고 있다. 휴스턴(4위), 샌 안토니오(7), 달라스(9). 오스틴과 포트워스는 미국에서 두 번째 및 세 번째로 빨리 성장하는 도시이다. 현재의 주 헌법 때문에 텍사스는 언제나 세금이 적고 일도 적은, 작은 정부의 주이다.

제한된 정부 활동은, 시민에게 더 많은 자유를 주고, 또 정치인이 원하는 대로가 아니라 자신이 원하는 대로 더 많은 돈을 저축, 투자, 기부 또는 소비할 수 있게 됨을 의미한다.

억제된 입법의 이상적인 모델이 성경적인 모형인데, 이에 따르면 새로운 법은 제정될 수가 없다. 하나님은 모세에게 613개의 명령을 주셨으며, 모세 이후 예수님께서 나타나실 때까지 누구도 새로운 법을 추가하지 못했다. 예수님께서 "새 계명을 주노니 내가 너희를 사랑한 것 같이 너희도 서로 사랑하라"라고 말씀하실 수 있었던 것은 예수님께서 하나님이라는 사실에 대한 증명이다. 모세부터 예수님까지 거의 2000년 동안 어떤 제사장도 어떤 예언자도 하나님으로부터 새로운 법을 전하지는 않았다.

사람들은, "인터넷 같은 새로운 발명품이 생겨나면 새로운 법이 필요하지 않나요?"라고 의아해할 수도 있다. 반드시 그렇지는 않다. 예를 들어, 온라인 명예훼손은 거짓 증거하지 말라는 제9계명의 위반이다. 비록 새로운 환경에서 해석하고 적용해야 하기는 하지만, 하나님의 법은 충분하다. 충분한 법이 이미 존재하는 경우에 새로운 법을 만들어서는 안된다. 바리새인들과 랍비 아래서 법이 늘어났고, 그 결과로 위선과 불의가 증가했다. 정부가 커지면 비용이 증가한다.

둘째, 인플레이션 : 정치인들이 허공에서 돈을 찍어낼 때 생겨난다

성경에서 돈은 금과 은이었다. 귀금속은 왕을 정직하게 했다. 아무리 타락한 왕이라 하더라도 금과 은을 더 만들 수는 없었다. 그들이 할 수 있는 최선은 금화와 은화에 포함된 금과 은의 비율을 줄이는 것이었다. 하지만 사람들이 동전을 가지게 되면 그들은 쌓아두고 사용하지 않았다. 모든 경제는 "통화의 유통 속도", 즉 돈이 사람들 사이에 옮겨 다니는 빠르기에 의존한다. 돈의 회전 속도가 떨어지면, 사업이 어려워지고, 세수가 증가하지 않고, 때로 정부가 붕괴하기도 한다.

금은 왕을 정직하게 한다. 프랭클린 루즈벨트가 미국 최악의 대통령 중 하나였던 이유는 개인이 100달러 이상의 금화, 금괴 혹은 금 증명서를 소유하면 불법이라고 한, 1933년 4월 5일 발표한 행정명령 6102 때문이다.

정부는 온스 당 20.67달러를 주고 개인이 가진 모든 금을 몰수하였다. 그후 정부가 소유한 금의 가격은 온스당 35달러로 올라갔다. 이 갑작스러운 이익으로 정부는 더 많은 화폐를 발행했으며, 화폐를 보증하는 금도 40%만 보유하였다.

루즈벨트는 미국의 저축자들로부터 훔친 이 돈으로 미국 역사상 가장 급진적인 사회공학적 프로그램인 "뉴딜"을 시작했다. 이것으로 인하여 미국 문화가 사회주의 쪽으로 옮아갔을 뿐만 아니라, 이것은 대규모 합법적 도적질이었다.

루즈벨트의 행정명령은 1974년 12월 31일 제럴드 포드(Gerald Ford) 대통령에 의해 철회되었다. 그때부터 다시 진정한 돈인 금의 개인소유가 합법이 되었다.

많은 미국인들은, 지폐가 처음 도입되었을 때 지폐가 그것을 제시하고 그에 상응하는 금 또는 은으로 교환할 수 있는 "지불 약속"이었다는 사실을 배운 적이 없다. 사람들은 신뢰에 근거하여 교환(태환) 가능성을 받아들였다.

제2차 대전 중 유럽 국가들은 전쟁을 수행하기 위하여, 미국으로부터 금을 주고 무기를 샀다. 유럽에서 미국으로 금이 옮겨지면서 미국의 재정적 강대국 위상이 확보되었다.

제2차 대전이 지속되던 1944년 뉴햄프셔, 브레톤우즈 회의에서 44개국 연합국은 부분 준비제도에 합의했으며, 가장 강한 통화를 "기축 통화"로 하고 이 기축 통화가 다른 통화를 지지하도록 하였다. 브레톤우즈 협정에 따라 현재 사람들은 거의 모든 것에 대하여 미국 달러를 사용할 수 있으며, 모든 다른 통화를 미국 달러로 교환할 수 있으며, 달러는 금으로 뒷받침되고 있다고 미국은 약속하였다.

시간이 지남에 따라, 프랑스인들이 미국의 이 약속을 시험했다. 프랑스는 천천히 미국의 지폐로 금을 요구하기 시작했다. 미국은 이 약속을 지키기에 충분한 금을 보유하고 있지 않음을 알아채고는 다른 유럽 국가들도 따라하기 시작했다. 부분 준비 제도는 위험에 처했다.

리처드 닉슨(Richard Nixon)은 1971년 미국 달러를 금본위에서 이탈시킨 것으로 가끔 비난을 받지만, 사실 그에게는 다른 방도가 없었다. 그가 만약 유럽의 요구에 제동을 걸지 않았더라면, 세계적인 금 인출 사태가 났을 것이고 미국은 금이 부족하다고 인정할 수 밖에 없었을 것이며, 달러에 대한 세계적 신뢰는 사라졌을 것이며, 달러는 붕괴됐을 것이다. 의자 차지하기 게임은 끝났지만 막상 리차드 닉슨 혼자 의자 없이 서있는 신세가 되었다. 그는 여러모로 운이 없는 대통령이었다.

1971년 금을 보유해야 한다는 의무가 없어지면서 미국의 달러는 양에 대한 제한이 없어졌다. 1990년대 좌파 정치인들이 득세하여 "소득 불균형"과 "주택 불균형"을 해결하길 원했을 때, 그들은 "저축 및 대출" 조합를 만들어서 은행으로 하여금 집을 살 여유가 되지 않는 가난한 사람에게 대출을 해주도록 했다. 은행은 부실 대출이라도 하려 했다. 가난한 사람들도 감당이 안되는 집으로 이사를 했다. 사회주의자 정치인들은 영웅으로 보였다.

모기지가 결코 상환되지 않을 것을 알아차린 은행은, 이 대출들을 묶어서 "증권"으로 만들어 이를 페니매(Fannie Mae)와 프레디 맥(Freddie Mac, 역자 주: 이들은 대출 보증기관임)에 팔았으며, 이들은 다시 이 모기지의 팩키지를 파생상품(가치가 다른 자산의 가치로부터 나오는 새로운 금융상품을 일컫는 환상적인 용어)으로 만들어 "2차 시장"인 헤지펀드, 연금 펀드, 투자은행, 심지어는 정부에게도 팔았다.

정부보증 피라미드 구조는 그렇게 주택 시장에서 "가난한 자를 돕는" 사회주의의 이름으로 만들어졌다. 이 취약한 구조는 이자율이 상승하거나 집값이 하락하기 전까지만 버틸 수 있었다. 2004-2008년에 둘(이자율 상승과 집값 하락)이 동시에 발생했다.

우선 은행에서 대출을 받지 말아야 했던 사람들이 대출금을 상환하지 못하는 상황이 발생했다. 이 "대출담보 증권"들이 무가치한 "파생상품"으로 드러나자 이들의 폭락은 2008년 세계금융위기(GFC)로 나타났다.

맥스 카이저(Max Keiser)는 세계금융위기를 타이타닉호가 빙산에 충돌하는 순간으로 비유했다. 두 시간 동안에는 바닷물을 밖으로 빼어 내는 것이 가능하였다. 그러나 두 시간이 지나면서 거대한 배는 돌이킬 수 있는 점을 넘어서서 바다 밑으로 침몰하기 시작했다.[13]

"바닷물을 뽑아내는 것"과 같은 금융상의 조치는 다음과 같다.

1) "은행 구제" (이는 추한 파생상품을 은행의 장부에서 덜어내기 위하여 납세자의 돈을 투입하여 은행이 다시 대출에 복귀하도록 하는 것으로, 은행에 "돈 넣기"라고 불러야 마땅하다)

2) "양적 완화" (정치인들의 공적 소비를 쉽게 하기 위하여 돈을 더 찍어 내는 것)

두 경우 모두 결과는 인플레이션이다. 더 많은 돈이 풀렸으므로 돈의 가치는 떨어진다. 인플레이션은 납세자가 대표 없는 과세를 당하면서 자기의 주머니가 털리는 것도 모르는 사이에 당하는 과세이다. 적어도 직접적으로는 모른다. 아르헨티나, 베네수엘라, 짐바브웨는 최근 극심한 인플레이션을 경험한 세 나라이다. 로마 제국은 심한 인플레이션과 그에 따른 중산층의 기능적 붕괴로 멸망하였다. 중산층은 세금을 내는 유일한 계층이었으며, 군대의 직업군인을 공급하던 계층이었다.

미국이 인류 역사에 유례가 없는 규모로 대표 없는 세금이라는 도적질을 회개하지 않으면, 미국은 제8계명을 범한 심판을 받을 것이다. 르호보암의 분열된 왕국이라는 모범에서 보면, 심판은 제2의 남북전쟁으로 나타날 수도 있다. 분열은 이전과 같다. 좋은 생각을 위하여 세금을 인상하자는 사람들과, 그들의 돈은 그들에게 두고 그냥 내버려두면 좋겠다는 사람들로 나누어진다.

사회주의는 공급자가 아니라는 것은 진실이다. 자본주의는 부모이며, 사회주의는 자녀이다. 사회주의자는 그들의 뛰어난 발상을 위해 비용을 지불할 자본주의자가 필요하다. 사회주의자들의 생각이 그렇게 뛰어난 것이라면 스스로 비용을 지불해야 할 것이다.

일을 하지 않는 자녀는 일하는 부모가 줄 것을 요구한다. 아이는, "그것은 좋은 명분이다. 그것은 실패하지 않을 것이다. 나중에 갚을 것이다."라고 한다. 부모가 착취에 동의하면, 그 선물은 "당연한 것"이 되고, 다음에는 아이가 예의 바르게 요청하는 대신 "내 돈"을 요구하게 될 것이다. 이것이 단순히 표현한 사회주의다. 가장 친한 친구인 척하는 도적이다. 해결책은 정직한 돈, 금이나 은 혹은 금 태환 지폐 아니면 금태환 암호화폐이다.

셋째, 면허 : 일반적으로 정부의 허락 없이 더 잘할 수 있는 것을 정부가 할 수 있도록 허락하는 것

사람들이 르호보암 왕에 대항하여 했던 것과 달리, 사람들이 저항 없이 세금을 내도록 하는 창의적인 방법을 위정자들은 개발해야 했다. "면허" 제도보다 "국민들의 편익을 위하여" 더 많이 팔린 국가 발명품은 없을 것이다. 모든 면허는 또다른 세금이다.

호주에서 1851년 처음 금 러시가 시작되었을 때, 많은 근로자들이

살림을 팔아 이사를 하고 금을 찾기 시작했다. 몇 주가 지나지 않은 1851년 8월 18일 빅토리아 식민지의 부총독 찰스 라 트로브(Charles La Trobe) 에스콰이어(역자 주: Esquire는 영국에서 기사 아래의 신분)가 다음과 같은 포고문을 발표했다.(포고문은 미국의 행정명령과 같은 것이다.)

"법에 따라 빅토리아 식민지 내의 모든 금광 및 자연 매장 상태에 있는 금은, 그것이 여왕의 토지에 있든지 아니면 여왕의 신하의 토지에 있든지 모두 여왕의 것이다.

금이 식민지의 영토 위나 속에 존재하며, 누군가가 여왕의 허가나 승인 없이 자신을 위하여 이를 탐사하거나 채굴을 시작했거나 하려한다는 정보를 정부가 획득하게 되면, 위에서 언급한 나 찰스 조셉 라 트로브 부총독은 지금 여왕을 대리하여 이로써 공표하고 선언하는 바, 위에서 언급한 식민지 어디에서든지 금, 금속 또는 금이 포함된 광석을 채취하는 사람은 … 또한 허가 없이 금, 금속, 광물을 찾아서 땅을 파거나 훼손하는 사람은,… 여왕의 식민지 정부에 의해 민사 및 형사 고발을 당할 것이다. …"[14]

근로자가 돈 한 푼도 벌기 전에, 금 탐사에 면허세를 부과했다. 사람들은 부당함에 불평을 시작했다. 1851년 8월 23일 지롱의 한 특파원은 다음과 같이 쓰고 있다.

"정부는 어떤 일이 벌어지고 있는지 파악하지도 않았고, 약

사백 명 내지 오백 명의 사람들이 일하기 전까지는 금 채굴
에 대해서 어떤 제한이 성급하게 가해질 수 있다는 일체의 암
시도 하지 않았다.… 정부는 최소한 희생을 감수한 사람들이
일정 기간 금광에서 일을 하도록 허용해야 하며, 그들이 지
출한 대략 10파운드에서 1실링을 벌 때까지는 면허세를 징
수하지 않아야 한다."[15]

1851년 8월 26일자의 「지롱 애드버타이저」(*The Geelong Advertiser*)는
다음과 같이 쓰고 있다.

"다시 말하지만, 금 채굴자에게 18파운드의 세금을 부과하
는 권리는 어디에서 왔는가? 그것을 '왕권'이라고 말하지 말
라. 그렇게 말하면 우리가 자랑스럽게 여겨온 대표를 선출
할 권리를 파괴하는 것이다. 그것은 러시아 짜르의 행위와
다르지 않다.
나는 총독의 이 명령을 이해할 수 없다.… 총독과 그의 집행
관은 금 채굴업의 묘지이다. 자신의 무덤을 스스로 파게 만
드는 장례회사이다. 그 묘비에는, '여기에 부당한 세금 때문
에 죽은 자가 누워있다'라고 적혀 있을 것이다."[16]

내가 뉴욕에서 자랄 때, 어떤 아이라도 레몬즙을 짠 다음, 물과 설
탕을 혼합하여 레모네이드 스탠드에 올려 놓고 팔 수 있었다. 이 때
문에 어린이들은 기업가적 기술을 습득하게 되고, 이웃 사람들의 목

마름을 해결해 주고 사람들을 모이게 했다. 좋은 시절은 지나갔다.

오늘날 레모네이드 스탠드를 운영하려면 지방 정부의 면허를 받아야 한다. 정부는 누구를 보호하는가? 아마도 레모네이드를 파는 어른들일 것이다. 아이들은 수입을 잃고, 이웃들은 그들의 갈증을 해소하기 위하여 약간 더 비싼 가격을 지불해야만 할 것이며, 정부의 이 모든 간섭은 아마도 "우리의 이익을 위한" 것으로 간주될 것이다.

면허는 기존의 운영자들이 독점적으로 안정된 영업을 할 수 있도록 하며, 새로운 참여자들이 산업에 진입하는 것을 막아준다. 그것은 경쟁을 억제하고 가격을 상승시킨다. 이것은 우버와 리프트가 함께 타기를 퍼트리기 전에 택시 면허가 끼쳤던 영향이다. 서비스는 더 좋아졌고, 선택의 폭은 넓어졌고, 가격은 면허 받은 택시보다 저렴해졌다.

이전 장에서 제9계명에 관련하여 언급했던 것과 같이, 언론 면허는 보수적인 목소리와 독립적인 목소리를 주류 언론에서 배제시키는 법적 수단이 되었다. 면허는 소비자를 보호한다고 하지만, 경쟁을 제한하고 불의를 만들어낸다. 오늘날 이 시대에는 어떤 상품이나 서비스에 대하여, 정부의 평가보다 온라인 리뷰, 사회적 권고 및 다양한 평가를 더 많이 접하게 되어, 그러한 면허는 필요하지 않다. 트럼프는 이를 종료시켜야 한다. 이러면 가짜 뉴스에 관한 경쟁이 촉발될 것이다.

아동 위탁 면허

미국 면허 제도 중에서 가장 실패한 것 중 하나가 위탁 부모 면허 제도이다. 미국에서 위탁 부모가 되려면 면허를 받아야 한다. 돌보는 정도에 따라 기본, 중급, 상급으로 모두 면허를 받아야 한다. 중급은 아이가 육체적, 행동상 문제가 없지만 발달에 문제가 있거나 느린 경우를 말한다.

누가 면허를 통제하든지 대체로 여기서 문제가 발생한다. 아동 위탁 기관은 위탁 부모 면허를 발급하는 데 서로 다른 기준을 가지고 있다. 이 기관들은 12개의 수업, 2회의 토요일 훈련, 많은 서류작업, 온라인 훈련 및 시험, 계약서 서명 등을 요구할 것이다.

아동 위탁 기관들은 사람들이 쉽게 그 기관을 떠나지 못하도록 하고 있다. 계약을 끝내려면 30-60일 전에 서면 통지를 해야 하며, 700-1000달러의 종료 수수료를 내야 한다. 면허를 유지하려면 이렇게 하고 난 후에야 다른 곳에서 면허를 받을 수 있다. 이혼과 비슷하다. 위탁부모는 남자이고, 위탁 기관은 여자와 같다. 이혼에서 남자가 여자에게 돈을 지불해야 한다. 국가는 위탁 아동 개인에 대하여 수당을 지급한다. 면허를 받은 위탁 부모는 그 돈의 일부를 받는다. 위탁 기관이 아이 당 50%까지를 떼어 간다.

이러한 면허 제도는 학대하는 끔찍한 부모를 시스템에서 걸러내지 못하고 있으며 선량하고 안전한 부모들을 좌절시키고 있다. 아동 위탁은 극도로 필요하고 중요하지만, 시스템이 아이들이나 위탁 부모에게 잘못하고 있는 끔찍한 이야기들이 너무나도 많다.

43세의 엄마에게 6살의 친딸 및 25세의 친딸이 있었다. 그녀는 6세의 남자 아이를 위탁 받기로 했다. 아이를 맡은 지 일주일 만에 그 6살의 남자 아이가 친딸을 부적절하게 만지고 있는 것을 보게 되었다. 그녀는 아동보호소(CSP)에 연락을 했고, 아동보호소는 "72시간

사전 통보를 하고 이 아이를 딴 곳으로 보내겠습니다"라고 하였다. 그녀는 이 사건을 위탁 기관의 직원에게 이야기했고, 그 사건을 맡은 직원은, "위탁 아동을 이리 저리 옮기는 것은 좋지 않지만, 부적절한 상황이 있었다면, 기관에 통지하세요."라고 말했다.

아동보호소는 72시간의 시간을 주었지만, 위탁 기관은 그럴 수 없다고 했다. 그들의 정책상 아이를 보낼 딴 곳을 찾기까지 30일이 필요하다는 것이었다. 모든 위탁 부모는 각 위탁 기관의 면허를 받기 때문에, 위탁 부모는 기 기관과의 계약을 따를 수 밖에 없다. 이 경우 위탁 기관이 30일 동안 아이를 옮겨 주려 하지 않았고, 그들은 그 아이가 집에 있었던 27일 간에 대해서 보상을 받을 수는 있다. 공격적인 아이를 그녀의 집에 그냥 두면 위탁 기관에 금전적으로 이익이 되지만, 여자 아이를 성적인 괴롭힘에서 보호할 유인은 별로 없다.

이 경우 면허 제도가 오히려 착한 부모를 처벌하고, 학대 받는 아이를 무시하고, 나쁜 아이에게 보상을 지급하게 하는 왜곡된 유인을 제공한다. 이와 유사한 사례는 많다.

정부는, 아이들을 좋은 부모가 있는 적절한 가정으로 보낼 윤리적 동기뿐만 아니라 재정적인 유인이 있는 신앙으로 설립된 조직들과 협력해야 하며, 입양 후 1년이 지나서 확인한 후에 성공적인 입양으로 밝혀지면 모두에게 보상하도록 해야 한다. 모두를 면담해서 성공적인지를 판단해야 한다.

아동 보호 제도를 정의롭게 운영하는 또다른 방법은 면허받은 위탁 부모와 면허받지 않은 혈족에 같은 기준을 적용하는 것이다. 안전하고 건강한 환경을 제공하는 좋은 위탁 부모들이 가끔씩은 부당한 대우를 받는다고 느끼며, 경미한 위반으로도 아이를 빼앗길 수 있다. 그들은 혈족보다 높은 기준을 적용한다. 좋은 위탁 부모들은 위탁 어린이를 위하여 많은 것을 감수하지만, 부모나 친척이 나타나면, 비록 그들이 아이들을 학대하고, 마약을 하고, 감옥을 들락거려도, 첫째 목표가 가족과 아이가 다시 합쳐지는 것이므로, 위탁 부모보다 그들의 발언권이 강하다. 좋은 위탁 부모들도 가족이 합쳐지는 것을 좋아하지만, 아이들을 버렸던 친부모에게는 면허가 있는 위탁 부모와 동일한 기준을 적용해야 한다. 아동보호소와 담당자가 매월 위탁 부모를 방문하여 매트리스, 연기 감지기, 냉장고 내용물을 촬영해야 하며, 아이를 학대했거나, 아이를 버렸거나 또다른 범죄를 저질렀던 부모들에게도 동일한 감시를 해야 한다.

정부의 면허 제도는 어린이 보호와 공공의 최대 이익보다는 결국 돈과 독점이 되어 버렸다. 면허권을 가진 기관은 많은 불의를 야기하는 기관이 될 수도 있다.

운전면허증, 주정부 신분증, 투표자 신분증 외에 정부가 어떻게 운영해야 할지 혹은 어떻게 고쳐야 할지를 모르는 산업이나 사업에 정부는 끼어들지 말고 빠져야 한다. 더 낮은 비용으로 더 잘할 수 있는 사적 종교 기관에 맡겨 두면 된다. 아이들의 삶과 위탁 부모들의 삶이 망가진 아동 양육 시스템 때문에 도적질 당하고 있다.

넷째, 정부의 비효율 : 정부 관료제도는 장기 대기 및 낭비와 동의어

워싱턴 DC는 미국에서 가장 빨리 성장하며, 가장 비싼 지역 중의 하나다. 왜? 탐심의 수도이기 때문이다. 연방 정부 부처의 본부가 모두 이곳에 있고, 따라서 야망에 찬 사람들과 자금이 풍부한 로비스트들이 모이기 때문이다. 정부의 문제를 푸는 데 도움을 줄 자격이 있는 선한 사람들은 생활비가 비싸서 정부를 위해서 일하는 것이 힘들어진다. 웨이터, 청소부 혹은 트럭 운전사 같은 사람들은 수도에서 생활하기 어렵다. 정부 관료들이 집중되어 있어서 이러한 부처들이 실제 삶에서 멀어진다.

이러한 문제는 어떻게 해결할 수 있나? 원래의 4개 부처인 국무부, 재무부, 국방부, 법무부를 제외하고는 행정부처의 본부를 워싱턴 DC 외부로 옮겨라.

농무부의 소니 퍼듀(Sonny Perdue)가 2019년 8월 농무부의 두 연구 기관을 캔자스 시티로 옮기겠다고 선언했을 때 일부가 그러했듯이 복지부동하는 관료들은 분개할 것이다. 직원들은 그들이 도와야 할 농부들 가까이에 있게 되었다. 약 30%의 직원이 옮기기로 선택했으며, 캔자스 시티에서 15년 임차계약이 지속되는 동안 렌트비와 인건비에서 거의 3억 달러를 절감할 것으로 추정되었다.[17]

대통령은 나머지 미국 농무부(USDA)를 경제적으로 침체한 미주리주, 세인트 루이스로 옮겨야 한다. 그러면 고액 연봉 정부 공무원 일자리로 인해서 큰 도움이 될 것이다. 농무부는 미국의 주된 농업지역에 위치하게 된다.

교통부(DOT)를 세계에서 가장 큰 공항과 주요 철도, 그리고 여러 주요 도시와 가까워 여러 주와 연결하는 허브가 될 수 있는 아틀란타로 옮겨라.

에너지부(DOE)를 미국의 에너지 생산의 심장인 휴스턴으로 옮겨라.

노동부(DOL)를 주요 노동조합과 철강산업이 있는 미시간이나 펜실베니아로 옮겨라.

관세 및 국경수비부(CBP)를 실제로 문제가 많이 발생하는 캘리포니아 로스앤젤레스 혹은 텍사스 엘파소로 옮겨라.

교육부를 미국에서 세 번째로 큰 학교 지역이며 1937년 시카고 교사 조합이 설립된 이후 아홉 번이나 파업을 한 시카고로 옮겨라.[18]

보건복지부(HSS)를 공공주택이 주요 문제인 필라델피아나 볼티모어로 옮겨라.

내무부(DOI)를 내부지역인 덴버, 솔트 레이크 시티 아니면 샤이엔으로 옮겨라. 그러면 내무부가 통제하고 있는 넓은 지역에 가까이 있게 될 것이다. 내무부의 일부인 국토관리국은 이 책을 집필하는 시점에는 본부를 콜로라도 그랜드 정크션으로 옮기고 있었다. 「거버먼트 이그제큐티브」(Government Executive)에 따르면, "트럼프 정부의 관리들은 이사를 하면 리스비용이 낮아지고, 출장비용을 절감하며, 직원에게 생활비 수준에 따른 급여로 비용이 절감될 것이다"[19]

이러한 이사는 워싱턴 DC, 연방 부처 및 그 부처들이 옮겨가는 지역에도 많은 직간접 혜택을 가져다 준다. 워싱턴은 더 살만한 곳이 될 것이다. 워싱턴에 사는 정부내 정부 및 로비스트들은 좀 덜 부유하고 영향력도 줄어들 것이다. 관료는 옮기기를 싫어하는 사람이 있어서 규모가 줄어들 것이다. 이사를 하는 직원들은, 그들이 봉사해야 하는 커뮤니티와 가까워져서 더 효율적이 될 것이다. 규모 축소와 효율 증가로 연방 예산도 시간이 가면서 절약될 것이다.

이러한 정책이 효과적이 되려면, 모든 부처가 동시에 이사해야 한다. 그렇지 않으면, 남은 자들이 정치적인 환경을 자기들에게 유리하도록 활용할 것이다. 워싱턴에서는, 그곳에 있다는 것이 예산 확보 전쟁에서 90%를 차지한다. 이 변화는 초기에는 비용이 투입되기 때문에, 의회는 돈을 절약할 곳을 찾을 것이다. 누구의 예산을 먼저 삭감할 것인가? 이사를 해서 예산을 방어할 사람이 없는 부처.

성경은 권력을 여러 지리적 지역으로 분산하는 모델을 보여 준다. 하나님은 13개의 지파에게 땅을 분할하는 데 있어서 확실하셨다.(레위 지파는 예루살렘의 성전과 이스라엘 각지의 도피성을 돌보는 일을 맡았을 뿐, 땅을 소유하지 않았다.)

각 지파는 특기를 가진 것으로 알려져 있었다. 레위 지파는 종교 지도자, 법률 교사, 재판관, 음악가로 알려졌으며, 아론의 후예는 특별히 제사장이 되었다.

유다 지파는 군사적, 정치적 지도자를 배출했다. 특별히 다윗의 계보에서 왕이 되었다.

잇사갈 지파는 지혜와 방향감각을 가진 학자로 알려졌다. 다윗의 시대에는 "시대를 이해하고, 이스라엘이 무엇을 해야 할지를 아는 사람들"[20]로 유명했다. 그들은 교육자와 자문가가 되기에 이상적이었다.

스불론 지파는 사업과 학자의 사역에 자금을 공급하는 것으로 알려져 있다. 족장 야곱은 스불론이 잇사갈과 협력하며, 스불론은 "모래에 감추어진 보물"을 발견할 것이며 "의의 제사"[21]를 드릴 것, 즉 그들은 그들의 부를 학자들의 사역을 지원하는 데 사용할 것이라고 예언하였다.

이 전문성에 따른 지역 배분으로부터, 우리는 연방 부처를 수도에서 여러 주로 옮기는 성경적 모범을 찾을 수 있다.

워싱턴 DC의 새로운 부처

성경의 모범은 하나의 추가적인 제안을 한다. 예루살렘은 정치적 기구뿐만 아니라 종교적 기관의 수도였으므로, 미국의 성경적 전통을 담당하는 조직을 만들어서 정치적 권력 옆에 두고 미국의 성경적 전통을 보존하는 임무를 맡겨야 한다. 이 조직은 미국 정부 각 부처의 도덕성을 단지 성경적 관점에서 점검하는 역할을 하도록 권한을 주어야 한다.

정부 지출을 줄이는 가장 간단한 방법은 그 문제를 정치인들에게만 맡겨 놓지 않고 중립적인 기구로 하여금 점검하고 거부할 수 있는 권한을 주는 것이다. 영적인 예언자들은 거부해야 할 법적 문제들과 연방 예산 항목들을 지혜롭게 조언할 수 있을 것이다. 이 집단 구성원은 어떤 특정한 교파나 자신들 및 그 가족들에게 돈이 흘러가도록 권한을 사용하지 않음으로 정치적 중립성을 증명해야 한다.

성경에서 예언자들은 이러한 권한을 가졌다. 르호보암 이후 수 세대가 지나 아마샤라는 유대왕이 이웃 나라와 에돔과 전쟁을 준비했다. 아마샤는 3만 명의 유다 군인을 징집했고 10만 명의 이스라엘 용병을 고용했다. 그런데 이름이 밝혀지지 않은 한 예언자가 이를 중단시켰고 그 군사 예산으로 무엇을 할지를 말하였다.

어떤 하나님의 사람이 아마샤에게 나아와서 이르되 왕이여

이스라엘 군대를 왕과 함께 가게 하지 마옵소서 여호와께서
는 이스라엘 곧 온 에브라임 자손과 함께 하지 아니하시나니
왕이 만일 가시거든 힘써 싸우소서 하나님이 왕을 적군 앞
에 엎드러지게 하시리이다 하나님은 능히 돕기도 하시고 능
히 패하게도 하시나이다 하니 아마샤가 하나님의 사람에게
이르되 내가 백 달란트를 이스라엘 군대에게 주었으니 어찌
할까 하나님의 사람이 말하되 여호와께서 능히 이보다 많은
것을 왕에게 주실 수 있나이다 하니라 아마샤가 이에 에브
라임에서 자기에게 온 군대를 나누어 그들의 고향으로 돌아
가게 하였더니 그 무리가 유다 사람에게 심히 노하여 분연
히 고향으로 돌아갔더라(대하 25:7-10)

예언자의 조언을 따름으로, 비록 용병들은 적절한 보상을 받았지
만 분개하였다. 하지만 이 나쁜 동맹이 깨졌기 때문에 그 정도로 마
무리되었지, 그렇지 않았다면 역사상 "어떤 일이 벌어졌을지" 우리는
모른다. 확실히 아마샤 왕은 북왕국의 군대를 믿었지만 하나님은 믿
지 않았다. 그들은 화를 내고 돌아가는 길에 유다의 몇몇 마을을 공
격함으로 그들의 본성을 드러내었다!

이 정치인은 잘못 신뢰하였지만, 예언자의 조언은 맞았다. 아마샤
는 북왕국 군대의 도움 없이 에돔과의 전쟁에서 승리했다. 북왕국 군
인들에게 지급된 예산은 예언자에 따르면 매몰비용이다.

미국의 성경적 전통을 회복하는 기구가 워싱턴에 설치된다면, 영
적인 예언자들은 자신들의 사역을 정치 시스템에 도전이 되는 것으

로 제시해서는 안된다. 오히려 그들은 종으로 섬겨야 하며, 정치인들은 그들을 경건한 나라의 수도에 합법적인 위치를 차지하고 있는 후원자로 인식해야 한다. 예루살렘은, 균형을 유지하고 있는 정치 지도자와 종교 지도자들 두 그룹이 공유한 수도였다.

군 합리화

미국 군사력은 세계에서 가장 뛰어나지만, 관료제도가 있는 곳에는 어디에나 지체, 비효율, 실수가 있다. 비용을 절감하고 효율을 높이도록 합리화해야 한다.

변화를 위해 다음과 같이 제안한다. 다른 곳에서 그 기능을 수행할 수 있다면, 그 일을 제거하라. 관료화, 비용, 노력의 중복을 없애기 위하여 여러 업무를 통합하라고 전문가들이 가끔 제안하였다. 그러나 이러한 제안은 많은 "아무런 의미도 없는 분노와 울림"으로 끝났다.

예를 들면, 많은 역할이 중복되는 공군과 육군을 통합하라는 제안을 들 수 있다. 몇 년마다 해병대와 육군은 모두 육상 전투부대이므로 이를 통합하라는 제안이 제기된다. 해군과 해안경비대를 통합하라는 제안도 있었지만, 법적인 문제가 있었다. 성경은 현대전이 어떻게 발전해 왔는지는 다루지 않는다.

우주군? 아니요!

2019년 8월 29일 대통령은 "우주에 대한 미국의 결정적 이익을 보호하기 위하여" 미국의 11 전투사령부(우주군) 창설을 발표하였다.[22]

새로운 조직은 새로운 거대 관료조직을 만들고, 이에 따른 비용이 증가되고, 일 처리를 늦추고, 덜 효율적이 되므로, 새로운 조직을 만드는 것이 해결책은 아니다. 레이건 대통령은 1993년 전략적 방위 구상("Star Wars"라고 불렀음)을 시작하는 실수를 하였다. 그것은 돈이 많이 들고, 비효율적이어서 1993년 빌 클린턴이 폐기하였다. 트럼프는 레이건의 실수를 되풀이하고 있다. 이 아이디어가 돈 먹는 괴물이 되기 전에 죽여야 한다.

새로운 조직이 어떻게 작동할지를 상상할 수 있다. 첫 3년 동안은 조직 및 계급, 여러 가지 다른 종류의 제복(장교들은 그들의 제복에 칼을 포함할 것인가?), 로고, 사무용품, 광고, 선발, 기지, 여러 정책 등을 결정하면서 보낼 것이며, 그러는 중에 관료주의가 생겨난다. 내게는 시간 낭비로 보인다.

왜 기존 조직의 한 하부조직으로 내버려 두지 않나? 20년 후에 무엇인가 다른 것이 필요하게 되면 그때 합리적인 방법으로 결정할 수 있는 경험을 가지게 될 것이다. 해군은 이미 우주에서 싸울 수 있는 자산, 즉 개량된 이지스 구축함과 순양함이 있으므로, 해군의 일부로 만드는 것이 합리적으로 보인다. 2017년 현재 22대의 함정이 대우주 미사일을 장착하고 있으며, 스파이 위성을 격추할 능력도 있다.

해군 지휘관들은 상부의 지휘가 없어도 수백명의 사람이 승선한 군함(바다 위의 배)을 지휘하는 데 익숙하다. 각 군함은 본부로부터 명령이 전달되지 않는 많은 상황(예를 들면, 심한 폭풍우, 전파 장애 등)에도 성공적으로 운영되도록 구성되어 있다. 미래에 우주 기지 승무원들에게 같은 상황이 발생할 수 있다.

공상과학영화 작가들은 우주 탐험이 해양 탐험과 유사하며, 우주선 승무원은 해군 승조원과 유사함을 알고 있다. 그것이 우주선 승무원으로 거의 언제나 해군을 사용하는 이유이다.

해군을 사용하라.

그 외의 비효율

합리화가 필요한 미국 국방부의 다른 분야가 있나? 왜 해안경비대가 해군의 일부가 아닌지 묻는 사람이 있을 것이다. 의회가 1878년 포스코미타투스법(PCA)으로 미국의 군사력을 민간인에 대하여 사용하는 것을 금지하였기 때문이며, 해안경비대는 법을 집행하는 연방정부의 기구이다. 평화시의 마약 퇴치 작전에서, 해군은 마약 밀수로 의심되는 배를 조사하거나 그 배에 승선하는 것이 법적으로 허용되지 않는다. 해안경비대는 법집행 분대를 만들어서 해군 함정과 협력하도록 하고 있지만, 해군은 실제로 혐의자를 직접 체포하거나 증거를 통제하거나, 범죄를 조사할 수 없다.

그러면 왜 해안경비대는 법을 집행하며, 내란을 진압하고, 침략을 격퇴할 수 있나? 그것은 해안경비대가 1878년의 PCA에서 제외되었으며, 헌법의 8편 1조에서 위임의 근거를 찾을 수 있다. 해안경비대는 주의 통제를 받으며, 대통령의 연방 업무에 동원되지 않는 한 주지사의 요청에 따른다. 예로 1992년 오클라호마시의 폭탄 사건 및 1995년 소요 때 주지사들은 국가경비령을 발동했다. 조지 W. 부시 대통령은 2005년 허리케인 카타리나 발생 후에 국가경비령을 발동했다.

성경에 따르면, 법집행은 국민들이 했다. 사람들은 무기를 소유할 권리, 자신을 보호할 권리, 군대를 조직할 권리, 두 세명의 증인으로 범죄인을 재판할 권리(만약 두 명이면 모든 세부사항에서 완전히 일치해야 하며, 조금이라도 일치하지 않으면 즉시 석방)가 있었다. 고대 이스라엘에 경찰이나 감옥이 없는 이유가 이것이다.

그런 시스템으로 돌아가면 정의가 증대되고 정부의 예산도 줄어들 것이지만, 이렇게 하기 위해서는 사람들이 깨어 있어야 하고, 글을 읽을 줄 알아야 하며, 성경을 이해하고 그대로 사는 것이 전제되어야 한다. 고대 이스라엘에서 국민과 지도자가 하나님께 헌신되었을 때 했던 일을, 이 세상의 어떤 세속 정부도 이루어낼 수 없다. 만약 제3차 대각성이 일어난다면, 이것이 가능할지도 모르겠다.

대표 없는 과세

나는 이 장을 독립전쟁의 함성 "대표 없이 과세 없다!"로 시작했다. 하지만 미국은 정부에 대표를 보내지 않는 사람들에게 과세하는 죄를 범하고 있다.

푸에르토리코와 태평양 및 키리브해에 있는 4개의 미국 영토에는 2등 시민이 있다. 이 사람들은 미국에 세금을 납부하며, 지방 선거에 투표를 할 수 있지만, 대통령 선거에는 투표할 수 없다. 그들은 의회에도 적절한 대표가 없다.

민주당원들은 불법 및 서류미비의 외국인들이 자기들에게 투표할 것이라는 희망으로 그들에게 시민권을 주기를 오랫동안 희망해 왔다. 공화당원들은, 미국 여권을 소지하고 미국 연방세를 납부하는 합법적인 사람들이 존재하지만, 그들이 투표할 수 없다는 사실에 대하여 인식하지 못하는가?

사람이 계속 거주하는 5개의 미국 영토에 대하여, 미국으로부터 분리하여 독립국가가 되든지 아니면 모든 권리와 특권이 부여된 미국의 주가 되든지를 선택할 수 있는 권리를 주어야 한다.

5개의 영토는 푸에르토리코, 미국영 버진 아일랜드, 괌, 아메리칸 사모아, 노던 마리아나 아일랜드이다. 인구가 작아서 마지막 3개의 섬은 "퍼시피카" 혹은 "아메리칸 오세아니아" 아니면 다른 이름의 새로운 주로 묶을 수도 있을 것이다. 새로운 주는 주마다 2명의 상원의원과 1명의 하원의원을 선출할 것이다.

알래스카, 델라웨어, 몬타나, 노스 다코다, 사우스 다코다, 버몬트, 와이오밍을 생각해 보면 이상한 것도 아니며, 각 주는 1명의 하원의원을 선출한다. 유타는 푸에르토리코보다 인구가 적지만 네 명의 하원의원을 선출한다. 델라웨어와 로드 아일랜드는 푸에르토리코보다 땅의 면적이 작지만, 2명씩의 상원의원과 1명과 2명의 하원의원을 각각 선출한다.

이뿐만 아니라 9개의 "미국 원거리 작은 섬", 미드웨이 아톨, 팔미라 아톨, 베이커 아일랜드, 하울랜드 아일랜드, 자비스 아일랜드, 존스톤 아톨, 킹맨 리프, 나바사 아일랜드, 웨이크 아일랜드가 있다. 첫번째 2개의 섬에 과학자와 환경운동가 몇몇이 살고 있을 뿐이다. 지리학적으로 미드웨이 아톨은 하와이 섬의 연장의 일부이므로, 알류션 열도가 알래스카의 일부이듯이, 하와이주의 일부로 될 수 있다. 팔미라는 개인 소유이다. 나머지 섬은 무인도이지만 나중에 어떤 주의 일부가 될 수도 있고 새로운 나라가 될 수도 있다.

미국이 주민 누구에게나 과세를 한다면, 그들은 연방 정부에 대표자를 보낼 권리가 있다. 왜냐하면 대표 없는 과세는 제8계명을 범하는 불의이기 때문이다.

제6장

사법개혁 및 심리학이라는 폭군

: 제 7계명 :

간음하지 말라 (출 20:14)

사법개혁

스티브 스트랭(Steve Strang)은 그의 책 『하나님, 트럼프 그리고 2020년 선거』(*God, Trump and the 2020 Election*)에서 정의라는 주제에 관해서 언급했다. "성경에서 정의는 중요하기 때문에, 복음주의자들이 좌파와 공통성을 느끼는 분야가 이 분야이다. 크리스천들은 정의를 도덕의 관점에서 바라본다. 내가 아는 흑인 목사들이 말하기를 그들이 민주당에 집착하는 이유는 형법적 정의에 관심이 많기 때문이라고 한다.…"[1] 달리 말하면 정의는 당파적인 문제가 아니라 성경적 관심사이기 때문에 하나님의 은총을 바라는 대통령이라면 누구나 다루어야 할 문제이다.

정의롭기 위해서는 불의를 경험하는 사람들에 대하여 애정을 가져야 한다. 일상적으로 우리의 법원에서 불의가 행해진다. 매일 어떤 사람의 삶이 법원에 의해서 깨어지고 만다.

목사로서, 그들의 삶이 법원에서 부당하게 취급된 사람들을 많이 만났다. "법에 의한 지배"라는 고귀한 이념이 법관의 견해에 따라 조작될 수 있다는 사실을 알게 되었다. 하원 정보위원회 위원장 아담 쉬프(Adam Schiff)가, 트럼프 대통령과 우크라이나 대통령이 하지 않은 대화를 만들어 내어 2019년 9월 26일 트럼프 대통령을 고발한 것 같이[2], 법은 정치인, 판사 그리고 변호사에게 다양한 정도의 면책 및 법적 특권을 준다. 목적은 트럼프를 대중의 마음에 마피아 보스 같은 사람으로 각인시키는 것이다.

왜 쉬프는 의회에 대하여 거짓말한 책임을 지지 않나? 많은 정치적, 법적 적들과 같이 그도 거짓말을 지어내고 정의를 뒤덮는 데 그들에게 주어진 특권을 오용한다. 그리고 자주 주류 언론도 이 사기에 공모한다. 내가 과장하고 있나?

지도자나 목사가 되어서 이를 이해하지 못한다면, 그는 사람들과 함께 참호 속에서 충분한 시간을 보내지 않아서 그렇다고 말하고 싶다. 예수님께서 "하나님을 두려워하지 않고 사람을 무시하는 재판장이 있었는데,"[3]라고 말씀하셨는데, 이는 전형적인 오늘날 판사의 모습이다.

판사는 하나님의 역할을 한다. (사람들 위에서 법복을 입고) 누구든지 자신들의 의지를 감히 부정하는 사람들을 경멸한다. 비록 성경이 선서를 위해서 아직 그곳에 버젓이 있음에도 불구하고, 성경의 윤리와 정의가 자주 세상 법정에서 비웃음을 당한다.

모든 증인이 증언대에서 하듯이, 한 크리스천 원고가 성경에 손을 없고 직업에 대하여 선언하기를 "하나님의 사역자"라고 하는 것을 목격했다. 판사는 능글맞게 웃으면서 "어떤 하나님?"이라고 질문했다. 그는 대답하기를, "판사님, 내가 조금 전에 손을 얹고 선서한 그 성경의 하나님이요."라고 대답했다. 그 판사의 얼굴은 그 크리스천과 반박할 수 없는 그의 대답을 향한 경멸로 가득찼다. 나는 반기독교 정신과 그리스도의 영이 그 방에서 충돌하는 것을 목격하였다.

어떤 원고가 대부분의 세속 법정에 서서 "나는 정의를 위하여 여기 있다"라고 말하면, 내부자들은 비웃을 것이라고 확신한다. 시스템은 확실히 붕괴되었다. 나아가, 일부는 되돌릴 수 없을 만큼 붕괴되었다고 주장한다.

우선 이유를 말하겠다. 그래야 해결책을 찾을 수 있을 것이다. (만약 당신도 시스템이 붕괴되었다고 확신한다면, 사법개혁안을 다루는 곳으로 넘어가도 좋다.) 성경에 의하면, 회복 불능으로 관계를 단절하는 죄는 하나 있다. 이것은 제7계명 **"간음하지 말라"**에 포함되어 있다.

간음은 불법적인 관계이다. 성급한 판단을 내리기 전에, 성경은 단한 번의 간음도 용서 받을 수 없는 죄라고 하지 않으며, 한 번의 부주의로 관계가 망가진다고도 하지 않는다. 그러나 일단 시작되면, 그불법적인 관계는 중단하기가 어렵다.

법정의 간음

가장 만연한 유해한 불법적 관계 중 일부는 법정 내에 있다. 몇몇 변호사들이 내게 말하기를 법원은 진실에 개의치 않는다고 한다. 경험 많은 변호사가 솔직하게 말하기를 "진실은 과대평가되고 있다."라고 했다. 그러면 어떻게 "진실이 가려지나요?"라고 물었다.

그는 직업상 비밀을 내게 털어 놓았다. "법적인 판단이란 것이 가끔은 판사와 변호사의 관계에 달려 있지요. 어떤 판사는 어떤 변호사를 좋아하지 않지요. 그러면 이길 수가 없어요. 어떤 판사는 어떤 변호사들을 압니다. 같은 학교를 다녔거나 같은 법률 사무소에서 일을 했기 때문에. 그러면 이길 가능성이 높아지지요. 그래서 판사가 좋아하는 변호사를 고용하는 것이 기술입니다."

부당하게 들릴 수 있겠지만, 그 정도는 판사와 변호사의 불륜관계에 있어서 표면의 흠집도 안된다.

판사는 어디서 오나요? 헌법에 규정되어 있지는 않지만, 대부분의 판사는 전직 변호사이다. 가끔씩은 법대교수[4]가 판사로 임명되기도 한다. 어떤 변호사가 판사가 되나요? 교과서에서 받는 인상은, 판사는 정부의 세 번째 기구인 사법부의 "독립된" 요원이다. 실제로는, 과거 변호사로서 정치적 커넥션이나, 기부 및 선처 등의 이유로 임명된 사람들이다.

변호사가 어떻게 연방 판사가 되나? 전형적으로 다양한 정치적 이익집단이[5] 대통령에게 후보자를 추천하면, 대통령은 상원이 승인하도록 후보자를 지명한다.

변호사는 어떻게 주 판사가 되나? 주에 따라 다르긴 하지만, 주지사가 지명하면 주의회의 동의로 임명되기도 하며, 다른 선출직과 같이 주 판사로 출마하기도 한다.

달리 말하면, 판사는 입법부 및 행정부와 관련성을 부인할 수 없는 정치적 임명직이다. 이것이 법원에서 정치적인 판결과 사법적 행동주의가 만연한 이유이다. 대부분의 판사가 "독립적"이라고 말하는 것은 왜곡이다. 토마스 제퍼슨은 다음과 같이 썼다.

> "우리 판사들도 일반인들 만큼은 정직하겠지만, 더 이상은 아니다. 다른 사람들과 같이 그들도 정당, 권력, 그들 집단의 특권에 대한 애정이 있으며 … 그리고 그들이 종신직이고, 다른 기능처럼 선출자들에 대한 책임이 있는 것이 아니어서 그들의 권력은 더 위험하다."[6]

2018년 갤럽 조사에 의하면, 가장 신뢰도가 낮은 직업은, 언제나 꼴찌인 국회의원, 그 다음으로는 자동차 세일즈맨, 기업 간부, 변호사, 부동산 중개인이다.[7] 대부분의 미국인들은 부동산 중개인을 변호사보다는 더 믿는다. 미국인들은 정치인을 가장 낮게 생각하며, 그 정치인들 중 대다수는 전직 변호사이다. 어떤 해이든지 "가장 혐오하는 직업" 리스트에서 변호사는 언제나 상위 10위 내에 오른다.

우리는 정부 내에서 가장 영구적이며 강력한 위치(판사의 위치)를 공동체에서 가장 신뢰받지 못하는 사람들에게 준다. 이 불신은 근거 없는 것인가? 외부인들을 법관으로 선출하거나 임명하는 것이 더 현명하지 않을까?

더 많은 외부인을 끌어들여라
트럼프의 소임은 더 많은 외부인을 끌어들이는 것이다. 그의 실수는 오바마 시절의 잔류자 샐리 예이츠(Sally Yates)를 법무장관으로 신뢰했던 것처럼, 종종 내부인들을 믿을 때 발생했다. 그는 그의 직관을 믿고, 즉시 그 권한을 외부인으로 채웠어야 했다.

현재 9명의 대법관 모두가 하버드 혹은 예일 법대 출신이다. (루스 베이더 진스버그[Ruth Bader Ginsberg]는 하버드 법대에 입학하였으나, 남편이 뉴욕시에서 직장을 갖게 되어 콜럼비아로 전학했다.) 하버드와 예일이 명문이긴 하지만 대법원을 독점해서는 안된다.

성경은 지도자들을 12지파에서 선발하도록 되풀이해서 명령한다. 그래야 지도자가 민족을 대표한다. 하버드와 예일이 미국을 대표하기는 어렵다. 그들은 미국의 200개 이상의 인가 받은 법대 중에서 두 지파를 대표한다. 그들은 엘리트주의를 대표한다.

나의 목회적 충고는, 대통령은 하버드-예일의 엘리트 독점에서 매우 멀리 떨어진, 그래서 미국의 심장과 연결되어 있는 판사들을 지명해야 한다는 것이다. 현재 대법관 9명은 모두 유대인이거나 카톨릭 신자이므로[8] 성경적인 크리스천을 임명하여 법원을 다양화시켜야 한다는 것이 나의 제안이다. 성경적인 크리스천 테드 크루즈(Ted Cruz)나 데이비드 바튼(David Barton) 같은 사람이 시급히 요구되는 균형을 가져다 줄 뿐만 아니라 대법원을 다양화시킬 수 있는 트럼프의 외부자가 될 수 있을 것이다.

솔로몬이 왕이 되었을 때, 그의 첫 번째 실수는 이복형으로 왕위를 찬탈하려 했던 아도니야와 그의 지지자 요압 장군 및 제사장 아비아달을 신속하게 제거하지 않은 것이었다. 그들은 문제를 일으켰다. 또 다른 이복형이었던 압살롬이 다윗을 폐위하려 했을 때, 그의 아버지

다윗을 저주한 죄를 지은 시므이도 그랬다.

이 이야기들은, 부패가 있을 때 적절한 대응은 **새로운 피, 즉 외부인을 들여오는 것**임을 교훈해 준다. 워싱턴에는 너무 많은 정치적 간음이 있으며, 이 간부들을 분리해 내기가 어렵다. 제7계명은 불법적인 관계가 얼마나 심각한지를 보여 준다.

어떻게 좌경화가 미국을 점령했나

목사로서, 나는 심리학자와 법정 사이의 불법적인 관계를 목격하였다. 가족의 증언으로 확보될 수 있는 수 년 혹은 수십 년 간에 걸친 진실에 의해서가 아니라 한 사람의 심리학자에 의해서 가사 사건의 결정이 이루어진다.

나는 엄마가 아들을 신체적으로 학대한 사건을 일 년에 두 번 직접 보았다. 한 사건에서는 아이가 거의 죽을 뻔했다. 경찰이 아이를 엄마로부터 분리하여 아버지의 보호에 맡겼다. 보건복지부(DHHS)가 나타나서 개입했다. 그들은 엄마에게 말하기를 "여성이 아이의 일차 보호자가 되기를 강력히 희망한다"라고 했으며, 아이의 법적 보호를 되찾으려면, 즉시 신경정신과 테스트만 받으면 된다고 했다. 두 경우 모두 엄마들이 아이들의 주 보호자가 되었다.

반면, 심리학자들은 일상적으로 아버지들을 자기 자녀들의 삶에서 제외시킨다. 일부 폭력적이고 무책임한 아버지들이 있기는 하지만, 자기 자녀들과 시간을 보내고 싶어하는 아빠라면 이미 그는 좋은 아빠임을 상식 있는 사람이라면 누구라도 인정할 것이다. 아이들에게서 아버지를 빼앗는 것은 누구에게도 도움되지 않으며, 아이들에게는 큰 손실이다. 심리학자들은 단지 자신들의 의견으로, 아버지는 무능하며, 위험하므로 엄마가 아버지보다 더 많은 시간을 아이들과 함께 지내야 한다고 선언한다. 어떤 아빠들은 아이들과 같이 밤을 보낼 수도 없다.

많은 미국인들은, 역사적인 진실 때문이 아니라 심리학자의 의견 때문에 공립학교에서 성경이 금지되었다는 사실을 모른다. 솔로몬 그레이젤(Solomon Grayzel) 박사는 신약성경을 읽는 것이 어린이들의 심리에 해를 끼칠 수 있다고 말하였으며, 바로 그런식으로 성경이 금지되었다.[9]

정의를 심리라는 독점자에게 외주를 준 것이다. 건국 아버지들이 이렇게 타락한 시스템을 상상이나 하였겠는가? 법원이 선정하고 국민의 지갑에서 돈을 받는 "전문가 증언"에 법원이 휘둘리고 있다.

심리학은 엄격한 의미의 과학은 아니므로(그것을 과학이라고 불러야 할지는 별개의 문제이다.) 법원에서 이의 사용을 증가시키는 것은 적법절차를 위협하는 것이며, 헌법이 피고를 보호하기 위하여 규정한 입증책임을 기울어지게 한다.[10]

심리학이란 무엇인가?

일반인들은 심리학자, 정신과 의사, 상담사의 차이를 이해할 필요가 있다. 셋 모두 심리치료 혹은 대화 요법을 할 수 있도록 훈련을 받았다는 점에서 비슷하다. 당신은 말하고, 그들은 듣고, 당신은 기분이 좋아진다. 자신들의 말을 들어 줄 전문가가 있기 때문에, 일부 사람들의 삶의 질이 개선되는 것은 확실하다.

상담사들은 대화를 하도록 훈련 받은 사람이며, 그 이상은 아니다.

심리학자들은 사람의 상태가 어떤지에 관해서 평가하고 "결론"을 내리도록 훈련 받은 사람들이다. 심리학자들은 성급하게 사람들을 박스 안에 집어 넣고, 그들이 주의력결핍 과잉행동 증후군(ADHD) 혹은 양극성장애 같은 "정신 이상"이 있다고 선언하며, 그들을 정신과 의사에게 보내는 경향이 있다.

정신과 의사는 심리학을 공부한 사람 중에서 정신병 약을 처방하고, 환자의 의지와는 상관없이 그들을 정신병동에 감금할 수 있는 사람들이다. 일반인들은 이러한 용어 두세 개를 혼용하며, 우리도 이 세 분야를 포괄하여 "심리학"이라는 용어를 사용하겠지만, 이렇게 혼용하다 보면 중요한 차이점을 놓치게 되기도 한다.

토마스 자즈(Thomas Szasz) 박사는 "정신과 의사라는 용어는 두 개의 매우 다른 종류의 업무, 즉 대화를 통해서 "정신"을 치료, 회복시키는 것과, 국가에 의하여 위임 받거나 허용된 강제력을 사용하여 사람들을 위협, 통제하는 것을 의미할 수 있기 때문에 이 용어와 관련된 어려움이 종종 간과된다.… 언론 기자와 대중은, 자발적인 고객을 위하여 상담하는 것과 정신과 시스템의 포로(환자)를 강압하는 것의 차이를 대체로 구별하지 못한다."[11]라고 지적한다.

달리 말하면, 심리학(역자 주: 여기서는 정신과를 의미함)이 "의학"으로 간주된다 하더라도, 환자를 그들의 의지에 반하여 "치료할 수 있다"는 점에서 다른 의학 분야와는 차이가 있다. 이것은 자유를 사랑하는 자유주의자나 보수주의자 모두에게 관심의 대상이 되어야 한다. 심리학은 자발적인 형태일 때는 유익한 것이지만, 강압적이고,

정부가 지원하는 형태는 독재 정부의 완벽한 도구가 된다.

여기에서 불륜은 정치적 힘과 정신과의 이기심 사이에 형성된다. 강압적인 정신과 치료는 본질적으로 정치적이다. 미국정신과협회는 다음과 같이 밝히고 있다.

> "심리학자들은 공중보건정책과 및 연구, 예방 및 개입 노력
> 에 대한 자금지원 상황을 알리기 위하여 연구결과들을 정치
> 인과 정책 입안자들에게 뿌린다."[12]

그러한 심리학자들은 정치적인 목적이 있다. 그 목적이란 정치적인 힘과 공공의 자금을 이용하여 그들의 좌파적인 의제, 예를 들면 "전통적인 남성다움"은 해로운 것이며 "전통적인 성 역할"은 고지식하며 성차별적이고 억압적이며, 남성은 "특권을 누린다"와 같은 것을 밀어붙이는 것이다. 강압적인 심리학은 크리스천의 핵심 신념을 조목조목 갉아먹고 있다는 사실을 알아차리지 못하고 있다.

강압적인 심리학은 사실상 좌파의 선동 사역이다. 크리스천과 보수주의자들이 이를 깨달을 때까지, 좌파 심리학자들이 전통적인 가정과 종교적인 가치관을 파괴시키기 위하여 정치적인 힘과 공공 자금을 찬탈하는 행위를 위축시키지 못할 것이다.

민간 분야에서는 자발적 상담과 강압적인 심리학의 차이를 구분하고 있다. 민간 분야에서는 자발적 상담의 이점을 인식하고 이를 지원하고 있다. 예를 들면 호주에서 민간 건강보험회사들은 상담을 받으면 비용을 환불해 주지만, 정부는 심리 치료만 지원한다.

자발적인 상담과 강압적인 심리학의 구분은 법정에서도 이루어졌다. 심리학자와 정신과 의사는 법정에서 "전문가 증인"이 될 수 있지만, 심리학 전공자보다 훨씬 많은 경험이 있을 수도 있는 상담가는 그렇지 못하다. 심리학자는 법정에서 호의적인 대우를 받는 독점적 집단의 일부이다. 이것이 법정이 좌편향되는 이유이며, 심리학자의 영향을 차단하지 않고는 이념 전쟁에서 보수주의자가 이길 가능성은 없다.

　어떻게 심리학이 강압적인 힘을 가지게 되었나? 독일과 오스트리아에서 학문의 한 분야로 시작된 이래, 심리학의 주요 목표는 적절한 "의학" 혹은 "과학"으로 인정받는 것이다. 그러므로 이 분야 종사자들은 "환자", "진단" 그리고 "의원" 같은 대중이 신뢰할 만한 용어를 사용한다.

　심리학은 물론 전적으로 주관적인 분야이다. 진단이란 것도 종종 개인의 의견이나 편견에 불과한 것이다. 많은 "진단"이 잘못된 것이고 환자 중 치료를 받아서 완쾌되는 사람은 거의 없다. 강압적인 정신 치료를 받게 된 사람 중에 치료가 된 사람은 한 명도 없다.

　심리학이란 두 가지 다른 것, 그 중 하나는 자원하는 대화 치료이며 또 다른 하나는 객관적인 사실이라는 가면을 쓴 주관적인 견해의 폭군을 의미한다는 사실을 알아야 한다. 실제로 자즈 박사는 이 정신과와 정치의 불법적 자녀를 "거짓된 사실"[13]이라고 이름을 붙였다.

　이 거짓된 사실은 정치권력이 원할 때마다 새로이 병명을 고안해 내서 대체하는 언어 창조를 끊임없이 지속한다. 미국정신과협회가 발간한 여러 다른 판의 정신질환의 진단 및 통계 매뉴얼(DSM

I, II, III)에 따르면 동성애를 "성별 불쾌감"(gender dysphoria), "성도착"(paraphilia), "성적취향장애"(sexual orientation disturbance)라고 하다가 마침내는 "자아 이질적 동성애"(ego dystonic homosexuality)으로 진단한다.

오늘날 동성애적 취향을 극복하고자 하는 사람을 돕는 것("전환치료"라고 불림)을 정신질환이라고 한다. 어떻게 두개의 상반된 것을 모두 정신질환이라고 하는 것이 과학적이 될 수 있나? 한 세대 내에서 "질병"을 치료하는 것이 질병이라고 명명된 것이다. 이렇게 정신질환을 재정의하는 것이 심리학의 전형적인 일인데, 이것은 엄격한 과학에서 출발한 것이 아니고 정치적 아젠다에 의해서 출발한 것이다.

여성의 감정주의를 "히스테리아"(hysteria, 문자적으로 그리스어의 "uterus")라고 부르곤 했는데, 오늘날 여성의 감정을 인정하지 아니하는 모든 것이 심리적 학대로 간주될 수 있다. 비밀은 이것이다. 심리학자들이 단어의 의미를 재정의함으로써 정치적 목적을 최대한 빨리 달성할 수 있다.

법정과 심리학자의 불륜

현대 법정은 정의의 판단을 심리학과에 의존하고 있다. 그래서 아무도 법을 어기지 않았는데 새로운 범죄가 발생하고 있다. 여성에게 신용카드를 허용하지 않으면 여성의 정신 건강이 상하게 되므로 이는 "가정 폭력"에 해당된다는 것은 이제 법정에서는 당연한 것으로 받아들여진다. 가정 폭력에 대한 처벌은 심각할 수 있다. 심리학자의 주관적인 평가나 기만적인 용어에 근거하여, 아버지의 자녀 접견권을 박탈하거나, 이혼한 전처에게 결혼 이후 형성된 자산의 절반 이상을 지급하라고 판사가 판결할 수 있다.

자즈 박사는 "그 용어를 거부하며, 나는 정신병원이 병원보다는 감옥 같다고 주장한다. 비자발적 정신병원 입원은 일종의 징역형이지 의학적 치료가 아니다. 강압적인 정신과 의사는 치료자로서가 아니라 판사와 간수의 기능을 한다. 나는 "정신질환"과 이에 대한 치료를 법과 수사학의 문제이지 과학과 의학의 문제로 보아서는 안된다는 주장을 한다."[14]라고 했다.

보수주의자들과 크리스천 지도자들은, 국민이 투표하지도 않았고 헌법에 의해 임명되지도 않은 새로운 종류의 강압을 행사하는 판사들이 출현했다는 사실에 경계심을 가져야 한다. 심리학자들은 국회의원, 변호사, 판사들과 동침하기 시작했으며, 사실상의 관계를 가지고 산다.

심리학이 많은 법정에서 법이 되었다. 법은 강제력을 의미하지만 의학은 그렇지 않다. 의료 분야는 윤리의 지배를 받는다. 환자로서 당신은 의학적 진단을 추구하고, 질문하고, 받아들이거나 거부할 수 있지만, 법은 그렇게 할 수 없다. 법은 순전히 구속력이다. 법정의 피고인석으로 서라면 서야 하고, 원하지 않는 판결을 받고, 유죄로 판결 받으면 권리와 자유를 잃게 된다.

심리학이 법의 조문을 우선하고 있다. 1차 개헌에 따르면 우리는 자유롭게 종교 활동을 할 권리를 가진다. 그런데 심리학이 학교에서 기도하고 성경을 읽는 것이 어린이들의 정신 건강에 해를 끼칠 수 있다고 말한다. 심리학이 이기고 있다. 미국 헌법이 울고 있다.

정치가와 심리학자의 불륜

정치가와 심리학자의 불륜은 공산주의자들이 흔히 쓰는 불법적인 관계이다. 공산주의 하에서 종교적 신념은 제일 먼저 일종의 "정신질환"으로 분류된다. 반대자들이 공산주의 이념에 의문을 품었을 때, 소비에트 연방법에 따라 반대자들을 "정신병자"로 재규정했다. 이 때 사용된 법을 보면 스탈린 시대 형법 58-10조, 1958년 형법 70조, 1967년 형법 190-1조 등이다.

소비에트 연방의 폭정 하에서, 권위를 비판하거나 비판적인 책을 쓰는 것은 "개혁 환상"이라는 정신질환으로 진단 받았다. 물론 이것은 만들어진 질병이다. 비관론, 사회 부적응, 권위에 대한 반항 증상은 "만성 정신분열증"(sluggish schizophrenia)[15]으로 진단하였다. 소비에트 연방을 벗어나려 이민을 시도한 사람, 금지된 문서나 책을 소유 혹은 배포한 사람, 시민권 운동에 참여한 사람, 금지된 종교활동을 하다가 체포된 사람은 정신병원에 감금되거나 억류되었다.

이 "거짓된 사실"을 합법화 시키는 열쇠는 심리학의 위상을 "의학" 혹은 "과학" 수준으로 높이는 것이다. 인간 행동에 관한 학문이 "환자", "진단", "처치" 그리고 "병원"이라는 용어를 사용함으로 세포와 기관에 관한 학문을 흉내내려 한다.

부통령 조 바이든(Joe Biden)

심리학을 통한 합법적 핍박이 미국에서 가당치 않은 일이라고 생각하지 않아야 한다. 민주당의 대통령 후보이며, 전 상원의원이었으며 부통령이었던 조 바이든은 상원에 "중독을 질병으로 인정하는 2007년 법"을 제안했다. 그 법안은 중독을 "만성적, 재발성 뇌 질환"으로 공식 용어를 바꾸도록 제안했다. 중독은 의지를 암시한다. 질병은 피해자를 암시한다. 중독은 개인적인 책임을 암시한다. 질병은 정부의 책임을 암시한다. 민주당은 "중독"에서 "질환"으로 옮겨가기 위한 전환기로 용어로 "중독 질환"을 사용하기를 원했다.

다른 명칭 바꾸기 예에서 살펴본 바와 같이, 이상적으로는 "중독"이라는 말은 아예 삭제되어야 좋을 것이다. 위 법안에서는 "약물 남용 연구원"(NIDA)을 "중독 질병 연구원"으로 개명할 것과, "알콜 남용 및 알콜 중독 연구소"도 "알콜 질병 및 건강 연구소"로 개명할 것을 제안하였다.

단어를 바꾸고 언어를 통제하는 것이 바이든(그리고 좌파 일반)에게 왜 그리도 중요한가? 개인적으로 바이든의 작은 아들 헌터가 알콜 및 약물 중독과 씨름하였기 때문일 것이다. 헌터는 코카인 검사에서 양성 반응을 보여 해군에서 전역되었다. 중독은 오명을 수반한다. 질병은 오명을 제거해준다.

정치적으로, 강압적인 심리학은 좌익 정치인에게 입법 사법적 결과를 통제할 수 있는 가(假)과학적 논리를 제공해 주기 때문이다. 예를 들면 2008년 의회는 정신건강 및 중독 균형법(MHPAEA)을 제정하여, 보험회사들로 하여금 신체적 질병으로 진단 받은 사람과 정신질환으로 "진단 받은" 사람들 사이에 동일한 보장을 제공하도록 요구하였다. 스탠턴 필(Stanton Peele) 박사가 반대했듯이, "중국이 아니면, 기술적으로 선진국인 나라 대부분은 과학적 진리를 선포하는 법을 통과시키지 않는다."[16]

심리학자들은 이제 증상에 관한 소견을 정치적으로 집행할 수 있는 공공정책으로 바꿀 수 있게 되었다. 사실을 말하자면, 어떤 물질의 남용이 언제나 "뇌질환"의 증상이라고 말할 수는 없다. 그것은 의지적 행동, 동료에 의한 압박, 시험적 사용, 오락적 사용, 정서적 의존, 화학적 의존, 혹은 완전한 중독의 증상일 수 있다.

의학적 질병은 "병리학적 세포, 조직 그리고 기관의 변형"과 같은 객관적인 방법으로 정의되어야 한다. "만약 우리가 질병에 대하여 이와 같은 과학적인 정의를 받아들인다면, 정신질환은 은유에 불과하며 … 경험적 허위 가능성을 배제하지 못한다."[17] 정치인과 심리학자의 의견으로 과학적 사실을 만들어 내지는 못한다.

심리학의 정치

심리학을 정치적으로 이용함에 있어서 핵심은 심리학을 과학적인 것처럼 들리게 하는 것이다. "질병"이라는 말은 "남용" 혹은 "의존"보다 더 과학적인 것처럼 들린다. 그래서 조 바이든은 "약물 남용"을 "중독 질환"으로 변경하고자 밀어붙인다. 정도가 다양한 정서적 신체적 상태에 대한 증명되지 않고 증거도 없는 주장이 정치인들에 의해 정신 "질환"에 대한 의학적 "진단"의 위치로 격상되었다. 이는 좌파들이 정치적인 기반을 더 확보하는 길을 열어 주는 것이다. 오마바의 의료개혁법(오바마 케어로 알려짐)에 따르면 정신 "질환"에 대한 보장이 2010년까지 대거 확대되었다.

크리스천과 보수주의자들이 좌파의 전략을 파악하지 않으면 이 트렌드는 되돌릴 수 없을 것이다. 오히려 소련식의 정신과 남용으로 우리의 법을 침해하고, 사법 체계를 오염시킬 수 있다. 강제 심리치료가 종교적 신념을 학대하는 정치적 핑계로 사용될 수 있을 것이다. 심리학자들은 젊은 세대로 가면서 더 많은 영향력을 행사하기를 원한다. 동시에 그들은 선거와 정치적 임명직에게 더 많은 영향력을 행사하려 할 것이다.

브렛 캐버너(Brett Kavanaugh)의 경우

2018년 트럼프 대통령이 브렛 캐버너를 대법관에 임명하려 하였을 때, 이에 반대하는 전략으로 좌파들은 그들이 가지고 있는 가장 강력한 무기를 꺼냈다. 그들은 여성 심리학자 크리스틴 블레이즈 포드(Christine Blaise Ford)를 데리고 왔다. 포드는 의회에서 브렛 캐버너가 성적으로 부적절한 행동을 했다고 거짓 주장을 했다. 언론은 그녀가 여성 심리학자라는 이유로 그녀에게 확인도 하지 않고 그녀의 거짓말을 퍼뜨렸다.(한때는 어떤 이야기를 확인하는 것을 저널리즘이라고 불렀다. 역자 주: 저널리즘의 행태를 비꼬는 의미) 포드는 캐버노 판사에 관한 주장을 뒷받침할 아무런 증거도 없었고, 그녀의 친구가 그녀의 주장을 반박했으며, 그녀는 정치적인 명분을 위하여 거짓말을 하였던 것으로 밝혀졌다. 포드는 온 나라가 치켜 보는 중에도 그녀의 재주로 빠져 나갈 수 있을 것으로 생각했었다. 좀 더 사적인 상담 공간 혹은 강의실에서는 어떤 거짓말을 지어냈을지 상상해 보라. 그녀의 공적인 사례가, 심리학자들은 의학이 아니라 윤리를 시행하고 있음을 완벽하게 드러내 주었다.

그들의 말이 판사의 말보다 더 강력하게 되었다. 심리학자들이 판사를 판단할 수 있게 되었다! 하지만 이를 알아차리는 보수주의자는 많지 않다. 그들은 브렛 캐버너가 실제로 그렇지 않음에 안도의 한숨을 쉬었다. 민주당의 전략은 비록 2018년에 실패하였지만, 매우 강력한 전략임이 입증되었다.

1964년 공화당 후보자 배리 골드워터(Barry Goldwater)는, 존 F 케네디 대통령이 1963년 11월 22일 암살되자 대통령직을 물려받아 현직 대통령이었던 린든 존슨(yndon Johnson)에 경쟁자로 출마하였다. 좌파들은 심리학을 사용하여 공화당원의 입지를 약화시켰다. 「팩트」(Fact)라는 잡지는 정신과 의사들에게 아리조나의 상원의원이 대통령직에 적합한지 설문을 했다. 그 잡지는 다음과 같이 보도했다:

"1,189명의 정신과 의사들이 '골드워터는 심리적으로 대통령이 되기에 부적합하다'라고 말했다."[18]

이 기만적인 보도는 비록 의미없는 "진단"이기는 하지만 "의학적"인 것처럼 들리게 만들어, 그들이 의도했던 대로 상대방에게 손상을 입혔다. 골드워터는 1969년 7월 잡지의 편집장과 편집인에게 명예훼손 혐의로 75,000달러의 소송(골드워터 대 진스버그)을 청구했다.

피해자가 대단한 사람이었고 소송을 할 여유가 있는 사람이어서, 정치적 영향력을 위하여 뻔뻔스럽게 정신과 의사를 남용한 것이 드러나게 되었다. 이에 당황한 미국정신의학협회(APA)는 1973년에 "의료윤리준칙"에 7절을 추가했다. **"골드워터 규칙"**은 단지 공인에게만 적용되며, 내용의 일부는 다음과 같다.

> "정신과 의사는 그가 검사를 하고, 의견 표시에 관하여 동의를 받은 경우 외에 전문가로서의 의견을 표현하는 것은 비윤리적이다."

단지 공인(정치인)만이 그러한 전문적 남용으로부터 보호를 받는다는 것이 흥미롭다. 공인이 아닌 당신과 같은 일반인은 전문가들에 의해 아직도 계속 침해를 당할 수 있고, 온라인에서 명예를 훼손당할 수도 있다. 이것이 바로 제9계명 **"거짓 증거하지 말라"**에 복종하여 "디지털 권리장전"을 제안하는 이유이다.

크리스천과 보수주의자들은 정의에 하나님의 모형을 집행하지 않는다. 이 이유만으로도, 민주당원들은 자기들이 성공하거나 누군가가 이를 합법적으로 중단시킬 때까지 이 술책을 계속 사용할 것이다.

좌파들이 골드워터에게 사용하였던 동일한 술책을 도널드 트럼프에게 사용하였다. 2016년 선거운동 기간 중 그리고 그가 백악관에 있던 첫 임기 중 계속 여러 정신과 의사들은 공적으로 트럼프는 "혼란스러우며", "직책에 맞지 않으며", "자기도취적이며", "위험"하다고 주장했다. 다른 수식어도 많이 있지만, "성격장애"를 암시하기 위하여 의도적으로 이런 수식어를 사용한다. 이러한 정신과 의사들은 "골드워터 규칙"을 위반하는 당파적인 사람들인데, 대중을 보호하는 관리 의무라고 주장하면서 그 규칙을 회피한다.

심리학자 존 가트너(John Gartner)는 이 문제를 매우 잘 표현하였는데, "우리는 도널드 트럼프의 위험한 정신질환에 대하여 대중을 경고할 윤리적 책임을 지고 있다"[19]라고 하였다. 가트너는 심리학의 정치적 사용을 퍼뜨리기 위하여 "경고의 의무"라는 정치적 행동 위원회를 설립하였다. 이것은 의학이 아니다. 이것은 부끄러워하지 않는 정치적 행동주의이다.

강압적 심리학은 정서적 마르크스주의이다

심리학은 마르크스주의의 정서적 가지이다. 양자 모두 결정론 혹은 운명론을 신봉한다. 이들은 각자의 삶이나 성적 특질이 부모, 과거 그리고 스스로 통제할 수 없는 힘들에 의해서 결정되었고, 각자가 어떻게 느끼는지 또 어떤 사람이 될 것인가에 대하여 아무런 선택권이 없다는 것이다. 결정론은 무기력감을 주는 동시에 자신이 희생자라는 생각에 힘을 부여한다. 희생자들은 힘이 없는 사람으로 인식된다. 일들은 그들의 선택이나 책임과 무관하게 일어난다. 그러므로 이상적인 시스템에서는 심리학자와 마르크스주의자 모두, 무엇이 다른 사람과 환경 및 세계에 좋은지를 "더 잘 아는" 현명한 엘리트 계층이 대중을 지배하기를 원한다.

일부 심리학자들은 모든 심리학자들을 한 바구니에 집어넣는 것은 부당하다고 주장할 것이다. 실제로 그들은 그들의 진료과목을 싫어하는 의사들이다. 나는 모든 심리학자들을 한 바구니에 넣고 싶지는 않다. 나는 자발적인 심리학(상담 치료)과 강압적 심리학(정서적 마르크스주의)는 분명히 구분된다고 생각한다.

윤리적 문제가 있는 자발적 환자에게 도움을 주려는 심리학자와 상담가가 있다. 실제로 그들은 교회에 가지 않는 사람들에게 사실상 목사 역할을 한다. 그들은 의학적 문제가 아니라 윤리적 문제를 해결한다. 좋은 상담가는 일대일 설교를 하는 목사와 같이 일대일 대화를 한다.

그러나 강압적인 심리학자는 성에 관한 자신들의 사회적 윤리적 견해를 과학과 의학의 이름으로 다른 사람에게 강요한다. 이런 사람들은 오스트리아 출신으로, 성에 집착하고 종교에 반대한 프로이드의 제자들이다.

프로이드주의와 마르크스주의는 동일한 게르만 동전의 양면이다. 그들은 "공공의 선"을 위해서는 강압을 사용하는 사회공학자들이다. 그들은 자발적 거래로는 그들의 고귀한 이상인 인간 행동 변화, 문화 변혁, 경제 통제가 결코 달성될 수 있다고 믿지 않는다. 그들은 국가가 개입해야 한다고 믿는다. 국가는 인민을 통제해야 하고, 인민은 국가의 비전에 대가를 지불해야 한다. 여기에서 칼 마르크스(Karl Marx)에 대하여 조금 언급하는 것이 도움이 될 것 같다.

칼 마르크스

칼 마르크스(1818–1883)는 독일 작가였으며, 자신의 사업을 소유하거나 시작하거나 경영해 본 적이 없으며, 개인적인 재무관리를 잘 못하여 일생의 대부분 빚을 지고 살았지만 재무와 경제에 대하여 저술하였다. 그의 영향력 있는 두 개의 경제에 관한 저술은 1848년 『공산주의 선언』(*The Communist Manifesto*)이라는 팜플렛과 1867년 저서 자본주의를 비판하는 『자본론』(Das Kapital)이다. 그는 사회의 역사는 계급투쟁의 역사라고 한다. 그는 샤워를 거의 하지 않았으며, 25년간 지속적인 여드름(종기)으로 고생했으며, 자신의 가족에게 무관심했으며, 유대인에 대하여 극심한 인종주의자였다.[20] 그는 그의 가정부 헬렌 데무스(Helen Demuth)에게 한푼도 지급하지 않았다. 그녀는 그로 인하여 "프레디"(Freddy)라는 사생아를 낳았지만 이를 인정하지 않았고 돌보기를 거절하였다.[21] 그럼에도 그는 노동자 계급을 착취하는 부자에 대하여 썼다. 마르크스는 대출과 그의 친구 프리드리히 엥겔스(Friedrich Engels)의 수입으로 살아간 게으른 부르주아였다. 그는 후두암으로 1833년 사망하였지만 그의 장례식에 참석한 사람은 매우 소수였다.

놀랍게도 현대 세속적인 사상에서 칼 마르크스보다 더 영향력이 큰 철학자는 없다. 오늘날 좌익 행동가들은 그의 예에서 벗어나지 않고 있다. 그들은 타인의 돈으로 살고 있으며, 그들은 문제를 계급 투쟁이라는 일반화로 축소하여, 현재는 이를 "정체성의 정치"라고 부르며, 그들 중 대부분은 아직도 반 이스라엘 입장을 취한다. 마르크스주의는 어떤 형태를 취하든 정의의 주적이다.

칼 마르크스 철학의 경제 분야는 캄보디아, 쿠바, 차이나, 동독, 에티오피아, 북한, 소비에트 연방, 로마니아, 베네수엘라, 그 외 시도된 모든 나라에서 실패한 **공산주의** 혹은 **사회주의**라고 불린다.

민주당의 이념은 **"문화적 마르크스주의"**라고 새로운 이름을 붙인 공산주의의 개정판이다. 이는 성(性) 공산주의로 대체적으로 집약되는데, 이는 삶을 성간의 투쟁으로 너무 단순화한 것이다.

기후 변화는 그린 공산주의 혹은 **"환경론적 마르크스주의"**라는 특이한 경우다. 이것은 과학적 사회주의라는 비싼 명분이다. 이 주장의 비과학적인 특성은 제2계명에 관한 장에서 설명하겠다.

프로이드주의는 정서적 공산주의 혹은 **"행태적 마르크스주의"**이다. 이것은 의학이 아니다. 프로이드주의자들은 정서적 전문용어라는 뒷문을 사용하여 마르크스주의를 우리에게 강요하는 사적인 압력단체를 형성한다. 나는 이것을 **"핑크 공산주의"**라고 부른다.

마르크스주의가 무방비 분야에 침투할 수 있는 가능성을 보수주의자들이 인식할 때까지, 한 형태로 실패하면 다른 변화하는 형태를 띄고 마르크스주의자는 계속 나타날 것이다.

이것이 트럼프에 대한 가장 일반적인 공격이 칼 마르크스가 했던 것과는 달리 경제적인 공격이 아닌 이유이다. 칼 마르크스는 사람들로 하여금 대중을 모아 저항하라고 권했을 것이다. 하지만 대중은 자본주의 하에서 더 잘하며, 오바마의 사회적인 비전보다 트럼프의 "미국 우선" 정책 하에서 더 잘한다. 그래서 좌파들은 마르크스주의적 학자들의 경제적 비난으로 트럼프를 공격할 수가 없으므로, 민주당의 "인종주의자"와 같은 문화적 중상, 심리학자들의 "미친" 혹은 "위험한" 같은 정서적 중상으로 트럼프를 공격할 수 있을 것이다.

보수주의자들은, 마르크스주의가 자본주의의 적이라는 것은 이해한다. 이 둘은 융합될 수가 없다. 보수주의자들은 프로이드 심리학, 즉 정서적 마르크스주의가 제한된 정부, 종교의 자유, 언론의 자유, 전통적인 가족 및 개인적인 책임 같은 보수주의적 가치의 적이라는 사실에 각성해야 한다. 이 두 신념 체계는 학교나 법원에서 병행할 수 없다.

정의를 위한 전선은 경제에서 환경 및 정서로 옮겨 갔다. 강압적 심리학자들이 중립적, 객관적, 과학적인 체하는 한, 보수주의자들은 끊임없이 공격을 당할 것이다.

경제에서 환경 및 정서로 옮겨가는 점진적 이동은 좌파들의 똑똑한 움직임이다. 경제적 논쟁은 확인이 될 수 있고, 측정 가능하며, 잘못이 확인될 수 있다. 환경적 논쟁은 경제적 논쟁에 비하여 장점이 있는데 이것은 데이터가 너무 방대하고 사람들이 쉽게 질문을 할 수 없기 때문이다. 어떻게 일반인이 "지구의 온도"를 측정할 수 있나? 얼마나 많은 온도계가 필요한가? 어디서? 하루에 몇 번씩, 일년에 몇 번씩? 환경에 관한 주장은 쉽게 할 수 있지만, 일반인이 거짓임을 밝히기는 어렵다. 그 중에서 가장 유리한 것은 정서적 주장이다. 아무 주장이나 해도 정당하게 보일 수 있다.

예를 들면, 많은 심리학자가 주장하듯이 트럼프가 정말 위험하다면 트럼프에 투표한 6,290만 투표자는 무엇이라고 할 것인가? 2018년 「사이콜로지 투데이」(*Psychology Today*)는 다음과 같이 답을 제시한다. 트럼프 지지자는 이상하며, 정신적으로 취약하며, 공포 전술에 민감함에 틀림없다. 좀 더 의학적인 용어로 말하자면, "일부는 편집증과 망상 관련 심리학적 질병을 앓고 있을지도 모른다."[22]

이것이 자즈 박사가 심리학에 대하여 지적한 내용을 실제로 보여 주는 사례이다. 자즈 박사에 따르면 "심리학은 정해진 기준도 없고 경험적 증거도 필요없이 정신질환을 만들어 내는 공장이다.… 일반 의학에서 새로운 질병은 발견되는 반면, 현대 정신과에서는 만들어진다. 부전마비는 질병임이 증명되었으나, 히스테리는 질병이라고 선언되었다."[23]

심리학은 정부의 이상적인 수단이다

세계 정신 건강 연대의 회장인 정신과 의사 밴디 리(Bandy Lee)는 『도널드 트럼프의 위험한 사례: 37명의 정신과 의사 및 정신건강 전문가가 대통령을 평가하다』(*The Dangerous Case of Donald Trump: 37 Psychiatrists and Mental Health Experts Assess a President*)라는 책을 편집했다. 이 심리학 책은 대통령에 대한 정치적 폄하 캠페인이다. 그럼에도 그녀는 당당하게 그녀의 정파적 선동을 "대중을 위한 봉사의 책"[24]이라고 주장한다.

그녀는 관리 의무 및 높은 도덕적 근거를 주장하면서 골드워터 규칙을 무시한다. "대중이 대표자들로 하여금 행동하도록 압력을 가하도록(즉 로비), 우리는 우리의 기술을 전문가 증언으로 계속 사용하여 대중을 교육할 것이다.… 우리는 위험을 알려야 한다는 윤리적 법적 의무를 다할 것이다.… 우리는 대통령이 정부에 소속되지 아니한 독립된 전문가 패널로부터 공식적인 평가를 받기로 동의하길 권장한다."[25]

그러한 부정직한 사람들을 중화시키는 핵심은, 헌법이 인정하지 않으므로 그들을 "전문가 증언"으로 인정하는 것을 중단시키는 것이다. 그들은 다른 사람을 판단하거나 강압하는 일에 아무런 역할이 없다.

만약 리가 그녀의 방식을 계속한다면, 국민 투표 같은 정치적 절차나 상원의 탄핵 심판 없이 트럼프는 대통령직에서 물러나야 할 것이다. 트럼프는 정신과 의사들이 "무능하다"거나 "위험하다"고 판단하면 물러나게 될 것이다.

트럼프와 다른 지도자들이 정신과 의사들이 저지르는 불의에 대해 각성하게 된다면, 보수주의적 가치와 투표의 근간이 되는 미국 가정을 회복하게 되어 미국을 살릴 수 있을 것이다. 현재 정부 공무원과 심리학자들 간의 내적 공조는 사실상 헌법이 허용하지 않는 관계이다. 이는 제7계명의 위반이다.

"간음하지 말라"

만약 이 불법적인 관계가 억제되지 않으면, 리암 미거(Liam Meagher)가 「법정의 가족 상담가 혹은 심리학자의 역할에 대한 검토」[26]에서 매우 적절하게 기술한 바와 같이 "우리 사법 시스템에 전문가적인 편견을 제도화하는" 위험을 지게 된다. 달리 말하자면, 판사와 심리학자가 동거하고 있기 때문에, 대중에게 인기있는 심리학이 사실상 법이 되고 있다.

사람을 억누르는 적의 술책이라는 면에서 새로운 것이 없다. 원시 문화에서는 의학과 정치를 모두 관장하는 "의원"이 있었다. 아시아나 아프리카의 토속 종교 공동체 지도자는 아직도 "주술 의사"(witch doctor)로 불린다. 그들은 약과 법을 나누어 준다.

심리학에 관한 신약성경

신약성경에서 "주술"에 대한 경계가 여러 군데 있다. 이를 의미하는 헬라어는 "파르마케이아"(pharmakeia)[27]이며, 여기에서 영어의 "파머시"(pharmacy, 약국, 약학)가 생겨났다. 하나님은 자발적인 환자를 돕는 정당한 의사나 간호사 아니므로, 주술 혹은 파머시(헬라어)에 반대하신다. 주술(도덕적 강압)과 약학(과학)은 종종 연합한다는 사실을 이해하면, 증명되지 아니한 의학과 증명되지 아니한 정신질환을 파는 심리학자와 정치인 사이의 불륜을 이해할 수 있게 된다. 자유를 사랑하는 모든 사람은 하나님의 경고에 유의해야 한다. 그들의 목표는 통제이다.

트럼프 대통령은, 강압적인 심리학과 정신과 의사들의 권한을 제한함으로 미국 시민에게 장기적인 승리를 가져 줄 수 있다. 선진 문명은, 정신병 약을 복용하도록 강요 받지 않고도 수천년을 생존해 왔다. 파르마케이아에 대한 성경의 경고뿐만 아니라 정치적 반대자를 처벌하기 위하여 정신과 의사를 남용했던 나치와 소련의 사례를 인정한다면, 강압적인 의료에 반대할 것이다. 밀레니얼 세대가 사회주의와 공산주의에 더 많은 관심을 가지게 되면서, 좌파 정치권력이 동일한 실수를 더 큰 규모로 저지르는 것에 대한 제어는 거의 없다.

법원에서 불의를 씻어내야 한다. 하지만 복잡한 불륜 관계 때문에 고칠 수가 없다. 시스템을 고치려면 외부적인 해결책이 필요하다. 성경에 트럼프에게 익숙하고 편한 해결책이 있다.

사법개혁안

사법부의 부패에 대한 가장 효율적이면서 성경적인 해결책은 경쟁이다. 경쟁은 현재 사법 시스템 내부 및 외부에서 도입할 수 있다. 외부적인 개혁이 가장 성경적이긴 하지만, 이 해결책을 잘 모르는 사람들은 성경을 매우 급진적이라고 생각할 수 있으므로, 4개의 내부적인 개혁과 1개의 외부적인 개혁으로부터 시작하자.

1. 외부의 판사를 임명하라. 트럼프는 외부자이다. 외부자들은 경쟁을 촉진한다. 힘을 가진 외부자의 존재보다 내부자에게 더 성가신 존재는 없다. 문제는 차이를 만들 수 있는 외부자가 많지 않다는 것이다. 트럼프 같은 사람이 너무 적다. 해결책은 대법원부터 시작하여 더 많은 외부자를 임명하는 것이다.

외부자로서 대법원에 가장 적합한 후보로 건국 아버지들의 자료를 가장 많이 사적으로 소장하고 있는 역사학자가 있다. 그는 이미 대법원 사건에 일곱 번 연관이 되어, 판사나 변호사가 모르고 있던 역사적 증거를 제시하였다. 내가 알고 있는 판사나 변호사 중에서는 아무도 알지 못하던 법률 사건, 날짜, 이름들을 줄줄이 열거하였다. 그뿐만 아니라 그는 독립선언문이나 헌법을 기초한 사람들의 원래 의도를 이해하고 있다. 데이비드 바턴(David Barton)보다 건국자들의 직접 저술에 대해서 더 나은 일차적인 지식을 가진 사람은 없다. 그가 그 직을 수락한다면 그가, 그렇지 않다면 그와 같은 사람이 대법관에 임명되어야 한다.

현재는 정치권과 가장 잘 연결된 변호사가 판사로 임명될 가능성이 높다. 트럼프는 그보다 자격을 가장 잘 갖춘 사람을 임명해야 한다. 역사를 아는 것은 정의를 실현하는 데 핵심이다. 어려운 법적 결정은 역사적 사실에 근거하여 내려져야 한다.

2. 시민이 법관을 선발하거나 거절할 수 있는 권리를 가지게 하라.
법정에 갈 때 시민의 선택권을 증대시키라. 노련한 변호사들은 이미 이 특권을 사용한다. 그들은 어떤 판사가 그들을 좋아하며, 어떤 판사가 그들을 못 참는지 안다. 변호사들은 사건을 호의적인 지역으로 옮기거나, 비호의적인 법정에서 사건을 지속하지 않으려 한다. 시민들이 다 그렇게 운이 좋은 것은 아니다. 그들은 때로 만족스럽지 못한 판사에게 배정된다.

시민들로 하여금 그들의 발품을 팔아서 선택하게 하라. 다른 판사에게 재판을 받을 수 있는 즉각적인 권리를 허용하라. 평판이 좋은 판사는 사건이 많아질 것이며, 업무량에 따라 보상도 받아야 한다. 평판이 나쁜 판사는 사건이 적을 것이며, 수입도 잃게 될 것이다. 어떤 일이 발생하는지 보라.

잘 사용되지는 않지만, 소송 당사자에게 힘을 실어주는 법이 있다. 캘리포니아의 주법 CCP 170.6절에서는, 이유를 밝힐 필요없이 법관을 거부할 수 있는 권리를 시민에게 부여한다. 법관이 부당하거나 편향되었다고 느끼면 소송 당사자가 자의로 행사할 수 있는 일회성 권리이다.

모든 사람에게 판사를 거부할 수 있는 일회성 권리가 허용되어야 한다. 현재 시스템에서 어떤 사람이 판사에게 판사를 변경해 달라는 요청을 할 때, 이를 수용하여 스스로를 거부하도록 허용하면 "사법부에 대한 일반인의 신뢰"가 상처를 입으므로, 이를 보호한다는 구실로, 판사들은 대체로 그러한 요청을 기각한다.

그러면 설상가상으로 판사들은 판사변경 요청을 했던 사람에게 보복을 가하여 대가를 치르게 할 수도 있다. 어떤 사건에서 판사가 크리스천 아버지의 종교를 비난했고, 그 아버지의 변호사가 그 판사에게 거부 요청을 하던 것을 목격하였다. 그 판사는 요청을 기각했을 뿐만 아니라, 크리스천 공휴일에도 자녀들과 함께 지낼 시간도 주지 않았으며, 양육권을 그 어머니에게만 주는 방식으로 보복을 했다. 그러한 권력 남용이 법관 제척 제도가 필요한 이유이다.

그렇지만 사람들은 달리 방법이 없기 때문에, 판사들은 권력남용에도 불구하고 잘 빠져 나간다. 트럼프는 본능적으로 이 사법부의 부패 문제를 해결해야 한다. 바로 사법 시스템에 경쟁을 도입하는 것이다. 그러면 판결의 질이 높아질 것이다.

물론 시민에게 이러한 권리가 주어진다고 모든 나쁜 판사가 다 제거되지는 않을 것이지만, 사람들이 지속적으로 거부하는 판사는 심사를 받게 될 것이다. 분노에 찬 소송 당사자나 사기꾼 변호사들이 나쁜 판사에게 몰릴 수도 있다. 하지만 피고도 판사를 변경할 수 있는 일회성 권리가 있다. 그러므로 양측이 다 신뢰할 수 있는 판사들이 결국 좋은 평판을 얻게 될 것이다. 경쟁을 하면 대부분의 사람들이 정직하게 된다.

3. 항소를 더 쉽게 만들어라. 판사의 결정에 불복하여 항소할 수 있는 권리가 시스템 내에 확보되어 있다는 것은 판사도 실수할 수 있고, 판사도 상급 법원에 대하여 책임을 질 필요가 있다는 점을 인정하는 것이다.

호주에서는, 법원이 두 가지 방법으로 항소권을 사용하기 어렵게 만든다. 즉 돈과 시간이다. 당신이 도널드 트럼프이거나 수백만 달러의 재산가라면, 이 장애물이 문제가 되지 않으며, 보통 사람에게 항소 절차가 부당함을 전혀 알아차리지 못할 수도 있다.

어떤 관할에서는 판사의 판결일로부터 28일 이내에 소송 당사자가 항소 신청을 해야 한다. 보통 사람들, 특히 법정으로부터 부당한 판결을 예상하지 않았던 자력변호 소송 당사자로서, 법을 훈련 받은 판사에 대항하여 법적인 이유를 찾아야 하는 사람들에게 28일은 너무 짧은 시간이다. 판사들에게는 판결을 내리는 데 6개월까지의 시간이 주어진다. 소송 당사자도 항소하기까지 6개월의 시간이 주어져야 하지 않나?

둘째, 마지막 공판에서 판사가 한 말을 기록한 녹취록이 항소장을 뒷받침하기 위해 필요한 경우가 있다. 항소심 판사도, "하급심에서 판사가 어떤 잘못을 했나?"를 알고 싶어할 것이다. 답은 서면으로 제출되어야 한다. 하루 공판을 기록한 간단한 녹취록도 1,000달러가 소요될 수 있다. 3일 공판의 긴 녹취록은 5,000달러 혹은 그 이상이 소요될 수도 있다. 구글이 모든 유튜브 비디오에 즉각적인 자막을 생성할 수 있는 이러한 시대에 그것은 터무니없는 비용이다. 그렇다, 법정의 녹취록은 현재의 구글 자동 자막 생성보다 더 정확해야 함은 당연하다. 그러나 정부는 음성인식 소프트웨어와 사람의 교정을 혼합하여 사용하고, 정부 관료에만 의존하기보다 민간 업자에게 외주하는 방법을 사용해서 법정의 증거 취득을 가로막는 장벽을 더 낮출 수 있다. 경쟁은 분명 비용을 낮출 것이다. 왜 법정의 경쟁은 장려되지 않나?

이를 하나님의 사법 시스템과 비교해 보라. 성경에서 항소는 쉬웠으며, 시민에게 비용이 추가되지는 않았다.(외국인에게는 그렇지 않았다.) 로마시민으로서 바울은 유대 법정에서 정당한 판결이 내려질 것 같지 않기 때문에, 그는 단순히 로마 총독 베스도에게 "가이사에게 항소한다"라고 말했다. 베스도는 "가이사에게 항소하였으므로 가이사에게 갈 것이다."라고 말했다.[28]

4. 자력변호를 막는 장애물을 제거하라. 일부 변호사들은, 소송 당사자가 스스로를 변호하면 일거리를 잃게 되므로 나의 권고를 경멸할 것이다. 그러나 옛날, 단순히 1세기만 거슬러가도 "무일푼 변호사"라는 말은 법률가를 묘사하는 흔한 말이었다.

개인적인 분쟁에 생산성을 근거로 변호사들이 부유해지는 것은 대중에게 이익이 되지 않는다. 다른 사람들이 부유해지는 방법으로 부유해져야 한다. 즉 가장 많은 문제를 가장 효율적으로 해결하는 방법으로 돈을 벌어야 한다.

우리 모두는 변호사의 도움 없이 재판을 받을 헌법적 권리가 있다. 그러나 현실은 정반대이다. 판사가 당신에게는 까다로울 것이며, 그의 친구인 변호사에게는 너그러울 것이다.

당신이 변호사 없이 재판정에 서면, 판사의 첫 번째 조언이 "변호"(다른 말로 하면 능력 범위 밖에 있는 비싼 변호사. 능력이 있다면 왜 법정에서 자력변호를 선택했겠는가?)를 받으라는 것이다. 소송 당자가 변호사 도움 없이 계속 나타나면, 같은 기준으로 대우를 받지 못할 것이다.

변호사들은 반대심문을 포함하여 심리가 진행되는 동안 계속 쪽지를 돌리고 귓속말을 나누는 것을 본다. 그들도 모든 사실을 기억하지 못하기 때문에, 가방에 가득한 서류 뭉치를 훑어 가며 서로 상의한다. 자력변호 소송 당사자는 증인석에 홀로 앉아야 하며, 참고할 서류도 없다. 판사가 자력변호 소송 당사자에게 "당신은 진술서에 맹세했으므로 모든 사실을 알고 있다고 간주합니다."라고 말하는 것을 본 적도 있다.

이것은 트럼프가 부도덕한 법정에서 증언하는 것의 부당함에 대해서 언급할 때 했던 이야기이다. 그들은 수백 통의 이메일과 전화 통화, 그리고 그것들이 언제 있었는지, 답변은 했는지를 기억하라고 한다. 한 이메일의 날짜를 기억하지 못하면, 그들은 당신에게 "위증"을 했다고 할 것이다. 이것이 트럼프의 고문 로저 스톤(Roger Stone)을, 의회에서 이메일과 전화 통화에 대하여 다섯 차례의 "위증"을 한 혐의로 체포했을 때 사용한 방법이다.[29]

당신(법률 훈련을 받지 않은 시민)은 자신의 서류를 참고할 수 있게 되어 있진 않지만, 변호사들은 그렇게 할 수 있다. 누가 그런 멍청한 증거의 규칙을 만들었나? 대답은 현재의 변호사 그리고 현재는 판사가 되어 있는 전직 변호사가 만들었다. 그런데 현재 판사가 되어 있는 전직 변호사는, 판사직을 마치고 나면 판사의 경력 때문에 돈을 더 잘 벌 수 있으므로 또 다시 변호사가 될 수도 있을 것이다.

다시 하나님의 사법 시스템과 비교해 보라. 성경에 따르면, 소송 당사자가 변호사를 반드시 대동할 필요 없이 법정에 나타났다. 각자 살아 있는 아이가 자기 아들이며 죽은 아이가 상대방의 아이라고 주장하는 두 창녀는 변호사를 고용하지 않고 소송을 제기하였을 뿐만 아니라 왕 앞에까지 섰다. 오늘날 진실을 가리기 위한 소송을 제기하여, 대통령, 의회 혹은 대법원에 서게 된다면, 얼마나 많은 돈을 쓰고 난관을 겪어야 할지 상상해 보라. 법적인 장애물과 변호사 비용이 너무 커서 보통 시민에게는 불가능한 일이다.

자력변호를 가로막는 또 다른 장애물은 사법제도가 우리가 이해할 수 없는 방법으로 설계되었다는 점이다. 민사적인 행위를 형사로 고발한다. 예를 들면, 벌금 처분을 받은 운전자가 형사 고발을 당했다. 교통 범칙금 체납고발을 당한 피고발인이 판사에게 "이것은 민사 사건인가요 형사 사건인가요?"라고 물었다.

판사는 "준형사 사건입니다. 이것이 뉴욕주 법입니다."라고 대답했다.

자력변호 소송 당사자가 지구 판사에게, "형사 사건이 아니면 고발할 수 없습니다. 민사 사건으로 고발당할 수는 있지만, 거래 관계가 없는 사람에게 고발당할 수는 없지요. 이 건에 계약관계는 없습니다."라고 했다.

질문을 하는 것은 판사에게 무례한 것으로 간주된다. 어떻게 법률가들이 예수님께 다가와서 함정에 빠뜨리려고 했는지 기억하라. 그들은 예수님으로 하여금 스스로를 부정하도록 "당신은 누구인가?"라고 질문했다. 예수님은 "너는 나를 누구라고 생각하나?"라고 하셨다. 예수님은 공세를 취하셨다. 예수님은 질문에 질문으로 대답하셨다. 오늘날 세상에서라면, 예수님을 무례하다고 여겼을 것이다. 이것을 보면 예수님이 아니라 우리 시스템이 무언가 잘못되었다.

내 친구 소송 당사자가 판사에게 다시, "어떤 근거로 내 지불을 거절합니까? 벌금은 뉴욕 주의 정책에 따른 것이지, 법은 아니지요. 뉴욕 경찰은 미국 헌법과 일치하지 않는 정책을 강요하고 있습니다."

판사는 속기사에게, "저 말은 기록하지 마세요"라고 말했다. 그리고는 내 친구에게, "헌법을 더 이상 언급하지 마세요. 당신이 무슨 말을 하는지 모르겠습니다."라고 했다.

판사와 변호사들은 당신이 헌법과 당신의 권리를 모른다고 확신한다. 그들은 법정 밖에서 문제를 합의하기 바라며, 사실 대부분의 사람들이 그렇게 한다. 사람들은 판사로부터 정당한 판결을 받으리라고 거의 믿지 않는다. 그렇지 않다면 변호사에게 돈이 너무 많이 들어서 정당한 판결 받기를 포기하는 일은 없을 것이다. 이것은 판사와 변호사를 배 불리는, 망가진 시스템이다.

자력변호는 일반 시민이 변호사와 같은 특권과 권리가 있을 때 작동할 수 있다. 변호사들은 일반인들에 비하여 특혜가 있는 다른 종류의 규칙에 따라 행동한다.

사법개혁은 변호사나 자력변호 소송 당사자에게 필수적으로 하나의 기준을 적용하도록 하는 것이다. 시민은 개인적인 일과 가정에 관련된 일에서는 변호사를 사용할 필요가 없어야 한다.

내가 살고 있는 빅토리아 주에서는 VCAT(Victoria Civil and Administrative Tribunal)라고 하는 법정이 민사 문제를 변호사 개입없이 저렴한 비용으로 해결하기 위하여 1998년 설립되었다. 이 법정은 매년 약 90,000건의 분쟁을 해결한다. 이 개념은 가정 및 상속법으로 확대되어야 한다. 복잡한 형사 사건 및 기업 사건에서 소송 당사자가 필요하다고 생각하면 변호사를 써야 한다.

현재의 사법 시스템에서 사람들은 변호사 없이 법정에 출두할 헌법적 권리를 서류상으로 가지고 있지만, 현실에서는 세 가지 힘이 반대로 작동한다.

1) 판사가 당신을 경멸할 것이며, 변호사를 구하라고 권장(압박)한다.

2) 상대방의 변호사가 당신을 심각하게 생각하지 않을 것이며, 당신의 변호사와 협상하듯이 당신과 협상하려 하지 않을 것이다.

3) 의도적으로 고풍스러운 법적 프로세스를 거치는 동안 당신을 놀라게 할 많은 장애물이 기다릴 것이다.

재판 과정 중 반대 심문 단계에 오게 되면, 변호사들(영국 시스템에서는 최소한 2명의 변호사, 즉 1명의 법정변호사[barrister]와 1명의 사무변호사[solicitor]가 있다)이 서로 속삭이며, 쪽지를 돌리기도 하고, 사실을 검토하기도 하고, 서로 고쳐 주지만, 자력변호 소송 당사자는 늑대에 둘러싸인 양과 같다.

판사와 변호사는, 자신들은 할 수 없음에도 불구하고 당신이 종이쪽지도 참고하지 말고 모든 이메일과 전화 통화의 세부사항을 다 기억하도록 기대한다. 판사는 변호사에게는 허용하지만, 당신은 어느누구와도 상의하지 못하도록 하며 당신 자신의 증거도 참고하지 못하도록 한다. 변호사는 다른 기준으로 활동한다.

일부 법원에서는 아주 가끔, 변호사는 아니지만, 법적 시스템을 잘 알고 당신을 지원하는 행동을 하는 사람들을 가르키는 용어인 "메켄지 친구"를 인정한다. 나는 몇몇 그러한 사람들과 친분이 있다. 자력

변호 소송 당사자들에 대한 지원은 어떤 경우라도 허용되어야 한다. 모든 사람에게 동일한 규정이 적용되어야 한다.

변호사 없이 법정에 가는 것은 헌법적 권리이지만, 시스템이 당신을 부당하게 대우하고 심각한 불이익을 준다. 이 시스템은 사람들이 정당한 판결을 받도록 설계된 것이라기보다는, 변호사와 판사의 불륜을 위하여 설계된 것이다. 이는 제7계명의 위반이다. 그렇게 많은 사람들이 불의로 고통 받는 것을 보면서, 난 스스로 묻는다. "크리스천과 리더들의 분노는 어디에 있는가?

5. 병행 사법 시스템을 인정하라. 사법 경쟁을 촉진시키는 가장 성경적인 방법은 현재의 시스템 외에 다른 사법 시스템을 인정하는 것이다. 이렇게 하면 경쟁이 엄청나게 증가할 것이다. 중재와 조정은 이미 기업에서는 많이 활용하고 있는데, 기업들은 비용이 많이 드는 전통적인 법원 절차보다 이를 선호한다.

이러한 법률 제도가 성경에 나온다는 것을 아는 크리스천은 많지 않다. 이는 구약성경뿐만 아니라 신약성경에도 나온다. 에스라서에 나오는 유대인은 바벨론과 바사(페르시아) 제국에 사는 억압받는 민족이었다. 그들에게 권리는 없다고 생각할 수 있다. 그러나 반대로 왕은 그들이 자신의 법과 사법권을 가지고 있다는 사실을 인정해 주었다.

여호와의 계명의 말씀과 이스라엘에게 주신 율례 학자요 학자 겸 제사장인 에스라에게 아닥사스다 왕이 내린 조서의 초본은 아래와 같으니라 나 곧 아닥사스다 왕이 유브라데 강 건너편 모든 창고지기에게 조서를 내려 이르기를 하늘의 하나

님의 율법 학자 겸 제사장 에스라가 무릇 너희에게 구하는 것
을 신속히 시행하되 에스라여 너는 네 손에 있는 네 하나님
의 지혜를 따라 네 하나님의 율법을 아는 자를 법관과 재판
관을 삼아 강 건너편 모든 백성을 재판하게 하고 그 중 알지
못하는 자는 너희가 가르치라 무릇 네 하나님의 명령과 왕의
명령을 준행하지 아니하는 자는 속히 그 죄를 정하여 혹 죽이
거나 귀양 보내거나 가산을 몰수하거나 옥에 가둘지니라 하
였더라(스 7: 11-26)

바사는 다양한 언어와 문화를 가진 사람들을 포괄하는 다원 사회
였다. 한 제국이 어떻게 그렇게 분권화되었는지가 현대 서구인들에
게는 놀라울 정도이다. 그곳에서는 여러 사법 시스템이 작동되도록
허용했으며, 심지어는 유대인이라는 조그만 이주 민족에게도 독자
사법 시스템을 허용했다.

이 유대 법정은 형사법에 관한 전권이 있어서 심지어는 사형도 집
행할 수 있었다. 이것이 다원적 사회에 사는 우리에게 성경이 제시하
는 작동 가능한 모형이다.

예수께서 빌라도의 법정에 섰을 때, 빌라도는 유대인 지도자들에
게, "그를 데리고 가서 너희의 법대로 판결하라"[30]고 함으로써 그 문
제의 결정에서 빠져나가려 했다.

로마시대에도 유대인들은 병행하는 사법 시스템을 가지고 있었던
사실을 당신은 아는가? 그들은 로마법과 상관없이 문제를 처리할 자
유가 있었다.

이것은 오늘날 미국이나 호주보다 더 종교의 자유가 있었음을 보여주는 것이라고 말할 수 있다. 이 경우 유일한 문제는, 산헤드린이라는 유대인의 대법원이 정의를 추구하는 것이 아니라 무고한 사람을 살해하려 했다는 것이다. 그 당시 로마 통치하에서, 중벌은 로마 법정에서 선고되어야 했다. 그 때문에 그들은 예수를 빌라도 앞에 세웠다.

사도행전에서 바울은 병행 사법 시스템에 대하여 여러번 언급한다. 예루살렘 사람들 앞에서 자신을 변호하면서 바울은 다음과 같이 말했다. "내가 이 도(기독교)를 박해하여 사람을 죽이기까지 하고 남녀를 결박하여 옥에 넘겼노니, 이에 대제사장과 장로(공회, 유대의 대법원)가 내 증인이라. 또 내가 그들에게서 다메섹 형제들에게 가는 공문(체포영장)을 받아 가지고 거기 있는 자(크리스천)들도 결박하여 예루살렘으로 끌어다가 형벌 받게 하려고 가더니…"[31] 바울이 어떻게, 로마의 명령 없이 크리스천들을 체포하여 투옥할 수 있는 권한을 가질 수 있었나? 그것은 병행하는 사법 시스템이 있었기 때문이다.

유대인들은 그들의 병행 법정인 "베스 딘"(Beth Din) 혹은 판결의 집이라고 하는 곳에서 대부분의 법적 거래를 한다. 미국에서는 베스 딘의 결정이 법적으로 유효하다.

유대인들이, 크리스천이 하는 것과 같이 동성 결혼법이나 낙태에 반대하여 피켓을 들거나 시위를 하지 않는 이유가 이것이다. 유대인은 크리스천과 같은 하나님을 섬기고, 같은 성경을 읽고, 같은 도덕기준을 가지고 있다. 크리스천은 우리 스스로 세속 법에 우리를 굴복시키지만, 유대인들은 결혼, 이혼, 사업상 분쟁을 자체적으로 랍비와 베스 딘으로 처리한다. 엉뚱한 세속법은 고이임(이방인 혹은 외국인)을 위한 것이다. 그 법은 유대인에게 적용되지 않는다.

이것이 판결을 받기 위하여 세상 법정으로 가는 신자들에 대한 바울의 태도였다. 그는 고린도의 성도들에게 다음과 같이 썼다.

> 너희 중에 누가 다른 이와 더불어 다툼이 있는데 구태여 불의한 자들 앞에서 고발하고 성도 앞에서 하지 아니하느냐 성도가 세상을 판단할 것을 너희가 알지 못하느냐 세상도 너희에게 판단을 받겠거든 지극히 작은 일 판단하기를 감당하지 못하겠느냐 우리가 천사를 판단할 것을 너희가 알지 못하느냐 그러하거든 하물며 세상 일이랴 그런즉 너희가 세상 사건이 있을 때에 교회에서 경히 여김을 받는 자들을 세우느냐 내가 너희를 부끄럽게 하려 하여 이 말을 하노니 너희 가운데 그 형제간의 일을 판단할 만한 지혜 있는 자가 이같이 하나도 없느냐(고전 6:1-5)

교회는 역사적으로 치리권이 있었다. 예를 들면 결혼은 교회의 고유 권한이었다. 정치권력은 결혼에 전혀 관여하지 않았다. 독일의 카톨릭 지역에서는 심지어 1900년까지도 결혼과 이혼은 교회법의 영역이었다. 성경적인 법정이 있다면 동성 결혼에 관한 많은 논쟁을 종식시킬 수 있을 것이라 생각한다.

불행히도 카톨릭 교회가 이 사법 시스템을 너무나 남용하여, 개신교도들은 종교의 자유를 찾아 유럽 대륙을 버리고 대서양을 건넜다. 미국은 카톨릭 및 성공회의 지배로부터 피난처가 되었다.

카톨릭 교회는 성경에서 벗어나 교황 교서를 하나님의 말씀 대신으로 삼는 권력 남용을 저질렀다. 개신교의 창시자 존 캘빈(John Calvin)은 "제네바의 폭군"으로 알려졌었다. 추방, 고문, 산 사람의 화형은 캘빈 재임시에 흔했던 일이다.

1545년 주술을 행했다는 이유로 20명의 남녀가 산 채 화형을 당했다. 어떤 사람은 세례 중에 웃음을 지었다는 이유로 3일 간 투옥되기도 했다. 어느 더운 여름날 설교 시간에 졸았다고 투옥을 당한 사람도 있다. 한 시민은 (캘빈의 성경이 아닌) 다른 사람이 번역한 성경을 칭찬했다는 이유로 제네바에서 추방되었다.

카드 놀이를 하다가 잡힌 사람은 목에다 카드를 걸도록 하여 공적인 망신을 당했다. 캘빈을 욕한 출판업자는 빨갛게 달은 쇠로 혀에 구멍을 내고 도시에서 추방하였다. 이름이 샤피인 아버지는 아들을 아브라함이라고 부르지 않고 계속 클로드(로마 카톨릭 성인)라고 부르다가 4일간 감옥에 갔다.

캘빈의 지나치게 엄격한 통제는 카톨릭 교회가 개신교도에게 가했던 상처에 반발도 포함되어 있다. 고통은 사실이었지만, 캘빈은 다른 사람을 다스리기 전에 자신이 먼저 치유 받아야 할 사람이었다. 치유 받은 크리스천은 복수를 추구하지 않는다. 오히려 성경의 지혜를 신실하게 따르려고 노력한다. 성경은 고백을 받아 내기 위해서 고문하는 것이나 죄인을 산 채로 화형하는 것 같은 잔인한 처벌을 지지하지 않는다.

살렘의 악명 높은 마녀 재판 역시 성경을 위배한 것이다. 역사학자들은 더 이상 어떻게 그것이 시작되었는지 알지 못하나, 1692년부터

1693년까지 1년간 매사추세츠 살렘에서 무엇인가 집단 히스테리를 촉발시켰다. 200명 이상의 사람들이 주술을 행한다고 고발되었지만 단지 19명만 교수형에 처해졌다. 다른 사람들은 모두 혐의가 없거나 사면되었다. 이는 카톨릭이 수백 년간 핍박하고 죽이고 고문한 수백만 명에 비하면 약과다.

트럼프 대통령은 자신에 대한 좌파들의 괴롭힘을 마녀사냥에 비유하지만, 청교도의 마녀사냥은 사실상 오늘날 좌파의 히스테리보다는 훨씬 나았다. 그래도 적절한 절차가 있었으며, 재판은 신속했고, 고발당한 사람들은 고발인을 대면할 기회도 있었고, 많은 사람이 풀려나기도 했다.

존 프록터(John Proctor)라는 피고발자는 크리스천들이 좀 더 공정한 재판을 할 것이라고 생각하여 재판을 보스톤에서 받게 해달라고 보스톤의 목사에게 편지를 보냈다. 불행히도 목사가 그를 돕기 전에 처형되었다. 히스테리를 부추긴 것은 성경이 아니었다. 오히려 성경을 믿는 사람들이 히스테리를 그치도록 하였다.

교회는 되돌아가서 독자적인 크리스천 법정을 가질 수 있을까? 신실한 크리스천이 세상과 심지어는 천사들도 심판할 것이라는 사실은 확실하다. 언제 교회 지도자들이 성도들에게 이런 훈련을 시키기 시작할 것인가? 그들은 현재 은혜와 "정죄함이 없는" 부드러운 복음만을 듣는다. 이러한 복음은 불의와 무법, 부도덕을 향해 문을 활짝 연다.

교회는 **정의의 사역**을 복원해야 한다. 그렇지 않으면 불의의 문제는 미국의 세속 법정으로는 결코 해결될 수 없다. 주법과 연방법이 교회의 중재를 하급 법원에서 뒤집을 수 없는, 법적으로 구속되는 계약으로 인정해야 한다.

스칸디나비아에서는 부부가 가정 분쟁을 법원에 가져가는 일이 거의 없다. 그들은 교회에 간다. 그곳이 그들이 찾을 합리적인 곳이다. 교회가 정부와 정치에 대한 영향력을 대부분 포기하기 때문에, 우리 교회는 우리의 사법적 역할도 버렸다.

무슬림들은 서구인들에게 병행 사법 시스템 개념에 대한 기억을 되살려준다. 이 면에서는 무슬림과 유대인은 닮았다. 그들은 우리의 세속 시스템을 개혁할 의도가 없다. 그들은 샤리아 법을 우리의 망가진 사법 시스템과 병행하여 적용하려 한다. 그들의 논리는 간단하다. 그들은 알라를 믿는다. 그리고 알라가 하나님이라면, 알라의 말은 법이어야 한다.

대부분의 크리스천은 샤리아를 밀어 붙이는 것에 대하여 저항하지만, 이것은 지는 게임이다. 어느 나라든지 무슬림이 다수가 되면, 샤리아는 그 나라의 법이 된다. 그것은 숫자의 문제이며, 시간의 문제이다. 그들은 안다. 크리스천은 모른다. 이 법적 싸움에서는 종종 무슬림이 과반수가 되기도 전에 승리한다. 단순히 다수가 되는 것만으로도 영국과 프랑스에서 샤리아를 집행하기에 충분하다. 유럽의 경찰들은 자국 내에서 샤리아가 집행되는 "금지구역"을 자주 피한다.

여기에서 우리는 무엇을 배울 수 있나? 무슬림들은 세속 시스템을 개혁하는 데 관심이 없다. 그들도 이것은 장기전이라는 것을 안다. 왜 그들이 이교도들에게 "제발 우리의 신과 우리의 법을 인정해주세요"라고 빌어야 할까?

스티븐 맥도웰(Stephen McDowell)이 썼듯이, **"한 사회를 지배하는 법의 근원은 그 사회의 신이다. 당신이 복종하는 법은 당신의 신으로부터 유래된다."**[32]

유대인과 무슬림은 자기들의 법은 자기들의 신념으로부터 오는 것처럼 살며, 아무 것도 그들의 양심을 대체할 수 없다. 이러한 입장은 현재 크리스천의 입장보다 훨씬 강하다. 우리는 세속 법정에 가서 판사의 선함을 의지할 수 있도록 기도하고 희망한다. 믿을 수가 없다.

유대인과 무슬림이 틀리지 않았을 뿐만 아니라, 우리는 예수님이 하나님임을 믿지만, 하나님의 말씀이 법원과 정부에서는 아무 문제도 되지 않는다고 말하는 우리가 잘못이다. 예수님은 성도들의 삶에서 최고의 권위를 가지기 때문에 하나님의 말씀이 문제가 되어야 마땅하다.

기독교와 이슬람의 차이는 크리스천들은 우리의 신념을 다른 사람들에게 강요하기를 원하지 않는다는 것이다. 우리 하나님은 자유와 선택을 믿으신다.

미국은 카톨릭의 박해를 피해온 개신교도들의 식민지로 시작했다. 개신교도들은 연방 정부가 정한 종교를 원하지 않았지만, 개별 주가 종교를 설립하는 것을 반대한 적은 없다. 그들은 단지 중앙정부가 정치적으로 종교적으로 간섭하지 말기를 바랐다.

크리스천 법정이라는 성경적 체계로 돌아가면, 크리스천은 더 강력한 정의의 입장을 견지하게 될 것이며, 대안 사법 체계에 참여하고자 하는 사람들에게는 평화와 정의를 발견하는 더 나은 기회를 제공할 것이다.

성경적 정의에 대한 균형 잡힌 접근

교회는, 우리 지도자들이 "은혜로만"의 복음을 강조하면서 무시해왔던 주제인 법과 정의에 대하여 배워야 한다. 양쪽이 다 필요하지만 우리는 균형을 잃었다. 우리의 가장 성공적인 교회 지도자들은, 평화로운 사회 건설에서 하나님의 법의 역할을 부인해 왔고, 이제는 우리가 불의한 법에 의해 통제 받고 억압당하고 있다고 불평한다. 잘못은 우리에게 있다. 하나님 우리를 도우소서!

병행 사법 시스템과 관련하여 두 가지 단서 조항이 있다.

첫째, 로마는 국가별로 한 종교를 인정했으며, 그들에게 하나의 병행 시스템을 인정했다.

현재 미국은 다양한 사회이며 각자의 법을 지닌 많은 종교가 있으므로, 경쟁적인 사법 시스템을 위한 일정한 표준에 합의해야 한다. 베스 딘은 이미 인정되고 있다. 호주에서 원주민은 자신들의 전통에 따라 자신들의 법정에서 재판을 받는다. 그들은 결코 세속 가정법원의 부도덕한 기준을 따르도록 강요받지 않는다. 호주는 최소한 하나의 병행 사법 시스템을 가지고 있다.

정의를 바라는 나라이면 신자가 최소한 국민의 1% 이상인 주류 종교만 인정해야 하며, 십계명에 어긋나는 잔인한 종교는 아무리 많은 신자가 있다고 하더라도, 결코 인정해서는 안된다.

둘째, 로마가 통치하던 때와 같이, 신체적 및 재정적 처벌은 중립적인 권위가 합의해야 한다. 이 중립적인 권위는 아마도 국가가 될 것이다. 그렇지만 예수님 사건에서 국가는 정의의 왜곡을 막지 못했다. 그 중립적인 기구는 비종교적인 사건의 기본 사법 시스템이어야 하고, 다양한 사회의 종교적 시스템에 균형과 견제의 역할을 해야 한다.

지금까지 트럼프 대통령이 잘 처리할 수 있는 문제인 사법제도 내의 경쟁 촉진이라는 문제에 대하여 논의했다. 이는 문제 해결의 한 면에 불과하다.

또 다른 면은 나쁜 판사를 제거하는 것이다. 펠릭스 프랑크퍼트(Felix Frankfurter) 판사가 로친 대 캘리포니아 사건(Rochin v. California, 1952)에서 지적했듯이 나쁜 법적 판단에서 해방되는 방법은 단지 두 개 뿐인데, (1) 헌법을 개정하는 것과 (2) 판사를 탄핵하는 것이다.[33]

제8장, 미국을 구하기 위한 제5계명을 적용하는 곳에서 탄핵의 관행, 권한 및 역사에 대하여 살펴볼 것이다. 민주당은 불의를 고치는 이 법적 수단을 납치했었다. 트럼프와 보수주의자들은 탄핵소추권을 회복하여 건국의 아버지들이 원했던 방식으로 사용해야 할 것이다.

제7장

태아 생명 보호 및 낙태

: 제 6계명 :

살인하지 말라 (출 20:13)

왜 우리는 "연합해야" 하나. 개인주의는 단지 평화 시에만 작동한다. 평화는 대부분의 사람들이 도덕적으로 행동하도록 양육되었음을 전제로 한다.

전쟁에서 개인주의는 작동하지 않는다. 공산주의자이든, 낙태찬성론자이든, 반파시스트이든지 좌파는 힘을 사용하고자 하며, 다른 사람들의 권리를 침해하며, 그들의 집단적인 목표를 달성하기 위하여 폭력적인 전술을 사용한다. 좌파에서 개인주의는 자살행위이다.

낙태만큼 미국을 분열시키는 주제도 없다. 하지만 생명 존중 운동만큼 크리스천을 단결시키는 주제도 없다. 대부분의 기독교인들이 동의하는 불의는, 도덕적 타락에 "다른 뺨을 돌려 대어" 공범이 되는 것이다.

이 분야에서 기독교인들은 "우리는 은혜의 시대에 살고 있습니다.

우리가 자궁 속에 있는 태아를 없애도 정죄는 없습니다. 우리는 태아를 죽이는 사람들도 사랑합니다."라고 말하지 않는다. 아니다. 이 분야에서, 기독교인들은 도덕적 명확성을 유지하고 있다. 우리는 이것이 사무엘 아담스가 1772년에 말한 "교회와 정치의 분리"[1]에 위배되지 않는다고 믿는다.

"식민지 개척자들의 천부적 권리는 다음과 같다. 첫째, 생명권. 둘째, 자유권. 셋째, 소유권."

우리는 첫째, "양도불가 권리"는 생명권이며, 정부는 이 생명권을 보호하기 위하여 세워졌다고 믿는다. 생명은 모태에서부터 시작되며, 우리는 이를 모태에서부터 보호해야 한다. 나는 2017년 1월 24일 트위터에 다음과 같은 글을 올렸다.

> "어떤 정치인이 어린 생명에 관하여 잘못된 견해를 가졌다면, 어떻게 세금, 부모 교육에 관하여 올바른 견해를 가질 수가 있을까? 영아 살인자를 절대 선출하지 마세요.
> 생명권에 관한 당신의 견해가 잘못되었다면, 다른 권리에 대한 당신의 견해도 잘못되었을 것이다. 언제나 낙태에 관한 지도자의 의견을 질의하세요. 그러면 그들을 알 수 있게 될 것입니다."

우리는 좌파들이 우리에게 "낙태 반대자"로 잘못된 이름을 부여하는 것에 반대하며, 우리를 "생명 존중자"라고 바로 부르는 현명한 운동을 시작한다. 우리는 법을 개정해야 할 필요를 인식하며, 법을 존중하는 크리스천을 "은혜롭지 못한 사람" 혹은 "율법주의자"로 오인하려는 주변의 압력에 굴복해서는 안된다.

우리는, 트럼프가 생명 존중을 주장하며, 사망을 부추기는 문화를 억제하며, 대법원에 생명을 존중하는 판사를 지명한다면, 사실 트럼프의 과거를 기꺼이 용서하며, 그에게 투표하려 한다. 통상 이혼 경력으로 지도자를 판단하던 크리스천들이 트럼프가 세 번 결혼했다는 사실을 눈감아 주었으며, 하나님께서는 위대한 돌파를 이루어내기 위하여 불완전한 사람도 사용하신다고 받아들였다.

이 분야에서 기독교인들은 사랑과 법 사이에서, 개인에 대한 배려와 사회의 유익 증진 사이에서, 그리고 실질적인 것과 이상적인 것 사이에서 균형을 유지했다. 이 책의 기본 가정은, 그리스도인들이 이 분야에서 도덕적 명확성을 회복하고 낙태를 제외한 다른 분야에서도 도덕적 입장을 위하여 함께 일어선다면, 미국은 구원될 것이며 세계는 제3차 대각성에 돌입하게 되리라는 것이다.

이 문제에 대한 도덕적 명확성과 연대를 통하여, 생명 존중자들은, 로우 대 웨이드(Roe v. Wade, 1973), 도우 대 볼튼(Doe v. Bolton, 1973) 그리고 플랜드패런트후드 대 케이지(Planned Parenthood v. Casey, 1992) 등의 판례에 나타난 대법원의 낙태 찬성 판결이 뒤집어질 때까지 쉬지 않을 것이다.

이 분야에서만은, 그리스도인이 수동적으로 머물러 있거나 행동하지 않는 것이 용납될 수 없다는 사실을 알고 있다. 2018년 10월 23일 나는 트위터에 다음과 같이 썼다. "좌파의 다음 주제는 '출생 후 낙태'이다. 악은 결코 멈추지 않는다.…" 확실히 예상했던 대로 2019년 민주당 대통령 예비 선거에서, 민주당의 극단적인 입장을 들었다. 완전히 자란 생존 가능한 어린 태아를 낙태하는 것은 대부분의 나라에서 범죄이다. 심지어 많은 낙태 찬성자들도 이를 원하지는 않는다. 하지만 2019년 3월 4일, 민주당 대통령 후보들 중 국회의원인 사람들은 모두 낙태 실패 후의 어린 생명 보호에 반대하였다! 출생 후의 통상적인 절차는 아이의 목을 꺾는 것이다.(주류 언론은 이에 대하여 침묵을 지킨다. "가짜 뉴스"라고 불릴 만하다.)

　여덟 개의 주에서 3기 낙태를 허용하는 극단적인 입장을 취했다. (첫 번째 주를 제외한 모든 주들은 민주당이 집권한 주이다.) 알래스카, 콜로라도, 뉴 햄프셔, 뉴 저지, 뉴 멕시코, 뉴욕, 오레곤, 버몬트, 그리고 민주당이 집권한 워싱턴 DC. 비록 출생 전 낙태는 이 아홉 개 지역에서 합법적이긴 하지만, 후기 낙태[2]를 시행하는 병원은 전국에서 다섯 개뿐이다. 이 절차는 3일 내지 4일이 걸리며, 엄마의 생명도 위험하며, 너무나도 역겨워서 단지 몇 명의 미국 의사만이 시행하려 한다. 이를 시행하였던 소수의 의사 중 세 명은 현재 감옥에 있거나 의사 면허가 취소되었다.[3] 다음으로 출생 전 낙태를 도입하는 민주당 집권 주는 로드 아일랜드와 버지니아이다. 악은 선한 사람들이 함께 싸울 때까지 멈추지 않는다.

　태아 생명 보호는 오늘날에는 민사적 권리 문제이다. 우리는 분명하게 이 윤리적인, 법적인 그리고 정치적인 질문에 답해야 한다. "인간 여부를 결정하는 주체는 누구인가?"

　역사와 개인 경험을 통하여 내가 관찰한 바로는, 악인들은 일을 합법적으로 처리하고 싶어한다. 바리새인들은 예수님을 죽이고 싶어했지만, 합법적인 방법을 통해서만 죽이려 했다. 합법적으로 한 집단을 파멸시키려 한다면, 우선 그들을 비인간화해야 한다. 그것이 노예 제도가 있던 암흑 시대에 백인이 흑인에게 했던 짓이다. "흑인은 진화론적으로 원숭이에 더 가깝다. 원주민은 사람보다 원숭이에 더 가깝다."가 백인 진화론자들의 "과학적" 주장이었다. 대중이 그 과학적 이론을 일단 받아들이면, 엘리트들은 그들을 우리에 가두기도 하고, 감방에 넣기도 하고, 그들의 재산을 탈취하기도 하며, 그들의 아이들을 훔치기도 한다. 이 모든 일을 높은 도덕 기준이라는 왜곡된 인식으로 자행한다.

오늘날 좌파들은 태아 살인에 도덕적으로 정당성과 합법성을 부여하기 위하여 투쟁하고 있다. 그들은 생존할 수 있는 인간을 "태아"(fetus, 역자 주: 우리 말로 번역하면 태아라고 하여 아이라는 뜻이 포함되나 영어의 fetus는 동물에게도 동시에 사용되어 인간이라는 느낌이 약함)라는 비인간화하는 용어를 사용하여 우선 비인간화시킨다. 마치 아이가 세포 덩어리처럼 들린다. 그런데 인간인지 아닌지는 누가 결정해야 하나?

나치는 유대인이 완전한 인간이 아니라고 결정했다. 독일 지도자들은, 유대인들이 진화론적으로 아리아인보다 덜 진화했다고 주장했다. 그 다음에 그들은 유대인들을 학살했다.

오늘날 낙태 옹호론자들은 이와 비슷하게, 인간의 유전적 재원과 인간 몸의 각 부분, 인간의 심장 박동을 모두 가진 태아를 인간의 아이가 아니라고 자기들이 결정할 수 있다고 생각한다. 그들은 실제로 그러한 권리가 없다. 하지만 그렇게 말할 수 밖에 없다. 그들의 사지를 절단하기 전에 그들을 우선 비인간화시켜야 하기 때문이다.

의외의 생명 존중자 트럼프

그를 좋아하든 그렇지 않든 트럼프는 태아를 비인간화하지 않는다. 그는 2018년의 두 번째 상하 양원 합동 연설에서, "태어났든 태어나지 않았든 모든 아이들은 하나님의 거룩한 형상으로 만들어졌다는 근본적인 진리를 재확인합시다."라고 말했다.

2020년 1월 24일 트럼프는 태중의 아이의 가치를 확인하였고, 생명을 위한 행진에 참여한 첫 번째 대통령이 되었다. 그는 미국을 "가정을 존중하는, 생명을 존중하는 나라"라고 불렀다. 그는 태아 생명보호 지지를 위한 성경적 원리를 설명하였다.

> "오늘 여기에 있는 우리 모두는 영원한 진리를 이해해야 합니다. 모든 어린이는 소중하며 성스러운 하나님의 선물입니다. 우리는 함께 모든 인간 생명의 위험과 고귀함을 방어하고, 소중히 여기며, 보호해야 합니다. 모태 속에 있는 어린 아이의 모습을 볼 때, 하나님 창조의 장엄함을 엿보게 됩니다. 막 태어난 아이를 우리 팔로 안을 때, 우리는 아이가 가족에게 주는 무한한 사랑을 알게 됩니다.… 태어나지 않은 어린이를 보호하는 점에서 어떤 백악관보다 더 강력한 백악관이 될 것입니다. 그리고 성경 말씀과 같이 모든 개인은 오묘하게 창조되었습니다.[4]

슬프게도 극좌파는 우리의 천부적 권리를 없애려고 적극적으로 노력하며, 신앙으로 출발한 자선재단을 폐쇄하고, 종교인들을 공적 영역에서 배제하며, 생명의 거룩함을 믿는 미국인들을 침묵시키려 합니다.…

그러나 우리는 알고 있습니다. 모든 생명은 이 세상에 사랑을 가져다 줍니다. 모든 생명은 가족에 기쁨을 줍니다. 모든 사람은 보호 받을 가치가 있습니다. 그리고 무엇보다도, 모든 인간의 생명은 출생 전후를 막론하고 전능하신 하나님의 형상대로 창조되었습니다. 우리는 함께 이 진리를 우리의 위대한 땅 전체에서 지켜 갈 것입니다.”[5]

영아 및 태아 보호

우리는 “영아 보호법”을 필요로 한다. 낙태 반대를 위한 종교적 근거는 확실하다. 하나님은 무고한 피흘림을 싫어하시며 낙태는 여섯 번째 계명을 범하는 것이다. 최후 심판의 날에야 판단을 받을 어른들의 죄가 여럿 있지만, 어린이를 해치는 죄는 당장, 당대에 심판을 받는다.

바로가 산파들에게 히브리 남자 아이가 태어나면 죽이도록 명령했을 때, 산파들을 그 나쁜 법을 따르기를 거부했다. 하나님은 낙태주의자들을 잊지 않으셨다. 죽기로 되어 있었던 아이들 중의 하나인 모세를 일으키시고, 바로를 심판하는 자가 되게 하셨다. 열 가지 재앙이 애굽에 내려왔다. 열 번째로, 바로의 아들을 포함한 애굽의 모든 장자가 유월절 죽음의 천사에 의해 죽임을 당했다. 바로는 이것이 “부당하다”고 불평하지 않았다는 점을 주목해야 한다. 아니, 그는 이것이 시적 정의(poetic justice, 선악에 따라 반드시 보응을 받는 것을 의미함)라는 것을 알았다.

성경의 첫 번째 성일인 유월절은 낙태에 대한 하나님의 시적 정의를 기념하는 날이다. 성경에는 어린 아이를 재물로 바치는 것을 하나님께서 책망하시는 사건들이 나온다. 몰렉이라는 거짓 신은 노여움을 달래기 위해 어린 아이를 불에 던져 넣기를 요구하였는데, 하나님은 이 신을 섬기는 사람들을 심판하셨다. 미국인들이 낙태에 반대해야 할 강력한 영적, 종교적 근거가 있다.

그러면 종교가 없는 많은 미국인에 대해서는 어떻게 할 것인가? 원하는 경우 공적 지원을 받는 낙태에 반대할 합리적인 비종교적인 이유가 있나? 일반적인 사람들의 마음에는 태아, 영아, 유아 낙태에 관하여 애매한 영역이 많이 있다. 그러나 명확히 하자. 대부분의 낙태는 건강한 산모의 건강한 아기이다. 여기에는 애매한 부분이 없다.

성폭행 및 기타 비종교적인 이유

비종교적인 사람들 중에는 "여성이 성폭행을 당하면 어떻게 하지?"와 같은 의문과 염려가 있다는 것을 이해한다. 성폭행은 범죄이고 경찰에 신고해야 한다. 그러나 "성폭행으로 인한 임신"은 잘못 알려졌고 때로는 과장되었다.

론 폴(Ron Paul) 박사는 산부인과 의사였으며, 나중에 미국 국회의원이 되었다. 그는 다음과 같이 쓰고 있다.

> "성폭행의 정서적 호소 … 그리고 피해자가, 낙태에 대한 온건한 반대자들의 저항을 약화시키는 데 큰 역할을 하고 있다. 진실을 살펴보면 성폭행으로 인한 임신은 매우 드물다. 성폭

행 피해자는 사건 이후에 즉시 응급실 혹은 경찰서로 가게 되어 있다. 그렇게 한다면 임신은 막을 수 있다. [6]

한 연구에 따르면, 10년간 발생한 3,500건의 성폭행에서 임신은 없었다. 내가 훈련을 받고 실제로 의술을 시행한 20년간 성폭행으로 인한 임신을 한 번도 들어 본 적이 없다. 그래서 년간 150만 건의 성폭행과 관련 없는 낙태를 조장하는 법을 개정(더 완화기키는 방향으로)하자는 주장에 대한 근거가 될 수 없다.

성폭행이 낙태를 합법화하자는 진짜 근거라면, 왜 낙태를 성폭행으로 제한하지 않는가? 1973년 대법원 판례를 보면 믿을 수 없지만 의심의 여지없이 확실히 개정의 목적이 드러난다. 자원하는 낙태는 산아제한의 수단이라는 것이다. 성폭행의 문제는 단순히 동조자와 전사들을 동원하기 위한 수단으로 사용되었다."[7]

우리 사법체계의 거대한 불의는 잘못된 가정과 성폭행에 대한 명백한 거짓에 근거하여 낙태를 합법화한 것이다. 로우 대 웨이드 사건에 등장하는 "제인 로우"(Jane Roe)의 실제 이름은 "노마 맥코비"(Norma McCorvey, 1947-2017)이다. 그녀에 대하여 알려진 사실 중 일부는 다음과 같다.

노마는 낙태를 한 적이 없다. 노마가 21세였을 때 무직으로 임신을 하였는데, 그때 두 명의 낙태 옹호론자인 변호사 사라 웨딩턴(Sarah Weddington)과 린다 커피(Linda Coffee)는 그 기념비적인 사건의 진술서에 서명을 해줄, 다루기 쉬운 임신한 여성을 찾고 있었다. 그 변호사들은 노마가 이상적인 대상으로 생각하였다. "당신은 백인이고, 젊고, 임신하였고, 낙태를 원한다."[8]

노마는 변호사들과 서너 번 만났다. 노마는 갱들에게 성폭행을 당하였다고 1970년 3월 17일 거짓 진술을 하고 서명하였다. 그녀의 변호사들은 그녀의 성폭행 주장이 그들을 재판에서 유리하게 만들어 주고, 판사가 낙태를 합법화하는 데 더 동정적이 될 것으로 생각하였다. 노마는 자기 이름이 붙은 사건을 다루는 법정에 나타난 적이 없다. 모든 사람이 그러하듯이 그녀는 TV를 보고 결과를 알게 되었다.

노마는 그녀의 아기를 낙태하려 하지 않았고, 그녀의 세 번째 아이인 건강한 여자 아이를 출산하였으며, 그 아이는 1973년 로우 대 웨이드 사건이 판결나기 이전에 입양되었다. 1980년대에 노마는 성폭행이 거짓이었음을 고백했다.

1995년 그녀는 거듭나 그리스도인이 되었고, 그녀의 레즈비안 파트너와의 성적 관계를 정리했고, 삶을 주께 헌신하여 여성들로 하여금 자신의 아이들을 구하도록 돕는 일을 하였다. 2005년 노마는 대법원에 로우 대 웨이드 사건을 되돌리도록 청원하였지만 대법은 그녀의 청원을 심리하지 않았다.

노마는 자신의 이름이 낙태를 합법화하는 데 사용되었음을 후회하였다. 그녀는, "비록 나는 심리적으로 학대받았고, 성적으로 학대받은 십대였지만, 나의 가장 심한 학대는 사법체제가 내게 준 것이다."[9] 성적 학대보다 더 심한 학대를 상상할 수 있나? 그녀에게 법적 불의는 육체적 고문보다 더 나빴다. 로우 대 웨이드 사건은 사기에 기반한 것이다. 이 때문에 도널드 트럼프는 "수렁을 정리하도록" 선출된 것이다. 이러한 고차원의 학대는, 이 땅에 하나님의 정의가 나타나며 심판의 날을 정하도록 재촉하는 것이다. 하나님은 그렇게 하셨고 또 그렇게 하실 것이다.

노마는 "과거를 회상해 보면, 자신의 욕심을 채우려는 두 변호사에게 이용당했다. 더 나쁜 것은 법원이 나의 실제 상황도 살펴보지 않고, 낙태가 여성에게 미치는 실제 영향을 판단하는 데 충분한 시간도 가지지 않고, 3,500만(현재는 5,000만)을 초과하는 어린 생명을 죽이는 일을 합법화시키는 근거로 나를 이용했다고 느끼게 된 것이다."[10]

그러면 드물긴 하지만 성폭행으로 인한 임신은 어떻게 하나? 성폭행을 경험한 사람들은 어떻게 하나? 낙태를 한 경험이 있는 실제 수천의 여성과 인터뷰를 한 앨런 파커(Allan Parker)에게 질문하였다. 그는 "낙태를 선택한 많은 사람들은 자신들이 피해자라고 느끼기보다는, 무고한 생명을 끝내기 때문에 성폭행 가해자와 같은 죄책감을 느낀다. 반면에 생명을 선택한 많은 여성들은, 비록 아이를 사랑해 주는 다른 가정에 입양을 시켰지만 생명을 긍정하는 결정으로 생각한다."[11]

또 달리 고려해야 할 관점이 있다. 성폭행으로 인하여 태어난 아이들은 아무 죄도 없으며, 건강하고 생산적인 삶을 살았으며, 때로는 자신들이 성폭행의 결과로 태어났다는 사실과 낙태의 희생이 되었을 수도 있다는 사실을 모른다. 레베카 키슬링(Rebecca Kiessling) 사건[12], 쥬다 마이어(Juda Myers)[13] 사건과 TV 평론가 캐디 바네트(Kathy Barnette)[14] 사건을 보라. 키슬링은 자신의 이야기를 다음과 같이 나눈다.

"18세에 잔인하게 칼 끝을 들이댄 연쇄 성폭행범으로 인하여 임신하였다는 사실을 알게 되었습니다. 대부분의 사람들처럼 낙태가 내 삶에 해당될 것이라고는 생각을 하지 않았습니다. 하지만 내가 이를 알게 되었을 때, 이 문제는 내 삶에 관한 것일 뿐만 아니라 내 존재 자체에 대한 것임을 알게 되었습니다."[15]

도덕적 대답을 요구하는 많은 가상적인 질문과 상황이 있다. 선택을 옹호하는 사람들은 "아이가 장애가 있으면 어떻게 할거야? 아이가 질병을 가지고 있다면 어떻게 할거야?"라고 묻는다. 나에겐 다운 증후군을 가지고 태어난 자매가 있다. 내 가족 중에 아무도 그 아이를 낙태시켜야 했다고 생각하지 않는다. 나는 개인적으로 건강상으로 심각한 문제가 있는 아이들을 입양한 부모를 여럿 알고 있다.

산모를 구하라

"산모의 건강은 어떻게 하나? 의사가 산모를 구하기 위하여 아이를 낙태시켜야 한다면 어떻게 하나?" 이러한 통상적인 반대에 오마르 하마다(Omar Hamada) 박사는 2019년 1월 24일에 다음과 같이 트위터에 글을 남겼다.

"명확히 해야 할 부분이 있습니다. 나는 2,500명 이상의 아이를 받은 경험이 있는 면허받은 산부인과 의사임에 분명합니다. 3기에 낙태가 필요한 태아의 상황이나 산모의 상황은

절대 없습니다. 하나도 없습니다. 출산하십시오. 낙태는 아
닙니다."[16]

론 폴 박사도 1983년에 거의 같은 내용을 썼다.

"약 4,000명 아이의 출산을 도우면서, 산모의 건강을 위한 치
료 목적의 낙태가 필요한가를 생각해 본 적이 없으며, 의사
가 산모와 아기 중 누구의 생명을 구해야 하나를 결정해야 할
위기에 빠지는 이야기 책에 나올 법한 사례를 상상해 낼 수도
없다. 이러한 왜곡된 의학적 견해는 이 주제에 대하여 연구도
충분하지 않은 영화로부터 나왔다. 임신 상태는 자연스러운
것이다. 질병이 아니며 태아와 산모에게 서로 도움되는 것이
다. 대부분의 시간 동안 산모에게는 즐거운 기간이며, 인생
에서 어느 때보다도 좋게 느껴진다."[17]

낙태가 건강을 회복시킨다는 생각은 상당히 최근의 생각이다. 낙
태가 합법적이라는 생각도 최근의 생각이다. 미국 대법원에서 같은
날 두 개의 사건이 동시에 선고되면서 1973년 합법화가 이루어졌다.
하나는 로우 대 웨이드 사건이고, 또 다른 하나는 도우 대 볼튼 사건
이다. 이 두 사건의 차이점은 무엇인가?

로우 대 웨이드 판례는 절충을 이룬 것으로 첫 3개월의 낙태에 대
하여는 어떠한 법규도 허용하지 않으나, 두 번째 및 세 번째 3개월 기
간에는 산모의 건강을 위한 주의 규제를 허용하는 것이었다. 그러나

도우 대 볼튼 판례는 필요에 의한 낙태를 가능하게 만드는 "건강상 예외"를 도입하였으며, 의사가 산모의 건강을 고려할 때 행복과 같은 심리적 안정도 고려 요소가 되게 하였다.

또 다시 좌파들은 심리학이라는 정확하지 않은 유사과학을 보이지 않는 법적 무기로 사용하였다. 제7계명(사법개혁)과 제5계명(가족 내 정의)에 관한 장에서, 법원과 심리학자 간의 근친상간에 대하여 자세히 다루었다. 객관적이지 않으면서 그들의 편견을 제도화시키려 하고, 끊임없이 반가족적, 반생명적, 반기독교적인 정책을 주장하는 심리학자에 의존하는 법원의 관행에 제동을 거는 사법개혁 권고안이 채택되기 전에는 사법적 정의란 없을 것이다. 최악의 판례(예를 들면, 1973년의 도우 대 볼튼 사건, 1963년의 아빙턴 대 쉠프[Abington v. Schempp] 사건)에서는, 심리학자가 사실상의 판사 역할을 하고 있음을 발견하게 될 것이다. 정의를 심리학 집단에 외주하는 것은 반헌법적이다.

명확하지 않은 산모의 건강상 위험, 장애 가능성, 가상적인 성폭행 임신을 근거로 한 세 가지의 통상적인 반대에 대하여 논의하였다. 하나님을 믿지 않는 사람들의 가상적인 상황과 문제에 대하여 모두 답하지는 않겠다. 이해는 한다. 생명과 죽음의 문제에 대하여 같이 논의해 보자.

고려해야 할 5가지 합리적 입장

낙태를 종식해야 할 가장 설득력 있는 주장은 이 지구상에서 낙태를 해야 할 이유가 없다는 것이다. 도덕적 함성(Moral Outcry)은 멜린다 티볼트(Melinda Thybault)가 시작한 미국내의 운동으로 25만 명의 서명을 받아서 로우 대 웨이드[18] 판결을 철회하도록 청원하였다. 그들은 누구나 이해할 수 있는 단순한 5개항을 제시하였다.

1. 낙태는 인간에 대한 범죄이다.
2. 생명은 임신과 동시에 시작한다.
3. 낙태는 여성에게 해롭다.
4. 전국 피난항 법에 따라 산모는 "원하지 않는" 아이에 대한 책임을 자유롭게 이전할 수 있다.
5. 최소한 백만 명, 많게는 이백만 명이 이렇게 새로이 태어난 아이들을 입양하기 위하여 대기하고 있다.

달리 말하면 낙태보다는 훨씬 나은 대안이 있다. 입양이 그것이다. 패스트 푸드 프랜차이즈인 웬디스(Wendy's)는 이익의 일부를 입양을 위해 기부한다. 웬디스는, 사망의 문화 및 급진적인 사회 개조를 지원하기 위하여 이익의 일부를 기부하는 기업들이 지향하는 트렌드에 저항한다. 웬디스는 사망보다 생명을 선택한다. 이것이 돈을 잘 사용하는 것이다.

이제 다섯 가지 입장을 하나씩 살펴보자.

1. 낙태는 인간에 대한 범죄이다.

낙태를 옹호하는 정신은 미국에서 노예제도를 이끌어 갔던 정신이다. 둘 다 동일한 생명 경시 정신을 공유하고 있다. 둘 다 희생자는 생명이 아니라 물건이라고 주장한다. "그것은 나의 물건이기 때문에 무엇이든 원하는 대로 할 수 있다. 너는 내가 노예를 소유하면 안된다라고 말할 수 없다! 너는 '내 몸'을 가지고 내가 어떤 일을 하면 안된다고 말할 수도 없다." 두 정신 모두 틀렸다. 왜냐하면 피해자가 있는 곳에는 반드시 범죄가 있기 때문이다.

전세계적으로 낙태는 제1의 사망원인이다. 낙태는 총기로 인한 폭력보다 훨씬 더 많은 사람을 죽였다. 좌파가 총기를 금하기를 원한다면, 왜 낙태는 금하려 하지 않는가?

통계는 우울하다. 대중에 대한 무차별 공격, 사고, 법 집행 중 경찰에 의한 총기 사용, 자위를 위한 사적 사용(주거 침입자에 대한 사용) 등을 포함하여 미국에서 총기 폭력으로 인한 총 사망자 수는 연간 14,000명 내지 15,000명이다.[19] 이에 반하여 연간 낙태 평균 건수는 60만에서 80만까지 오르내린다.[20] 2016년 미국의 주요 사망원인 10가지의 목록 중에서 첫 번째는 낙태이며, 총으로 인한 사망은 가장 마지막이다.[21]

전세계적으로 낙태로 죽은 아이는 연 평균 5,300만이다.[22] 이 숫자는 에이즈, 알콜, 암, 자동차 사고, 말라리아, 흡연으로 사망하는 숫자를 합친 것보다 많다. 생명을 사랑하고 폭력을 미워하는 사람이라면, 왜 정치인들이 낙태로 인한 이 실질적인 피해자들을 무시하는지 이해할 수 없을 것이다. 만약 태아들이 투표할 수 있다면, 좌파들은 신경을 쓸 것이다.

세계는 지구의 온난화를 막기 위하여 수조 달러를 사용하고 있지만, 지구의 온도나 기후를 통제하기 위하여 아무 것도 못 할 수도 있다. 언론인 에릭 어터(Eric Utter)는 다음과 같이 보도했다.

> "단 한 명의 사상자도 인간이 야기한 지구 온난화에 직접 연
> 결되지는 않는다." [23]

사고, 알콜 중독, HIV 감염, 흡연 등을 방지하기 위하여 수십억 달
러를 사용하지만 잘 사용하는 것이다. 하지만 어터는 정치인들이 돈
을 불합리하게 사용하고 있음을 드러낸다.

> "어떤 사망원인은 결코 완전히 방지할 수 없음에도 불구하
> 고 다른 모든 사망원인에 너무 많은 돈을 쓰며, 완벽하게 예
> 방할 수 있고 선택적이기도 한 가장 큰 사망원인에 대하여
> 는 오히려 보조금을 지급한다.… 낙태를 방지하는 것은 쉽
> 다. 안하면 된다. 아니면 섹스를 하지 말라. 그렇지도 않으
> 면 예방하라." [24]

낙태 산업은 불필요할 뿐만 아니라, 부도덕한 태아 신체 판매도 하
고 있다. 부통령 마이크 펜스가 2019년 9월 17일 트위터에 올린 글
이다.

> "낙태 시술 의사인 클로퍼(Klopfer) 박사의 일리노이 집에서
> 끔찍스럽게 발견된 2,246 태아 잔존물은 모든 미국인들의 양
> 심에 무서운 충격을 주었다. 내가 인디애나 주지사였을 때 그
> 의 면허를 취소하고 태아 잔존물은 위엄을 갖추어 처리하도
> 록 법을 통과시켰었다."

인간 생명의 가치를 보호하는 어떤 법도 생명 문화를 재확인하는 일보가 된다. 위엄을 갖추어 시신을 매장하도록 요구하는 법은 성경적이며, 로우 대 웨이드의 판례를 뒤집기 위한 중간 단계가 된다.

2. 생명은 임신과 더불어 시작된다.

낙태 옹호론자가 되려면, 과학과 반대로 가야 하고, 많은 증거를 숨겨야 한다. 낙태 옹호론자들은 당신이 당신 아이의 심장 박동을 듣는 것을 원하지 않는다. 2017년 켄터키주는 "초음파 법"이라고 불리는 법을 통과시켜, 임신한 여자가 낙태를 하기로 결정하기 전에 아이의 심장박동을 듣고, 초음파로 아이를 보도록 하고 있다. 과학자들은 축하해야 한다. 아직도 자궁 속의 아이는 조직 덩어리에 불과할 것으로 상상하는 여자들이 있다.

ACLU와 EMW의 여성외과(켄터키에서 낙태를 시술하는 유일한 병원)는 축하하지 않았다. 그들은 반대했다. 제6 연방항소법정에서는 켄터키주법을 합헌으로 판결하면서, "제1차 헌법 개정에 따르면,(산모가) 사실을 인지한 상태에서 동의하도록 하기 위하여 의사로 하여금 낙태 수술 전에 진실되고 오해를 유도하지 않는 사실을 알리도록 주정부가 요구하는 것은 잘못된 점이 없다"[25]라고 하였다. 모든 의사는 산모가 모든 것을 인지한 상태에서 동의를 받아야 한다.

낙태 옹호자들은, 당신이 낙태 수술 과정에서 해체된 아이의 손가락, 발가락, 얼굴, 심장 그리고 신체의 각 부분을 보는 것을 원하지 않는다. 그들은 산모들이 생물학적 증거를 보는 것을 원하지 않는다는 점에서 반과학적이다.

한때 텍사스의 플랜드패런트후드병원의 이사였던 애비 존슨(Abby

Johnson)은 "13주된 태아가 낙태 도구에 저항하여 목숨을 지키기 위하여 싸우는"[26] 모습을 초음파로 보고는 그곳에서 사임했다. 그녀의 저서 "벽들이 말한다. 전직 낙태 병원 종사자들이 그들의 이야기를 하다"는 전직 낙태 시설 종업원들이 실제로 경험한 이야기를 모은 것이다. 플랜드패런트후드의 직원이 "단골 손님"으로 이름을 붙여준 젊은 여자의 이야기도 나온다. 앤지라는 별명을 가진 여자는 여덟 번 낙태 수술을 했고, 아홉 번째로 병원에 왔었다.

"별것 아닙니다."라고 의료진에게 말했다. "저는 여덟 번 이미 수술을 받았고, 후회는 없어요."[27] 그녀는 첫 번째부터 웃었고 그 다음도 계속 그랬다. 그녀는 낙태 수술이란 단순히 조직의 일부와 같은 세포 덩어리를 제거하는 것이라고 들었다. 아홉 번째 수술 후에 그녀는 호기심으로 그 조직을 보고 싶어 했다. 그녀는 그곳에서 일하는 관계자에게 자신의 낙태 잔존물을 보여 달라고 했고, 그 사람은 그 말대로 했다. 13주차 그녀의 아이는 완전히 형성되어 있었다.

그 사람은 "조각들을 어떻게 정리하는지에 대하여 토론을 했었어요. 모두를 한 더미로 쏟아 부어 어떤 부분도 알아볼 수 없게 하는 것이 좋을지, 아니면 우리가 통상 하듯이 어떤 부분도 없어지지 않도록 다시 복원시켜 놓는 것이 좋을지? 그러한 문제에 대한 정해진 규칙은 없었어요. 그래서 결국 모든 부분을 맞추어 놓기로 했었어요."[28]

앤지의 반응은 낙태 병원 직원들이 기대했던 것이 아니었다. 그녀의 눈이 찢겨진 아이의 몸이 담겨 있는 통을 두리번거리고는, 숨을 가쁘게 쉬었다. 얼마 후에 그녀의 온몸이 떨렸다. "이것은 아기야. 이것은 내 아기야. 내가 무슨 짓을 한 거야? 내가 무슨 짓을 한 거야?"

라고 말했다. 그녀는 이 말을 계속 되풀이하고는 병원 직원들에게 그 찢겨진 아이를 집으로 가지고 가게 해 달라고 부탁했다. 그녀는 간곡히 부탁했지만 병원 직원들은 거절했다.[29]

앤지는 다시는 낙태를 위해 이 병원을 방문하지 않았다. 그리고 그녀의 수술을 도왔던 그 병원의 직원도 낙태 일을 그만두었다. 플랜드패런트후드는 산모에게 낙태된 아이를 절대 보여주어서는 안된다는 엄격한 정책을 만들었다.

낙태 운동은 반과학적이다. 플랜드패런트후드는 산모에게 자신의 아이를 보여주지 않는다. 서구의 미디어를 통제하는 사람들은 애비 존슨의 자서전적 영화, 〈언플랜드〉(Unplanned, 계획되지 않은)를 영화관에서도 보여주지 않는다. 미국의 박스 오피스에서 히트를 치고 있을 때에도 호주에서는 이를 상연하지 못하게 했다. 그리스도인들은 아직도 이를 교회에서 본다. 이는 눈을 열어주는 잘 제작된 영화이다. 낙태 옹호론자는 반과학적이다. 그들에 따르면 당신은 보도록 허용되지 않고, 듣는 것도 허용되지 않는다.

생명 옹호론자는 증거 옹호론자이다. 많은 젊은 엄마들은 아이가 감정도 없는 조직 덩어리이라고 잘못 믿고 있다. 그들은 그들의 아이가 임신하는 시점부터 완전한 인간이며, 6주부터 심장박동을 들을 수 있다고는 상상도 하지 않는다.

낙태는 도살이다. 산부인과 의사인 안토니오 레바티노(Antony Levatino) 박사는, 개인 병원에서 4년 동안 1,200건의 낙태를 수행하였으며, 플랜드패런트후드의 의료 과정에 대하여 전문가로서 진술을 하였다. 그것은 아주 잘 만들어진 5분짜리 동영상인데, 누구와도 공유할 수 있다.[30] 그는 두 번째 3개월 기간 중 낙태는 "블라인드 수술"
로 묘사하는데, 금속 집게로 아이의 아무 곳이나 잡아 당겨서 아이의
사지가 떨어져 나가게 된다. 일반적으로 다리가 먼저 나오며, 그 다
음에 팔, 척추, 심장과 폐, 그리고 조그만 얼굴이 나온다.

자신의 딸이 교통사고로 갑자기 사망한 후에 그는 딸을 묻고, 평
소에 하던 수술을 하기 위해서 돌아왔다. 그러나 팔과 다리를 끄집어
내었을 때, 그는 몸이 불편해졌다.

> "첫 번째 3개월 혹은 24주에 이르는 두 번째 3개월 중의 낙태
> 수술을 1,200번이 넘게 했지만 … 내 인생에서 처음으로 쳐
> 다 보았습니다. 옆 탁자에 신체의 부분 부분이 쌓여 있는 것
> 을 정말로 보았습니다. 나는 산모의 그 엄청난 선택권을 보
> 지 않았습니다. 내가 방금 이 일로 번 돈을 보지도 않았습니
> 다. 내게 보인 것은 온통 그 어느 누구의 아들 혹은 딸이었습
> 니다. 그 일 이후로 나는 후기 낙태를 중단했고, 수개월 후에
> 모든 낙태를 그만 두었습니다."[31]

과학자들은 8주차부터 아이가 고통을 느낀다고 믿는다.[32] 낙태를
시행하는 동안 아이는 살기 위해 투쟁한다는 의학적인 신호가 있다.
때로 아이의 손에 상처 자국이 있는데, 이는 금속 도구와 싸우면서
생긴 것이다. 누군가 당신의 사지를 당겨서 분리시키려고 하면 당신
도 목숨을 걸고 싸울 것이다. 낙태는 반과학적이며 비인간적이다.

생명은 언제 시작되는가에 대한 새로운 과학적 증거

출생하지 않은 아이도 완전한 인간임을 인정해야 할 뿐만 아니라 생명은 임신과 함께 시작된다는 점을 인정해야 한다. 1973년 로우 대 웨이드 사건 이후에 새로운 과학적 증거가 발견되었다. 생명 존중에 관련된 새로운 증거가 있는지에 관한 의견을 듣기 위하여 2019년 정의재단(Justice Foundation)의 앨런 파커(Allan Parker)와 인터뷰를 하였다. 다음은 그가 말한 내용이다.

> "소노그램은 1980년 중반까지 미국의 법정에서는 사용되지 않습니다. 소노그램은 자궁을 볼 수 있는 창입니다. 아이를 원할 때는 모든 사람들이 소노그램 사진을 돌려 보면서, '봐, 이게 내 아이야.'라고 합니다. 하지만 아이를 원하지 않으면 낙태 의사들은 소노그램을 보여 주지 않으며, 태아 (fetus)라고 부릅니다.
>
> 두 번째 새로운 증거는 DNA 검사입니다. 산모의 뺨에서 채취한 DNA 샘플과 자궁 속의 아이에게서 채취한 DNA 샘플을 익명으로 DNA 연구실에 보내면, 연구소에서는 각각 자신의 유전 코드를 가진 두 독립된, 완전한, 독특한 사람으로부터 채취된 DNA라는 보고서를 받게 될 것입니다. 아이는 어머니 신체의 일부가 아닙니다. 그것은 '산모의 몸'이 아니며, '산모의 결정' 대상이 아닙니다. 하지만 1980년대 중반까지는 DNA 검사가 법정에서 사용되지 않았습니다.
>
> 마지막으로, 이것은 민디(Melinda Thybault)에게서 배운 것입

니다. 그녀와 남편은 수정된 후 6일째에 냉동된 배아를 넷 입양했습니다. 이 아이들은 그렇지 않았다면 버려져서 죽었을 것입니다. 첫 번째 배아를 자궁에 착상시킬 때, 그들은 '남자를 원해요? 여자를 원해요?'라고 물었으며, 그녀는 '어떻게 알아요?'라고 물었습니다. 그들은 '수정 후 6일째면 성을 알수 있지요.'라고 대답했습니다. 그래서 그녀와 데니는 남자 아이를 입양하기로 선택했습니다. 이 소년은 다른 커플의 체외수정으로 태어났습니다. 1973년에는 체외수정은 존재하지 않았습니다. 첫 시험관 아기 루이즈 브라운(Louise Brown)은 1978년 7월 25일에 태어났습니다."[33]

과학에서는 모든 사람은 임신되는 순간부터 완전한 인간이라는 것이라고 이해하며, 과학자들은 6일째부터 남성인지 여성인지를 구분할 수 있다. 2019년 12월 9일에 내가 트위터에 올린 글처럼.

"자궁 속의 어린이는 가능성을 지닌 사람이지, 사람이 될 가능성은 아니다."

3. 낙태는 여성에게 해롭다

피어 리뷰(역자 주: 관련된 분야의 전문가들의 검토가 이루어진 논문)를 거친 낙태에 관한 22개의 연구를 비교한 후 프리실라 K. 콜맨(Priscilla K. Coleman) 박사는 그녀의 결과를 2011년 「영국 정신분석 저널」(*British Journal of Psychiatry*)에 발표하였다. 그녀의 연구에 따르면 낙태를 경험한 여성은 정신건강 문제를 겪을 위험이 81퍼센트 증가했고, 정신건강 문제의 거의 10%가 낙태와 관련이 있었다.[34] 낙태와 가장 상관관계가 높은 것은 약물 중독과 자살이었다. 낙태를 경험한 여성은 알콜 남용 가능성이 110% 더 높았고, 마리화나를 복용할 가능성은 220% 더 높았으며, 자살을 할 가능성은 155% 더 높았다. 건강상의 위험이 10% 상승하는 것만으로도 중요한 것이다. 단지 흡연자의 10%만이 폐암에 걸리지만, 대부분의 공공장소에서는 흡연이 금지되고 개인적으로 흡연을 중단할 것을 권유한다.[35] 낙태와 낙태 산업에 의해서 피해를 당한 여성들의 알려지지 않은 이야기가 있다. 낙태 시술자의 이익과 임신한 여성의 이익은 거의 언제나 상충된다. 그들은 모든 여성에게 낙태는 "안전하다"고 한다. 그들은 패런트후드 대 케이지 사건[36]만큼이나 오래전에 법정에서 밝혀진 자궁 천공, 결장 천공, 불임, 과다 출혈, 죽을 뻔함 그리고 "지독한 심리적 후유증"과 같은 낙태의 부정적인 효과에 대하여 밝히지 않는다.

곤잘레스 대 카하트(Gonzales v. Carhart) 사건에서, 대법원이 일부 출생 낙태(partial birth abortion, 일부가 산모의 몸 밖으로 나온 후의 낙태)에 관한 결정을 내리면서 케네디 판사는 다음과 같은 의견을 제시했다.

"인간 생명의 존중은 궁극적으로 어머니와 아이 사이의 사랑의 유대로 표현된다.··· 낙태를 할 것인가의 선택은 어렵고 고통스러운 도덕적 결정이다.··· 자신들이 창조했고 유지했던 어린 생명을 낙태하기로 한 자신의 선택을 일부 여인들은 후회하게 될 것이라고 결론 짓는 것은 타당해 보인다.··· 심한 우울과 자존감 상실이 이어질 수도 있을 것이다."[37]

낙태의 사회적 경제적 후유증도 있다. 대학 시절에 낙태를 경험한 몇몇 사람들은 낙태의 트라우마로 인하여 학업을 중단하였다. 일부는 약물 중독에 빠지기도 하였으며, 자신이 사랑받을 자격이 없다는 생각 때문에 배우자 폭력에 시달리기도 하였다.[38]

정의재단은 낙태 중 상처를 입거나 낙태론자에게 속은 산모들의 법적으로 효력이 있는 서면 증언을 4,600개 이상 수집하였다. 이 정보는 언론이 대중에게 알려주지 않지만, 소송에서 방어를 위해서 사용될 수 있다.[39]

플랜드패런트후드와 같은 낙태론자에게는, 여성에게 진실을 알리는 것이 자신의 이익과 충돌된다. 플랜드패런트후드의 2017-18년 수익은 16억 6천만 달러를 넘었다.[40] 그들은 낙태의 의미 및 부정적인 결과에 관련된 사실을 고객에게 모두 알려주지 않는다. 그렇게 하면 그들의 금전적인 이익과 낙태를 옹호하는 그들의 이념에 충돌된다. 의사의 가장 기본적인 의무 중 하나는, 충분한 정보에 근거한 자발적 동의를 치료를 원하는 사람으로부터 확보하는 것이다. 환자는 정보를 받을 권리가 있다. 낙태론자들은 아이의 인권과 여성의 기본적인 의료권에 반대하여 싸우면서 여성의 출산권을 위해서 싸운다고 주장한다. 낙태 산업은 여성의 건강과 안전을 보호하지 않는다. 그것은 여성, 아이, 어머니 혹은 부모를 대변하지 않는다. 해를 끼친다.

4. 전국 피항법(National Safe Haven)은 엄마가 "원하지 않는" 아이에 대한 책임을 자유롭게 전가할 수 있도록 한다.

오래된 논쟁이 있다. 합법적 낙태가 허용되지 않으면, 사람들은 불법적인 낙태의 길을 찾을 것이다. 현재 미국 50개 주와 워싱턴 DC에 "피항법"(Safe Haven Law)이 있어서, 엄마는 새로 태어난 아이를 정부에 맡기고 아기를 돌봐야 할 책임을 지지 않고 떠날 수 있다는 사실을 알고 있는가? 피항법으로 인하여 불법적인 낙태 염려는 의미가 없다.

21세기에는 낙태보다 훨씬 더 나은 대안이 있다. 피항법은 낙태를 필요없게 만들고, 중요한 "상황적 변화"를 만들어 냈다. 그러므로 이는 로우 대 웨이드, 도우 대 볼튼, 플랜드패런트후드 대 케이지로 대표되는 3개의 낙태 판례를 뒤집을 수 있는 합리적이며 필수적인 근거가 된다.[41]

주에 따라 피항법은 다음과 같은 차이가 있다. 어디에 아이를 맡길 수 있는지와 아이를 언제까지 맡길 수 있는지에 차이가 있다. 펜실베니아 같은 몇몇 주에서는 병원에서만 아이를 인수한다. 노스 캐롤라이나 같은 몇몇 주에서는 병원, 응급실, 응급병원, (경찰서와 같은) 법집행 기관, 사회복지 기관, 소방서 등에 아이를 맡길 수 있다.

연령도 주마다 매우 다르다. 콜로라도, 하와이, 위스콘신 같은 주에서는 엄마가 아이를 3일 이내에 맡길 수 있으며, 플로리다, 오클라호마 및 워싱턴 DC에서는 7일까지, 아이오와, 버지니아 및 와이오밍에서는 14일까지, 아칸사, 코넥티컷, 루이지애나 그리고 뉴욕에서는 30일까지, 사우스 다코다와 텍사스에서는 60일까지, 뉴멕시코에서는 90일까지, 미주리 주와 노스 다코다 주에서는 1년까지이다.[42]

멜린다 티볼트(Melinda Thybault)는 그녀의 법정조언(amicus curiae, 법원의 친구를 의미하는 라틴어)에서 낙태를 노예제도에 비유하였다. "노예제도와 같이, (낙태가) 합법적인 한 논쟁은 결코 사라지지 않을 것입니다. 반면에, 피항법이 결국 언젠가 낙태 전쟁을 종식시킬 것입니다. 피항법은, 낙태 논쟁이 인간 살해를 중단하는 방향으로 종결되게 할 것이며, 페미니스트와 그 동료들이 바라는 바, 아이 양육으로부터 자유를 여성에게 주기도 할 것입니다."[43]

피항법으로 인하여, 낙태의 필요가 사라질 것이며, 여성을 상하지 않게 하며, 원하지 않는 아이의 양육 걱정을 해소할 수 있을 것이다. 아무 여성도 아이의 양육 때문에 과도한 부담을 지지 않아도 된다.

5. 최소한 100만에서 200만 명의 사람들이 막 태어난 아이의 입양을 기다리고 있다.

대략 6백만의 미국 여성이 매년 불임을 경험한다. 그들과 그들의 배우자 중 다수는 입양을 원한다. 입양한 아이의 부모가 되고자 하는 불임 부부가 있지만, 긴 대기자 명단과 아이마다 10,000−25,000 달러에 달하는 엄청난 비용이 그들의 용기를 꺾는다. 미국에는 매년 신생아를 입양하려고 기다리는 사람이 대략 백만에서 이백만으로 추정된다.

낙태를 폐지하면 이 문제는 해결된다. 멜린다 티볼트가 대법원의 법정조언에서 주장했듯이, "매년 낙태된 아이보다 훨씬 많은 사람들이 신생아들을 입양하려고 기다리고 있습니다.… 여성에게 아이 양육의 부담을 덜어주기 위해서 낙태를 할 필요는 없습니다. 낙태 자체를 원해서 낙태를 하는 여성은 없으며, 아이로부터 자유로워지기를 원하는 것입니다."[44]

낙태로부터 아이를 구하면 입양을 대기하는 긴 줄을 없앨 뿐만 아니라 입양 비용도 낮출 수 있다. 수백만의 미국은 신생아를 입양하여 새로운 가정을 주기 위하여 기다리고 있다. 수요가 공급을 훨씬 초과한다.

당신은 아마도, "오, 그것은 단지 건강한 아이에 해당되는 거지요"라고 생각할 수도 있다. 그렇지 않다. 입양을 하려는 사람들은 모든 아이를 원한다. 내 사역의 친구인 제인 클레멘트(Jane Clement, 고 킴 클레멘트의 부인)는 다섯 명의 건강한 아이의 크리스천 어머니이지만 다섯 명의 건강하지 않은 아이들을 입양했다. 그 아이들은 모두 선천적 장애가 있어서 얼굴, 심장 등에 치료가 필요한 아이들이다. 하지만 아이들 하나 하나가 완벽한 인간이다. 그들은 완전히 살아가고 있다. 그들은 선한 크리스천의 삶을 즐기고 있으며, 열 명의 아이가 있는 가정에 있다는 것을 너무나 행복해 하고 있다.

이 시대 오늘날에는 낙태를 할 이유가 전혀 없다. 아이를 죽이는 것은 야만적이다. 다시 한번 되풀이하자면, 멜린다 티볼트는 다음과 같이 말했다.

> "신생아에게 이른 죽음보다는 사랑이 넘치는 가정을 줄 수 있는 입양을 기다리는 수백만 가정이 미국에 있습니다. 결과는 더 정의로우며, 더 인간적이며, 더 건강한 사회가 될 것입니다.… 그러므로 지금이 어린 생명에게 정의를, 엄마에게 자비를, 신생아와 이를 입양하고자 하는 가정에 사랑을 주는 사회를 만들기 위해 전진해야 할 때입니다."[45]

미국에서의 진전

미국에서 정의를 실현하기 위하여, 엄마의 자궁 속에서 또 자궁 밖에서 우리는 영아와 유아를 보호해야 한다. 미국은 이미 이 방향으로 움직이고 있다.

2019년 5월 28일 대법원은 마이크 펜스가 주지사로 있을 때 서명한 인디애나 주법을 7대 2로 지지하였다. 이 법은, 낙태 병원이 낙태된 아이를 적절한 방법으로 매장하든지 화장하도록 요구한다. 산모와 의사는 아이를 가래, 혈액, 충수 등과 같은 의료 폐기물을 처리하는 방법으로 처리하지 못하게 하고 있다. 누가 이 법에 반대할 것인가? 누구든 점잖은 시민이라면 생명에 위엄을 부여하는 것을 좋아할 것이다. 7대 2의 결정은 놀랄만한 도덕적 선언이다.

플랜드패런트후드는 즉각 반대하여, "매장은 낙태를 폄하한다."[46]는 성명을 발표했다. 그들은 반과학적이다. 그들은 사람들이 인간의 잔존물(역자 주: 낙태 후의 아이)을 보는 것을 원하지 않는다. 과학을 옹호하는 사람이라면 모든 것을 보고 싶어 할 것이며, 모든 것을 듣고 싶어 할 것이다. 증거를 보여 줘! 스스로 결정할 수 있게 해 줘! 다시 한번 되풀이 하자면, 생명옹호는 과학옹호이다.

왜 낙태론자들은 그렇게 많은 것을 숨기려 하나? 낙태 옹호론자가 되려면, 진실을 감추어야 하기 때문이다. 낙태는 좌편향 글로벌 기업들이 주장한다. 구글, 애플, 페이스 북, 아마존 (GAFA:Google Apple Facebook Amazon) 등 "4개의 패거리" 및 트위터 같은 거대 기술기업에 국한되지 않지만, 이들은 좌파 반기독교적 명분에 동정적임이 이미 알려져 있다. 넷플릭스나 디즈니도 낙태에 찬성하는 것으로 알고 있다.

오락산업의 두 기업은 조지아주가 아이의 심장박동이 감지되는 순간부터 낙태를 금지하는 "심장박동법" HB 481을 2019년 5월 7일 통과시켰기 때문에 조지아에서 촬영하는 것을 금할 것이라고 협박했다. 이에 대하여 「프레이즈유」(*PragerU*)의 기자 윌 위트(Will Witt)는 2019년 5월 31일에 다음과 같이 트위터에 글을 올렸다.

> "하지만 디즈니는 낙태가 불법인 볼리비아, 11주 이후에는 낙태를 금지하는 크로아티아 그리고 낙태가 불법일 뿐만 아니라 게이도 불법인 아랍 에미레이트에서 촬영을 해 왔다. 디즈니는 이러한 장소에서 촬영하는 것에 전혀 문제를 느끼지 못하더니 갑자기 조지아가 적이 되었나?"

몇몇 주가 "심장박동" 법안을 제출 중이거나 통과시켰다. 2013년 노스 다코다는 심장박동법을 제일 먼저 통과시켰지만, 2015년 대법원에서 로우 대 웨이드를 인용하면서 이 법을 무효화시켰다. 2019년 심장박동법은 앨러바마, 조지아, 루이지애나, 미주리, 오하이오에서 통과되었다. 앨러바마의 HB 314는 가장 생명옹호적인 법 중의 하나이다. 이 법에서는 낙태를 시행하는 것은 99년 징역형을 살 수 있는 중범죄로 취급한다. 앨러바마에서는 여성은 처벌하지 않는다. 앨러바마는 흡입 튜브나 금속 집게로 신체를 훼손하여 아이를 사망하게 하는 의사를 처벌한다. 쉬운 말로 하자면, 살아있는 사람의 사지를 절단하는 것이다. 이것은 테러집단 ISIS가 하는 짓이다. ISIS는 이교도의 사지를 절단한다.

심장박동법은 명확하다. 의사가 심장박동을 들을 수 있으며, 의사는 그 인간을 보호할 의무가 있다. 산모는 걸어 나갈 수 있다. 엄마는 아이에게 안녕이라고 말할 수 있겠지만, 인간을 죽이도록 허락 받은 것은 아니다.

이 심장박동법이 아이오와, 켄터키, 미시시피에서는 법원의 헌법 불합치(주헌법) 판결로 좌절되었지만, 생명 옹호론자들은 이러한 법이 연방대법원이 궁극적으로 로우 대 웨이드 사건의 비윤리적인 판결을 뒤집는 수단이 될 것으로 믿는다.

영아의 민사적 권리

영유아의 보호는 민사적 권리라는 프레임으로 다루어야 한다. 가장 기본적인 차원에서 인간 여부를 누가 결정하는가의 문제를 내포하고 있다.

역사를 통해서 보면, 낙태 옹호론자들이 오늘날 출생하지 않은 아이들을 비인간화시키는 것과 똑같이, 독재자는 죽이고자 하는 사람들을 비인간화한다.

아돌프 히틀러와 나찌당은 유대인들을 원숭이에 비유하며 진화론적으로 "아리안 민족"보다 열등하게 만들어 유대인들을 비인간화하여, 나찌 군인들이 윤리적인 문제에 신경쓰지 않고 유대인들을 죽일 수 있게 하였다.

영국인들은 호주의 원주민들을 비인간화함으로, 그들의 땅을 차지하고 그들 중 많은 사람들을 우리에 가두고 그들의 아이들을 빼앗았다. 오늘날 문제의 핵심은 "좌파들은 다음에 누구를 비인간화할 것인가?"이다.

보수주의자들과 그리스도인들은 인간의 인간됨을 보호하려 한다. 이것은, 만약 당신이 유전학적으로 인간이면, 즉 46개의 염색체와 심장박동이 있으면 당신이 인간임을 인정하는 것이다. 그러면 당신은 바로 인간이며, 모든 인간은 하나님께서 주신 권리가 있다. 아무리 어리더라도 인간을 보호한다는 생각이 민사상 권리의 문제가 된다.

하나의 부족한 부분

트럼프 대통령은 아이의 생명권을 보호한다는 면에서는 일을 잘하고 있다. 그는 이미 닐 고서치(Neil Gorsuch)와 브렛 캐버노(Brett Kavanaugh) 두 명의 보수적인 판사를 대법관에 임명했지만, 실망스럽게도 개신교 기독교인을 한 명도 임명하지 않았고 지금까지 단지 카톨릭 신자만 임명했다.

국가의 최고법원에 합당한 중생한 개신교 법률가 혹은 법철학자가 분명히 있다. 대통령은 윤리적인 조직에 소속되어 있을 뿐만 아니라 부통령 마이크 펜스 같이 실제로 골수까지 윤리적인, 그래서 흠잡을 수 없이 윤리적이며 성경적인 삶을 살고 있는 사람을 임명할 것을 고려해야 한다. 건국자들의 원래 의도를 파악할 수 있는 원 문서들을 이해하고 있어서, 법관으로서 임무를 잘 수행할 수 있는 법 역사학자 데이비드 바튼이 생각난다.

현재 대법원은 카톨릭과 유대인으로 구성되어 있어서 다음 대법관 지명에는 개신교 외부자를 고려해야 할 것이다. 대체로 개신교 그리스도인에 의해 건국되었으며, 인구의 절반이 개신교인 나라이므로 대법원에서도 개신교를 대표하는 사람이 있어야만 공평하다.

복음주의 백인 크리스천의 80% 이상이 2016년 트럼프에 투표했다. 복음주의 크리스천은 과거에도 현재에도 부동표이다. 우리는 우리의 목소리를 내었다. 우리는 다음에 누가 대법원에 들어갈 것인가에 지대한 관심이 있다. 트럼프가 다음 대법관을 임명할 때에 반드시 무늬만 크리스천이 아니라 성경을 믿고 이를 실천하는 크리스천을 임명할 것이라는 신뢰감을 준다면, 크리스천들은 (트럼프를 선택한 것이) 바른 선택이었다고 확신하게 될 것이다.

이렇게 함으로 우리는 우리의 아이들, 손자 손녀들, 증손자 증손녀들이 세대를 이어 보호받을 것이라고 확신하게 될 것이다.

하나님의 사람들이 행동하지 않을 경우에 나의 예언

악은 절대 멈추지 않는다. 1973년 처음 그들은 대법원에, "우리는, 여성이 실수한 경우, 피임이 실패한 경우, 성적으로 문란하였으나 후회하는 경우 단지 1기 낙태만을 바란다. 그것은 여성의 선택이다."라고 했다.

1기의 낙태가 허용되었다.

그 다음 그들은 계속 전진했다. 그들은 2기를 원했다. 그들이 그것을 얻었을 때, 그들은 3기 낙태를 원했다. 악은 절대 멈추지 않는다. 3기 후에 그들은 "출생 후"(post-birth) 낙태를 요구하기 시작했다.

아이를 안아본 적이 있나? 나는 나의 세 아이를 내 품에 안아 보았으며, 물론 다른 많은 아이들도 안아 보았다. 그들이 당신의 품 안에 있을 때, 이들이 인간이라는 사실을 아무도 부인하지 못할 것이다. 당신이 해머를 가지고 그 아이의 머리를 내리친다면, 당신은 살인자가 될 것이다. 사실 기본적으로 낙태 시술자가 하는 일이 바로 그것이다.

지금 막 태어난 아이와 태어나기 일 분 전의 아이의 차이점은 무엇인가? 스스로 이 단순한 연습을 마음 속으로 해 보길 바란다. 그리고 이 방식을 계속 거슬러 올라가며 해보라. 당신은 아이가 세상에 태어났을 때 아이로 인식한다면, 일 분 전에는 아이가 아니었나? 한 시간 전에는? 일주일 전에는? 한 달 전에는? 일곱 달 전에는? 아이는 언제나 아이였으며, 생물학적으로 아이였고, 유전적으로 아이였으며, 심지어 감정에 있어서도 아이 인간이었다.

이쯤에서 나는 예측을 한다. 만약 선한 사람들이 로우 대 웨이드 판결을 뒤집으려고 노력하지 않으면, 그들은 '1년 낙태'를 요구할 것이며, 그 다음에는 "2년 낙태", 그리고 그 다음에는 "3년 낙태"를 요구할 것이다. 그들은 유아 살인을 합법화하라고 요구할 것이다. 이것은 탈기독교화 되고, 더 쾌락적이 되는 사회의 자연스러운 결과이다.

트럼프 행정부와 함께 제6계명이 미국에 회복되고 있는 것을 하나님께 감사드린다. 트럼프는 2020년 생명을 위한 행진에서 다음과 같이 주장하였다. "태어나지 않은 어린이를 보호하는 점에서 어떤 백악관보다 더 강력한 백악관이 될 것입니다."[47]

지금은 정의의 계절이다. 낙태 산업의 과학, 비용 및 도덕성을 재검토할 시점이다. 이사야 28장에서 하나님께서 말씀하신 바와 같이 죽음과의 계약, 무덤과의 계약을 끝내야 할 시점이다. 하나님께서는 낙태 산업의 악을 숨기는 자들을 위한 심판을 준비하셨다. 그들이 패배할 때 미국과 그 지도자들에게 축복이 임할 것이다.

> 너희가 말하기를 우리는 사망과 언약하였고 스올(일부 영어
> 성경에는 지옥을 의미하는 hell로 번역되어 있음)과 맹약하였은즉
> 넘치는 재앙이 밀려올지라도 우리에게 미치지 못하리니 우
> 리는 거짓을 우리의 피난처로 삼았고 허위 아래에 우리를 숨
> 겼음이라 하는도다 너희가 사망과 더불어 세운 언약이 폐하
> 며 스올과 더불어 맺은 맹약이 서지 못하여 넘치는 재앙이 밀
> 려올 때에 너희가 그것에게 밟힘을 당할 것이라(사 28:15, 18)

제8장

가정에서의 정의, 이혼과 탄핵

: 제 5계명 :

네 부모를 공경하라
그리하면 네 하나님 여호와가 네게 준 땅에서 네 생명이 길리라 (출 20:12)

왜 하나님은 탄핵을 허락하셨는가?

크리스마스와 새해를 며칠 앞둔 2019년 12월 18일, 도널드 트럼프 대통령은 하원에서 탄핵된 세 번째 대통령이 되었다. 2020년 1월 16일, 그의 탄핵 심판은 상원에서 시작되었고 2월 5일 그는 무죄 판결을 받았다. 왜 하나님은 외국 국가원수와의 전화 통화와 행정부에 반대하는 입법부의 법률적 괴롭힘을 무시했다는 이유로, 국익을 위해 봉사하는 애국자가 탄핵되는 것을 허락하셨을까?

트럼프의 경험은 제5계명의 주제인 가정과 유사하다. 도널드 트럼프가 탄핵 과정에서 맞닥뜨린 억울함은 아버지(그리고 일부 어머니)가 가정법원 제도 하에서 매일 직면하고 있는 것이다.

탄핵한다는 것은 "고발한다", "어떤 사람의 성실성에 의문을 제기한다", 또는 "누군가를 위법행위로 기소하지만 유죄를 선고하지는 않는다"는 것을 의미한다. 아버지들은 매일 법정에서 탄핵 당한다.

적대적인 꼬리표, 거짓혐의, 과장, 위증, 왜곡된 전문가 증거 제시, 의사 결정자들 사이의 중립성 위장으로 아버지들은 가정법원에서 명예와 존엄성을 박탈당한다. 그 전문가들은 레위기 19장 15절의 "너희는 재판할 때에 불의를 행하지 말며"라는 하나님의 법을 어긴다.

유능한 변호사들을 거느리고 권력을 손에 쥐고 있는 남자인 트럼프조차도 자신이 탄핵을 겪기 전에는 이런 억울함이 어떠한 것인지 알지 못했을 것이다. 하나님이 탄핵을 허락하신 데는 뜻이 있다. 하나님은 한 성별이 다른 성별을 억압하는 것에, 남성이 여성을 억압하는 것이든, 여성이 남성을 억압하는 것이든, 종말을 고하기 원하신다. 둘 다 옳지 않다. 진정한 남녀평등은 제5계명에 있는 것처럼 반드시 헌법에 명시되어야 한다.

신약성경은 이 계명을 반복하고 있다. "네 아버지와 어머니를 공경하라 이 계명은 약속이 있는 첫 번째 계명이니 이로써 네가 잘되고 땅에서 장수하리라."[1] 하나님은 마지막 날에 사람들이 아버지를 그리워할 것이라고 말씀하셨다.[2] 두 말할 것 없이, 어떤 사람에게 아버지가 없는 것은 수치스럽게 아기를 낳은 후 떠나 버리는 남자들 때문이다. 사도 바울은 디모데에게 "누군가가 친척을 위해, 특히 가족 구성원들을 위해 부양하지 않는다면, 그는 믿음을 부정하는 것이고 믿지 않는 것보다 더 나쁜 것"이라고 편지를 썼다.[3] 또한 일이 과다하거나 무책임한 기혼 남성들이 있는데, 두 경우 모두 일종의 아버지 부재 증상을 초래한다. 그러나 가정법원 제도의 부당함 때문에, 아버지 없이 살아가는 어린이들의 수는 점점 더 많아지고 있다. 트럼프가 한 차례 재판에서 억울하게 겪은 고통은 전국적으로 수천 건의 편파적인 가정법원 심문에서 증식되고 있다. 트럼프는 부모들이 일상적으로 당하고 있는 탄핵을 저지하는 대리인이 될 수도 있다.

가정법원은 아마도 정부의 권력을 남용하는 가장 끔찍한 곳일 것이다. 가족법은 여전히 구닥다리이고 야만적인 상태로 남아 있다. 즉, 성별의 고정관념을 무너뜨리고, 자녀에게는 양 부모 모두가 필요하다는 것을 무시하며, 인간의 가장 취약한 시기에 불행을 겪게 하며, 한 부모에게는 "승리"를, 다른 부모에게는 "패배"를 장려하며, 결국은 망가진 가정에서 재산을 가져다 약탈적 변호사들에게 넘겨주는 결과를 낳는 경우가 흔하다. 정부가 가정을 파괴하고 자식들을 부모로부터 떼어내는 것만큼이나 나쁜 일은 없지만, 이것이 가정법원이 수십 년 동안 해온 일이다.

나는 트럼프가 이러한 부당함을 경험한 이유는 대부분의 정치인들이 무시하고 있는 네 가지 진실을 깨우치게 하기 위한 것이라고 확신한다. 왜냐하면 이 진실은 엘리트주의적이지도 않고 정치적으로도 옳지 않기 때문이다.

1. 탄핵은 행정부가 아닌 사법부에 대한 견제로 의도된 것이었다.
2. 하나님은 대통령이 정의롭게 사법개혁 의제에 전념할 경우(사법부의 견제) 의회의 상하 양원을 모두 내주실 것이다.
3. 사법부 악행의 가장 큰 영역 중 하나는 가정법에 있다.
4. 정의를 회복하고 미국 가정을 재건하기 위한 방법으로 헌법적 메커니즘과 개혁 아이디어 둘 다 가능하다.

대통령 탄핵은 한 사람에게만 잠깐 영향을 미친다. 가정이 당하는 부당함은 수백만의 사람들에게 24시간 영향을 미친다. 트럼프 대통령은 트위터를 통해 자신의 탄핵에 대해 "다시는 다른 대통령에게 이런 일이 일어나서는 안 됩니다. 기도해 주십시오!"라고 했다.

"대통령님, 저는 기도했습니다. 그리고 기도의 응답은 이것입니다. 하나님은 다음 대통령을 보호하기 위해서 뿐만 아니라, 수백만의 부모들을 불공정한 재판과 피할 수 있는 불공평으로부터 보호하기 위해 대대적인 개혁을 원하고 계십니다. 대통령이 문서에 서명하는 것으로 이 문제는 해결될 수 있습니다."

우리 국민은 대통령과 양 정당에게 진정한 성 평등, 부모의 평등, 그리고 제대로 된 양육을 포함하는 헌법 개정을 위해 싸워줄 것을 요청한다.

민주당은 애초부터 트럼프와의 이혼을 원했다. 이성적인 협상도 평화적인 화해도 있을 수 없었다. 그들은 먼저 그를 탄핵하기로 결정하고 나중에 탄핵 당할 만한 범죄를 찾으려 했다. 문제는 범죄를 증언해 줄 믿을 만한 증인이 없어서, 하원은 트럼프가 탄핵되어야 한다고 동의하는 법대 교수나 심리학자들, 역사학자 등 '전문가 증인'을 불러들였다는 것이다. 그러나 그들 누구도 범죄에 대해서는 동의하지 않았다. 따라서 혐의는 대가를 주었다는 것에서 강탈로, 강탈에서 뇌물 수수로, 뇌물 수수에서 의회 방해와 같은 범죄를 전혀 포함하지 않는 공허한 혐의들로 옮겨갔다. 혐의가 어떤 것이었든 간에, 민주당이 장악한 하원은 탄핵을 결정했다.

이것은 매일 가정법원에서 일어나는 것과 다르지 않다. 목사나 상담사처럼 부부간의 갈등 해결을 도와주는 사람들은 미리 정해진 과정을 거쳐 미리 정해진 결과가 나올 것이라는 걸 알고 있지만 어쨌든 게임은 시작된다.

첫 번째 단계로, 변호사들은 일반적으로 여성들에게 그들의 배우자를 (여성과 자녀들에 대한) 가정학대나 성적 학대로 고소하도록 충고한다. 접근금지 명령('간섭 명령'이라고도 함)이 법원에 의해 발행되고, 그 남자는 자신의 집에 대한 접근권을 상실한다. 남자가 아이들을 보지 못하도록 하는 판례가 세워져 있다. 사실과 상관없이 여러 차례의 심리와 전문가 증언, 상당한 액수의 소송비용을 거쳐 대다수 어머니(약 85%)가 자녀의 양육권을 완전히 얻게 된다.

호주 신문 「헤럴드 선」(Herald Sun)지는 이를 보여주는 사건을 보도했다. "가정법원 판사는 빌의 전처가 폭력적이고, 진실하지 못하고, 가치관이 도덕적이지 않고, 자녀들의 심리적, 정서적 학대에 책임이 있다고 판단했지만, 그럼에도 불구하고 아버지와 별거 중이라는 이유로 현재 9살과 11살인 두 딸에 대한 양육권을 빌의 전처에게 주었다."[4]

최후변론을 거친 후에 대부분의 아버지들은 저축, 생계, 명성을 잃고 양육비를 지급하게 되며 자녀들을 거의 볼 수 없게 될 것이다. 소수 아버지들(약 15%)은 공동 양육권이나 양육권을 받을 것이다. 이 15%의 숫자도 엄마들이 법정에 나오지 않아서 아버지가 궐석재판으로 자동 승소한 이혼 소송 8%를 포함하기 때문에 그대로 받아들일 수는 없다. 이렇게 보면 성편향 비율은 엄마 93%, 아빠 7%라고 보는 것이 더 정확하다.

2019년에 기독교인이 된 래퍼 카니예 웨스트(Kanye West)는 동료 래퍼 빅 보이(Big Boy)와의 인터뷰에서 아버지들에 대한 성 편견과 차별의 문제가 정치적 동기의 문제라고 지적했다. "민주당은 오랫동안 우리가 푸드 스탬프를 얻기 위해 민주당에 투표하도록 만들었어. 무슨 소리냐고? 그러면서 민주당은 80년대에 총을 허가하고, 아버지들을 집에서 내쫓고, Plan B('morning after pill'이라고도 알려진 비상 피임약)를 도입하고, 투표율을 낮게 만들고, 우리 아이들을 낙태할 수 있도록 했지. …"[5]

　　흑인들에게 민주당 탈당을 독려하는 운동인 블렉시트의 지도자이자 흑인 보수주의자 캔디스 오웬스(Candace Owens)는 미국 흑인들이 직면한 가장 큰 문제가 인종차별이라고 생각하지 않는다. 대신 그녀는 "흑인 사회가 직면한 가장 중요한 문제는 인종차별이 아니라 아버지의 부재다. 버락 오바마는 통계자료를 인용하여 만약 당신이 아버지 없이 자라면, 감옥에 갈 가능성이 12배, 가난하게 살 가능성이 9배, 그리고 고등학교를 졸업하지 않을 가능성이 6배나 더 높다고 말했다. 모든 것은 가족의 붕괴에서 시작된다."고 했다.[6]

　　남자를 놓고 전쟁이 벌어지고 있다. 그러나 이 문제를 해결할 수 있는 사람들은 성 편견이 있다는 것을 부인한다. 이혼 이후의 법적 갈등은 대다수 판사, 변호사, 심리학자들의 수입원이다. 가정법원의 개혁이나 폐지에 반대해 요란하게 로비를 벌일 것으로 예상된다. 이혼 산업은 수익성이 좋다. 우리는 아버지들에게 가장 큰 목소리로 적대적 로비를 하는 사람들이 이 고장난 시스템을 유지하는 데 가장 관심이 많을 것이라고 예상해야 한다.

2019년 12월에 공화당으로 당적을 옮길 때 뉴저지 출신의 민주당 하원의원 제프 반 드루(Jeff Van Drew)가 했던 것처럼, 민주당 내부 사람들 스스로도 자신들이 사기라는 것을 가끔은 인정할 것이다. 그는 당파적인 트럼프 대통령 탄핵으로 인해 유권자의 선거권이 박탈 당하고 나라가 분열되었다고 자신의 신념을 토로했다.

일반적인 가정법원의 재판 절차가 민주당 탄핵 청문회와 너무나 비슷하지 않은가?

법정신의 작동 방식

가정법원 판사, 변호사 그리고 법원이 지정한 심리학자들이, 각 사건의 사실들이 어떻든 간에, 한 성별을 다른 성별보다 일관되게 선호할 수 있는지에 대한 미스터리를 풀어 보도록 하겠다. 최종 판결은 대개 어머니에게 유리하고 아버지에게 불리하게 작용하지만, 때로는 그 반대의 경우도 있고, 내가 기술하는 기법을 그 반대로 이용할 수도 있다. 어떤 변호사도 이런 것들을 설명하지 않을 것이다. 나는 지난 20년 동안 목회하면서 만났던 가정들의 실제 문제들을 다루는 과정에서 그것들을 터득했다. 법리적 합리화는 다음과 같이 작동한다.

아이들이 엄마와 가까운 학교에 다니기 때문에, 아이들은 엄마와 함께 살아야 한다. 아이들이 아버지와 가까운 학교에 다니기 때문에 엄마에게 너무 불편하다. 아이들은 학교를 바꾸고 엄마와 함께 살아야 한다.

어머니는 아이들에게 형편이 가능한 최고의 학비를 마련해 주었고, 따라서 아이들은 엄마와 함께 살아야 한다. 아버지는 아이들에게 형편이 가능한 최고의 학비를 제공했고, 그렇게 일방적인 조치를 취했으며 다른 학교에 대해서는 융통성을 두지 않았다. 그래서 아이들은 엄마와 함께 살아야 한다.

엄마는 아이들을 스포츠, 음악, 과외 또는 다른 활동에 등록시켰고, 따라서 아이들은 엄마와 함께 살아야 한다. 아버지는 아이들을 스포츠, 음악, 과외 또는 다른 활동에 등록시켰고, 그런데 아버지는 아이들에게 과중한 부담을 주었고, 자신의 필요를 아이들의 필요와 구분할 줄 모른다. 그래서 아이들은 엄마와 함께 살아야 한다.

어머니는 아버지가 아이들을 감정적으로 학대하고 있다고 혐의를 주장하므로 아이들이 엄마와 함께 살아야 한다. 아버지는 어머니가 아이들을 감정적으로 학대하고 있다고 혐의를 주장하므로, 아버지가 어머니에게 비판적이고 부부의 의사소통이 잘 이루어지지 않고 있기 때문에 아이들이 엄마와 함께 살아야 한다.

아이들은 엄마와 함께 살고 싶다고 말하는데 그래서 아이들은 엄마와 함께 살아야 한다. 아이들은 아버지와 함께 살고 싶다고 말하는데 그 이유는 아버지가 아이들을 그렇게 지도하기도 했고, 심리학자들은 아이들이 어려서 자신의 의견에는 "큰 중요성"을 두지 않고 아버지의 의견을 따르기 때문이라고 믿는다. 그러므로 아이들은 엄마와 함께 살아야 한다.

아버지는 감옥에 있으니 아이들은 어머니와 함께 살아야 한다. 어머니는 감옥에 있지만 빨리 나와야 하고 그러므로 아이들은 어머니와 함께 살아야 한다.

아버지는 마약 중독자여서 아이들은 엄마와 함께 살아야 한다. 어머니는 마약 중독자지만, 심리학자가 그녀가 얼마나 치료를 잘 받고 있는지 "감동" 받고 있으므로, 아이들은 어머니와 함께 살아야 한다.

아버지가 폭력적이었기 때문에 아이들은 어머니와 함께 살아야 한다. 어머니는 폭력적이었지만, 그것이 처음이었으며 자신의 행동에 의해 "충격" 받고 "무서워"했고, 깊이 후회했으며, 다시는 그러지 않겠다고 약속한다. 게다가 아동보호소는 엄마가 더 이상 아이에게 위협이 되지 않는다고 믿기 때문에, 아이들은 엄마와 함께 살아야 한다.

어머니는 가정 폭력 재범자, 알코올 중독자 또는 마약 중독 정신이상자이고 자신의 아이들을 양육하기 원치 않기 때문에 아이들은 아버지와 함께 살아야 한다.

가정법원 재판 중 영어로 이야기하는 능력이 부족하기 때문에 명백한 사실들이 법리공방에서 패배하는 것을 보면, 당신은 공평하게 작동해야 할 사법제도가 어떻게 90%에 해당하는 가정법원 송사에서 아버지로부터 아이들을 빼앗아 갈 수 있는지를 이해할 수 있게 된다. 그리고 하원이 헌법의 탄핵 조항을 어떻게 도널드 트럼프에 대한 무기로 만들었는지 이해하게 된다.

사실은 중요하지 않다. 결과는 이미 정해져 있다. 그것은 트럼프의 잘못이다. 아버지들의 잘못이다. 법조인들이 자주 쓰는 말처럼, 그들은 "선택의 여지가 없다."[7] 그들은 자신들을 보호하기 위해 고소해야만 했다. 사실을 왜곡하고 방향을 틀고 돌릴 수 있는 능력이 있음에도 불구하고, 법조인들은 어떤 식으로도 손댈 수 없고, 깨트리거나, 조작할 수 없는 엄격한 규칙들 때문에 어쩔 수 없는 것처럼 말한다. 이러한 것이 법조인들의 유창한 화술이다. 당파적 탄핵도 가정법원과 같이 위장과 가식으로 이루어져 있기 때문에, 트럼프는 이러한 가정법원의 부당성을 직관적으로 이해할 수 있을 것이다.

가정법원 제도 내부의 논리를 설명하는 것은 국회의원들을 각성시키기 위한 것이다. 만약 당신이 정부의 대표자로서 가족법을 통과시키지만 판사에게 무제한의 "재량권"을 준다면, 법은 없는 것이다. 법관들의 의견을 법처럼 사용할 수 있을 뿐이다. 유대인들을 위해 보여주기식 재판을 하는 가야바 대제사장과 로마인들을 위해 정치적 재판을 하는 빌라도가 있다. 예수의 재판 기간 동안 어떤 법조항도 시행되지 않았으며, 몇몇 조항은 무시되기도 했다.

학교에서 배우는 것과는 달리 우리 법은 모세의 십계명처럼 '돌판에 새겨져' 있는 것이 아니다. 토마스 제퍼슨(Thomas Jefferson)은 판사들이 돌을 밀랍으로 바꿀 수 있다고 경고했다. "헌법은 … 사법부가 원하는 어떤 형태로든 뒤틀고 변형할 수 있도록 그들의 손에 쥐여진 말랑말랑한 밀랍 같은 것이다."[8]

예를 들어, 가족법에서 가장 자주 인용되는 구절 "아동의 최선의 이익"은 너무 유동적이고 부정확해서 아무 의미 없는 것으로 만들 수도 있다. "아동의 최선의 이익"은 누구도 정의할 수 없는 용어여서 법정에서 무용지물이 되고 사법적 재량에 의해 남용된다. 심리학자들, 변호사들, 법관들이 그들의 편견에 따라 그들이 원하는 결과를 얻기 위해 "아동의 최선의 이익을 위하여"라는 문구를 사용하여 아이들에게서 한 부모를 박탈하는 일이 다반사다.

재량권은 사법부가 입법부와 행정부의 힘을 견제하는 방법이다. 판사의 재량권은 문서상으로는 국민이 대표자를 통해 승인한 법을 견제한다. 그러나 실제로 미국의 페미니즘, 러시아 사회주의, 독일 심리학은 합법적인 의사봉으로 기독교 건국 아버지들의 머리를 내려치고 있으며, 비도덕적 정신으로 정의의 여신을 발가벗기고 있다.

이중잣대 폐지

페미니스트 운동의 첫 번째 물결은 여성의 투표권을 위해 싸웠다. 두 번째 물결은 직장에서 여성의 평등을 위해 싸웠다. 이 두 가지 의미에서 나는 페미니스트다. 세 번째 물결의 페미니스트들은 여성이 남성들을 필요로 하지 않으며 남성들 없이도 훨씬 더 잘 살 수 있다는 여성 독립의 개념을 홍보한다. 우리 문화 어디에서나 여성은 강하고 심지어 남성보다 우월하다는 스토리들과 맞닥뜨리게 되는데, 가정법원은 여기에서 제외된다.

남성과 여성이 "전통적인 결혼 역할"을 따를 때(남성들이 일을 하고, 여성들은 일을 하지 않았을 때) 쓰여진 우리 가족법에 따르면, 도움이 필요하고 연약한 독신 엄마가 되는 것이 당신에게 유리하다. 이혼 소송 과정에 강하고 자립적인 페미니스트는 없다. 이혼했을 때 사실상 모든 여성 소송자들은 약하고 연약하다고 주장한다. 이혼한 여성이 "나는 강하고 재정적으로 독립적이다. 나는 그의 돈이 필요 없다. 그가 내 돈을 가져가야 한다. 내가 그를 지원하겠다."라고 말한 법정 사건은 들어본 적이 없다. 그들은 사실상 "내가 피해자고, 재정적으로 스트레스를 받고 있으며, 가능한 한 위자료로 많은 돈을 받고 싶다."고 말한다. 도움을 필요로 하는 여자가 가장 좋아하는 구절은 "그는 내게 선택의 여지를 주지 않았다."라는 말이다.

대조적으로 쵸콜란티 성을 가진 나의 어머니는 강한 여성이다. 어머니의 첫 번째 남편이 그녀를 떠나기 전에, 그는 어머니의 이름으로 두 개의 부동산을 구입했고, 그들은 함께 두 개의 사업을 일구었다. 그가 어머니를 떠났을 때, 어머니는 그에게 1센트도 달라고 하지 않았다. 어머니는 어떤 재산권도 주장하지 않았다. 어머니는 내 평생 일을 하셨고 나를 사립학교에 보내셨다. 시간이 흐르면서, 삶에 대한 어머니의 접근이 옳다는 것이 증명되었다. 어머니는 모든 면에서 전남편보다 부유하고 잘 살게 되었다. 어머니는 평화롭게 지내셨고 이혼 기간 동안 건강을 잃지 않았다. 무엇이 어머니를 그렇게 강하게 만들었을까?

어머니는 단순한 믿음을 가지고 있었다. 어머니는 하나님이 자신을 돌보아 주실 것이라고 믿었고, 자신을 위해 싸우거나 그녀를 돌보아 줄 누군가를 설득할 필요가 없었다. 어머니의 견해로는, 사람들이 옳은 일을 했다면 축복을 받을 것이고, 만약 잘못된 행동을 했다면 저주를 받을 것이다. 어머니는 그들의 재판장이 아니었다. 어머니는 내 친아버지를 나쁘게 말하지 않으셨다. 어머니는 한 번도 자기 이야기를 정당화하려고 하지 않으셨다. 나는 어머니의 하나님에 대한 믿음을 지켜봐 왔고 그것은 평생 동안 진실로 증명이 되었다. 어머니는 존경받으실 만한 강한 여성이지만, 결코 자신을 모던 페미니스트라고 하지 않으실 것이다.

나는 너무나 많은 이혼한 엄마들이 아이들을 아버지로부터 멀어지게 하려고 노력하는 것을 보았다. 성경은 지구상의 마지막 날에 나타나는 이러한 악한 세태에 대해 경고하면서, 하나님은 그것을 별로 기뻐하지 않으신다고 말한다. 하나님은 그 반대 현상이 일어나기를 원하신다. 그리스도가 재림하시기 전에 다음과 같은 일이 이루어질 것이다.

> 보라 여호와의 크고 두려운 날이 이르기 전에 내가 선지자 엘리야를 너희에게 보내리니 그가 아버지의 마음을 자녀에게로 돌이키게 하고 자녀들의 마음을 그들의 아버지에게로 돌이키게 하리라 돌이키지 아니하면 두렵건대 내가 와서 저주로 그 땅을 칠까 하노라 하시니라(말 4:5-6)

우리는 아버지를 자식에게, 아이를 아버지에게 화목하게 할 것으로 예상되는 '엘리야의 영'의 시대에 살고 있다. 대부분의 아버지들이 자기 아이들을 세상에서 가장 사랑하지만, 많은 아버지들은 가정법원에서 범죄자 취급을 받으며 "내 아이들을 다시 볼 수 있을까? 아이들이 내가 누구인지 알아볼까?"라고 자문하고 있다. 전 세계의 아이들이 아버지로부터 소외되고 있으며, 페미니즘의 세 번째 물결은 소년과 남성에게 전쟁을 일으키는 장본인이다.

한 사람을 차별하면 모든 사람이 상처 받는다

여성만을 좋아하는 가정법원의 편애에도 불구하고, 내가 마주친 어느 쪽도 가정법원에 만족하지 않는다. 남자들은 대개 자신이 원하는 것을 얻지 못하기 때문에 행복하지 않다. 여자들은 원하는 것을 다 얻은 후에도 행복하지 않다. 그들은 아이들의 완전한 양육권을 위해 싸우고 보통 그것을 얻는다. 이것은 여러 면에서 그들에게 중압감을 준다.

첫째, 싱글맘이 되는 것은 쉽지 않다. 하나님은 아이들을 아버지와 어머니 두 부모에 의해 양육되도록 하셨다. 혼자 양육을 하다 보면 싱글맘들은 종종 좌절하고 자기 자식들을 마구 때린다. 아버지를 떼어놓는다고 싱글맘들의 일이 쉬워지지는 않는다. 아이들은 대부분 아버지들 존재의 덕을 보게 되는데, 그렇기 때문에 아버지를 멀리하게 한 어머니를 원망하며 자라게 된다.

둘째, 싱글맘의 지위는 재혼을 원하는 여성들에게 매력적이지 않다. 아이들의 양육권을 따낸 후에는, 그녀는 좋은 상대와 함께 할 수 있는 시간, 에너지, 기회가 줄어든다. 성공한 남자들은 이혼이나 전 남편과의 갈등에 초점을 두는 파트너보다는 새로운 결혼에 집중할 파트너를 원한다.

가족 심리학자, 중재자, 변호사, 판사들이 진정한 페미니스트였다면, 그들은 아버지에게 내린 처벌로 인해 이혼한 싱글맘, 딸, 할머니, 그리고 전체 여성 가족에게 의도하지 않게 상처를 입히고 있다고 생각할 것이다. 그러나 그들 중 많은 사람들은 전남편과 재산을 분할하거나 아버지와 함께하는 시간이 없어지는 것으로 인해, "승리한" 이혼녀를 제외한 다른 소녀들과 여성들에게 어떤 부정적 도미노 효과가 일어나고 있는지 모른다.

현재 대부분의 남성들은 이혼을 불공평하게 자원을 빼내가는 과정으로 보고 있는데, 대부분 자원은 전 남편에서 전 부인으로 흘러간다. 그 위협은 너무도 현실적이어서 결혼 적령기의 독신 남성들이 결혼을 하려고 하지 않는다. 그들은 동거하지 않고 구속 받지 않는 섹스를 선호한다. 왜냐하면 동거는 현재 법적 용어로 "사실혼"이라고 불리기 때문이다. 그런 사람들에게 시간은 그들의 편이다. 그들은 원하는 한 많은 이성과 교제할 수 있고, 그러다가 적절한 소울메이트를 찾으면 정착할 수 있다.

나는 혼외 섹스를 묵과하지 않는다. 혼외 섹스를 갖는 남성들의 반응은 성경적은 아니지만 논리적이다. 남자들은 인센티브에 따라 행동하는데, 오늘날 유부남으로 사는 것에 대한 혜택은 거의 없다. 지난 5천 년의 문명시대 동안, 결혼하는 것은 자동적으로 한 남성의 사회적, 경제적 지위를 높여 주었다. 그런데 요즈음 남자들은 결혼에서도 대부분 잃고, 이혼에서도 잃는다.

국가 지도자들이 이러한 부당성을 인식하고 즉시 시정하지 않는 한, 국가는 저혼, 저출산, 인구 감소의 사회적, 경제적 결과를 거두게 될 것이다. 베이비붐 세대가 생의 마지막 단계에 진입하고, 그들이 연금을 빼내어 사용하기 시작한 것과 맞물려 이 골치 아픈 문제들이 결합되는 것은 많은 선진국들에게 재앙을 의미할 것이다. 해결책은 하나님이 제5계명으로 명기하신 '부모를 공경하라'는 진정한 남녀평등이다.

스칸디나비아(SCANDINAVIA): 더 좋은 모델

성 문제는 너무 타락해서 진정한 성 평등을 위해서는 헌법 개정이 필요하다. 이런 법률이 스칸디나비아에 이미 존재한다. 평등은 결혼과 이혼에서 사실로 상정된다. 미국인들은 결혼에서 남녀평등을 중요시하면서도 이혼 후에는 불평등을 용인하는 것 같다.

남녀평등주의 문화를 바탕으로 스칸디나비아에서는 남녀를 동등하게 취급한다. 부부들은 이혼을 하거나, 재산을 분할하거나, 공동 양육 계획을 세우는 데 법정이나 변호사를 이용하지 않는다. 이혼은 간단하고 저렴하다. 부부들은 이혼서를 작성하고 화해가 있을 경우를 대비해 6개월을 기다린다. 6개월 후에 그들이 이혼하면, 어떤 법정도 관여하지 않는다. 만약 그들이 재산을 나누면, 공동재산은 50 대 50으로 나누어지고, 결혼 전에 취득한 재산과 상속재산은 보존된다. 자녀가 있는 경우 공동 양육권이 상정되고 자녀는 양친과 함께 생활한다. 그들은 전쟁을 하지 않고 돈으로 보상을 받았다.

배우자 생계비가 필요한 경우 이혼 후 최대 6개월까지 지급할 수 있다. 어떤 배우자도 이혼을 통해 자신을 풍요롭게 하는 것은 아니다. 혼전에 합의하는 경우에만 이것을 무효화할 수 있다. 보다 전통적인 "양육비 제공자와 수여자"의 역할에 동의하고자 하는 부부들은 배우자 생계비를 지속적으로 지급하기 위해서 혼전합의서를 작성할 수 있다. 이 경우 양육비는 반드시 아이에게만 써야 한다.

2014년 다큐멘터리 '이혼 기업'에서 스칸디나비아의 한 판사는 "단순 이혼으로 법정에 서는 사람은 없다"고 말했다. 그 판사는 가족 문제와 관련된 사건은 아마 일 년에 한두 건 정도 심리할 것이다. 이는 2017-18년 호주 가정법원에 접수된 20,436건[9]의 신청과는 극과극이다.[10] 호주의 연방 순회법원은 더 많은 사건들을 심리한다. 미국 가정법원도 비슷한 수준으로 사건이 쌓여 있다. 일부 개혁주의자 판사와 변호사는 가족법이 바뀌어야 한다는 것을 인정한다. 그들은 교회의 역할에 대해 아무런 언급 없이 변화를 일으키려 하지만, 나는 도덕적 공백 상태에서 도덕적 변화가 일어날 수 있다고 생각하지 않는다

스칸디나비아 사람들은 약 70%가 기독교 신자인데, 그들 중 가족 관련 변호사들에게 시간과 돈을 낭비하거나 이혼을 놓고 오랜 법적 투쟁을 벌이는 사람은 거의 없다. 그것은 다른 대안이 있기 때문인데, 그 대안은 목사와 상담을 하는 것이다. 확실히 스칸디나비아 루터교는 마틴 루터가 가르친 것과는 거리가 멀어졌다. 루터교는 수백 년 전에 국가가 장악했고, 스웨덴에서는 2000년까지 국가가 교회에서 분리되지 않았다.그럼에도 불구하고 문화적으로 기독교인이 된다는 것은 스칸디나비아인 혼의 정체성을 이루고 있으며, 이러한 영적인 유산은 변호사들이 도덕적 공백 속에서 자신을 풍요롭게 살찌우는 것을 막는 데 도움이 된다. 이러한 환경 속에서, 가족법은 성중립적이고 평등주의적이 되었다. 법정에서 다투는 남녀가 거의 없고, 재산의 분할은 정해져 있다. 남녀평등이 소중하게 지켜지고 있는 것이다. 나는 진정한 남녀평등이 어떤 정치인과 정당도 승리하게 해주는 강령이라고 확신한다. 진정한 남녀평등과 싸우려고 하는 사람들이 차별적 우대나 성차별에 대한 생각을 갖고 있는 사람들 말고 누가 있겠는가?

배상

민주당은 오랫동안 노예제도에 대한 배상을 할 수 있는 방안을 추구해 왔다. 캔디스 오웬스는 흑인 사회가 직면한 가장 큰 문제는 인종차별이 아니라 아버지가 없는 것이라고 말했다. "블랙 아메리카가

직면한 가장 큰 문제는 아버지의 부재이다."[11] 따라서 우리 국민은 이 위기에 책임이 있는 모든 당사자들로부터 보상을 받아야 한다.

아이들을 멀리 이전시키거나 거짓 고소를 해서 법원의 접근금지 명령을 받아내는 등의 일방적 행동으로 다른 부모로부터 아이들을 격리시킨 부모들로부터 시작해야 한다. 범죄는 피해자라 불리는 부상자가 있을 때 성립된다. 이간책을 사용한 부모는 피해 부모에게 최소한 화해할 시간은 줘야 한다. (아이들이 너무 자라서) 이미 늦은 경우는 벌금을 내거나 사람들의 삶을 망가뜨린 죄로 감옥에 가야 한다.

다음으로 법원이 지정한 심리학자(평가자, 가족 리포터 또는 '법원의 친구'라고 함)는 무거운 벌금을 내야 하고, 그들의 이름을 공개적으로 광고해야 하며, 독립된 기관에서 검토하여 그들이 성차별 같은 직업적 위법행위로 유죄가 판명될 경우 법원에서 일하지 못하도록 할 필요가 있다.

그런 방식으로 상당한 영향력을 행사했던 심리학자 한 명이 드러나게 하는 데 7년이 걸렸다. 그 심리학자는 존 아처(John Archer) 씨를 가차없이 비난하는 가족 보고서를 작성하며 "정신병자"로 진단했다. 신원 보호를 위해 "M 박사"라고 이름 붙여진 그 심리학자는 자료, 임상적 증거 또는 교육도 없이 그런 진단을 내렸다. 그러나 법원은 그의 "전문적 증언"에 근거하여 아처 씨의 9살짜리 아들 새미의 양육권을 박탈했다.

ABC 뉴스가 2019년 11월 18일 보도한 바와 같이, "새미는 원래 아버지와 격주로 동거했지만, 이후 심리학자가 가장 엄격하게 통제하는 감독 하에서만 새미를 보게 되었다. 결국 아처 씨의 아들이 엄마와 함께 해외로 이주한 후 아처 씨는 아들과의 모든 연락이 끊겼다."[12]

서부 호주 행정 재판소가 M 박사를 직업적 위법행위로 유죄 판결을 내려 법정 출두를 금지하고 2만 달러의 벌금을 부과하기까지 7년이 걸렸다. 그러나 그는 가족 보고서와 법정 출두 등으로 2만 5천 달러 가량을 받았기 때문에 여전히 가짜 보고서와 공정하지 못한 행동으로 순수익을 올린 셈이다.

이런 경우에 어떻게 정의가 실현될 수 있을까?

아처 씨는 아홉 살짜리 아들을 절대 되찾지 못할 것이다. 이제 열여섯 살이 된 그 소년은 아버지로부터 완전히 멀어졌다. 잃어버린 시간과 잃어버린 자식과의 관계가 어떻게 보상될 수 있을까? 상처입은 당사자가 있기 때문에 범죄는 성립된다. 법정에서 어떤 전문직 종사자도 펜을 휘둘러 거짓말로 부모와 자식의 운명에 영향을 미치는 "특권"(보호받는다는 의미의 법률용어)을 가져서는 안 된다

권력과 지위를 남용한 사례를 하나 폭로하고 나니 내게는 "M 박사가 자신의 경력 기간 동안 얼마나 많은 다른 당사자들에게 부상을 입혔을까?"라는 의문이 남는다. 그의 전문적 증언을 근거로 얼마나 많은 가정법원의 판결이 잘못 내려졌을까? 양육권 명령을 얼마나 철회해야 하는가?

최소한 M 박사는 그가 상처를 준 모든 가족들에게 배상금을 지불하고, 그의 가짜 보고서로 중상모략한 부모들에게 그가 소송으로 벌어들인 수수료를 이체하도록 해야 한다.

그리고 "M 박사가 지위와 권력을 남용하는 유일한 사람인가?"라고 더 자세히 조사해야 한다. 사실은 M 박사는 그것이 들통나지 않

을 것이라고 생각했기 때문에 대담하게도 200페이지 분량의 거짓 투성이 보고서를 작성했고, 그 일에 대해 2만 5천 달러를 청구했다.

M 박사는 다른 심리학자들을 대표하여 자신의 직업에 대한 조사를 철저하게 하지 못하도록 호주 의회에 로비를 하였다. 그는 의회가 자신에 대한 징계 절차를 밟고 있던 호주보건실무자규제청(AHPRA)의 권한을 억제해 주기를 바랐다. 철저하게 조사를 하지 못하도록 로비를 하는 다른 심리학자들은 누구인가? 그리고 그들은 누구의 이익을 보호하고 있는가?

심리학자의 권한 축소

우리 국민은 심리학자를 우리의 판사로 임명한 적이 없다. 그러나 그들은 사실상의 판사가 되었다. ABC 보도에 의하면 심리학자들이 "법원의 신"으로 간주되고 있으며, "M 박사도 판사가 자신의 보고서에 크게 의존할 가능성이 있다는 것을 알고 있었다."[13]

민주당원들은 심리학의 힘을 알고 있다. 그들이 대법원에 브랫캐버노(Brett Kavanaugh. 역자 주: 현 미국연방대법원 대법관) 판사를 지명하는 것에 반대하고자 했을 때, 그들은 그들이 가지고 있는 가장 큰 총을 꺼내 들었다. 여자는 남자보다 더 믿을 만하지만 그것으로 충분하지는 않다. 성폭행 고발인은 파괴적일 수 있지만 그것 역시 충분하지 않을 수 있다.(빌 클린턴 대통령은 여러 번 살아남았다) 그들은 남자를 파멸시킬 수 있는 혐의를 만들기 위해 여성 심리학 교수가 필요했다.

크리스틴 블레이시 포드(Christine Blasey Ford)가 36년 전인 1982년 여름 캐버노가 자신을 성폭행한 사실을 의회에서 증언했을 때 민주당원들은 그녀에게 찬사를 보냈다. 2018년 9월 27일 낸시 펠로시(Nancy Pelosi)는 자신의 트위터에 4개의 텔레비전 화면을 동시에 보고 있는 자신의 사진을 올리며, "오늘 아침 크리스틴 블레이시 포드의 개회사를 보며 깊은 감동을 느끼고 있다. 당신의 용기에 감사합니다, 포드 박사. #Believesurvivors #Kavanaughearings."라고 트윗했다.

며칠 후인 10월 1일, 펠로시 하원의장은 "나는 자신의 이야기를 나누기 위해 나선 그녀의 용기에 박수를 보낸다. 그리고 나는 그녀를 믿는다."라며 심리학자인 포드 박사에게 입에 거품을 물며 찬사를 보냈다.[14] 여기에 문제는 딱 하나였다. 포드 박사는 거짓말쟁이였다.

이렇게 심리학적 증언을 무기로 삼는 일은 아버지의 명예를 훼손하고, 비방하고, 신뢰를 실추시키려는 목적으로 가정법원에서 일상적으로 사용되고 있다. 그리고 그것은 효과가 있다. 나는 기독교인들의 기도가, 낙태 합법화에 반대하는 판사들이 자신들에 대한 비방 캠페인을 극복하고 시련에서 살아남아 승리하는 데 도움이 되었다고 확신한다.

성경적 해결책은 심리학자들이 전문가 증인으로서 증언하는 것을 금지하는 것이다. 우리는 정의를 다른 전문 직종에 위탁해서는 안 된다. 판사들은 제3자에게 의존하지 말고, 모든 증인들의 증언을 청취하는 데 있어서 세심하게 캐묻는 심문자 역할을 함으로써 진실을 분별하는 일을 더 잘해야 한다.

문화의 세속화와 교인 수의 감소 때문에 사람들은 심리학자들을 그들의 목사로 생각하는 경향이 있다. 심리학자들은 도덕적으로 교육을 받지도 않았고 진실을 제시할 능력도 없다. 그러나 교회 다니는 사람들이 목사를 신뢰하듯이 사람들은 심리학자들을 신뢰한다. 따라서 법정에서는 심리학적인 증언을 계속 받아들일 가능성이 매우 크다.

그 사이에 법적 개선책은 사람들에게 법원이 지정한 심리학자를 한 번 바꿀 수 있는 선택권을 주는 것이다. 캘리포니아에서는 편견이나 선입견을 증명하지 않고도 가정법원 재판관 한 명의 자격을 실격시킬 수 있는 권한이 있다. 이 경우, 양쪽 부모는 심리학자들을 한꺼번에 바꿀 수 있는 권한을 갖는다. 국민이 좋은 선택을 할 수 있도록 하기 위해서는 법원이 지정한 심리학자들의 이름을 모두 공개해야 한다. 그들의 모든 결과물들을 검토하고 요약하여 대중이 볼 수 있도록 하여야 한다.

소셜 미디어 리뷰 시대에는 소셜 랭킹도 받아야 한다. 거의 모든 직업이 그들의 고객들에 의해 온라인 상에서 검토된다. 의사와 병원은 www.vitals.com과 같은 웹사이트에서 공개적으로 검토된다. 심리학이 정말 의학 분야라면 왜 사회적 평가를 받지 않고 있는가?

가정 정의 헌장

어린이 권리. 자녀들의 권리를 양쪽 부모에게 똑같이 반영하라.

부모의 평등. 아버지와 어머니의 권리를 자식들에게 똑같이 반영하라. 부모의 권리는 인권이다. 어떤 부모도 범죄로 유죄 판결을 받지 않는 한 부모의 권리를 위해 법정에서 다툴 필요가 없다.

양성평등. 가족과 관련된 모든 문제에 남녀평등을 반영한다. 가정은 아이를 낳기 위해 자연 그 자체가 양성평등(한 명의 아버지와 한 명의 어머니)을 요구하는 사회의 유일한 장소다. 따라서 가족과 관련된 모든 공공서비스는 남녀평등을 위반하는 경우 본질적으로 부당한 것이다.

가족의 이익을 위해 봉사하는 정부 기관에 뿌리 박힌 편견의 대부분은 가족과 관련된 공공서비스 직업에서 일하는 사람들이 거의 모두 여성이라는 사실에서 비롯된다. 우리는 가족법 시스템의 모든 곳에서 남성보다 여성이 압도적으로 많은 것을 보게 된다. 남성들이 가족 관련 서비스와 직업에 종사할 수 있도록 장려금이 제공되어야 한다.

따라서 성평등은 가족에 관한 공공서비스의 모든 수준에서 시행되어야 한다. 가족법 판사는 남자 50%, 여자 50%여야 한다. DHS(인구통계건강조사)는 남자 50%, 여자 50%를 고용해야 한다. 법원이 비용을 지불하는 심리학자는 남자 50%, 여자 50%이어야 한다. 공립학교는 남자 교사를 50%, 여자 교사를 50% 채용해야 한다

정부나 기업의 다른 어떤 부분도 양성균형 쿼터를 따를 필요가 없다. 성별에 따라 직업에 대한 선호도가 달라지는 경향이 있다. 그들은 자유롭게 선택할 수 있어야 한다.

무책주의 양육

1975년 이후 호주에서는 이혼의 "무책주의"(no fault)를 채택하고 있는데, 이는 법원이 이혼의 판결을 내리지 않아도 이혼이 성립된다는 것을 의미한다.[15] 이혼은 계약을 자발적으로 파기하는 것이다. 부부들은 더 이상 세속적인 판사에게 결혼 중에 누가 비난 받아야 할지를 결정해 달라고 시간과 소송 비용을 낭비하지 않는다.

"무책주의" 배우자의 개념은 "무책주의" 부모로 제대로 확장되지 않았다. 만약 아버지와 어머니가 이혼 전에 유능한 부모였다면, 이혼이 이 사실까지도 바꾸지는 않는다. 아이가 더 필요로 하는 부모가 어느 쪽 부모인지를 결정하는 데 있어서 법원이 필요하지도 않고 또 법원은 그럴 능력도 없다.

'귀책 사유가 있는' 이혼이 다시는 되살아나지는 못할 것이다. 자신을 속인 배우자에게 억울한 일을 당한 기독교인들은 배우자가 계약을 위반했다고 주장하며 귀책 사유가 있는 이혼으로 만들기 위해 법정에서 투쟁하지만 이는 에너지 낭비다. 성경은 신명기 24장 1절에서 "무책주의" 이혼을 명하고 있다. 유대인들은 이것을 따르고 있는데, 일반적으로 유대인 사회는 일반인들보다 이혼율이 낮고 결혼 성공률이 높다.

기독교인들은 유대인들의 성공으로부터 배워야 한다. 유대인들은 그들의 결혼과 이혼을 자신들의 '베스 딘'(Beth Din, "정의의 집"이라는 의미), 즉 모세의 율법에 따라 어떤 '귀책 사유가 있는' 이혼도 허용하지 않는 유대인 법원에 의해 처리되는 것을 선호한다. 베스 딘의 판결은 미국의 민사법원에서도 그대로 유효하다.

동등한 공동 양육 계획. 폭력이나 성적 학대가 입증되거나 양 배우자가 선호하는 다른 방식에 동의하는 경우를 제외하고 동등한 50 대 50의 공동 육아 계획을 가정한다. 거짓혐의는 결혼 재산 분할과 자녀와 보내는 시간을 줄이는 방법으로 처벌해야 한다.

어린이미래기금 또는 이혼세. 이혼은 보통 부부 재산의 최소 30-50%가 든다. 현대 서구의 삶에서 다른 어떤 금융 거래도 그렇게 심각한 손상을 입히거나 쇠약하게 하지 않는다. 이혼은 호주에서 연간 140억 달러의 약탈적 산업으로, 변호사들은 부부의 파경으로 인한 재산 손실의 대부분을 가져 간다. 정부는 사실상 공익을 위해서가 아니라 이혼 관련 전문 분야에서 일하는 개인들에게 지급하기 위해 이혼에 부과하는 세금을 신설했다. 말하자면 법정은 이 엄청난 부의 이전에 공모하고 있는 것이다. 우리가 가정법원에서 이루어지는 이런 가식적인 일들을 끝낸다면, 우리는 아동 빈곤을 종식시키는 데 더 신경을 쓸 수 있다.

모나시대학의 인구 및 도시 연구센터에서 이루어진 한 연구는 가족의 해체가 호주의 현재 빈곤수준 상승의 주된 원인이 되고 있다는 것을 보여준다.[16] 이혼은 중년층의 어른들이 나이 든 부모 세대뿐만 아니라 아이들 세대들을 돌볼 수 있는 능력까지 감소시킨다. 2009년 캐나다의 한 연구는 가정 붕괴의 비용이 연간 70억 캐나다 달러라고 추정했다. 2014년 호주의 한 연구는 이혼으로 호주 경제가 연간 140억 호주 달러의 손실을 보고 있다고 추정했다.[17] 그리고 2008년 미국의 한 연구는 가정 붕괴와 결혼하지 않은 부모로 인한 비용을 연간 최소 1,120억 달러로 추산했다.[18]

이 돈을 모두 어린이들의 미래 펀드에 예치했다면 훨씬 더 잘 사용되었을 것이다. 이혼 시 부부 재산의 30%를 자녀에게만 사용할 수 있는 기금으로 내야 한다. 첫 번째는 첫 18개월 동안 부모에게 고정 양육비를 지급하는 데 사용될 것이다. 그런 뒤 남은 게 있으면 두 번째로 그들이 낳은 자녀의 교육비에 배정된다. 이후 돈이 조금이라도 남아 있으면 세 번째는 그들이 낳은 자녀가 30세가 되었을 때 각각 동등한 몫으로 지급하게 된다.

자녀가 없는 이혼의 경우 부부 재산의 15%에 해당하는 낮은 이혼세를 내야 한다. 그 자금은 오직 고정적 아동 지원이라는 새로운 정부 계획과 아동 복리후생만을 위해 사용될 것이다. 이 세금은 두 가지 일을 이루게 된다. 즉 부부들이 이혼할 경우에도 가족의 재산을 보호하도록 하여 아이를 갖도록 장려하는 동시에 이혼 자체를 단념하게 하는 것이다.

부부 재산의 균등 분할. 결혼 후 3년이 지나 이혼하는 경우는, 결혼할 때 가져온 재산이나 상속 재산을 제외한 나머지 재산을 똑같이 나눈다. 이렇게 하면 사소한 이유를 들어 소송을 연장하려 하는 가정 변호사를 포함하여, 어떤 당사자도 이혼으로 자신을 풍요롭게 할 동기를 갖지 못한다. 결혼 후 3년이 지나지 않은 경우에는, 당사자들은 결혼 후 그들이 가지고 있는 소망과 꿈이 아니라, 결혼 기간 동안 각자가 무엇에 기여했는지를 고려해야 한다.[19]

고정 자녀 양육비 및 기간. 자녀 양육비는 정부가 이혼 자녀 1명당 일정한 금액으로 지급하는데, 이는 두 부모 모두 스트레스가 많은 시기에 그들의 삶을 재건하는 것을 돕기 위해서다. 정부 기금의 아동 지원은 18개월 후에 끝난다.

조건부 양육. 만약 (새로운 일정 기간 동안의 자녀 양육 대신) 현재의 복잡하고 불공평한 자녀 양육 제도가 계속된다면, 양육비를 제공하는 부모에게 아이를 보여주지 않는 즉시, 자녀 양육비 제공은 중단되어야 한다.

가족상담사 조디 마인투(Jodie Myintoo)는 2019년 인터뷰에서 나에게 말했다. 그녀는 15년 동안 가정법원에 몸담았던 경험을 바탕으로 "양육비를 조건 없이 지급해야 하는 게 가장 큰 문제 중 하나다. 많은 엄마들이 아이를 데리고 도망간 뒤 양육비를 요구한다. 내 고객들 중 몇몇은 거짓혐의나 다른 주로 떠난 어머니들 때문에 아이들을 보지 못하게 되었는데, 그럼에도 그 소외된 부모들은 보지도 못하는 아이들에 대한 비용을 지불해야 한다. 새로운 규칙이 마련되어야 한다. 자녀 양육비 지급은 다른 부모가 아무런 입증된 사유 없이 2주 이상 자녀를 보여주지 않을 때 종료된다. 이렇게 되면 사라진 아이와 연락을 취하기 위하여 노력하는 아버지들의 사건으로 인하여 가정법원이 적체되는 일은 줄어들 것이다." 다른 말로 하자면, 한 번의 변화만으로도 가정법원의 폐해를 풀어낼 수 있을 것이다.

이혼 후 공동 양육권이 가정되고 자녀들이 양쪽의 각 부모들과 절반의 시간씩 함께 살도록 하는 내 제안에서는 18개월 이후에는 양육비를 지급할 필요가 없다. 이로써 정부가 자녀 양육비를 둘러싼 법정 싸움을 없애고, 자녀 양육권의 행정처리를 위한 관료주의를 축소함으로써 엄청난 예산을 절약할 수 있을 것이다.

배우자 생활비 지급의 종료

이혼은 영구적인 분리를 의미한다. 어느 누구도 전 배우자로 하여금 자신을 계속 부유하게 해서는 안 된다.

이혼 전 부부의 생활방식을 바탕으로 계산된 배우자 생활비 지급에 의해 너무나 많은 부당한 일이 벌어졌다. 아무도 미래를 모른다. 어떤 사람들의 상황은 최악으로 변해서 더 이상 그들의 과거의 생활

방식을 감당할 수 없게 되고, 그래서 배우자 생활비 때문에 강도사건을 일으킨다. 다른 말로, 국가가 누군가를 빚더미에 앉게 하고 심지어 감옥에 가도록 만든다. 어떤 사람들의 상황은 더 좋게 변한다. 그러면 배우자 생활비는 부당한 세금이 되고 사람은 생산적이 되기 위해 최선을 다하지 않게 된다.

배우자 생활비 개념은 남편과 아내가 전통적인 제공자와 의존자의 역할을 맡고 있을 때 만들어졌다. 오늘날 미국 가정의 60%,[20] 호주 가정의 80%가 맞벌이 가정이다.[21]

기회의 땅 미국에서 18개월 동안의 양육비는 충분한 지원이다. 많은 기독교인들은 "쉬운 이혼"에 대해 항의하며 그 원인으로 "무책주의" 이혼 규정을 탓한다. 나는 이것이 사실이라고 믿지 않는다. 이혼자들에게 사회적 복지혜택의 쿠션을 제공함으로써, 이혼으로 인한 재정적 부담를 제거해 주는 것이야말로 결혼을 깨뜨리고 이혼을 "쉽게" 하도록 하는 것이다. 이혼에 세금을 부과하고, 양육비를 제한하고, 배우자 생활비 지급을 중단하는 것이 결혼을 보호하고 국가의 이혼율을 낮추는 정부의 유일한 장려책일 수 있다.

심각한 부모 소외를 범죄로 삼아라

부모의 소외(Parental Alienation)는 한 부모('상속 부모')가 다른 부모('대상 부모')를 거부하도록 하기 위해 한 부모('상속 부모')가 아이를 심리적으로 조작하는 것이다. 광범위한 연구는 이러한 행동 양식이 아이의 미래에 해롭다는 것을 입증한다.[22] 이것은 아동학대다.

그러나 대부분의 전문가들은 그것을 확인할 수 없다.

30년간 하버드 의대 교수인 스티브 밀러(Steve Miller) 박사가 그 이유를 설명했다.[23]

"우리가 필요한 것은 언제나 소외의 현장을 보고 있는, 소외와 별거의 준전문가(sub-specialist)이지, 소외의 현장을 좀처럼 보지 못하는 세계 최고의 심리학자가 아니다.… 이 분야는 그것을 다루는 광범위한 경험과 훈련이 없는 사람이 직관적으로 이해하기는 매우 어렵다.

대부분의 사람들은 대개 틀릴 겁이다. 그리고 내가 '사람'이라고 말할 때, 나는 변호사, 심리학자들, 다른 정신 건강 전문가들을 의미한다. 대부분의 경우 그들은 사건, 평가, 추천을 잘못할 뿐만 아니라 정확히 거꾸로 할 것이다.

기본적 귀인 오류(Fundamental attribution error, 역자 주: 관찰자가 다른 이들의 행동을 설명할 때 상황 요인들의 영향을 과소평가하고, 행위자의 내적, 기질적 요인들의 영향을 과대평가하는 오류)는 행동을 본다는 것이다. … 여러분이 화난 사람, 화가 나 있는 사람을 보면 "저 사람은 화난 사람"이라고 말한다. 여러분은 "그게 그 사람의 성격이야. 늘상 화가 나 있는 사람이지"라고 생각한다. 그가 화난 이유가 방금 그의 차, 지갑을 도둑 맞았기 때문이라는 따위의 이유에는 전혀 신경 쓰지 않는다. 우리는 타고 나기를 "나는 저 녀석과 떨어져 있을 거야. 화를 내고 있잖아"라고 얘기하도록 되어 있다. 그래서 만약 분노가 상황적인 것이라면, 그것(전문 심리학자의 평가)

은 잘못된 것이다.

이제 우리가 관심있게 보아야 할 부분은 면접관이 심한 소외의 사례를 관찰할 때 소외를 조성하고 있는 부모는 냉정하고 침착하다는 점이다. 그 또는 그녀는 경계선상의 반사회적 인격 장애자이거나, 또는 나르시시스트이거나, 조종의 대가이거나, 세 가지를 모두 가진 사람이고, 정상적인 행동을 설득력 있게 흉내내는 법을 배운데다가 "아, 그럼요, 나는 아이와 그의 아버지, 혹은 그의 어머니와의 관계를 장려합니다"라고 아주 좋게 표현한다.

그와는 대조적으로, 타겟이 된 부모는 외상 후 스트레스 장애에 시달리고 있고, 자기 아이를 못 본지 오래됐고(아마도 몇 년 정도), 문제는 자기에게 있다고 들었으며, 늘 긴장하고 화가 나 있으며, 스트레스로 시달리고 있다. 지금 나는 개인적으로 가족화해법원연합회(AFCC)에서 제공하는 과정을 처음부터 끝까지 수강하고 있는데 거기에서 가르치는 사람이 그룹 사람들에게 "네가 보는 대로 이해하면 된다. 부모가 불안정함과 긴장을 보여주면 부모가 그런 식으로 양육하는 거라고 확신할 수 있다."라고 한다. 그렇지 않다! 그건 임상적 추론과 의사결정에서 일어나는 기본적인 오류다. (그것이 바로) 기본적 귀인 오류이다.

심각한 경우는 보통 사례와는 근본적으로 다르다. 보통의 경우, 부모에게 좀 더 협조적이 되도록 교육하는 것이 매우 합리적이다. 그러나 전문가가 '집착적 소외 조성자'라고 이야기하는 심각한 경우에는 그 사람은 거의 100% 확실하게 심각한 인격 장애를 가지고 있다. 보통 사람들은 자기 아이들에게 그렇게 하지 않는다. 어느 정도인지 힌트를 주자면, 여러분이라면 절대로 아이들에게 접근하는 것을 차단하지 않을 만한 그런 사소하고 하찮은 이유로 몇 년이고 계속 아이에 대한 접근을 차단한다는 것이다.

정상적인 심리치료는 이런 경우를 더욱 악화시킨다. 그래서 만일 "왜 사과할 것을 찾지 않느냐" 혹은 "그것이 당신을 어떻게 느끼게 만들었는가?"라고 중간에 끼어들어 이야기하며 커플치료(둘이나 커플 사이의 대화요법)를 할 수 있다고 생각하는 숙련된 심리치료사에게, '집착적 소외 조성자' 케이스는 재앙이다. 중간 정도의 케이스라도 그렇게 하지 말아야 한다. 그들은 거의 항상 재앙적 수준까지 더 나빠질 것이다. 그러니까 치료사가 아이에게 초점을 맞추도록 해야 한다. 그게 나의 답이다.

이런 심각한 케이스를 해결하기 위한 치료 장소가 두 곳 있다. 캐슬린 레이(Kathleen Reay)가 캐나다에서 운영하는 곳과 리차드 와삭(Richard Warshak)이 텍사스에서 운영하는 곳이다. 그들에게 나흘간 아이를 보내주면 아이는 접근하지 못했던 부모에게 너무나도 기뻐하며 돌아온다. 그리고 그들은 양육권의 변경과 90일 동안 소외 조장 부모와의 접촉을 하지 말 것을 요구한다. 그 외에는 심각한 케이스에 대한 희망이 없다.…"[24]

가장 중요한 고려사항으로서 부모 소외 방지

예를 들어, 어린이를 태우거나 내려주기 위해 운전하는 것은 동등하게 나누어야 하며, 갈아타는 위치는 부모 모두에게 똑같이 편리해야 한다. 이렇게 되면 판사, 변호사, 한 부모가 갈아타는 위치를 다른 부모에게 너무 멀고 불편하게 만들어 자녀와 함께할 시간을 포기하도록 하여 해당 부모를 은밀히 소외시킬 수 있는 길이 없어진다.

판사들이 한 부모의 집에서 항상 차를 바꿔 타도록 한다면, 이 불공평한 부담으로 아이들이 다른 부모와 시간을 보내는 데 장애가 된다는 것을 잘 알고 있다. 하지만 판사들은 통상적으로 한 부모에게 이 인위적인 장벽을 만들어낸다.

가정법원의 비밀을 없애라

민주주의의 모든 재판은 투명하고 공개적이어야 한다. 그러나 모든 가정법원 명령에는 가족 구성원들을 보호하기 위한 금지 명령이 있다. 이름은 무고한 사람들을 보호하기 위해 쉽게 바뀔 수 있다. 금지 명령은 종종 피고인을 처벌하고 무책임한 판사를 보호하기 위해 사용되는데, 로저 스톤 사건의 담당 판사가 그런 경우였다. 에이미 버먼 잭슨(Amy Berman Jackson) 판사는 트럼프 대통령의 동맹인 가족과 친구들이 공개적으로 트럼프를 옹호하는 것을 금지했고, 나아가 소셜 미디어를 사용하지 못하도록 금지했다.

'전문가 증거'와 심리학자 증언에 대한 의존도의 최소화

심리 보고서는 책임 소재가 분명하고 투명해야 하며 아주 드물게 최소한으로 이용되어야 한다. 심리 보고서는 형사 사건에서는 믿을 수 없는 것으로 악명이 높다.[25] 형사 사건에서 판사들은 통상적으로 심리 보고서를 묵살한다. 그러므로 심리 보고서가 민사 사건에서 더 유용하다고 가정할 이유는 없다.

「맥쿼리 법학저널」(*Macquarie Law Journal*)에 게재된 '양육권 분쟁에서 증거를 제시할 때 가족 컨설턴트 역할의 평가'라는 제목의 리암 미거(Liam Meagher)의 연구는 "가족 컨설턴트가 그들의 지식 한계를 넘어선다"고 결론지었다.[26]

> "…가족 컨설턴트들이 어린이에게 가장 이익이 되는 명령이 무엇인지에 대해 법원에 권고하는 관행을 중단해야 한다. 그러한 권고사항은 그들의 지식 한계를 넘어서서 그들의 지식을 잘못 전하고, 법률과 갈등을 일으킬 위험성이 있으며, 사법제도 안에 전문가들의 편견을 제도화할 가능성이 있다."[27]

가정법원 내의 위증자 처벌

가정법원에서는 위증에 대한 처벌이 없기 때문에 가족 리포터나 평가자에 대한 의존도가 지나치게 높다. 가정법원은 위증이 일상적으로 자행되면서도 처벌받지 않는 유일한 법정이다. 배우자들은 법정에서 전략적으로 우위에 서기 위해 서로를 가정 폭력이나 아동 성학대로 거짓 고소한다.

자신의 거짓말에 대해 책임을 지게 하는 가족 정의 시스템을 상상해 보라! 법원은 일반인들이 진실이라고 주장하는 것에 대한 증거, 즉 이

메일, 사진, 녹음, 목격자 등을 쉽게 제공할 수 있도록 해야 한다. 법원은 우리가 1970년대에 살고 있는 것처럼 증거를 취급한다. 일부 사법관할권에서는 동영상이 허용되지 않는다. 오디오도 사용할 수 없다. 심리학자의 인터뷰는 녹음될 수 없다. 그들이 누구의 이익을 보호하고 있는가? 가정법원 제도에서 이익을 보는 것은 가족보다는 전문가들이 더 많은 것 같다. 법원은 여전히 부실하게 스캔한 문서의 복사를 여러 장 요구한다. 우리는 더 이상 1970년대에 살고 있지 않다. 온라인으로 증거를 쉽게 수집하고 보낼 수 있도록 하라.

주관적인 평가보다는 객관적인 증거에 근거한 법정심리를 하게 되면 감정과 불확실성이 줄어들고, 정의는 올라갈 것이다. 배우자가 가정 폭력을 휘두르거나 아이를 성적으로 학대하고 있다고 허위 고소하거나 법원에 거짓말하는 사람들을 잡는 것이 더 쉬워질 것이다. 위증으로 누군가의 명예와 생계가 손상되었을 때, 위증에 대한 벌금은 결혼재산 정산 시 분할 재산의 삭감, 자녀와의 시간 단축, 무거운 벌금, 그리고 징역형의 형태로 적용해야 한다.

대표적인 예가 강간 혐의로 기소된 호주인 RB 씨다. 뉴사우스웨일스 지방법원 판사는 2019년 8월 혐의상 희생자가 이전에 제시한 성폭행 관련 허위 주장 12건에 대한 반대증거를 제출할 수 없다고 RB 씨에게 판결했다.[28]

RB 씨는 하급 법원의 결정에 항소했다. 그의 변호사는 만약 그의 재판 중에 반대증거가 제출되지 않는다면, 검찰은 "재판의 핵심 쟁점, 즉 고소인의 신뢰도와 관련하여 완전히 왜곡된 상황의 모습을 보여줄 것"이라고 말했다.[29] 혐의상 희생자인 고소인은 성폭행의 강박적 허위 고발자로 드러났다.

현 가정법원에서, 위증자가 여자일 경우, 판사들은 처벌하는 것을 꺼린다. 비록 위증 대상자인 남자가 무죄로 판명된다 하더라도, 그는 이미 오랜 법적 절차 기간 동안 상당한 저축, 시간, 직업, 건강 그리고 마음의 평화를 잃을 것이다.

1년 이상 지속되지 않는 법적 절차의 신속한 진행.

결혼기간은 1년 밖에 안되는데 2년 이상 이혼 법정에 설 수 있다. 이는 '공적이고 신속한 재판'을 보장하는 헌법 위반이다. 오늘날의 가정법원은 투명성과 속도 모두 부족하다.

신속하게 재판을 진행하지 않을 경우 판사나 변호사를 처벌하는 것은 법조인들이 자신들의 금전적 이익을 위해 소송을 질질 끄는 것을 막아 줄 것이다. 또 트럼프가 견뎌냈던 정치적 마녀사냥 등 법적 횡포도 막을 것이다. 전도서 8장 11절은 "악한 일에 관한 징벌이 속히 실행되지 아니하므로 인생들이 악을 행하는 데에 마음이 담대하도다"라고 말한다. 성경은 보통 며칠 안에 신속한 법정 소송이 진행되는 것을 요구한다.

가족법 전문가들은 복잡함과 복합성에서 이익을 얻는다. 남녀평등이 실현되고, 동등한 공동관리와 동등한 부부 재산분할이 가정되면, 가정법원의 소송은 크게 단순해질 것이며, 하루나 이틀밖에 걸리지 않을 것이다.

성 평등에 동의하고, 결혼 재산과 자녀와의 시간 균등 분할에 대해 경쟁적으로 다투고 싶지 않은 당사자들에 대해서는 법원의 시간을 요하지 않는 간소화된 처리 양식을 만들어야 한다. 이 양식은 성직자, 약사, 공증인, 공인 회계사, 결혼 주례 같은 공식 문서의 증인이 될 수 있는 권한을 가진 성실한 공무 집행자가 작성한 법적 구속력이 있는 계약서일 수 있다. 그들이 시간을 들이는 만큼 소정의 수수료를 벌 수도 있다. 정부는 수백만 달러를 절약할 것이다.

다섯 가지 가정 폭력을 구분하라.

시드니대학의 연구는 다른 종류의 가정 폭력을 구별하는 유용한 근거를 제시한다.[30] 가장 분명한 근거는 신체적 폭력과 비신체적 폭력이다. 그러나 연구는 더 미묘한 차이까지 분류하는 근거를 밝혀냈고 그래서 나는 다음과 같이 분류한다.

"강압적 폭력 통제"("은밀한 테러"라고도 함)은 신체적 또는 성적 학대의 패턴과 역사를 가진 폭력의 유형이다. 이것은 가해자가 미리 계획한 것이다.

"상황적 부부 폭력"(또는 "일반적 부부 폭력")은 해결되지 않는 의견 불일치가 폭력적 사건으로 치닫는 것이지만, 이 경우의 폭력은 더 큰 강압적 폭력 통제의 일부가 아니다. 이런 유형의 폭력은 보통 의견 불일치로 인해 유발되는 것으로, 어느 쪽에서 사전에 계획한 것은 아니다.

"분리 유발 폭력"은 분리 이전이나 도중에 배우자에게 육체적으로 상처를 입힌다. 이런 유형의 학대는 이전에는 그랬던 적이 없고, 이별의 스트레스로 인한 것이며, 대개 강압적 폭력 통제보다 피해를 덜 입힌다. 이것은 관계가 끊어지는 것에 대한 반응으로 나타나며 어느 쪽에서도 사전에 계획하지 않는다.

"갈등 유발 폭력"은 자신을 "피해자"로 묘사하는 배우자가 의도적으로 일으킨 갈등에 반응하여 나타나는 폭력이다. 예를 들어, 폭력 전과가 없는 배우자를 집에 못 들어오게 하거나 아이들을 만나지 못하도록 제지할 때 언어적 또는 신체적 학대를 가하게 될 수 있다. 이러한 반응의 목적은 통제하려는 것이 아니라 통제에 도전하는 것이다.

때때로 충돌을 일으킨 사람은 법적 조치(예: 금지 명령 또는 개입 명령)를 정당화할 수 있는 대응을 이끌어내고 싶어한다. 순수하지 않은 피해자가, 사전에 치밀하게 준비하여 상황을 설정하고, 이에 걸려들도록 적극적으로 "상대방을 자극"함에 따라 발생한 폭력이다.

"저항 폭력"은 자기 방어를 위해 사용되는 폭력이다. 자신을 실제적으로 방어하기 위하여 공격적으로 행동할 때 해당 당사자는 폭력의 죄가 있는 것처럼 보인다. 이 경우의 폭력은 강압적 폭력 통제에 대한 반응이다.

파킨슨(Parkinson), 캐쉬모어(Cashmore), 싱글(Single)이 지적했듯이, '피해자'와 '가해자', '피학대 부모'와 '폭력 부모'라는 언어는 갈등으로 인한 폭력의 본질과 쉽게 맞아떨어지지 않으며, 또한 오직 한쪽 성별만이 책임져야 한다고 주장하는 분석과도 잘 들어맞지 않는다.[31] 그러나 법원과 국회의원들은 폭력을 이렇게 여러 가지로 구분하지 않는다. 이것은 부당함을 낳는다.

만약 다른 종류의 폭력이 있다면, 반드시 다른 종류의 반응이 있을 것이다. 아이들을 다룰 때 보면 이것을 직관적으로 알 수 있다. 아이에게 고함치는 어머니는 '언어학대'를 다루는 법정에서 유죄 판결을 받은 적이 없다.(공정하게 하자면, 아내에게 소리치는 남편도 언어폭력으로 유죄 판결을 받지 않아야 한다.) 좌절감이 들 때 아이를 멍이 들 정도로 때리는 엄마는 아동학대의 죄를 짓는 것이지만, 대개는 '손목 체벌'(혹은 다시는 하지 말라는 '동의 명령'이나 1년 동안 착한 행동을 하라는 '전환 명령')의 가벼운 처벌로 풀어준다.

그러나 규칙적으로 아이를 때리거나 성희롱하는 부모는 미리 계획된 범죄를 저지른 것으로서 위의 폭력들과는 차원이 다르다. 그들은 가혹하게 처벌받아야 하며 정상적인 권리와 자유를 박탈당해야 한다.

현재 국회와 법원은 어른들 사이의 가정 폭력에 대해 어떠한 구별도 하지 않고 있다. 그 결과 일부 엄마들은 자식에게 심한 멍이 들도록 때렸음에도 불구하고 아무런 제재도 받지 않는 반면, 일부 아빠들은 이혼한 아내에게 "너무 많이" 전화했다는 이유로 ("스토킹"이라는 범죄 용어를 오용하여) 자식들을 한 번도 보지 못하고 있다. 많은 사람들이 그런 억울함을 견딜 수 없어서, 슬프게도 몇몇은 자살하고 만다.

성 평등과 가족 정의를 다루는 모든 입법 행위는 다른 종류의 폭력에 대한 다른 종류의 반응을 구별해야 한다.

법률 용어를 명확히 정의하여 판사의 재량권을 제한한다

판사들에게 사실상 법과 판결을 비웃는 정의되지 않은 "재량"의 힘을 주어서는 안 된다. 이것은 "아동의 최선의 이익"이라는 용어가 정의되어 있지 않은 가족법에서 볼 수 있는 예로서, 따라서 터무니없는 해석으로 남용할 여지가 있다.

아이들을 홈스쿨링 하거나 공립학교에 보내거나 사립학교에 보내는 것 중 어느 것이 더 나은가? 이런 판단은 전적으로 판사의 기분에 달려 있다. 정상적 시민이라면, 자녀 교육에 더 많은 시간과 돈을 쓰려고 하는 부모는 아이들의 최선의 이익을 위해 행동하고 있으며, 부모들은 아이들 양육권을 복지시스템을 활용하여 개인적으로 돈을 벌려는 수단으로 사용하지는 않는다고 이야기하겠지만, 법관들은 규범적인 것을 버리고 법률적 표준을 따를 것이다.

"변호사의 행동 방식"에서 내가 든 예들을 다시 읽어 보라. 변호사들은 "아이들의 최선의 이익"이라는 문구의 실제 의미를 퇴색시키면서도 그에 봉사하기 위한 것이라고 화려한 화술로 모든 모순된 주장들을 할 수 있다. 그보다 더 나쁜 것은 판사들이 아이들의 이익을 해친다 하더라도 그런 주장을 일상적으로 받아들인다는 점이다. 아무도 심리적인 권고와 법원의 결정에 의해 아이들의 이익이 실제로 제공되었는지 여부를 재판 후에 확인하지 않는다. "아이의 최선의 이익"이라는 말은 실질적으로 아무런 의미가 없고, 그것에 대한 의견의 숫자 만큼이나 의미가 많으므로 없어져야 한다.

"아이의 최선의 이익"을 훨씬 더 분명하게 규정할 수 있는 "다정한 부모 되기"로 대체하라.

가족법에 "다정한 부모 되기"를 추가하라

하나님의 제5계명에 따르면, 아이의 최선의 이익은 부모 모두의 사랑과 보살핌을 받는 것이다. 그러므로 정의상으로 "아이의 최선의 이익"에 따라 행동하고 있는 부모는 이혼 후에도 이러한 관계를 원활히 하기 위해 가장 적극적인 의지를 보여주게 된다. 입법 활동에는 가장 많이 소통하고 협력하려 노력한 다정한 부모에게 보상을 해주는 "다정한 부모 되기" 조항이 포함되어야 한다. 이것은 부모들에게 가족 변호사들이 진술서에 쓰도록 부추기는 쓰레기 같은 입방아나 인신공격 대신 긍정적인 증거를 만들어내도록 동기를 부여한다.

판사들은 긍정적인 양육 방식의 증거에 관심을 가져야 한다. 일반적으로 이런 것은 법률적으로 훈련 받지 않은 사람들도 아주 쉽게 할 수 있다. 한 부모가 아이에게 다른 부모 가족의 생일, 결혼식 또는 장례식에 참석할 수 있도록 허락했는가? 한 번 뿐인 이렇게 특별한 경우에도 아이를 보지 못하게 하는 부모는 "다정한 부모 되기"에서 실격되어야 하는 것이 명백하다.

그러나 현행법 하에서는, 한 부모가 다른 부모로부터 아이를 떼어 놓으려 할 때, 판사들은 종종 그것을 무시하고 오히려 자신의 "재량"에 따라 행동한다. 그래서 이혼의 피해자는 더 나아가 판사의 판결에 의한 피해자가 될 수 있다.

성경에서는 이미 가해자의 1차 피해자로 있다가 법원에 가는 것으로 인해 재판관에 의하여 2차 피해자가 되는 "복합적 부당성" 때문에 두려워하지 않아도 된다. 이와는 대조적으로, 오늘날 시민들은 판사들의 재량권이 예측을 전혀 할 수 없는 다양한 결과를 만드는 힘을 가졌다는 것을 의미하기 때문에 두려워한다. 이처럼 법정이 예측할 수 없게 되면 법정은 그 자체로 악의 근원이며 평화로운 시민들에게 위험인 것이다.

선거제 판사와 임기제한

가족법 판사들은 다양한 직업 출신으로 6년마다 정치인이 아닌 국민에 의해 선출되어 최대 30년간 복무를 하도록 해야 한다. 판사들의 결정은 웹사이트에 명확하게 요약되고 공표되어야 한다.

임기제한: 판사라는 직업이 주는 스트레스 때문에 가정법원 판사는 안식년을 가져야 한다. 그들은 6년 동안 가정법원 재판관으로 재직하고, 그 후 1년간 쉬어야 하며, 안식년 동안에는 변호사가 될 수 없다. 이로써 판사와 로펌의 이해충돌은 없어지고, 법원을 돈벌이가 되는 법조인의 길을 닦는 디딤돌로 삼을 수 있는 가능성을 없애 준다. '올드보이네트워크'(역자 주: 전통이 있는 남성 전용 사립학교 졸업생들의 권위 있는 사회 및 비즈니스 엘리트 네트워크를 의미)의 엘리트주의를 줄이는 것만이 다른 직업의 사람들이 가족법 판사라는 높은 책임을 지도록 할 수 있는 유일한 방법인 것 같다.

판사들은 대중을 위해 봉사해야지, 사람들에게 잘난 체하거나 나중을 위해 자신의 배를 채우려고 해서는 안 된다. 대통령이나 총리가 영원히 정권을 유지할 것을 믿지 않는다면, 판사가 영원히 권력을 유지하도록 해서는 안 된다.

우리는 나쁜 판사들과 함께 하면서 가정의 정의를 구현할 수는 없다. 좋은 재판관을 갖기 위해서는 임명을 하는 것만으로는 충분하지 않다. 의회는 부당한 연방 판사를 탄핵해야 한다.

탄핵의 힘

미국 헌법에 따르면, 모든 정치관료는 탄핵될 수 있다.

제2조, 제4항 "대통령, 부통령 및 미국의 모든 공무원은 반역, 뇌물수수 또는 기타 중대한 범죄 및 경범죄에 대하여 유죄 판결 및 탄핵을 받는 경우 그 직에서 해임되어야 한다."

사무엘 선지자는 사울 왕에게 말하였다. "너의 나라가 길지 않을 것이라."[32] 예수의 비유에 나오는 주인은 그의 부당한 종에게 "청지기 직무를 계속하지 못하리라"고 말했다.[33] 사울도, 종도 법정에서 유죄 판결을 받지 않았다. 그들은 사실상 범죄가 아닌 위법행위로 탄핵되었다.

건국의 아버지들은 현명하게 탄핵의 힘을 포함시켰다. 그들이 가장 신뢰하지 않았던 정부의 부처는 사법부였다. 그 이유는 그들은 영국 법과 법원이 시민들을 괴롭히고, 투옥하고, 심지어 죽이는 데 어떻게 사용될 수 있는지를 보았기 때문이고, 그래서 제2의 법원인 상원을 만들었다. 탄핵 사건의 경우 상원은 제2의 대법원이 된다.

그러나 미국 헌법은 무엇이 탄핵 가능한 범죄를 구성하는지에 대해서는 모호하다. 헌법은 "반역, 뇌물 또는 다른 중대한 범죄"로 인한 탄핵을 허용한다. 나는 **"국민의 권리 침해"**라는 문구가 하나 더 추가되었어야 했다고 믿는다.

헌법도 탄핵이 무분별하고 경박하게 정치적 무기로 사용되는 것을 막지 못하고 있다. 취임 첫날부터 트럼프 대통령의 탄핵을 요구하는 민주당의 주장에서 보았듯이, 미국 헌법 조항은 의회 의원들과 딥 스테이트(Deep State. 역자 주: 선출되지 않는 상위직 직업공무원 집단)라고 불리는 영구적인 관료조직에서 일하는 사람들에 의해 악용될 수 있다.

대통령을 탄핵하려는 민주당의 희망에 힘입어 러시아 담합 수사로 2년, 최소 3,200만 달러가 낭비되었다. 시민들은 도널드 트럼프와 친분관계나 거래를 하는 것 외에는 다른 아무런 이유도 없이 법적으로 괴롭힘을 당했다.

러시아 담합 의혹에 대한 아무런 증거도 나오지 않자, 그 다음으로 민주당은 트럼프 대통령과 젤렌스키 우크라이나 대통령 사이의 단한 번의 전화 통화를 바탕으로 우크라이나 스캔들에 대한 고소를 진행했다. 데빈 누네즈(Devin Nunes, 역자 주: 공화당 의원, 하원 정보위원장)가 「폭스해니티」(Fox's Hannity)에서 말했다. "그라운드호그 데이 같이 우리는 또 다시 겪어야 해"[34]

탄핵이 선거를 뒤엎는 당리당략이 되어서는 안 된다. 헌법 개정으로 대통령, 국회의원, 법관의 임기 종료를 위한 기준을 정밀하게 만들어야 한다.

법관 탄핵의 표준

연방 판사를 판사직에서 해임해야 하는 이유에 대해 역사적으로 의회에서 제시한 이유들을 보자.

1804년 새뮤얼 체이스(Samuel Chase) 대법관은 사법적 위압과 재판에서 증거를 배제한 이유로 탄핵되었다.

1830년 연방 판사인 제임스 H. 펙(James H. Peck)은 사법적 위압의 이유로 탄핵되었다.

1862년 연방판사인 웨스트 H. 험프리스(West H. Humphreys)는 분리 독립 운동을 지지한 이유로 탄핵되었다.

1904년 연방 판사인 찰스 스웨인(Charles Swayne)은 부적절한 재
정적 행위와 위압적인 사법적 행동을 이유로 탄핵되었다.
1912년 연방 순회재판소 판사 로버트 W. 아치발드(Robert W.
Archibald)는 사법적인 위압과 위법행위로 탄핵되었다.
1926년 연방 판사인 조지 W. 잉글리시(George W. English)는 사법
적 위압과 신성모독을 이유로 탄핵되었다.

나는 이러한 예에서 두 가지를 강조하고 싶다.

첫째, 하원에 의해 탄핵된 19명의 연방관료들 중 15명은 연방판사
들이었다.[35] 탄핵의 의도와 실행을 보면 탄핵의 힘은 행정부가 아닌
사법부를 정화하기 위해 고안되었다.

행정부는 국민투표 대상이며, 4년마다 신속하게 제거될 수 있다.
그러나 많은 재판관들은 평생 동안 임명이 된다. 그들이 책임져야 할
유일한 대상은 탄핵 절차다. 따라서 트럼프와 다음 의회는 민주당이
대통령에 대해 잘못 적용한 도구를 충분히 활용하고, 우선 가정법원
부터 판사들에게 정확하게 적용해야 한다. 트럼프 대통령이 새 판사
를 임명하는 것만으로는 충분하지 않다. 건국자들은 사악한 판사를
제거하는 것이 필요하다고 믿었다.

토마스 제퍼슨(Thomas Jefferson)은 판사가 심판받아야 한다고 생각
했다. 1820년에 윌리엄 찰스 자비스(William Charles Jarvis)에게 보낸
편지에서 제퍼슨은 "판사를 헌법에 관한 모든 질문의 궁극적인 결정
권자로 간주하는 것은 우리를 과두정치의 폭정 아래 두는 것 같은 매
우 위험한 신조인 것 같다. 우리의 판사들은 다른 사람들 같이 정직

하지만 그 이상은 아니다. 그들도 다른 사람들과 마찬가지로 당과 권력에 대한 열정을 가지고 있다. …"[36]

둘째, 탄핵 소환의 가장 흔한 이유가 "위압"이라는 점에 주목하라. 위압적이란 타인의 권리, 염려, 또는 감정을 전혀 고려하지 않는 독단적이고 고압적인 것을 의미한다.

양육권과 양성평등에 관한 위반은 정의상 위압 법안과 들어맞는다. 가정법 판사들은 성차별을 제도화하기 위해 고압적인 전략과 독단적인 이유를 사용한다. 나는 몇 가지 예를 본 적이 있다.

내가 목격했던 한 사례에서, 변호사 없이 스스로 변호하는 아버지가 명령(집행명령)에 대한 거부신청을 했는데, 그 이유는 어머니가 이전 판사가 명령한 사립 기독교 학교에서 그들의 두 아이를 옮겼기 때문이다. 담당 여성 판사는 아버지의 신청을 기각했을 뿐만 아니라 아내의 소송비용까지 지불하라고 명령했다. 그는 스스로 변호하는 것을 번거로워 하지는 않았지만, 판사는 그에게 변호사가 없었기 때문에 그를 괴롭힐 수 있었다.

다른 예에서는 변호사 없이 스스로 변호하는 남성이 법원의 명령을 집행해 달라고 법원을 찾은 경우가 있었는데, 그는 기각을 당했을 뿐만 아니라 재정적으로 벌금형도 받았다. 법원의 이러한 위압적인 행동이 다른 남성과 아버지들에게 어떤 영향을 미쳤을까? 그녀의 판결에 관해 들은 변호사들에게는 어떤 영향을 미쳤을까? 그 판결은 변호사들에게 교훈을 주었다. 페미니스트 법정에서 여성들을 상대로 명령집행 신청을 하지 말라!…

내가 본 또 다른 사건에서 판사는 법정에서 기독교인의 신앙을 헐

뜯었다. 판사는 "누가 '종교는 민중의 아편'이라고 했느냐?"는 질문으로 심리를 열었다. 법정에 있는 누구도 감히 이 판사에게 대답하지 못했다. "칼 마르크스" 그는 자신의 대답에 스스로 껄껄 웃었다.

이후의 심리에서 그는 계속해서 기독교인의 신앙을 조롱했는데, 변호사가 일어서서 판사에게 의뢰인의 종교에 대한 반감을 근거로 재판장 기피 요청을 하고 나서야 조롱을 그쳤다.

재판장은 회의장을 떠났다가 다시 돌아와서 법적 선례를 인용하며 변호사의 기피 요청을 받아들여서는 안 되는 이유에 대해 대중의 앞에서 법원의 존엄성을 떨어뜨리기 때문이라고 주장했다.

그의 최종 판결은, 내가 보기에는 아버지에 대한 보복이었다. 아버지는 부모의 권리를 박탈당했고, 어머니가 아이들의 양육권을 완전히 가져갔으며, 아버지에게 아이들과 함께 부활절을 기념할 시간도 주지 않았는데, 이것은 기독교인인 아버지에게 일격을 가하는 것이 분명했다.

나는 비종교적인 사람이나 무신론자, 심지어 불교도인 부모들까지도 부활절에는 자기 아이들과 함께 시간을 보내는 것을 안다. 이런 종류의 비열한 판결은 사법적 "위압"의 요건이 충분한데, 이는 판결이 범죄는 아니지만, 헌법을 제정한 건국의 아버지들에 따르면 탄핵 가능한 위법행위였다는 것을 의미한다.

판사의 탄핵 제안

나는 사법권의 횡포를 다루기 위한 두 가지 객관적인 방법을 제안한다.

첫째, 상급법원이 검토한 어느 판사의 판결 중 25%가 뒤집힌다면, 그 판사는 더 이상 판결을 내려서는 안 된다. 만약 의사가 치료한 건강한 환자의 4분의 1이 치료 도중에 죽었다면, 주 의료위원회는 그 의사가 계속 진료를 하도록 허락할까? 만약 엔지니어가 승인한 건물의 4분의 1이 붕괴된다면, 그 엔지니어는 계속해서 건축 계획을 승인할 수 있을까? 그렇지 않다.

왜 우리는 판결이 정기적으로 뒤집히는 판사들에게 계속 판결을 하도록 허용하는가? 대법원은 제9순회항소법원(역자 주: 알래스카, 애리조나, 캘리포니아, 하와이, 아이다호, 몬태나, 네바다, 오리건 지역 관할 항소법원) 판결의 약 80%를 뒤집는데, 이것은 거의 모든 순회항소법원보다 높은 수치이다. 일반인의 눈에는 제9순회항소법원은 웃음거리이다.

뒤집어 보면, 대법원은 여전히 훌륭한 법원이라는 뜻이다. 미국은 사법부의 정점에 최고의 사람들이 자리잡고 있는 축복 받은 나라다. 그러나 항소심 재판관들은 대법원이 모든 항소를 심리할 수 없다는 것을 알고 있다. 따라서 그들이 내린 판결의 많은 부분이 뒤집힐 것이라는 것을 알고 있기 때문에, 결과가 없더라도 사법적 행동주의에 매진하는 것이다. 이들의 결정 중 상당수는 슬그머니 통과되어 '땅의 법'(Law of the land. 역자 주: 법률용어로 국가나 지역에서 집행되고 있는 성문법과 판례를 모두 포함한 법이라는 의미)이 될 것이다.

이와 같은 사법적 학대는 반드시 중단되어야 한다. 그것을 끝낼 수 있는 방법이 민주당에 의해 우리에게 제안되었다. 바로 탄핵이다. 자신이 내린 판결의 25%가 상급법원에서 뒤집히는 판사들을 탄핵하라.

둘째, 이것은 특히 가정법원에 적용되는데, 만약 판사나 전직 법관이 아닌 사람들로 구성된 독립기관이 검사한 결과 판결의 60%가 한쪽 편에 유리하게 편향되어 있는 판사는 탄핵심판을 받아야 한다. 가정법원의 경우, 남편이나 아내, 아버지나 어머니, 남성 학대 혐의자나 여성 학대 혐의자 등 양쪽 편을 쉽게 구분할 수 있다. 이를 위해 객관적인 통계를 확보하는 것이 가족을 보호하기 위한 정부의 최우선 과제가 되어야 한다.

현재의 가정법원은 책임을 지지 않는다. 탄핵의 목적은 사법적 책임의 소재를 분명하게 하기 위한 것이다. 존 랜돌프 터커(John Randolph Tucker) 교수의 설명처럼 "탄핵권은 쓸모없고 불성실한 관료들의 존재로부터 정부를 정화하기 위한 것이었다."[37]

더 좋은 판사의 확보를 위한 기술의 활용

인터넷 시대에는 부패한 판사를 고발하는 것이 훨씬 쉬워야 한다. 부패한 판사들은 판사, 전직 판사, 변호사 또는 전직 변호사들이 아닌 시민들로 구성된 독립된 기관에 온라인으로 보고되어야 한다. 시민의 유죄 판결로 법정에 설 수 있는 자격을 즉각적으로 실격하여야 하며, 최대 5년의 징역형을 포함할 수 있어야 한다.

판사들은 다른 판사들을 심판할 때 동료 판사들을 '책망'하거나 '질책'하지만, 이들의 함성에는 이빨이 없다. 공격적인 판사들은 계속해서 더 많은 사람들을 심판하고 있다. 다음의 사건은 제리 콜린스(Jerri Collins)라는 플로리다 주 판사가 법정에 출두하여 여성학대 가해자에 대하여 진술하기를 거부한 여성에 대하여 취한 "참을 수 없는" 행동

으로 책망을 받은 사건이다.[38]

콜린스 판사가 가정 폭력 희생자를 질책하는 장면이 카메라에 포착되었는데, 콜린스 판사는 가정 폭력 희생자를 2015년 7월 법정모독죄로 3일간 감옥에 보냈다. 법정에 나오지 않았다는 이유로 누군가를 감옥에 보내는 것은 '위압'에 해당되는 것으로 탄핵 가능한 위법행위의 한 예다. 콜린스는 다시 변호사로 돌아갈지 모르지만 다시는 누구도 재판해서는 안 된다.

우리는 판사들이 가장 능력 있고, 감정적으로 온화하고, 도덕적으로 정직하며, 사법적인 겸손함으로 가득차 있기를 기대해야 한다. 우리는 재판관으로부터 그 정반대인 사법적 오만과 국민에 대한 경멸을 흔하게 본다.

트럼프가 탄핵 당한 이유

탄핵 절차 전체가 이혼 절차의 전형적인 특징을 포함하고 있는 엉터리였다. 여기에는 결코 공정한 재판을 하지 않을 적대적 재판소, 폐쇄적이고 비밀스럽고 부당한 절차, 시간과 귀중한 자원의 엄청난 낭비, 거짓 혐의와 위증, 그리고 무고한 남자의 존엄성을 발가벗기려는 훈계, 남자가 그렇게 행동했기 때문에 약자인 여자는 가장 공격적인 행동을 취하는 것 외에 "다른 선택이 없었다."라는 뻔한 불법 옹호를 위한 수사 등이 포함된다.

트럼프는 탄핵되지 않았다면 가정들이 매일 어떤 일을 겪는지 결코 이해하지 못했을 것이다. 그는 너무 큰 권력을 가진 사람이고 그를 변호하는 값비싼 변호사들이 너무 많아서, 많은 아버지와 몇몇 어머니들의 곤경을 알 수 없다. 하나님은 하나님의 목적을 위해 그를 성장시키시려고 그의 변호사, 그의 방어 무기, 그의 존엄성을 박탈했다.

기록적인 규제완화, 기록적인 고용, 기록적인 주가상승, 한반도와 중동 평화를 위한 전례 없는 협상 등 트럼프 행정부의 충분히 입증된 성취들이 있음에도 트럼프 대통령은 왜 그렇게 신뢰를 얻지 못하고 있는지 의아해할 것이다.

트럼프는 자신의 북한에 관한 성공이 평가절하된 것에 대한 당혹감을 역사학자 더그 위드(Doug Wead)에게 토로했다. "저는 이제껏 실제로 굉장히 중요한 일에 대해 아무런 공로도 인정받지 못한 적이 없습니다.… 우리는 아마 지금쯤 전쟁을 하고 있었을 것입니다. 솔직히 말하자면 핵전쟁일 수도 있고 … 그런데 우리 행정부는 이 일에 대한 공로를 인정받지 못하고 있습니다. 우리는 어떤 일에서도 공로를 인정받지 못합니다"[39]

대부분의 아버지들이 가정법원에서 걸어 나오는 심정이 그와 같을 것이라고 말할 수 있다. 사법 시스템이 아버지들에게 믿음을 주려면 무엇이 필요한가? 엘리트들이 그들의 편견을 인정하려면 무엇이 필요한가? 과거 세대의 어머니들이었으면 칭찬했을 만한 일인데, 오늘날 페미니스트들은 아이들의 삶에 함께하고 싶어하는 아버지를 보상해 주는 대신에 아이들의 삶에서 아버지를 제거하기 위해 나섰다.

하나님이 도널드 트럼프가 탄핵 고발되도록 허락한 이유가 하나 있는데, 그것은 그가 아무런 죄도 없이 매일 탄핵당하는 부모들을 공감하게 된다는 것이다. 트럼프가 자신의 경험을 되살려 모든 가정과 모든 아이들을 대신해 불의에 맞서 싸우게 하는 것이 하나님의 목적이다. 예수가 돌아오기 전에 의로운 투사가 일어날 것이라는 것은 마지막 구약성서 저자에 의해 예언된 바 있다.

> 그가 아버지의 마음을 자녀에게로 돌이키게 하고 자녀들의 마음을 그들의 아버지에게로 돌이키게 하리라 돌이키지 아니하면 두렵건대 내가 와서 저주로 그 땅을 칠까 하노라 하시니라(말 4:6)

미국은 이혼 후에 일어나는 일들을 해결하지 않고는 구제될 수 없다. 제5계명은 우리에게 로드맵을 제시한다. "부모를 공경하라." 아이들은 아버지와 어머니를 똑같이 필요로 하며, 법은 이 진실을 인지해야 한다. 우리는 누군가의 배우자가 되는 것을 멈출 수는 있지만, 우리 자식의 부모가 되는 것을 결코 멈출 수는 없다.

그러므로 정의로운 국가는 모든 아이들이 제5계명을 따르도록 도와주어야 한다. 부모 한 편의 존엄과 자원을 빼앗거나, 양 부모 중 한 쪽 부모로부터 아이들을 떼어놓아서는 그렇게 할 수는 없다. 이것은 제5계명에 대한 중대한 위반이며, 이 죄악이 미국에 저주를 불러오고 있다.

제9장

내전을 피하려면

: 제 4계명 :

안식일을 기억하여 거룩하게 지키라
엿새 동안은 힘써 네 모든 일을 행할 것이나, 일곱째 날은 네 하나님 여호와의 안식일
인즉, 너나 네 아들이나 네 딸이나, 네 남종이나 네 여종이나, 네 가축이나, 네 문 안
에 머무는 객이라도 아무 일도 하지 말라. 이는 엿새 동안에 나 여호와가 하늘과 땅과
바다와, 그 가운데 모든 것을 만들고 일곱째 날에 쉬었음이라. 그러므로 나 여호와가
안식일을 복되게 하여, 그날을 거룩하게 하였느니라 (출 20:8-11)

미국이 분열되고 있다. 현재 돌아가는 상황을 보면 2차 내전의 가능성도 점쳐진다. 폭력 사태가 있긴 했지만 그래도 길거리에 피가 낭자하는 일은 벌어지지 않았다. 아직까지는…. 오해는 하지 말길 바란다. 내가 지금 말하고 있는 건 애국자 대(對) 글로벌주의자, 신앙인 대 세속인, 보수 대 진보, 전통주의자 대 핑크빛 공산주의자, 자유시장주의자 대 사회주의자라는 세계관 사이의 격돌이다. 한쪽이 자유를 추구하는 반면, 다른 한쪽은 표현 강령과 행동 수정주의, 그리고 사악하게도 기독교를 표적 삼은 종교 말살을 내세운 글로벌주의 권력을 추구한다. 이 장에서는 내전을 막으면서 결속을 다지는 하나님의 방법을 다루겠다.

분열의 역사

지난 미국 남북전쟁도 기독교 가치 대 세상 가치의 격돌이었다. 기독교인과 보수주의자는 노예제를 폐지하려고 전투에 임했다. 반면 민주당은 겉으로는 '주(州)의 권리'라는 정치적 완곡 어법을 내세웠지만 사실은 노예제를 사수하려고 전투에 임했다.

이 첫 번째 내전의 결과, 한쪽의 승리와 다른 쪽의 패배로 끝난 건 안타까운 사실이다. 연방 정부의 권력 증대(패배)를 대가로 노예는 자유(승리)를 얻었다. 주 정부의 권한 한도를 놓고서 미국 정치학계는 적법성 논쟁을 해왔었고 또 지금도 논쟁하고 있는 가운데, 노예제를 주장하는 남부 주의 권리를 주 정부 권리에다가 뭉쳐서 인식한 이후 이 논쟁이 더욱 복잡해졌다. 여러 가지 연방법으로부터 '피난처'임을 자처하는 도시와 주가 매일 생겨나고 있다. 예를 들어 많은 대도시가 '피난처'라 자처하며 이민법을 일상적으로 무시하고 있다. 그 결과 범죄와 빈곤, 사회적 피해가 증가했다.

미국 남북전쟁은 양쪽 모두의 승리로 끝날 수 있었다. 연방 정부에 권력을 주지않으면서도 성경적 정의를 실천함으로써 노예제 종식을 하는 방법으로 말이다. 그러나 미국 남북전쟁을 '성경적 가치 회복' 대 '성경적 가치 왜곡' 간 싸움이라고 보기보다 '연방 권력' 대 '주 권력' 간 싸움이라는 제한적인 시각이 대부분이다.

62만 명이 사망한 남북전쟁은 역대 미국인 전쟁 사망자 수 합계의 절반에 맞먹는 미국 역사상 가장 피비린내 나는 전쟁이었다. 나는 남북전쟁이 하나님께서 허락하신 뜻 가운데 일어났지만 하나님의 완전하신 뜻은 아니었다고 생각한다. 기독교 국가를 세우는 데 있어서 교회가 더 잘 할 수 있었을 텐데 싶다. 그리스도의 사랑 안에 연합한 사람이라면 서로를 노예 삼거나 죽이지 않는다. 그렇게 현명하고 신앙심 있는 지도자 다수로부터 시작한 나라인데 어떻게 하여 단합하고 하나되는 데 실패했을까? 사회를 하나되게 하는 하나님의 방법은 무엇일까?

역사적 모호성

미국 건국의 아버지들이 쓴 글을 공부하면 그들이 예수 그리스도 외에 다른 신을 말하지 않았다는 걸 확실히 알 수 있을 것이다. 그러나 미국 헌법에 예수 이름을 넣지는 않았다. 왜 그랬을까? 아마도 예수님의 존재가 당연하다고 생각했나 보다. 아마도 자유를 사랑하고 성경을 아는 국민이니까 언제까지나 기독교를 믿을 거라고 생각했나 보다. 아마도 한 교단을 제외하고 다른 모든 교단을 배제하는 유럽식 국교(國敎) 수립을 원치 않았나 보다. 아마도 건국의 아버지들 중 이신론(理神論)자가 있어서 하나님이 인간 사회에 적극적으로 개입하지 않을 거라 생각했나 보다. 아마도 위 추측이 모두 맞을지도 모른다.

건국 문서에서 '하나님'과 '섭리'는 언급하고 '그리스도'와 '그리스도인'은 빠져 있다보니 적이 이 틈을 타서 분열의 씨를 뿌리고 말았다. 오늘날 미국 분열의 근원은 이 틈에서 비롯되었다.

건국의 아버지들은 당시에는 미국이 분열되어 있다고 느꼈겠지만 그 분열은 조금 다른 분열이었다. 버지니아 식민지(the colony of Virginia)의 예를 보자.

1624년 이래 모든 백인 버지니아인들은 영국성공회에 소속할 것과 세금 납부를 강제하는 법을 따라야 했고, 이 법의 집행은 합법적으로 이루어지고 있었다. 그러던 1773년, 존 웨더포드(John Weatherford)라는 침례교 목사는 '무허가 설교'라는 죄목으로 5개월 징역형을 받고 수감되는 사건이 생긴다. 이에 당시 버지니아 5선 주지사였던 패트릭 헨리(Patrick Henry)는 신앙의 자유를 내세우며 웨더포드 목사의 석방을 주도했고, 영국 정부에 반대한 개신교, 즉 침례교와 감리교, 장로교 같은 복음주의자들이 사회적·종교적 항거를 하기 시작했다. 그들은 허가법을 무시하고 예배를 특정 장소로 제한하는 명령을 거부하는 방식으로 영국의 차별적 법에 대항했다.

전례 없이 많은 숫자의 노예들이 복음주의 기독교에 합류했는데, 그 이유는 인간사에 개입하시는 하나님께서 차별적인 법 제정에 맞서 싸우신다는 복음주의의 메시지가 강력했기 때문이었다.[1]

따라서 건국 아버지들이 처한 분열은 기독교 교단 간의 분열이었다. 그래서 건국의 아버지들은 신앙의 자유를 보장하고자 미국 수정헌법 1조를 만들었다. 하지만 신앙의 자유를 보장하는 이 조항이 후세에 곡해되어 기독교인이 따돌림 당하고 기독교 가치에 대한 무관용에 쓰일 거라고는 예상하지 못했다!

지금과 비교할 때 식민지 시절 미국은 최소 기독교인만큼이나 단합되어 있었다.[2] 그들 사이의 다른 점은 서로 다른 기독교 교단에 소속되어 있다는 사실 뿐이었다. 건국의 아버지들이 헌법에 '그리스도', '그리스도인'이라는 단어와 십계명 전체를 명시했어야 했다. 그러나 명시하지 않았다. 그리고 수 세기가 지난 현재, 미국이 기독교 국가인지 아닌지 엄청난 혼란이 오고 말았다. 미국이 이렇게 분열된 적이 없었다.

시간을 되돌릴 수는 없다. 헌법에 '그리스도'와 '그리스도인' 문구를 삽입하려는 시도는 1863년, 1874년, 1896년, 1910년, 그리고 1954년에 있었다. 그리고 매번 실패했다. 건국의 아버지들이 진정한 기독교인이었지, 신앙심이 없거나 이신론자, 프리메이슨(몇몇만 그랬지 대부분은 프리메이슨이 아니었다)이 아니었다는 사실을 증명하려면 그들이 남긴 산더미 같은 문서 원본을 조사해야 한다. 그리고 마크 데이비드 홀(Mark David Hall), 데이비드 바튼(David Barton) 같은 역사학자들이 증명하면 된다.[3]

기발한 해결책

미국을 다시 하나되게 할 더 좋은 방법은 성경에 나와 있다. 점점 드리워지는 제2차 미국 내전을 막을 유일한 방법일지 모른다. 보수주의자들이 얼마나 수긍할지는 몰라도, 하나님의 말씀 안에 분명히 나와 있고, 좌파에게 분명하게 다가오는 사실이다.

해결책은 하나님께서 주신 제4계명에 나와 있다. 먼저 성경 속 사건을 보고 '하나님께서는 어떤 방법으로 이스라엘 열세 지파를 한 국가로 만드셨나?' 자문해보도록 하겠다.

나는 해마다 이스라엘 성지 순례를 이끈다.(내가 이끄는 '디스커버 미니스트리' 웹사이트에서 문의 및 신청 가능하다.) 나는 이스라엘과 유대인들이 좋다. 그런데 유대인에 관한 사실 하나, 지구상에서 가장 목소리 크고 자기 주장이 센 사람들이라는 것이다. 여러분이 만약 한 방에 유대인 두 명과 함께 있게 된다면 그 방에서 나오는 의견은 세 가지이다. 사사건건, 특히 이스라엘 정치인에 대해서는 더욱 의견이 갈라지나, 그럼에도 불구하고 유대인에게는 단일성이 있다. 한 민족 한 나라인 것이다.

하나님께서 이 일을 어떻게 행하셨을까?

하나님께서는 안식일을 만드시고 유대인에게 일곱 절기를 주시어 일 년에 세 번 기념하게 하셨다. 안식일은 유대인이 지켜야 할 휴일 중 하나이다.

휴일은 사람들을 단합하는 기능을 한다. 휴일에 이런 기능이 있다는 사실을 아는 이가 별로 없다. 하나님은 우리에게 이렇게 말씀하신 거나 다름없다. "계명을 열 개만 제정한다면, 계명 하나는 반드시 휴일에 대한 계명이어야 한다."

이처럼 하나님께서 휴일을 중시하셨지만 미국의 건국 아버지들은 누락하고 말았다. 그래서 250년이 지난 후 미국이 이런 질문을 하는 것이다. "건국의 아버지들이 정말로 그리스도인이었을까 아니었을까?" 성경 속 절기를 휴일로 제정하지 않은 건 건국의 아버지들이 잘못했다. 문화 전쟁(culture war)의 근원에는 미국이 건국 시점부터 기독교 국가였는지 아니었는지에 대한 의문이 있으며 이는 미국 건국 아버지들의 실수에서 비롯되었다.

기독교 국가를 정의하는 근거는 무엇일까? 생각해보라. 불교 국가라는 사실을 어떻게 알 수 있는가? 국민 대다수가 부처의 탄생과 득도를 기념하는 '석가탄신일'을 기념한다면 그 국가가 불교 국가이다. 이슬람 국가인지는 어떻게 알아보나? 이슬람교에서 금식하는 달로 정해진 '라마단'을 지키는 나라는 분명한 이슬람 국가이다. 유대 국가라는 건 어떻게 알 수 있나? 안식일(금요일 일몰부터 토요일 일몰까지)이 되면 세상이 조용하고 상점 대다수가 문을 닫으며 길거리가 대체로 비어 있으면 그 나라는 유대 국가이다. 당신 주변에 있는 사람들이 유대인인지 알고 싶으면, 그들의 성경해석이 얼마나 비슷한지, 이스라엘 정치에 대한 의견이 얼마나 일치하는지 조사하지 않아도 된다. 안식일을 지키면 유대인인 것이다. 이렇게 휴일은 구성원을 일깨워 하나되게 하는 강력한 접착제이다.

그러나 미국이 건국할 때부터 기독교 국가라는 사실을 증명하려면 증거 하나하나를 맞춰가야 한다. 개신교인이 신앙의 자유를 찾아 유럽에서 식민지로 도망쳤다는 사실을 생각하면 기독교가 미국 건국의 기틀임을 알 수 있다. 미국 건국의 아버지들이 자서전에서 자신을 무신론자가 아닌 기독교인이라 쓴 것을 보아도 알 수 있다. 그들은 기독교 신앙과 기독교인의 자세를 몸소 실천했다. 또한 미국 대통령이 취임 선서를 할 때 성경책 위에 손을 얹고 선서하는 모습에서도 미국이 기독교 국가임을 알 수 있다. 미국연방대법원을 비롯한 많은 미국 정부 부처 건물에 십계명이 새겨져 있는 것도 미국이 기독교 국가임을 말한다. 그러나 시간을 내서 이런 증거를 살펴 볼 사람이 그리 많지 않다. 그래서 한 나라의 영적 기틀을 증명해내는 가장 쉬운 방법은 그 나라가 어떤 휴일을 지정했는지 보는 것이다.

미국의 기독교적 휴일

1870년에 연방 공휴일로 지정된 성탄절을 보아도, 미국은 논쟁의 여지없는 명백한 기독교 국가다. 예수 그리스도의 탄생 날짜가 성경에 구체적으로 명시되어 있지는 않다. 원래는 (상당수 언어에서도 부르듯이) '유월절'(Passover)이라 불려야 할 부활절도 연방 공휴일로 지정되었어야 했다.

성경의 일곱 절기 모두 다 건국의 아버지들이 명시를 했어야 한다. 왜냐하면 하나님께서 지정하신 일곱 절기 모두 인간 역사상 가장 중요한 사건을 가리키기 때문이다. 성경 일곱 절기의 예언적 성취보다 더 중요한 인간사란 없다. (나의 베스트셀러 저서『거룩한 암호: 숫자에 담긴 예언』[*The Divine Code: A Prophetic Encyclopedia of Numbers*]에 나와 있다.)[4]

만약 건국의 아버지들이 처음부터 "우리는 예수님의 생일을 기념하고 예수님의 죽음과 장사, 부활을 기념한다"라고 말했다면, 미국이 기독교 국가임을 정의하는 경축일 두 개가 더 생겼을 것이다. 성경에서 유래한 명칭은 아니지만 부활절(Easter)은 성경에서 명시한 축제 일곱 개 중 하나인 유월절과 부합한다. 예수님이 십자가에 달리신 날은, 이스라엘 민족이 어린양을 잡고 그 피를 문설주에 발라서 죽음의 천사를 피했던 유월절(Passover, 하나님의 사람을 '지나쳐 가다'라는 의미)과 정확히 일치한다.

건국의 아버지들이 성경을 붙잡고서 성경에 나온 일곱 명절을 모두 공휴일로 지정했었더라면 250년 뒤 후손들이 "우리나라는 기독교 국가인가?"라는 질문에 대답할 수 있었을 것이다. 미국은 기독교에서 유래한 휴일을 지키므로 기독교 국가가 맞다!

미국 학교와 정부 부처에서 근무하는 공무원 그리고 상공인 다수가 성탄절과 부활절에 쉬는 이유는 미국이 근본적으로 기독교 국가

이기 때문이다. 하나님께서 제정하신 성경의 일곱 절기 모두가 휴일로 지정되어야 한다.

하지만 하나님이 만든 성경적 휴일을 기념하는 대신 대통령의 날, 근로자의 날, 그리고 내가 사는 호주 빅토리아 주에서는 '멜버른컵의 날'이라고 부르는 '말의 날'(Horse Day)이 휴일로 지켜지고 있다. 내가 한 번도 본 적 없는 말이나 도박을 왜 기념해야 하는지 이해가 안 된다. 호주나 캐나다 같은 영연방 국가에서는 여왕의 날도 있다. 93세 된 엘리자베스 2세 여왕은 여전히 호주의 군주이다. 호주가 여왕이 다스리는 나라라는 사실을 어떻게 알 수 있나? 호주에서 일 년에 한 번 있는 여왕의 생일을 기념하기 때문이다. 기념일을 통해 알 수 있는 것이다.

하나님의 영원한 규례

어쩌다가 미국의 건국 아버지들은 이 점을 간과했을까? 어쩌다가 성경을 믿는 사람들이 하나님의 성경 속 절기를 잊고 대수롭지 않게 생각하게 되었을까? 우리가 아직도 역사로부터 배우지 않은 점이 있다. 바로 우리 인간은 절대로 성경 위에 있지 않다는 점이다.

피조물 모두가 구원의 확신을 하기 전까지는, 하나님이 내리신 '집행유예' 기간이 끝나지 않을 것이고 '영원을 위한 그의 계획' 모두 계시되지 않을 것이다. 어찌 인간이 하나님의 지혜보다 위에 있을 수 있으랴. 이해하지는 못해도 신뢰할 수는 있다. 마치 부모가 세워놓은 규칙 모두를 아이가 항상 이해하지 못해도, 후에 자라서는 부모의 마음을 알게 되는 것과 같다.

마찬가지로 하나님은 우리의 좋은 아버지시다. 하나님께서는 말씀하신다. "내가 나의 말로 이 모든 걸 쓰니, 네가 부분적으로 납득이 안 되는 게 있어도 언젠가 네가 자라서 내가 너를 사랑한다는 사실을, 나는 공의롭고 지혜롭다는 사실을 이해하게 될 거란다." 하나님께서는 자신이 인간을 성숙하게 하는 분임을 인간이 알 수 있도록 부모됨이라는 맛보기 과정을 만드셨고, 그래서 좋은 부모라면 모두 하나님의 심정을 이해하게 된다.

하나님께서 제정하신 휴일은 국가가 다양성 속에서도 단일성을 유지할 수 있도록 도와준다. 이 계명을 대신할 계명은 없다. 성경은 안식일을 통해 사회적 혼돈으로부터 나라를 지키고 단합하며 각기 다른 족속·다른 배경의 사람들 간에 단결을 창조할 수 있다고 말한다. 미국 내 분열을 해결하기 위한 방법이 성경 속에 명쾌하게 나와 있다. 성경적 휴일을 제정하면 된다.

휴일을 만드는 사람, 도널드 트럼프

이 점을 도널드 트럼프 대통령은 직관적으로 알고 있었다. '명절 인사 드립니다.'나 '즐거운 휴일 보내세요.' 같은 속 빈 대체 인사보다 '메리 크리스마스!'라 인사해야 한다고 말했다. 휴일은 문화를 규정하고 국민을 하나되게 한다.

대중에게서 기독교 신앙을 지워버리는 게 극좌 세력이 실제로 의도한 바이지만 그들은 이를 한 번도 시인한 적이 없으며, '메리크리스마스!'보다 '즐거운 휴일 보내세요'라고 말하는 게 국교 분리를 지키는 거라 주장한다. 2019년 12월 27일, 나는 이렇게 트위터를 남겼다.

"성탄절이 다문화를 해치기 때문에 '즐거운 휴일 보내세요'라고 말해야 한다면, 그 누구에게 불쾌감을 주지 않으면서 동등하게, 메노라(역자 주: 유대교의 일곱 촛대)는 '휴일 촛대', 이슬람교의 라마단을 '휴월'(休月)이라 불러야 하나? 아니면 소설가 조지 오웰(George Orwell)이 한 말처럼 어떤 이는 … 다른 이보다 '더 동등'하다는 말인가?"

2019년 트럼프가 7월 4일 워싱턴 DC에서 미군을 위한 행사를 개최하겠다고 발표하자 좌파는 신경질적으로 나왔다. 우리는 "왜?"라고 반문해야 한다. 7월 4일이 미국 독립기념일이라는 건 모두가 다 아는 사실이다. 미국 혁명 전쟁에서 싸우다 돌아가신 이를 기념하는 날이다. 그런데 웬 신경질인가?

우리가 진정 신경써야 할 사실은 휴일이 단합을 이끄는 강력한 힘이라는 사실이다. 세속적인 좌파는 그리스도인과 보수주의자 다수보다 이 사실을 더 잘 인지하고 있다. 좌파가 성경적 가치관과 충돌하는 기념일로 일 년치 달력을 도배하는 걸 보면 말도 안 된다는 생각이 든다.

거룩하지 않은 거룩한 날

먼저 할로윈이 그렇다. 아이들이 사망과 사탄, 마녀를 기념하게 하는 날이다. 좌파들의 논리에서 점 치고 사탄 숭배하는 행위는 국교 분리 위배가 아닌가 보다. 주목할 점은 좌파가 문화를 타락시키려고 굳이 헌법에 추가 문구를 집어넣어 개정하지 않았다는 점이다. '세속적인 휴일'(역자 주: 영어 'holiday'의 어원이 하나님이 거룩하다고 선포하신 날이라는 점을 생각하면 원문 'secular holiday'는 역설적인 표현이다.) 하나를 십 년 동안 지킴으로써 자신들이 원하는 바를 부분적으로 달성할 수 있었다.

세속주의자들이 '거룩'하다고 한 휴일이 기하급수적으로 증가한 사실은 아래 내용을 보아도 알 수 있다.[5]

1월 19일: 미국 팝콘의 날

2월 4일: 미국 대마초의 날

2월 24일: 또르띠야 칩의 날

2월 28일: 이빨요정의 날

3월 1일: 말 보호의 날

3월 8일: 국제 여성의 날

3월 10일: 여성여아 에이즈의 날(왜 남성과 남아는 뺐는지 이해 안 감. 게이가 아닌 이상 남성과 남아를 생각해주지 않는 것 같음)

4월 14일: 전(前) 배우자의 날

4월 22일: 지구의 날

5월 4일: 스타워즈의 날

5월 7일: 이성(理性)의 날

5월 15일: 멸종위기 종의 날

5월 16일: 피어싱의 날

5월 23일: 세계 거북의 날

7월 21일: 불량음식의 날

8월 7일: 세계 맥주의 날

9월 12일: 비디오게임의 날

9월 23일: 양성애의 날

10월 1일: 국제 커피의 날

10월 4일: 세계 동물의 날

10월 10일: 세계 정신건강의 날

10월 11일: 커밍아웃의 날

10월 24일: 유엔의 날

과거, 하나님이나 국가 지도자만이 국가 공휴일을 지정할 수 있었다. 하나님이 처방한 휴일이 왜 최고이냐면, 영원하고 영원한 메시지를 담고 있기 때문이다.

성경 속 절기를 휴일로 지정하는 걸 놓고서 국교 분리에 위배된다며 비판할 이가 있을 것이다. 말도 안 되는 소리이다. 미국 연방 달력에 성탄절과 마틴 루터 킹 주니어의 날, 그리고 기타 기독교 기념일을 휴일로 지정하지 않았던가. 기독교 신앙에 뿌리를 둔 날을 휴일로 지정한다고 해서 종교를 강요하는 건 아니다.

> 왕은 귀족들의 아들이요 대신들은 취하지 아니하고 기력을 보하려고 정한 때에 먹는(기념일로 지키는 것을 뜻함) 나라여 네게 복이 있도다(전 10:17)

그 밖에 성경적 휴일

휴일을 지정하는 능력은 하나님으로부터 나오지만 이 일을 위임받은 존재는 신실한 사람들이다. 모세를 통해 제정된 일곱 절기 외에, 성경은 역사 속 신실한 지도자를 통해 두 절기가 추가되는 것을 허락하였다.

부림절: 페르시아 사람 하만의 궤계로부터 유대인이 목숨을 건진 일을 축하하기 위해 모르드개가 지정함.

수전절(하누카): 마카비가 시리아제국의 압제자 안티오쿠스 에피파네스 4세로부터 유대인이 목숨을 건진 일과 두 번째 성전 봉헌을 축하하기 위해 지정함.

수전절은 히브리어로 적힌 성경(구약)에 기록된 날이 아니었지만, 신약에 이 날이 기록된 사실을 통해 우리는 하나님께서 이 절기를 승인하셨음을 알 수 있다. 요한복음 10장 22절에 기록된 바와 같이, 예수님도 수전절에 성전에 가시어 수전절을 기념하셨다.

미국 독립기념일은 1783년 독립전쟁에서 승리하기 전에 조지 워싱턴을 비롯한 건국의 아버지들이 만들었다. 1781년 7월 4일, 메사추세츠주는 독립기념일을 주 공휴일로 지정한 첫 번째 주가 되었다.[6] 1870년에는 미국 하원이 독립기념일을 연방 공휴일로 지정하였다.

추수감사절은 1789년에 조지 워싱턴이 국가기념일로 지정했었지만, 국가기념일로 천명된 뒤 정기적인 공휴일이 된 건 1863년 아브라함 링컨 대통령 때부터였다. 링컨은 "다음 11월 마지막 목요일을 구분하여 후히 주시는 하늘의 아버지께 찬양을 올려드립시다"라고 모든 시민에게 청했다.[7]

미국 연방 정부는 휴일을 지정할 권한이 있으나 휴일 준수를 강요하지 않는다. 원치 않으면 7월 4일을 기념하지 않아도 된다. 원치 않으면 그만이지만 미국인 대다수는 소풍을 가거나 불꽃놀이를 보며 이 날을 기념한다. 성탄절에도 원치 않으면 캐럴을 부르거나 선물을 교환하지 않아도 되지만 미국인 대다수는 이렇게 성탄절을 보낸다.

오늘날 미국에는 연방 공휴일이 열 개가 있다. 공휴일 네 개는 1870년에 미 하원에서 지정 및 통과되었다.

신년: 신년을 기독교에서 유래한다고 보는 이유는, 해가 바뀔 때마다 예수님께서 이 땅에 나신 지 얼마나 되었는지 셀 수 있기 때문이다.

독립기념일: 간접적으로 기독교에서 유래했다고 본다. 이유는 신대륙으로 온 이민자 중에서 종교 박해를 피해 자유를 찾아 떠나온 기독교인이 압도적으로 많았기 때문이다. 그들이 영국으로부터 독립하기 위해 싸웠던 주 이유는 가톨릭이나 성공회 강요 없이 그리스도인이 될 권리를 포함해, 하나님께서 인간에게 주신 그 누구도 빼앗을 수 없는 권리를 주장하기 위해서였다.

추수감사절: '숙곳' 또는 '초막절'에서 직접 유래한 날로서, 유대인이 풍성한 수확을 거둔 후 감사드리며 기뻐하는 날이다. 첫 번째 추수감사절에 그리스도인과 아메리카 원주민 인디언이 평화 약속을 맺고 기적이 많이 일어났기에 간접적으로도 기독교 휴일이라 할 수 있다.

성탄절: 예수 그리스도의 탄생을 기념하는 날이다. 지구상에서 가장 큰 기념일로서, 기독교인이나 비 기독교인 모두 이 날을 기념하고 즐거워한다.

미 하원이 정한 기타 공휴일은 아래와 같다.

조지 워싱턴 탄생일(1880): 1732년 2월 22일에 태어난 미국의 초대 대통령을 기념하는 날이다.

현충일(1888): 미국 남북전쟁에서 숨진 북부군을 추모하는 데서 출발하였으나 세계1차 대전 이후 미국을 위해 복무하다가 숨진 모든 군인을 기리는 날이 되었다.

근로자의 날(1894): 출발은 1882년 뉴욕시에서 '근로자의 날'로 시작하였으며, 1894년 미국 근로자에 헌정하는 날로서 공휴일로 채택되었다.

재향군인의 날(1938): 세계1차 대전 종전을 기념하는 날이었으나 세계2차 대전과 한국전, 베트남전, 걸프전, 그 밖의 전투에 참전한 모든 참전용사를 기리는 날이 되었다.

콜럼버스의 날(1968): 크리스토퍼 콜럼버스(Christopher Columbus)가 산 살바도르(San Salvador, '거룩하신 구원자'라는 뜻으로 현재 바하마제도) 섬에 착륙해 아메리카 대륙을 발견한 것을 기념하는 날로서, 전통적으로 1492년 10월 12일로 보았다. 1971년 이후에는 10월 두 번째 월요일에 기념하고 있다. 콜럼버스가 기독교인이었기에 기독교적인 휴일이다. 그는 망령된 행동을 하지 않았다. 콜럼버스와 선원은 기독교 의식을 지켰다. 그들은 30분짜리 모래시계에 모래가 다 내려올 때마다 "우리 구주 나심을 송축할지어다, 주를 잉태한 동정녀 마리아를 송축할지어다, 주에게 세례를 준 요한을 송축할지어다."라고 고백했다.[8] 하루를 마칠 때마다 기도와 찬송으로 저녁예배를 드렸다. 그 섬의 이름은 콜럼버스가 우리의 구원자를 생각하며 지은 이름이다.

마틴 루터 킹 주니어의 날(1983): 하나님의 인도함을 받아 민권운동을 지휘한 침례교 목사를 기리는 날이다. 마틴 루터 킹 주니어(Martin Luther King Jr.) 목사의 설교는 강력하고 변혁적이었는데 이는 성경에 기반했기 때문이었다. 그는 1929년 1월 15일에 태어났다.

그를 기리는 날은 로널드 레이건 대통령이 서명하여 1월 셋째 주 월요일에 기념하고 있다.

휴일은 국가의 혼을 관장하여 돈과 정치 말고 사람에게 중요한 것이 무엇인지 알려준다. 정부는 더 위대한 영적 권위, 즉 하나님과 그의 아들 그리스도 예수의 통치 아래에 정부가 있다는 점을 인정하나, 동일한 내용을 믿으라고 모든 국민에게 강요하지 않는다. 그래서 미국은 기존 공휴일 열 개에 더하여 성경 속 절기 아홉 개와 역대 미 대통령 다수가 선포했던 국가 회개의 날을 추가로 제정해야 할 것이다. 미국의 생존을 위해, 그리고 두 번째 내전을 방지하기 위해서이다.

세계적 그리고 국가적 회개의 날

현재, 대통령이 회개의 날을 지정하여 온 나라가 이 날을 지켜야 한다고 주장하는 운동이 제프리 달리(Jeffrey Daly) 목사를 중심으로 커져가고 있다. 기독교인만의 특징이 담긴 날이라 할 수 있다. 회개는 기독교 신앙의 대표적인 행동이다. 히브리서 6장에 나오는 '그리스도의 도의 초보'에서 제일 먼저 나오는 것이 회개이다.[9] 이슬람의 핵심 교리인 '다섯 기둥'과 불교의 '오계'(五戒)에는 회개가 없다.

국가적 기도·금식·회개의 날을 천명한 미국 대통령 열 명은 다음과 같다. 조지 워싱턴(George Washington), 존 애덤스(John Adams), 제임스 메디슨(James Madison), 존 타일러(John Tyler), 재커리 테일러(Zachary Taylor), 제임스 부캐넌(James Buchanan), 아브라함 링컨(Abraham Lincoln), 앤드류 존슨(Andrew Johnson), 체스터 아서(Chester Arthur), 우드로 윌슨(Woodrow Wilson).[10]

남북전쟁 중에 아브라함 링컨 대통령은 1863년 4월 30일 목요일을 국가적 겸손·금식·기도의 날로 구분하였다. 그날 많은 미국인들이 기도하고 금식하며 개인과 국가의 죄를 회개했다. 이틀 후 남부군 장군 스톤월 잭슨(Stonewall Jackson)이 자기를 호위하는 병사에게서 터무니 없는 사고를 당해 중상을 입게 된다. 두 달 뒤 남부군은 게티스버그 전투에서 패한다.[11] 그리고 이 년 뒤 남북전쟁이 끝나게 된다. 나라의 지도자가 회개의 날을 선포할 때 하나님께서 들으시고 그 나라를 회복하신다.

1789년에는 미국의 동맹국 프랑스가 격동의 시기를 맞는다. 프랑스혁명과 바스티유 감옥 함락 사건, 피비린내 나는 단두대 중심의 공포 정치가 있은 후, 미국은 영국으로부터의 독립전쟁을 위해 프랑스 왕실로부터 빌린 자금을 갚지 않기로 결정하는데, 왜냐하면 프랑스 왕실이 몰락해 없어졌기 때문이었다. 그 결과 프랑스 사략선(국가로부터 허가를 받아 적국의 배를 노략하는 개인 소유의 배)이 미국-프랑스 간 조약을 파기하고 영국 항구에 정박해있던 미국 배 약 삼백 척을 나포했다. 프랑스 외교부 장관은 미국 배만 풀어주는 대가로 거액의 돈을 요구했다. 결국 해상에서 수십 차례 전투가 벌어졌다. 1798년 3월 23일, 그리고 1799년 3월 6일, 존 애덤스 대통령은 '엄숙한 회개·금식·기도의 날'을 선포하였다. 이후 쿠데타를 일으켜 성공한 나폴레옹이 집권하자마자 자신은 미국과의 전쟁을 원치 않는다고 선언하게 된다. 영국 및 유럽국가 대부분과 전쟁을 하고 있었기 때문에 미국의 곡식과 쌀이 필요했던 것이다. 나폴레옹은 미국에게 부채 대부분을 탕감해주었고 미국-영국 간 무역에 간섭하던 조약을 파기했다.[12] 이 일이 있은 후 얼마 지나지 않아 미국은 두 번째 대각성 운동을 맞이하게 되었다.

1812년, 미국과 영국이 전쟁을 벌이게 되었을 때에도 당시 미 대통령 제임스 메디슨은 1812년 7월 9일 공적 겸손·기도의 날을 선포하고 이렇게 말했다. "본인은 8월 세 번째 목요일을 만물의 주권자에게 경배를 돌리자고 대중에게 권합니다."[13] 당시 영국군은 백악관을 비롯한 워싱턴 DC 상당 지역에 불을 질렀다. 그런데 사나운 폭풍과 회오리바람이 불어 영국군을 내동댕이쳤고 불도 꺼뜨려버렸다. 하나님이 미국 편에 서 계심을 본 영국군은 도망쳤고, 결과적으로 미국군과 싸우다 죽은 영국군보다 폭풍으로 죽은 영국군이 더 많았다. 미국이 전쟁에서 이기자 메디슨은 1815년 3월 4일을 국가적 감사의 날로 선포한다. "본인은 모든 교단의 국민이 마음과 목소리를 합하여 후히 주시는 하늘에 계신 분께 영광과 찬양을 돌릴 것을 청합니다."[14]

가장 최근에는 우드로 윌슨 대통령이 1918년에 국가적 회개의 날을 선포했다. 세계 1차 대전이 4년 동안 질질 끌자 윌슨은 이렇게 글을 썼다.

"본인, 미합중국 대통령 우드로 윌슨은 5월 30일 목요일을 공적인 회개·기도·금식의 날로 선포하고 신앙을 고백하는 모든 국민 여러분이 그날 정한 예배 자리와 각 가정에 모여 전능하신 하나님께 우리 국민이 범한 죄와 허물을 용서하시고 우리 마음을 정결케 하사 우리로 하여금 진리를 보고 사랑하며, 공의롭고 올바른 모든 것을 수용하고 수호하며, 하나님의 뜻에 순복하는 의로운 행동과 판단만을 향해 가도록 기도합시다."[15]

이틀 후 미 해병대는 프랑스 벨로우드에서 처음으로 큰 전투에 참전한다. 6월 1일–26일까지 지속된 이 전투에서 해병대원 9,777명의 사상자가 발생했다. 엄청난 피해를 입었으나 여전히 결기를 품고 끝까지 싸우는 미국의 모습을 보자, 독일군은 놀랐다. 벨로우드에서 미국이 승리하게 되면서 '약해빠진 미국인'이라는 독일군의 생각이 철저히 깨졌다. 이 전투의 영향으로 독일 참모는 프랑스에서의 장기간 공격을 멈추고 방어태세로의 전환을 결정했다. 그리고 몇 달 뒤 1918년 11월 11일, 세계1차 대전이 끝나게 된다. 국가적 회개를 통해 미국은 승리를 거두고 세계에는 평화가 오게 된 것이다.

나라를 치유하는 열쇠

이와 같이 놀라운 기도가 응답을 받는다는 사실은 역대하 7장 13–14절에 뒷받침되어 있다. 겸손과 기도, 회개는 국가적 재난을 되돌리는 것과 결부되어 있다.

> "혹 내가 하늘을 닫고 비를 내리지 아니하거나(가뭄과 산불) 혹 메뚜기들에게 토산을 먹게 하거나(농사 악재) 혹 전염병이 내 백성 가운데에 유행하게 할 때에(질병과 전염병) 내 이름으로 일컫는 내 백성이 그들의 악한 길에서 떠나 스스로 낮추고 기도하여 내 얼굴을 찾으면 내가 하늘에서 듣고 그들의 죄를 사하고 그들의 땅을 고칠지라"(대하 7:13–14)

1863년 3월 13일, 아브라함 링컨은 한 달 뒤인 4월 30일을 국가

적 회개의 날로 선포하고, 회개의 근거와 예상 결과를 다음과 같이
말했다.

> "… 우리가 이미 아는 바, 하나님의 거룩한 법에 따라 국가
> 도 개인처럼 이 세상에서 징벌과 체벌을 받는다는 걸 생각할
> 때, 남북전쟁이라는 끔찍한 참화를 두려워할 것만이 아니라
> … 우리의 불손한 죄 때문에 우리에게 내린 벌임을 … 불패
> 의 성공 신화에 젖어버린 우리는, 우릴 지으신 하나님께 기
> 도하기에 너무나 풍족하게 살았습니다!
> 우리가 경히 여긴 그분의 권능 앞에 우리 자신을 낮추고 우리
> 죄를 자백하며, 죄를 사하시고 용서해달라고 기도합시다.…
> 신실하고 진실한 마음으로 시간을 구분하여 소망 위에 겸손
> 하게 거하는 우리가 되어 … **그래서 이 나라가 합심해서 울부
> 짖는 소리가 저 높은 곳에 들려져** 응답 받고 복이 내리기를,
> 우리나라의 죄가 사해지는 데서 그치는 게 아니라 **현재 분열
> 되고 고통 받는 이 나라가 회복되어** 예전에 누렸던 **하나됨과
> 평강**으로 돌아가도록 기도합시다."[16]

링컨은 나라가 갈라졌어도 회개하면 통일이 올 것이라고 내다보
았다.

국가의 결속을 다지는 비법은 하나님께서 명하신 성경의 일곱 절
기에서 아홉 절기를 시작으로 유의미한 휴일을 더 지정하는 것이다.[17]

안식일이 주는 유익

안식일을 다시 지켜야 한다. 유대인은 하루를 쉬고 기독교인은 주말에 이틀을 쉬지만, 세속주의자는 이 거룩한 주기를 강탈해 우리를 쉬지 못하게 한다. 공산주의자는 대중의 기억 속에서 종교를 지워버리기 위해 말 그대로 주말을 빼앗았다.

소련에는 11년 동안(1929–1940년) 주말이 없었다.[18] 경제학자이자 정치인인 유리 라린(Yuri Larin)은 '니프레류카'(nepreryvka) 또는 '지속적으로 일하는 주'를 제안해, 일하는 날 5일에 더해 쉬는 날에도 일하게 해서 소련 인구의 20%를 지쳐 비틀거리게 만들었다. 이 계략 때문에 소련 인구의 80%가 일주일 내내 일해야 했다. 공산주의자의 사회공학 실험이 비참하게 실패하고 나서야 성경 속 창조 섭리인 일주일 제도가 다시 사람에게 돌아왔다. 그러나 민주주의 국가에 사는 사람들 다수가 적극적으로 주 칠 일 근무를 하고 있다. 일주일 내내 장사하고, 끊임없는 활동과 감각의 융단폭격 때문에 사람들의 건강이 쇠약해지고 있다.

기독교인 다수가 안식일 제도를 감사히 생각하고 있지만, 하나님의 계명 하나를 준수하기 위해 안식일에 전국이 쉬는 모습은 직접 본 적이 없을 것이다. 반면 나는 매년 이스라엘·중동 성지순례를 인솔하면서 안식일을 다른 이보다 더 생생히 알게 되었다.[19]

세속적인 정치인은 전국이 쉬면 경제가 덜 돌아갈 거라 생각할지 모르겠다. 그러나 그와는 정반대로 이스라엘의 생산성은 매우 높다. 이스라엘 사람들에게서 영감이 넘치고 기발한 발명이 많이 나오는 이유는 거룩한 안식을 실천하는 데서 오는 복을 받기 때문이다.

안식일에 대한 관찰 일곱 가지

1. 율법을 준수하는 유대인이라면 안식일에 멀리 갈 수 없다.

자동차나 자전거, 모터 달린 자전거, 비행기, 전차, 기타 이동수단으로 여행할 수 없기에 여행은 짧은 거리로 제한된다. 걷는 것도 특정 길이까지만 허용된다. 성경에 허용 길이가 한 번 언급되어 있는데, 이 길이가 신약성경에 나와 있다는 게 우연은 아니라고 생각한다!

사도행전 1장 12절에 사도 바울과 의사 누가는 예수님의 승천(들려 올라가심)을 목격한 사람들이 '안식일에 허용되는 길이' 또는 예루살렘에서 감람산까지의 길이로 여행했다고 기록한다. 랍비들은 안식일의 걸음 제한 길이를 2,000규빗(960 미터)로 규정한다.

2. 안식일이 시작될 때(금요일 일몰), 전통주의 유대인 가정에서는 함께 모여 식사하고 기도문을 외운다.

3. 안식일에 식사할 때 유대인 가장은 자녀 머리 위에 안수하고 아내에게는 잠언 31장을 인용하며 축복한다.

4. 안식일 내내 누구도 요리 목적의 점화, 엘리베이터 버튼 누르기, 휴대전화 켜기, 태블릿 PC나 컴퓨터 사용을 포함하여 불을 켤 수 없다.

우리 아이들이 일주일에 한 번 휴대전화와 태블릿 PC를 금식하는 모습을 상상해보시라! 영, 혼, 육이 훨씬 더 건강해지리라.

5. 안식일은 성회(전통주의 유대인에게는 회당, 예수를 믿는 유대인에게는 예배당)에 모여 함께 예배하는 시간이다.

안식일은 하나님께 예배하고 하나님의 말씀을 공부하는 데 올려드리는 시간이다. 국가가 강요하는 건 아니지만 모든 기기가 꺼져있고 모든 상점이 문을 닫으니 할 일이 별로 없이 하나님과 함께, 가족과 함께 시간을 보내게 되는 것이다. 안식일에 텅 빈 거리에서 만화 성경책을 들고 다니거나 모세오경을 읽고 있는 청소년을 보면 참 놀랍다. 많은 사람들이 마음을 정하여 하나님께 자신을 조율하는 것이다.

6. 이 거룩한 안식을 통해 하나님께 시간을 더 드리고, 성회에 참여하며, 가족과의 시간을 더 보내면서 영적인 혜택을 누린다.

사람들은 반복적인 일상이나 돈보다 더 중요한 것에 집중해나간다. 이를 통해 영혼이 상쾌해진다.

7. 영적 상쾌함을 넘어서 안식일의 사회적·경제적 효과가 있다.

안식일 여행 제한과 가족과의 식사, 지역 예배당 참석을 고려하면 집을 살 때 가족이 서로 가까이 살 수 있는 집을 선택하게 된다. 걸을 수 있는 거리 내에서 가게와 사업체, 동업을 운영하게 된다. 세계 전역 많은 도시에서 유대 공동체가 성장할 수 있는 비결이다.

안식일을 지키라는 계명을 통해 세계에서 유대인은 모여 살게 되었다. 안식일이 없다면 소수자인 유대인 문화는 다수자의 주류 문화에 먹혀버렸을 것이다.

전세계에 흩어지게 된 민족에게 안식일이 효과있다는 점을 꿰뚫어보셨던 분은 하나님 한 분이시다. 휴일을 지키는 것은 거룩한 명령이다. 성경을 믿는 사람들은 최소한 일곱 절기를 지켜야 하며, 이에 더해 하루는 쉬어야 한다. 성경의 일곱 절기는 다음과 같다. 유월절, 무교절, 초실절, 오순절, 나팔절, 속죄일, 초막절.[20] 유대인은 이 절기로 모이고, 성경 시대부터 지금까지 하나됨을 유지할 수 있었다.

과도한 해석은 지양하기

제4계이 사람을 죽음으로 몰고 갈 수도 있다는 점을 이 책을 읽는 여러분과 전세계 지도자들에게 알려드려야 겠다. 사실 기독교인 다수가 그렇게 하고 있다. 생명의 책인 성경 말씀을 어떻게 받아들일지 모르기 때문이다. 하나님은 항상 우리가 생명나무 열매를 먹기 바라시지 '너는 틀리고 내가 맞다'라는 나무의 열매를 먹는 것을 바라시지 않는다.[21]

제4계명이 우리를 죽음으로 몰고 갈 수도 있다는 건 어떤 모습을 말하는 걸까?

이렇게 말하는 사람이 있을 것이다. "종교적 의무니까 토요일에는 무조건 일하면 안 된다. 어길 경우 죽어서 지옥 갈거다. 예수님이 십자가에 달려 너의 죄를 씻어주신 건 안식일 의무와 상관없는 거다. 토요일에도 예배를 드려야 하고 안 지키면 넌 나쁜 사람이다." 글쎄, 이건 바리새인이 하는 짓이다. 성경을 잘못 접목하는 것이다.

바리새인의 영을 어떤 요일에도 접목할 수 있다. 성경에서 금하지 않은 것을 금하는 '주일 청교도 법'이 미국에서 만연한 때가 있었다. 예를 들어, '아이스크림 소다'는 주일에 먹기에 너무 불필요하게 화려하고 죄 짓는 느낌이 들게 한다고 해서 '아이스크림 선데이'가 나오게 되었다.[22] 이런 관행은 사람들의 삶을 더 좋게 만드는 게 아니라 사람들에게 짐을 지우는 행태다.

만일 이런 식으로 성경을 해석한다면 낙태한 적이 있는 모든 이는 별 수 없이 지옥에 갈 수밖에 없다. 우리는 온전치 않은 우리네 모든 형편 속에서 하나님의 은혜로 생명을 얻어야 한다. 온전치 못한 사람을 위로할 때 판단과 정죄가 앞서서는 안 되며, '생명과 회개, 구속으로 나아갈 여지는 없을까?'라는 질문을 던질 수 있어야 한다. 하나님의 종 대다수가 안식일에 일하기 때문에, 랍비도 안식일을 곧이곧대로 지키지는 않는다. 하지만 다른 날에 안식하는 방법으로 안식일의 원칙을 지킨다.

하나님으로부터 온 계명 하나만 놓고서 "내가 제일 좋아하는 말씀이야. 죽을 때까지 이 말씀을 내세울 거야."라고 말하는 우를 범해서는 안 된다. 왜냐하면 그렇게 할 수 없기 때문이다. 성경을 잘못 해석하는 이런 행동을 너무나도 많은 기독교인들이 하고 있다. 말씀 한 구절 아니면 계명 하나만 뽑아 놓고서는 그 위에 자기 정체성을 세우겠다는 것은 위선적인 사람이 밥 먹듯이 하는 행동이다. 인간이 죄성에 이끌리는 경향이 있기 때문에 하나님께서 이 땅에 세울 만한 지도자가 너무 소수이다.

하나님이 주신 전체 계명의 존재 이유는 우리에게 생명 주기 위함이라는 사실을 기억하면서 과도한 해석을 지양해야 하겠다.

휴일의 요건

하나님이 만드신 휴일을 제정하지 않을 경우 '햄버거의 날'이나 '도넛의 날', '게이 자긍심의 날' 등이 휴일이 되고 말 것이다. 인간은 휴일이 필요한 존재인데, 하나님이 만드신 휴일을 지도자가 인정하지 않으려 들 경우, 우리는 인위적으로 만든 휴일을 보내며 분열과 내전으로 치달을 것이다.

이스라엘이 남유다와 북이스라엘로 나뉘어졌을 때(북이스라엘은

'이스라엘' 또는 '에브라임', '사마리아'라고 불렀고, 남유다는 '유다'라 불렀다), 두 왕국의 통일을 가로막은 주요 이슈가 있었으니, 세금과 휴일이었다. 남유다는 예루살렘 성전에서 예배를 드린 반면, 북이스라엘은 그리심산에서 드렸다.

휴일 성립의 요건을 살펴보자. 휴일에는 다음 세 가지 특징이 있다.

1. 하나님께서 그날을 거룩하다고 지정하신다.

휴일은 하나님의 주권 영역이다. 하나님만이 하루를 '거룩하다' 지정할 수 있다. 하나님께서는 아주 오래전부터 빈번하게, 거룩한 날이 지닌 진정한 의미를 사람들이 분명히 알게 하셨다.

예를 들어, 하나님은 일곱 번째 날을 거룩하게 하셨다. 칠 일 중 하루는 쉬어야 최상의 건강 상태와 생산성을 유지한다는 사실을, 현대 과학이 밝혀낸 건 그리 오래되지 않았다. 그러나 수천 년 동안 인류는 자기 종교에 상관없이 성경이 말한 내용을 따라왔다. 그 어떤 문화권에서도 한 주를 4일이나 12일로 하는 나라는 없다. 단 한 곳도 그렇게 하지 않는다. 한 주는 7일이라는 사실이 성경이 원조라는 걸 증명하며, 이는 어떤 문화권이나 나라가 창조되기 전부터 존재해 온 사실이다.

2. 하나님은 거룩한 날에 일하지 말 것을 명하셨다.

하나님은 왜 하던 일을 멈추라고 하실까? 왜냐하면 거룩한 날에 다른 이의 업적을 기념하기 위해서이다. 다른 이의 수고를 통해 우리가 혜택을 누리고 있다는 사실에 우리는 감사해야 한다.

기독교 신앙의 핵심을 다음과 같이 요약하겠다. 내 자신의 구원을 위해 내가 할 수 있는 일이 없고, 내가 선한 일을 한다고 해서 천국행 티켓을 얻을 수 있는 게 아니며, 사망의 일로부터 쉼을 얻도록 부르심을 받았으며, 주님께서 십자가에서 이루신 일의 축복에 감사하도록 부르심을 받았다.

안식일을 포함한 성경의 모든 절기는 메시아께서 이루신 일을 나타낸다. 지구상에서 가장 중요한 사건 일곱 개라 할 수 있는 이 절기들이 하나같이 가리키는 바는 하나님의 아들 예수 그리스도이다.

3. 휴일은 앞서간 이의 업적을 개개인이 기억하도록 훈련시켜주므로, 휴일을 통해 문화 정체성을 형성하고 거룩한 연합을 창조한다.

아이들에게 각 휴일의 의미를 알려주면서, 선조들의 희생에 감사해야 한다고 가르쳐야 한다.

현대사회 휴일 중 위 세 가지 요건을 다 충족하지 않는 휴일이 있다. 이 세 가지 요건을 모두 충족하지 않는 휴일은 휴일이라 할 수 없다. 여러분이 하던 일을 휴일에 중단하지 않으면 휴일이라 할 수 없다. 다른 이가 여러분을 위해 이루어 놓은 일을 기념하지 않는다면 휴일이라 할 수 없다. '커피의 날'처럼 말도 안 되는 휴일은 휴일의 가치를 깎는다. 현대에 만들어진 휴일 중 '싱글인의 날'[23]은 본인 정체성에 기반해 만들어진 날이기에 업적을 기념하는 것과는 전혀 무관하다. 흑인이든 백인이든, 동성애자든 이성애자든 이는 성취의 결과가 아니다. 결혼이 실제로 성취라 할 수 있지만, 좌파는 결혼 대신에 '싱글인의 날'을 기념하고 있다.

나라에서 정한 기념일 중 몇몇은 세 가지 요건 충족 면에서 경계 지점에 있다. 일부는 세 가지 요건 중 두 가지를 충족한다. 내가 생각하기에, 다음에 열거하는 휴일은 세 가지 요건 모두 충족한다. 성탄절, 아버지의 날, 어머니의 날, 추수감사절, 인간생명존엄의 날,[24] 가족의 날. 두 가지 요건을 충족하는 휴일은 다음과 같다. 디데이(역자 주: 노르망디 상륙작전 기념일), 근로자의 날, 대통령의 날, 그리고 휴일이라 지정할 수 있는 전쟁종료일. 세 가지 요건 모두를 충족하지 않는 휴일은 다음과 같다. 할로윈, 도넛의 날, 아보카도의 날, 싱글인의 날, 호주보육주간,[25] 세계 채식주의자의 날, 멜버른 컵의 날.[26]

하나님보다 더 높은 사람은 없다. 자기만의 휴일을 선택하는 건 자유지만, 제일 좋은 휴일은 하나님께서 택하신 휴일이다. 왜냐하면 하나님께로부터 내려온 휴일은 깊은 의미를 담는 동시에 우리에게 큰 복을 가져다 주기 때문이다. 여러분이 하나님이 만드신 휴일을 알거나 모르거나 그분의 휴일은 영원하다. 성경의 절기를 국가적으로 지켜 행하면 미국은 하나되어, 도래하는 내전을 방지할 수 있을 것이다. 다시 싸우지 않고 다시 축하하는 우리가 되자!

제10장

종교의 자유 및 핑크 공산주의

: 제 3계명 :

너는 네 하나님 여호와의 이름을 망령되게 부르지 말라
여호와는 그의 이름을 망령되게 부르는 자를 죄 없다 하지 아니하리라 (출 20:7)

종교의 자유가 있는 곳에 폭군은 멀리 있지 않다. 종교의 자유는 세계 평화에 필수적이므로 이 장은 범위에 있어서 가장 국제적이다.

북한, 중국, 이란은 무언가 공통점이 있다. 핵무기가 아니라 기독교를 박해하는 것이다. 이 때문에 자연스럽게 미국의 적이 된다. 긴장의 영적 차원이 종종 무시되지만, 현명한 지도자는 미국이 주도하는 세계의 종교적 자유를 위한 행동이 어떤 영향을 미칠까를 고려할 것이다.

이 정책을 잘 이해한다면, 지정학적인 많은 문제를 미사일이나 총탄 없이 해결할 수 있을 것이다. 우리는 하나님의 모형을 우선 국내에 적용하고 그 다음에 적을 우군으로 만들 계획을 보이려 한다.

하나님의 제3계명은 종교의 자유를 보장하는 법이다. 세계를 좋은 제국과 나쁜 제국으로 구분하였던 핵심에는 신성모독이 있다. "네 하나님 여호와의 이름을 망령되이 일컫지 말라." 핵심은, 종교에 대한 적개심을 널리 퍼뜨리거나, 다른 사람이 종교 생활하는 것을 어렵게 만드는 것이 허락되지 않는다는 것이다. 미국 사람들은 "우리는 언론의 자유를 사랑한다"고 말하지만, 미국 역사에서 언론이 지금처럼 검열을 받고 제한된 적은 없었다. 크리스천들이 하나님의 증오법을 심각하게 생각하지 않았기 때문에, 좌파들이 자신들의 신성모독법과 언론법을 고안해 내었다.

선택은 우리가 하나님의 법을 받아들일 것인가 아니면 모든 문제에 법을 없앨 것인가의 문제가 아니다. 선택은 하나님의 법을 받아들일 것인가 아니면 결국은 불의로 종결되는 열등한 대안을 받아들일 것인가의 문제이다.

예수님을 막달라 마리아와 간음했다고 비난하는 영화를 판매하고, 예수님의 십자가에 오줌을 싸는 것을 "예술"이라고 하는 것을 용납하는 반면, 이슬람 테러리스트를 비판하거나, 기후 변화 행동주의자들에게 질문하는 것, 자신을 여성이라고 하는 생물학적 남성에게 문법적으로 정확한 대명사 그(he)를 사용하는 것이 용납되지 않는 전도된 사회에 우리는 살고 있다. 누가 그렇게 하면, 세속적인 좌파들은 "증오" 범죄를 저질렀다고 고발한다.

이에 대한 종교적인 용어는 "모욕"(신성모독, 모독)이다. 이것은 "중상, 비방하는 것, 비판하는 것, 욕하는 것"을 의미한다. 신약성경에 의하면 다음에서 볼 수 있는 바와 같이 경멸적인 도전이나 행동도 포함된다.

"지나가는 자들은 자기 머리를 흔들며 예수를 모욕하여 이르되 '아하 성전을 헐고 사흘에 짓는다는 자여'"[1]

"지키는 사람들이 예수를 희롱하고 때리며. 그의 눈을 가리고 물어 이르되 '선지자 노릇 하라 너를 친 자가 누구냐?' 하고. 이 외에도 많은 말로 **욕하더라**"[2]

"달린 행악자 중 하나는 **비방하여** 이르되 '네가 그리스도가 아니냐 너와 우리를 구원하라' 하되"[3]

만약 성경이 머리를 흔들며, 모욕하고, 침 뱉는 것, 비하하는 주장을 "모욕"이라고 하다면, 십자가에 오줌을 누는 것은 법적으로 예술이 아니라 '증오 범죄'라고 할 수 있다. 언론의 자유에는 한계가 있으며, 하나님께서도 우리에게 한계를 설정하셨다. 프랑스 잡지 「샤를리 에브도」(Charlie Hebdo)가 2011년과 2015년에 한 것처럼 예언자 마호메트의 만화를 그린다면 무슬림은 기분 나빠할 것이고 일부 무슬림은 당신의 사무실을 불태우고 당신을 죽일 수도 있다. 그 잡지의 감독이며 대표 만화가였던 샤르브씨와 11명의 다른 직원들은 그들이 2015년 살해되는 순간 이 사실을 알게 되었을 것이다. 좌파들은 증오에 반대한다. 그러나 크리스천들은 증오를 너무 가볍게 생각한다. 우리는 "언론의 자유"를 긍정적으로 증진시키기를 선호하기에 증오를 무시한다. 가끔 내가 주장하듯이 우리는 예수님보다 더 친절하다. 예수님은 아버지를 모독하는 사람들에게 화를 냈다. 하나님은 그의 거룩한 사람들과 물건들을 모욕하는 이들에게 화를 내신다.

모욕은 하나님에 대한 경멸만을 의미하지는 않는다. 신약성경은 모욕의 정의를 확대하여 크리스천 성직자에 대한 경멸도 포함한다. 내가 나의 아버지, 어머니, 아내, 자녀들에 대한 경멸을 참을 수 없기 때문에, 또 성경이 그렇게 말하기 때문에 나는 그렇게 믿는다. 문명 사회에서는 아무도 우리의 가족을 온라인에서나 오프라인에서 공격할 권리가 있다고 믿지 않는다. 여기에 하나님의 종을 경멸하는 모욕의 예가 두 가지 있다.

> (사도 바울이 복음 전하는 것을 들은 마게도니아에 사는 유대인들에 대한 언급) "그들이 대적하여 **비방하거늘** 바울이 옷을 털면서 이르되 '너희 피가 너희 머리로 돌아갈 것이요 나는 깨끗하니라 이 후에는 이방인에게로 가리라' 하고"[4]
> (지구상의 가장 어려운 3년 반에 대한 언급) "짐승이 입을 벌려 하나님을 향하여 비방하되 그의 이름과 그의 장막 곧 하늘에 사는 자들을 **비방하더라**"[5] 하나님의 이름, 하나님의 성전, 그리고 하늘에 있는 하나님의 사람(여기에는 죽어서 천국에 가 있는 예언자도 포함됨)에 대한 모욕도 포함되어 있음을 주목하라!

우리가 모욕에 대한 법을 제정할 것인가 아닌가가 중요한 것이 아니라 어떤 모욕법을 가질 것인가가 중요하다. 우리가 다른 사람을 기분 나쁘게 한 말 때문에 직장이나 법정에서 처벌을 받아야 하는가 아니면 하나님과 그의 신성한 물건에 대하여 경멸한 말 때문에 처벌을 받아야 하는가? 하나님은 문제를 정확히 정의하셨다. 그것은 증오의 문제이다.

우리는 법적으로 이 문제를 정리해야 한다. 우리는 누구를 미워하도록 허락되었는가?

다른 영역에서 좌파들이 우파들보다 더 영리해 보인다. 좌파들은 "모욕"이라는 말을 "증오"(혹은 "욕설")이라는 말로 바꾸고 "혐오법"(혹은 "욕설 금지법")을 전세계적으로 도입하여, 무슬림, 동성애자, 이성 복장 착용자 등에 대한 부정적인 말을 억제한다. 이 "혐오법"은 정치적 엘리트의 친구들을 보호하고, 크리스천을 핍박하기 위하여 사용된다. 그러는 중에 일반 시민은 종교적 자유의 근거를 상당히 잃어버렸다. 공적으로 창피를 당하고 법적으로 학대를 받은 사람들 중에는 다음과 같은 사람들이 있다.

두 명의 호주 목사, 대니 날리아(Danny Nalliah)와 다니엘 스콧(Daniel Scot)은 2002-2006년 동안 코란을 인용했다는 이유로 법정에 서게 되었다.(그들은 VCAT이라고 하는 법정에서 패하였으나, 빅토리아 대법원에 항소하여 이겼지만 건강을 잃었고 법률비용으로 50만 달러 이상을 지출했다.)

호주의 가장 성공적인 여자 테니스 선수였다가 목사가 된 마가렛 코트(Margaret Court)는 전통적인 결혼을 옹호하고 게이 결혼을 반대한 이유로 언론의 비난을 받았다. 2017년 코트는 콴타스 항공이 "동성 결혼의 적극적인 후원자"가 되는 것을 비난하는 공개 서한을 썼다.[6] 극렬 좌파들은 언론에서 그녀를 망신 주고, 2003년 이후 그녀를 기리기 위하여 명명한 멜번의 마가렛 코트 아레나에서 마가렛이라는 이름을 삭제할 것을 요청하는 하는 방식으로 대응하였다.

호주의 럭비 선수, 이스라엘 폴라우(Israel Folau)는 2019년 4월 10

일 그의 소셜 미디어에서 죄에 대하여 성경을 인용하였다. 럭비 오스트레일리아는 그 다음 날 그의 3백만 달러의 계약을 취소했다. 폴라우는 럭비를 그만두게 되었고, 비공개 합의를 이루어냈다.

핀란드 국회의원, 파이비 라자넨(Päivi Räsänen)은 15년 이상이 지난 건을 포함하여 독립된 두 건으로 경찰 조사를 받았다. 크리스천 기소 중에서 최고위직 사건일 수 있는 이 사건에서 핀란드 경찰은 이 저명한 크리스천에게 자국의 혐오법을 강요하려고 공격적인 입장을 취했다.

2020년 1월 사건의 전말을 직접 파악하기 위하여, 또 트럼프 행정부가 그녀의 부당한 사례에 귀기울이기를 바라는 마음에서, 저자는 파이비 라자넨과 인터뷰를 했다.

쵸콜란티: "핀란드 경찰이 무슨 혐의로 당신을 고소했나요?"

라 자 넨 : "저는 제가 속해 있는 복음주의 루터교회가 헬싱키의 2019년 LGBT 프라이드의 공식 후원기관이 된다는 선언에 충격을 받았습니다. 6월에 '어떻게 교회의 교리적 근거인 성경이 수치와 죄를 자존심의 대상으로 치켜세우는 것과 양립할 수 있는지?'를 질문하는 글을 트윗했습니다."

"경찰은 2019년 8월 이 게시글에 대하여 범죄가 되는지를 조사하기 시작했습니다. 경찰 심문에 소환되기도 하였습니다. 경찰은 2주 이내에 그 글을 삭제할 수 있을지를 질문했습니다. 나는 그럴 수 없다고 대답했습니다.

나는 로마인에게 보낸 바울 서신에 대하여 질문을 받았고, 동성애를 하는 것은 죄요, 수치라고 말한 의미가 무엇인지를 질문 받았습니다. 저는 우리 모두는 죄인이며, 동성애를 하는 것이 죄라는 것을 오늘날 사람들이 부정한다고 했습니다."

"또 다른 경찰 수사는 제가 16년 전에 쓴 팜플렛과 관련된 것입니다. 그 조사도 8월에 시작되었습니다. 팜플렛에 관하여 아직 심문을 받지는 않았지만 곧 있을 것으로 보입니다."

"그 팜플렛은 핀란드 루터교 재단이 발행한 것입니다. 크리스천 관점에서 성과 결혼에 대한 교회적 정책과 사회적 정책에 대한 입장을 담고 있었습니다. 이전 10월에는 경찰이, 어떤 범죄를 저질렀다고 믿을 근거가 없기 때문에, 더 이상 조사할 필요가 없다고 결론을 내렸습니다."

"검찰 총장은 이 사건을 재조사해 달라는 요청을 받고 경찰과 다른 결론을 내렸습니다. 검찰 총장에 따르면, 동성애자들의 인간 존엄성을 침해한 것이므로 명예훼손의 죄가 인정되며, 특정 그룹에 대하여 혐오를 조장한 죄가 있다고 믿을 근거가 있다는 것입니다. 나의 의도는 성적 소수자를 모욕하는 것이 결코 아니라는 것을 강조했습니다. 나의 비판은 교회의 지도자들을 향한 것이었습니다. 우리 교회법은 '모든 교리는 하나님의 거룩한 말씀에 따라 평가되고 검토되어야 한다'고 쓰여져 있습니다."

쵸콜란티 : "당신이 겪는 개인적인 법적인 소동의 더 넓은 의미는 무엇인가요?"

라 자 넨 : "저는 크리스천으로서, 누가 나의 신앙 및 양심과 다른 의견을 표현한다고 해서, 형법이 정하는 식으로 내가 위협을 받았다거나, 명예훼손이나 모욕을 당했다고는 느끼지 않을 것으로 생각합니다. 핀란드에서 우리는 민주적인 나라에 살고 있고, 우리는 다른 의견을 가질 수 있고 이를 표현할 수 있어야 합니다. 우리는 우리의 감정을 상하게 하는 표현을 참아낼 수 있어야 합니다. 그렇지 않으면 오직 하나의 견해만 정확한 전체주의 체제로 발전할 수 밖에 없습니다."

"우리나라 법에 따르면, 성경이 가르치는 바를 말하고 설교하는 것은 합법입니다. 그렇지만, 예로 결혼은 한 남자와 한 여자가 하는 것이라든가, 동성애 행위의 죄성에 관하여 의견을 표현하는 것은 점점 정치적으로 옳바르지 못함이 되는 것 같고, 입을 다물어야 할 것 같고, 다른 사람들이 눈살을 찌푸리는 것 같은 느낌이 듭니다. 저의 사건이 선례입니다. **성경은 전적으로 합법적인 책이며 우리 교회의 교리적 근거입니다.**"

"성경적 관점을 표현하는 것을 사람들은 더 견디지 못할 것이며, 점점 더 인종적 동요를 유발하는 요소가 있는 것으로 간주할 것이며, 결국 성경을 전파하거나 성경에 접근할 수 있도록 해주는 것이 논리적으로 범죄로 취급될 것입니다. 지금 이미 젊은이들은 성경을 믿는 크리스천으로 분류되는 것을 두려워하는 것으로 보이며, 그렇게 되면 사회적으로 직업적으로 소외될까 염려됩니다. 내 의견으로는, 지금도 특별히 기독교가 공격을 받고 있으며, 미래에는 더욱 더 심하게 공격을 받을 것입니다."

쵸콜란티 : "사람들이 국회의원을 공격할 수 있다면, 누구인들 공격하지 못하겠어요?"

라 자 넨 : "종교의 자유에 큰 위협은 우리가 이 (언론의 자유의) 권리를 행사하지 않는다는 것입니다. 이 경찰 수사가, 국회의원을 포함한 우리 모두에게 헌법과 국제인권협약이 보장하고 있는 기본권을 제한하려 한다는 염려를 불러일으킵니다. 우리는 우리의 권리를 알아야 하고, 이를 사용해야 합니다. 우리에게 닥치는 공격이 아무리 심해도, 논란이 있는 문제에 대하여 크리스천과 보수적인 생각을 가진 사람들이 겁먹어서 조용해지지 않아야 한다는 것이 매우 중요합니다."

쵸콜란티 : "트럼프 대통령에게 정책 변화와 관련하여 조언을 한다면, 어떤 추천을 먼저 하시겠습니까?"

라 자 넨 : "크리스천으로서, 의사로서, 다섯 아이의 어머니로서 그리고 국회의원으로서, 나의 최대 관심사는 인간 생명의 보호와 핍박 받는 크리스천을 돕는 일입니다. 생명

의 고귀함을 보전하고 인간, 특별히 가장 취약한 사람들(태 속의 아이들)의 존엄을 보호하는 정책을 증진시키는 것이 문명화된 사회의 가장 우선적인 일이라고 생각됩니다."

"또 다른 나의 주요 관심사는 핍박 받는 크리스천을 옹호하고 지원하는 일입니다. 「월드 와치 리스트」(*World Watch List*)[7]에 따르면 작년에 2억 6천만 명의 크리스천이 고도의 핍박을 경험하는 지역에 살고 있으며, 최소 4천 명의 크리스천이 그들의 신앙 때문에 목숨을 잃었습니다. 이것은 가슴이 찢어지는 일입니다. 저는 간절히 존경하는 마음으로, 미국이 강력히 모든 사람이 자기 신앙에 따라 살 수 있는 진정한 종교의 자유를 주창하기를 희망합니다."

나는 국회의원 라자넨에게 시간을 할애해 준 것과 우리 대화에 두 가지 결론을 내려 준 것에 감사드린다.

첫째, 크리스천들은 종교의 자유보다 낙태의 죄에 더 많은 관심이 있는 것 같다. 낙태의 문제에 대해서, 크리스천은 집단으로 행동하고 있다. 그들은 자신을 방어할 수 없는 무죄한 아이들을 방어하기 위하여 연대한다. 태어나지 않은 생명을 위한 조직, 생명을 위한 행진은 매년 DC와 미국 전역에서 평화로운 행진을 위하여 연합한다. 2019년 1월, DC 행진과 연합한 주 행진에는 약 50만 명의 평화로운 참가자가 태어나지 않은 생명을 보호하기 위하여 행진했다. 2020년

1월 22일 내셔널 몰에서는 도널드 트럼프가 미국 역사상 처음 대통령으로서 생명을 위한 행진에서 연설하였다. 크리스천들은 연합하여 생명권에 대하여 강력한 입장을 취하였고, 실제로 결실이 있어 트럼프 대통령은 많은 생명 존중 정책을 채택하였다. 이것이, 어린 생명을 보호하자는 주장과, 엄마에게 편리한 산아제한 방법으로 아이를 죽일 수 있는 "선택권"을 주자는 논쟁에서 보수주의자가 이길 것이라 내가 믿는 이유이다.

종교의 자유에 관한 문제에서는 크리스천들이 함께 연대하지 않는다. 파이비 라자넨은 자신을 방어하기 위해 혼자 노력한다. 종교의 자유는 크리스천이 한 명씩 죽어감에 따라 조용히 죽어간다. 이것이 보수주의자들이, 세계의 리더로서의 미국의 위상을 위험하게 만드는 다른 도덕적 전선에서 근거를 잃어가는 이유이다.

그렇게 강력한 개인적인 압력에도 불구하고 라자넨의 관심은 자신이 아니고 오히려 낙태죄이다. 이것은 교회가 취하는 입장이기도 하다. 성인 크리스천을 보호하는 것이 어린 생명을 생명을 보호하는 것보다 교회의 관심도에서 더 높지 않다. 하지만 종국적으로 교회가 스스로를 위하여 일어서지 않으면, 어린 생명 보호를 포함한 어떤 성경 원리도 지킬 수 없게 될 것이다.

둘째, 현재 크리스천이 스스로를 지키기 위하여 사용하는 언어는 너무 "점잖고 친절해서", 필요한 변화를 이끌어 내지 못할 것이다. 예를 들면 라자넨 장관의 자기 방어는 너무 적극적인 프레임으로 구성되어 있다. 달리 말하면, "나는 아무도 상처를 줄 의도가 없었으며, 심지어 다른 사람이 나에게 상처를 주더라도 나는 상처를 받지 않는다. 왜냐하면 그것이 언론의 자유가 의미하는 바이니까." 이제 그녀의 탄생하지 않은 아이를 위한 변호와 비교해 보라. "태어날 준비가 다 된 아이를 죽이는 것은 아이의 존엄을 심각하게 침해하는 것이다." 어떤 변호가 더 효과적이겠는가?

크리스천들은 태아의 생명 보호라는 전투에서는 많은 진전을 보이고 있다. 이것은 살아 있는 태아의 안전한 공간인 모태에서 사지가 절단되면서 끌려나오는 과정에 대한 진실을 두려움 없이 말하기 때문이다.

크리스천이, 세계 평화를 위해서도 반드시 필요한, 종교적인 박해에 대한 실질적인 진전을 이루어 내고자 한다면, 그들의 박해에 대한 진실을 강력히, 그리고 같은 정도로 용기 있게 외쳐야 한다. 교회가 스스로를 위해서 일어서지 않으면, 누가 보호해 주러 올 것인가?

보수주의자들이 종교의 자유를 부정적인 문장으로 표현할 때까지 우리는 계속 패배할 것이다. 여기서 정치적 · 법적 질문을 한다면, 우리는 누구를 미워하도록 허락되었으며, 누구를 미워하도록 허락되지 않았나?

하나님은 제3계명을 부정적으로 표현하고 있다. 이 오래된 명령을 나의 방식으로 해석하면 다음과 같다.

> "너희가 나의 아들 예수, 나의 말 성경, 나의 백성 교회를 미워하도록 허락하지 않는다."

이 계명이 나라가 생길 때부터 확실히 기록이 되었더라면, 우리는 많은 가슴 아픈 일을 피할 수 있었을 것이다. 우리 건국 아버지들의 실수 중 하나는, 첫 번째 개헌이 물론 좋기는 하지만 제3계명보다 더 좋은 것으로 생각한 것이다. 우리는 그렇지 않음을 발견한다. 종교의 자유를 더 강하게 보장했더라면, 우리는 좀 상하기는 했어도 기독교적인 토대의 나머지는 있을 것이고, 그러면 그로써 공격들을 물리칠 수 있었을 것이다.

미국에서 흑인이 될 자유도 있고, 게이가 될 자유도 있고, 무슬림이 될 자유도 있으며, 이를 위해 자신을 변호할 필요가 없다. 그러나 당신이 성경 말씀을 인용하는 크리스천 교사이거나, 대중 앞에서 기도하는 크리스천 운동선수이거나, 창조를 믿는 크리스천 학생이라면, 당신은 스스로를 설명해야 된다. 이러한 사람들은 동료에게 괴롭힘을 당한다.

나는 크리스천을 향한 증오, 편협, 괴롭힘, 차별을 거부한다. 나는 정치적 옳바름에 맞추어진 기독교를 거부한다. 나는 국가나 국가 기관이 어떤 이념이라도 내게 강요하는 것을 거부한다. 나는 성경의 어떤 진리에 재갈을 물리고 그래서 일부가 삭제된 기독교 버전을 거부한다.

나는 대중 앞에서 크리스천이 될 자유가 있으며, 공적으로 성경을 믿을 자유가 있으며, 공적으로 이를 실행할 자유가 있다.

많은 동료 크리스천들이 이렇게 느끼지 않는다. 그들은 위협을 느끼며, 겁먹고, 괴롭힘 당하고, 그들의 기독교 신앙을 공적으로 표현하기를 부끄러워한다.

공격 당하는 종교의 자유

대부분의 사람들은 종교의 자유가 무엇인지, 그것이 왜 중요한지, 어디서 왔는지, 그리고 심지어 일곱 가지의 신앙의 자유가 있다는 사실을 모른다. 세속적인 사람들은 크리스천들에게, "당신은 예배할 자유가 있어, 교회 안에서 해. 너희가 원하는 바를 설교할 자유가 있어, 하지만 대중에게는 하지 말고 너희들 사이에서만 하면 돼"라고 한다.

그것은 종교의 자유가 아니다. 그것은 예배의 자유로 축소하는 것이다. 그 둘은 하나도 아니고 같은 것도 아니다. 종교의 자유는 예배의 자유 이상이다. 그것은 예배의 자유를 포함하지만, 공적으로 크리스천이 될 자유, 어디서나 내가 원하는 곳에서 성경을 읽거나, 말하거나 공부할 수 있는 자유도 포함한다.

마태복음 10장 32-33절에서 예수님은 다음과 같이 말씀하셨다.

> "누구든지 사람 앞에서 나를 시인하면 나도 하늘에 계신 내 아버지 앞에서 그를 시인할 것이요, 누구든지 사람 앞에서 나를 부인하면 나도 하늘에 계신 내 아버지 앞에서 그를 부인하리라"(마 10:32-33)

나는 언제나 이 구절을 구원을 의미하는 것으로 심각하게 생각했다. 로마서 10장뿐만 아니라, 마태복음 10장은 공적 고백이 우리의 구원을 이룬다고 말하고 있다. 지속적인 그리스도에 대한 공적 고백이 우리의 신앙을 정의한다.

"내가 온 것은 '사람이 그 아버지와', '딸이 어머니와', '며느리가 시어머니'와 불화하게 하려 함이니, 사람의 원수가 집안 식구리라 아버지나 어머니를 나보다 더 사랑하는 자는 내게 합당하지 아니하고, 아들이나 딸을 나보다 더 사랑하는 자도 내게 합당하지 아니하며 또 자기 십자가를 지고 나를 따르지 않는 자도 내게 합당하지 아니하니라 자기 목숨을 얻는 자는 잃을 것이요 나를 위하여 자기 목숨을 잃는 자는 얻으리라"(마10:35-39)[8]

충돌은 기독교에만 있다. 불관용은 크리스천을 향한 것이다. 세속화된 서구에서 다른 모든 종교는 자유롭게 통과된다. 요가는 문화적 훈련으로 표현된 힌두교이다. 지금은 공립학교에서 환영받고 있다. 불상은 종교적 우상이지만, 현대의 장식물로 인정된다.(진짜 불교신자는 이를 폄하하는 것이라고 싫어한다. 태국에서는 외국인이 부처를 장식품으로 사는 것에 반대하는 캠페인이 있다.) 히잡은 여성을 단정하게 해주는 이슬람 머리 가리개이다. 아랍어로 이는 "여자를 공적인 장소에 있는 남자로부터 격리하는 장벽, 분리, 은둔"을 의미한다. 그럼에도 공공장소에서 멋으로 이를 착용한다. 사우디아라비아, 이란, 인도네시아 아세(Aceh) 지역에서는 샤리아 법에 따라 의무적으로 이를 착용해야 한다. 이란 여성에게 그것이 무엇을 의미하는지, 또 왜 이슬람 전체주의에 반대할 때 그것을 벗는지를 물어보라. 히잡을 좋아한다면 착용하라. 그러나 좋아하지 않는다면 강요하지는 않는다. 이것은 거짓 겸손이며, 자유가 아니며, 국가 안전에 대한 도전이다. 서구의 변론가들은 히잡을 페미니즘이나 패션의 상징이라고 주장한다. 그들은 학교 모임에서 주기도문, 공립학교 지붕에 십자가를 다는 것, 모든 교실에 놓여 있는 성경을 히잡과 똑같이 환영할까?

크리스천에 대한 자유 침해는 실제이다. 대부분의 정치인들은 이에 대하여 무엇을 할 수 있나? 작년(2019년)에 호주에서 실시된 종교의 자유에 관한 전문가 패널인 "종교의 자유 검토"에서 수상 및 장관들에게 전달하기 위한 대중의 의견을 받았다. 대부분의 그런 조사들과 마찬가지로 대중을 조용하게 만드는 정도의 형식적이고 정치적인 평가로 끝날 것이다.

호주 같은 위대한 나라에서도 종교의 자유가 침해당하는 문제를 겪는가?(트럼프 대통령이 핀란드, 호주, 남북한을 다룰 때 도움이 되도록, 나는 전세계의 사례를 사용한다. 나는 종교의 자유를 보장하지 않는 지도자를 결코 신뢰하지 않는다.)

호주의 헌법은 많은 점에서 미국 헌법을 흉내내고 있다. 대부분의 호주 크리스천에게 종교의 자유가 보장되고 있는지를 물으면, 사실상 아무도 모르며, 아는 사람이 있어도 이 기본적인 자유는 어디에 명시되어 있는지를 말할 수 있는 사람은 거의 없다.

미국에서는 제1차 헌법 개정 "권리장전"에 포함되어 있지만, 호주의 경우 헌법 116조에 묻혀 있다.

> "연방은 종교를 설립하기 위한, 혹은 종교의 실천을 강요하기 위한, 혹은 어떤 종교이든 이의 실천을 금지하는 어떤 법도 제정할 수 없으며, 연방의 공적 신뢰 혹은 직임에 적합한

지를 따지기 위하여 종교를 검토해서는 안된다."

미국과 같이 이 법은 연방에만 적용된다. 호주의 주는 원하는 대로 종교를 강요하거나 제한할 수 있다. 미국의 50주도 마찬가지다. 핀란드도 헌법 11편에 비슷한 조항이 있다.

> "모든 사람은 종교와 양심의 자유가 있다. 종교와 양심의 자유는 종교를 고백하고 실행하는 권리, 자기의 믿는 바를 표현할 권리, 어떤 종교 공동체의 회원이 되거나 이를 거부할 권리를 포함한다. 아무도 자기의 양심에 반하여 어떤 종교의 실행에 참여하도록 강요 받지 않는다."

이러한 헌법적 보장이 있는데 왜 다니엘 스콧이나 파이비 라자넨 같은 사람이 국가의 박해를 받는가? 대부분의 국회의원이나 정치인이 종교의 자유가 무엇인지, 왜 그것이 중요한지, 어디서 그것이 왔는지를 모르기 때문이다. 어떻게 그들이 점점 증가하는 적대감과 무관용에 대항하여 종교의 자유를 지킬 수 있겠는가?

국회의원이 모른다면 투표자들은 어떻겠는가? 투표자들은 이에 대한 위협이 어떠한지를 모르면서 어떻게 종교의 자유 보호를 위해 투표하겠는가? 교육 성과가 장기적으로 계속 하락하고 있는[9] 우리의 어린이들은 어떻겠는가? 이들은 공립학교 교사들에 의해서 지속적으로 기후 이단에 가입하게 되고, 진정한 살아계신 하나님을 부인하도록 배우게 된다.

우리는 사실상 새로운 세대의 종교 박해자들을 양성하고 있다. 나는 나의 아이들의 공립학교에서 이를 관찰해 왔다. 교사들과 학생들은 한 덩어리가 되어 하나님을 미워하고, 트럼프 대통령을 미워하고 미국을 미워한다.

내가 조사한 호주 어린이 중, 종교의 자유가 호주 헌법에 정의되어 있지만 이에 관해서 학교에서 배운 사람은 아무도 없었다. 우리나라의 현재 법 집행자와 변호사 중 다수가 우리가 완전한 종교 실행의 법적 보장을 받고 있다는 사실을 모른다.

2015년 12월 4일 10시 30분에 조지 유세프(George Youssef)라는 길거리 설교자가 죄 목록을 언급한 고린도전서 6장 9-10절을 인용하고 있었다. 한 술취한 사람이 오퍼레이션 513이라는 전도 단체의 설교자 그룹에 다가와 그들을 모욕하고 욕하기 시작했다.

오퍼레이션 513은 시의회로부터 허가를 받았고, 1992년 평화집회법에 따라 그곳에 있을 수 있었다. 경찰이 나타나서 평화적이고 합법적인 집회를 방해하고 있는 술취한 사람을 체포하는 대신, 합법적으로 행동하고 있는 설교자를, 성경의 내용이 대중에게 공격적인 것으로 간주하여 체포했다.

경찰은 크리스천 설교자들에 대하여 그 사건을 1년간 조사했다. 그보다 나은 할 일이 없었을까? 2016년 사우스포트의 치안판사가 조지 유세프의 변호사와 책임질 일이 없음을 동의하고 기각함으로써 이 사건은 끝났다.

이 문제는 법률적인 문제라기보다는, 기독교의 엄청난 유익, 종교의 자유를 위하여 많은 선한 사람들이 지불한 비용, 종교적 박해자의 역겨운 역사 등에 대하여 교육이 충분하지 않아서 발생한 것이다. 나는 감히 말하건대, 교사도 대부분 모르기 때문에 대부분의 학생도 그에 관해서 모른다.

미국과 호주 모두 우리 크리스천들은 대중 앞에서 성경을 인용할 권리가 있다는 사실을 강조하고 싶다. 공적인 곳에서 성경을 읽을 권리도 있다. 공공장소에서 성경을 말할 권리도 있다. 우리가 이것을 사용하지 않으면 잃을 수도 있다.

우리 중 얼마나 많은 사람이 공공장소에서 성경을 읽고 말할 수 있는 자유를 사용하고 있나? 이것은 종교의 자유 중 가장 기본이다.

호주, 캐나다가 속해 있고, 한때 미국도 속해 있었던 영연방과 영국의 종교의 자유 역사를 간단히 살펴본다. 오늘날 과거의 전쟁을 아는 사람은 거의 없다. 크리스천들이 장대 위에서 화형을 당했고, 감옥에 갇혔고, 종교의 자유를 위하여 해외로 망명하기도 했다.

윌리엄 틴데일(William Tyndale)은 성경을 영어로 번역한 이유로 1536년 교살 당한 후에 화형되었다. 그의 소망은 모든 영어 사용자들이 영어 성경을 스스로 읽는 것이었다. 일년 후인 1537년 왕명으로 성경을 대중 앞에서 읽는 것이 합법화되었다. 이 권리는 1547년 또다른 왕명으로 재확인되었다. 존 번연(John Bunyan)은 영국에서 복음을 자유롭게 설교할 수 있는 권리를 위하여 베드포드 카운티 감옥에서 1660년부터 1672년까지 12년을 보냈다. 우리는 이 권리를 감히 당연한 것으로 받아들이는가? 내가 대학에서 학생 리더로 일할 때 가끔 크리스천들을 초대했다. "같이 가서 복음을 전하자! 학생회에 같이 가서 복음을 전하자!"라고 했지만, 매우 소수의 학생만이 이 나라에서 우리가 가진 권리를 활용했다. 이 권리가 없어진다고 생각해 보라.

아서 필립스(Arthur Phillip) 선장의 1함대[10]가 1787년 호주에 도착했을 때, 영국에서는 아직도 완전한 종교의 자유가 없었다. 그때 영국 정부는 로마 카톨릭에 반대하였고, 카톨릭 신자들은 땅을 소유할 수가 없었다. 개신교를 칭하는 비순응주의자(나는 적합한 이름이라고 생각한다)는 영국을 버리고 종교의 자유를 찾아 호주로 왔다. 오늘날 몇명의 "비순응 개신교도"가 남아 있을까? 너무나 많은 사람들이 순응주의자가 되었다!

1788년 성공회가 영국 국교가 된 이후 처음으로 로마 카톨릭교도들은 땅을 살 수 있도록 허락되었다.

1828년 비순응주의자, 즉 개신교도들이 특정 공직에 진출하지 못하도록 하는 검증법을 폐지하였다.

1838년에서 1841년까지 호주에 정착한 첫 번째 독일인 대량 유입이 있었는데, 종교적 박해와 차별을 피하여 온 것이다. 그들은 하나님께 감사하게도, 그들이 이주해온 직후인 1870년대에 종교의 자유를 제한하는 극히 강압적인 법이 통과되었고, 1930년대에는 정치적 올바름을 강요(역자 주: 정치적 관점에서 편견이 없어야 함을 주장하는 용어임. 동성애를 죄라고 하면 정치적으로 올바르지 않게 됨)하는 법이 통과되어 국가 사회주의 이념을 강요했다. 오늘날 우리는 이것을 나치즘이라고 알고 있다. 나치의 나(NA)는 국가(national)를 의미하고 치(ZI)는 "사회주의"[11]를 의미한다. 나치즘은 정치적 올바름의 한 형태에 불과하다. 당신이 그렇게 생각하지 않으면, '국가는 당신의 생각이 틀렸어요'라고 한다.

오늘날 당신이 크리스천으로서 어떤 생각을 하고 있는데, 국가나 국가 기관이 와서 당신 생각이 틀렸다고 말할 수 있을까? 당신이 해고되야 한다거나 처벌 받을 수 있다는 생각을 가지고 있을까? 아마도 많을 것이다.

1930-1940년대에는 나치에 동조하지 않으면 처벌 받거나 살해될 수도 있었다. 불행히도 많은 독일 교회들이 그들의 신앙이나 교회의 가르침은 정부의 이념 아래에 있다는 생각을 받아들였다.

일부 용감한 크리스천 리더들은 1934년 일어서서 바르멘 선언을 작성하였으며, 크리스천 교회는 "단지 그리스도의 소유물"이라고 선언하였다. 말하자면 우리는 국가에 속하지 않았다라고 말하는 것이다. 우리는 어떤 정치가의 지시 아래 있는 것이 아니다. 우리는 그리스도에게 속하였다. 우리는 우리의 창조자와 구속자가 우리에게 하라고 명령하는 것에 순종해야 한다.

이들 독일 크리스천은 그 시대 정부의 강압인 나치를 거부했고 하나님의 말씀을 최종의 권위로 믿고 이에 굳건히 섰다. 정부는 바뀔 수 있다. 이념도 바뀔 수 있다. 그러나 하나님의 말씀은 불변이다.

나는 정치적으로 올바른 기독교 버전을 거부한다. 우리의 신앙은, 세속적이며 무신론 신념을 포함한 어떤 신념과 마찬가지로 공적이어야 한다. 국가는 어떤 신념체계를 나와 당신에게 강요할 수 없다. 그것은 국가 종교나 국가 이념이다. 당신은 그들에게 나는 거부한다라고 말할 권리가 있다.

일반 시민이 종교의 자유에 관한 메시지 혹은 요구를 거부하면 어떻게 되나? 그들이 이 자유에 반하는 트렌드를 이해하지 못하면 어떻게 하나? 선한 사람들이 아무 행동도 하지 않으면 어떻게 되나?

그러면 미국이나 호주의 법을 만들어 가야겠다고 더 결의에 찬 임무를 가진 사람들이 우리 삶의 방식을 변경할 것이다. 대부분의 사람들은 믿기 어렵겠지만, 2010년 이슬람해방당이라고 하는 이슬람 조직이 호주를 전세계 이슬람 국가의 일부로 만들 목표를 가지고, 191개조의 이슬람 헌법 초안을 작성하였다.

7C 절은 다음과 같다. "이슬람을 배교하는 죄(무르타드)를 범한 사람은 배교법에 따라 처형한다."

하지만 호주에 온 많은 사람들은 이러한 본국의 무관용을 피해서 도망 온 사람들이다. 뱅크스타운의 한 회의에 참가하고 있던, 전에 무슬림이었던 샤킬 아메드(Shakil Ahmed)는 겁에 질려, "내가 내 나라를 떠나온 주된 이유가 나 자신의 안전에 대한 염려였다. 나는 이제 겨우 여기에 왔는데 그들은 변하지 않았고, 그들이 여기에 벌써 와 있으며, 또 다시 나를 죽이려 한다."[12]라고 말했다.

정의: 우리의 남겨진 사명

제3의 대각성이 일어나려면, 크리스천이 성경의 정의에 대하여 각성해야 하고, 정의로운 사회에서 하나님의 법의 역할을 평가할 수 있어야 한다. 다른 신앙이 기독교 신앙보다 훨씬 더 잘 조직되어 있는 것처럼 보인다. 유대인들은 다양한 견해를 가지고 있지만, 그들에게 삶의 기준이 되는 명확한 신념체계를 가지고 있다. 그들은 토라에 대해 동의할 수 있고, 코셔법(유대인들의 정결법)에 따라 살아갈 수 있다. 무슬림 역시 다양한 견해가 있지만(시아와 수니는 서로 눈을 마주치지 않음), 그들도 분명한 신념 체계가 있다. 코란에 대하여 동의하며, 어디에 가든지 첫 단계로 할랄법을 지키고, 그 다음 단계로 샤리아법을 지킨다. 이것이 이슬람해방당 같은 그룹이 호주를 위해 헌법 초안을 작성하는 이유이다. 그들은 자신의 모스크뿐만 아니라 나라 전체를 위한 계획과 이상을 가지고 있다.

우리 크리스천은 헌법과 같은 형태로 우리의 분명한 신념 체계를 작성하고 출판할 수 있는 권리가 있나? 우리도 그렇게 할 수 있나?

성경적으로 우리도 할 수 있다. 성경은 신앙공동체뿐만 아니라 일반 정부를 위한 모범도 된다.

그런데 우리는 그렇게 할 의사가 있는가?

크리스천들은 크리스천 행동의 중요성과 정부에 우리의 대표자가 있어야 한다는 점에 대하여 의견이 일치하지 않기 때문에 어려워 보인다. 일부 크리스천은 홈스쿨을 하지만, 공교육을 더 윤리적으로 또 기독교에 대하여 더 관용적이 되도록 개혁해야 할 중요성은 보지 못한다. 어떤 크리스천들은 주님이 곧 오실 것으로 믿고 세상 종말을 기다린다. 그들은 대체로 종교의 자유를 위한 싸움과 동료들의 운명을 개선하기 위한 싸움을 포기하였다. 나는 그들에게 "내가 올 때까지 점령하라"[13]는 지금도 여전히 유효한, 교회에 주신 예수님의 명령을 상기시키고 싶다.

크리스천의 대각성 효과

제1차 및 제2차 대각성 기간에는 도시 전체가 예수께로 돌아왔다. 제3차 대각성 기간에는 나라 전체가, 특별히 법률 구조와 정부 시스템이 "양"의 나라가 되도록 정비되어야 한다. 이것이 마태복음 25장에 기술된 예수님 오시기 전 종말 시점의 조건이다.

"모든 민족을 그 앞에 모으고 각각 구분하기를 목자가 양과 염소를 구분하는 것 같이 하여 양은 그 오른편에 염소는 왼편에 두리라"(마 25:32)[14]

우리는 양심의 자유를 그 어떤 덕목보다 상위에 두므로, 비록 신정정치를 이루지는 못하겠지만, 하나님 나라의 문화가 사회 각층을 지배하고 영향을 끼치도록 해야 한다. 예수님을 "주여"라고 부르면서 주님의 말씀이 밀려나고 주님의 이름이 매일 더럽혀지도록 해서는 안 된다. 그것은 불결한 것이며, 부당한 것이다.

그러면 어떤 가치와 이상을 어느 정도까지 크리스천들은 증진시켜야 하나? 반가운 소식은 모든 크리스천이 다 동의하지 않아도 된다는 것이다. 이 사실은 이미 호주의 판례에서 확립되었다. 2002년 게이 커플이 크리스천 웨슬리 미션이라는 위탁 기관을 표적으로 삼았다. 그들이 방문해서는 위탁 부모가 되겠다고 요청했다. 물론 다른 곳에 갈 수도 있었겠지만 그렇게 하지 않았다. 그들은 특별히 기독교 기관을 선택했다. 웨슬리 미션은 정중하게 거절하면서, 자신들의 가이드라인에 따라서 그렇게 할 수 없다고 했다. 그들은 웨슬리 및 성경적 신앙을 따른다고 말했다.

그 게이 커플은 시간을 낭비하지 않았다. 그들은 자신들이 준비가 잘 되어 있음에도 불구하고 차별을 당했다고 즉시 고소했다. 그들의 핵심 주장은, 웨슬리 미션이 전통적인 결혼을 더 선호하는데 이 전통적인 결혼은 모든 크리스천 교회의 교리 혹은 기독교가 전반적인 교리가 아니며, 진통적인 결혼은 단순히 웨슬리 미션의 선호일 뿐이라는 것이었다.

그들의 주장을 위하여 변호사들은 성경을 믿지 않는 자유주의 목사(주변에 그러한 목사는 많다)를 찾았고, 그 목사는 법정에 서서 판사에게 남자와 여자의 결혼이 성경의 교리가 아니라고 했다.

하급심에서는 자유주의 목사의 편을 들었지만, 웨슬리 미션은 항소했다. 뉴 사우스 웨일즈 항소법원은 교리는 모든 기독교계가 일괄적으로 다 교리로 받아들여야 할 필요는 없다고 판결했다.[15] 항소법원은 자유주의 목사에 현혹당하지 않고 현명하게 판단하여 사건을 파기환송하여 원심 법원이 재심의 하도록 결정하였다. 이 결정은 하급심의 판결을 뒤집는 것과 동일한 효력을 가졌다.

달리 말하자면, 크리스천들이 특정 기독교 법이나 기독교를 여러 주에서 인정해 주도록 요청할 근거가 생겼으며, 주장하는 바가 모든 사람들이 동의하는 것일 필요는 없다는 것이다. 어느 교단 출신이냐에 상관없이 당신이 종교의 자유를 사용하기 시작한다면, 주 헌법이나 혹은 새로운 법으로 보호해 달라고 요구할 수 있으며, 연방 정부로 하여금 표현의 자유를 더 잘 보호해 줄 것을 요청할 수도 있다. 우리는 공립학교에서 성경을 가르치라고 요구할 수 있으며, 기도로 아침 모임을 시작하도록 요구할 수도 있다. 기도하는 방법이나 성경에서 어떤 교훈을 가르쳐야 할지에 대해서 모든 사람이 합의할 필요는 없다. 법원은 이를 이해하고 있다. 기독교는 다양성을 가지고 있다. 동시에 모든 크리스천들은 기독교의 기본 교리, 성경의 핵심 신조, 특별히 사도신경이나 니케아 신조에 요약된 내용에 대하여 동의한다. 크리스천은 2,000년간 소중한 자유를 위해서 싸우면서 법체계를 구축한 역사도 있다.

7가지 종교의 자유

우리는 7가지 종교의 자유를 보호하는 것에 관하여 명확히 해야 한다. 미국과 호주는 7가지 종교의 자유를 완전하고, 영원하고 적절하게 보호할 필요가 있다.[16] 이것이 우리 사회의 기초가 된다. 이것이 또 다른 모든 자유의 기초가 된다.

1. 공공장소에서 성경을 읽을 자유

이 자유는 1537년 종교개혁이 절정일 때 왕명에 의해서 허용되었고, 1547년 재확인되었다. 오늘날 미국에서는 이 자유가 공격을 당하고 있다.

2. 정부의 간섭없이 성경을 해석할 자유

이 자유는 1559년 법에 의해 확보되었다. 기독교 교리인지 아닌지를 법관이 결정해서는 안된다. 이것은 그들의 영역이 아니다. 그들은 그것을 결정할 자격을 가지고 있지 않다.

3. 예배의 자유

이 자유는 1689년 관용법(Tolerance Act)에 의해 확보되었다. 오늘날에는 정치인들이 모든 종교의 자유를 이 예배의 자유로 한정하려는 위험한 경향이 있다. 그들은 "당신이 개인적으로 예배하는 것은 아무 문제가 없어요, 다만 공공의 장소로 나오지는 마세요."라고 한다. 그것은 자유가 아니다. 그것은 감옥이다.

4.신앙이나 신념을 선택하거나 변경할 자유

1869년 같은 법에 의해 이 자유가 인정되었다. 우리는 이 자유를 서면으로 확보하고 있다. 그러나 한 신념에서 다른 신앙으로 변경하려는 사람을 괴롭히고, 위협하고 심지어 살해함에도 경찰이 이를 보호하기 위한 선제적 행동을 하지 않는다면 그것은 자유가 아니다. 무슬림이었다가 개종한 사람들이 심지어 우리 영토 내에서 당하고 있는 위협을 심각하게 생각해야 한다. 미국은 석유를 보호하기 위해서는 "세계의 경찰" 역할을 가끔 떠맡는다. 미국은 전세계에서 기독교나 또 다른 종교로 개종하는 사람들을 보호하는 데에도 동일한 경찰 역할을 해야 한다. 미국은 자국의 국민에게 이런 자유를 빼앗아 버리는 폭군과는 거래를 하지 말아야 한다.

5. 자신의 종교적 진리를 다른 사람에게 설득하고 설교할 수 있는 자유

이 자유는 1812년 5마일법(Five Mile Act)을 철폐함으로 확보되었다. 과거에 5마일법이라고 하는 악법이 있었다는 사실을 알고 있는가? 그 법이 규정한 금지사항 중에 있는 한 가지는, 비순응 목사들(나는 그들 중의 하나이다), 즉 국가가 설립한 종교(당시 성공회)에 순응하지 않는 목사들은 국회의원이 있는 동네 5마일 이내에서는 복음을 설교할 수 없게 한 것이다. 1812년 의회가 이 법을 폐지하였다는 것은 공적인 장소에서 설교할 수 있는 자유를 인정하였다는 것을 의미한다. 학생들은 이에 대해서 배우는가? 교사들은 알고 있는가? 그렇게 해야 한다.

6. 예배 장소를 설립할 수 있는 자유

성공회 외의 예배를 가족 외에 5명 이상이 모일 수 없도록 한 비밀 집회법(Conventicle Act)을 1812년 폐지함으로써, 이 자유가 확보되었다. 당신이 성공회 교도가 아니라면 그때까지는 5명 이상의 모임을 가질 수 없었다는 사실을 알고 있는가?

의회가 그 악법을 폐지시켰을 때, 그들은 예배 장소를 설립할 자유를 인정했음을 의미한다.

세속적인 무신론자와 교회가 건물을 지으려면 이를 거부하는 사람들로 시의회가 가득차게 된 오늘날 이 자유에 어떤 일이 일어나고 있나? 우리의 자유는 잘려 나가고 있다. 이 의회원들은 법의 기술적인 측면을 이용하는 경향이 있다. 그들은 예배 장소를 건축하기 위하여 필요한 주차공간을 이유로 예배 장소를 건축하는 것을 불가능하게 만들고 있다. 밀도가 높은 거주지역에서 주차공간 요건을 충족하기는 불가능하다. 교회는 일주일에 한 번 혹은 두 번 교통량이 많지 않은 시간에 모이는데, 쇼핑센터나 다른 상업적 건물에 적용되는 엄격한 규정을 적용해서는 안된다. 세속주의자들은 몰래 종교의 자유, 특히 예배 장소를 설립할 자유를 공격하고 있다. 그들은 시계를 200년 전으로 되돌리고 있다.

그들은 왜 이런 짓을 하나? 일부는 종교에 대하여 그렇게 교육을 받지 않았을 것으로 안다. 그들이 종교의 자유와 관련된 역사를 알고 있거나, 종교의 자유가 우리 나라의 전통에 얼마나 중요한지를 알고 있다고 생각하지 않는다.

7. 공직에 진출하거나 선거에 출마하거나 교육과 같은 특정 직업을 가지기 위해 어떤 세계관 혹은 어떤 신념에 동의하도록 강요 받지 않을 자유

정치적 올바름이나 핑크 공산주의(잔인한 적색 공산주의에 반대하는)를 통해서 세속적인 신념체계를 정부가 수립하고 있음을 우리는 본다. 당신이 그들의 방식에 동의하지 않으면, 당신은 잘못된 신념을 가지고 있는 것이며, 따라서 당신은 특정 자격이나 직업에 적합하지 않다라고 그들은 말한다.

정치적 올바름이란, 국가가 시민에게 "당신의 신념은 잘못된 것이다"라고 말하는 것이다. 과거에는 그 신념이란 것은 국가가 설립한 한 교파였다. 헌법 초안자들은, 국가가 강요하는 신념이 세속적인 영역, 반종교적인 선동 혹은 무신론적 신념체계로부터 올 수도 있다는 것을 예상하지 못하였다.

공직자들을 위한 종교 검증이 시행되고 있는데, 이것은 전투적인 무신론과 그의 자매인 핑크 공산주의로부터 온다. 심지어 보수주의자들도 정치적 보복이 두려워 어떤 종류의 죄에 대하여 성경말씀을 인용하기가 부담스럽다. 정부가 우리에게 우리의 신념이 틀렸다, 즉 정부가 승인한 신념이 아니다라고 하는 위협이 증가되고 있으므로 이에 대하여 우리는 종교의 자유를 지켜야만 한다.

나는 모든 종류의 정치적 올바름 사상에 반대한다. 나는 정치적으로 올바른 기독교도 반대한다. 나는 세계의 지도자들이 정치적 올바름에 반대하고 7가지 종교의 자유를 보호하기 위하여 즉시 일어설 것을 주장한다. 이 자유를 우리 헌법의 일부로 만들어라.

세계 평화

최대의 종교 박해자, 또 그 때문에 인류의 최대 박해자는 공산주의다. 공산주의 지도자들은 평화 시에 자국의 시민 1억 명을 살해했다. 이 숫자는 역사상 모든 종교가 저지른 숫자보다 많다.

우리 대부분은 20세기 말에 공산주의는 종료되었다고 믿었지만, 21세기에 들어서서 우리는 미국, 유럽, 대한민국, 동남아가 신마르크스주의, 핑크 공산주의의 시대에 돌입했음을 볼 수 있다. 문화적 공산주의가 전세계 젊은이의 견해와 삶에 영향을 미치고 있다는 증거를 우리는 목격한다. 트럼프 대통령은 핑크 공산주의와 반종교적 감성이 연결되어 있음을 알아차린다. 2020년 1월 16일 종교자유의 날에 대통령은 다음과 같이 말했다.

> "불행하게도 종교의 자유를 처벌하고 제한하고 심지어는 금지하려는 극좌의 전체주의 충동이 증가하고 있습니다. 10년, 15년, 20년 전으로 거슬러 올라가 보면, 그것은 일어나리라 상상하지도 못했던 그러한 일입니다. 아무도 그러한 일이 일어날 수 있다고 생각지 못했습니다.
>
> 이것이 바로 오늘, 이 정부가 우리의 공립학교에서 종교의 자유를 보호하기 위한 강력한 새로운 가이드라인을 발표하는 이유입니다. 학생과 교사가 자유롭게, 기도를 포함하여 자신의 종교를 실행할 자유를 항상 보호할 것입니다. 그래서 우리는 이를 "기도할 자유"라고 부를 것입니다."

오바마 행정부는 미국 역사상 가장 반기독교적이었다. 이는 심하게 좌편향되었고, 크리스천들을 사소한 재판에서 보호하지 않았고, 심지어는 뉴햄프셔주의 미국 보훈병원에서 성경을 전시했다는 이유로 연방 정부가 고발까지 하였다. 보훈부 장관 로버트 윌키(Robert Wilkie)는 부드럽게 말하는 관리형 사람으로 묘사되는데, 소송으로 "겁먹지" 않겠다고 말했다. 보훈병원에서 성경을 전시하는 것은 자유의 문제이며, 보훈 의료 시스템에서 크리스천 심볼을 제거하려는 오바마 행정부의 시도는 실수라고 말했다. "지난 정부는 … 종교적 토대, 군인에 대한 종교적 지원에 관하여 미국 역사를 알지 못했다."[17]

이에 대하여 부통령 마이크 펜스는 2019년 8월 29일 트위터에서 다음과 같이 말했다.

> "지난 정부는 정치적 올바름을 위하여 성경을 제거하는 중이었고, 심지어는 크리스마스 캐롤도 금지하는 중이었지만 트럼프 대통령 하에서 보훈병원은 종교 없는 장소가 되지 않을 것이다. 뉴햄프셔 보훈처에 대한 메시지, 성경은 **그대로!**"[18]

좌파의 종교에 대한 이러한 공격과 법적 책략을 성경은 비유적으로 "포도원을 허무는 작은 여우"[19]라고 부른다. 이것들은 자유를 갉아먹는 작은 것들이다. 크리스천 참전용사를 약간 겁주기, 학계에서 종교를 약간 조롱하기, 미디어에서 성경적 관점을 조금 검열하기, 길거리 전도자들을 경찰이 조금 위협하기 등이다. 이런 핑크 여우들이 집단적으로 행동하면 국가를 내부에서 무너뜨리는 강력한 세력이 된다.

미국은 이런 작은 적들을 내부적으로만이 아니라 외부적으로도 상대하고 있다. 미국의 갈등 및 무역전쟁은 아직은 대체로 공산주의 국가들을 향한 것이다. 중국, 북한, 러시아가 그들이다. 해결책은 영적 부흥인데, 이것은 강요할 수 있는 것이 아니지만, 종교 박해를 종식하고 종교의 자유를 증진시키려는 기독교 국가들과 연합하여 이 일을 촉진시킬 수 있다.

트럼프 대통령이 세계 평화를 달성하기 위하여 노력할 수 있는 것 중의 하나는 세계적으로 광범위하게 퍼진 기독교에 대한 차별을 종식하는 것이다. 미국은 공동의 영적 적인 작은 핑크 여우들로부터 자유를 지키기 위하여, 기독교 국가들과 단순한 경제 무역 동맹을 넘어서, 성경적 영적 동맹으로 관계를 확대해야 한다.

이 동맹을 위한 자연스러운 파트너는 대한민국, 브라질, 폴란드 및 헝가리 같은 기독교 국가이다. 미국은 핑크 공산주의와 경제적, 군사적으로 싸우기보다 혐오 범죄로부터 크리스천들을 보호하며 세계적으로 크리스천 파트너들과 대오를 같이함으로 그것을 격퇴할 수 있다.

예를 들어, 헝가리에서는 친기독교적인 빅토르 오르반(Viktor Orban) 수상이 "사람들은 남자 혹은 여자로 태어난다"는 성경적 진리를 확언하며, 대학에서 더 이상의 성에 대한 연구를 금지시켰다. 핑크 공산주의자들은 전통적인 가족과 생물학적인 성을 포함하여 문화적 표준과 기독교적 가치관을 약화시키길 원한다. 논리와 증거(그들은 이에 귀기울이지 않는다)로 그들과 싸우기보다는, 크리스천을 증오로부터 지켜내는 데 더 노력할 것이다. 이렇게 하면 그들의 패배는 확실하다.

빅토르 오르반이 성과 결혼에 관하여 기독교적인 관점을 표현할 권리를 보호하는 것과 똑같이 브라질의 대통령 자이르 보우소나르 (Jair Bolsonaro)는 혼전순결을 옹호할 권리를 보호하고 있다. 그는 복음주의 여성 목사 다마레스 알베스(Damares Alves)를 여성가족인권부 장관으로 임명하였다. 알베스는 십대들을 향하여 다음의 메시지를 전한다. "결혼을 위하여 성을 아껴두세요." 브라질의 높은 십대 임신율과 HIV 감염율과 싸우기 위하여, 정부는 "나는 기다리기로 선택했다"[20]는 캠페인을 시작했다.

소아성애를 합법화하려는 비뚤어진 학자들과 싸우기보다, 정부는, '그것은 결혼만을 위해서 하나님께서 창조하신 거룩한 행위'라는 성에 관한 성경적 관점을 표현할 수 있는 크리스천들의 권리를 보호하는 것이 더 나은 방법이다. 학계의 오도자인 심리학과 법은 어린이를 성적 대상으로 보려는 선동을 멈추지 않을 것이며, 그들을 멈추게 할 필요도 없다. 우리는 단지 크리스천에 대한 공적 검열과 차별을 중단시켜야 한다. 이념의 자유시장에서 진리는 승리할 것이다.

종교의 자유에 관한 의견을 듣기 위해 2019년 11월, 대한민국에서 영향력 있는 장로교 교회(기쁨의교회)의 박진석 목사와 인터뷰를 했다.

쵸콜란티: "트럼프 대통령은 그 이전 11명의 대통령이 할 수 없었던 일, 북한 지도자와 얼굴을 맞댄 회담을 이루어냈고, 한반도에서 핵전쟁의 위협을 감소시키면서 그 지역에 안정성을 가져다 주었지만, 미국은 대한민국의 젊은이들 사이에서 점점 인기가 떨어져 가는 것 같습니다. 그

들은 점점 덜 기독교적이 되는 것 같기도 합니다. 많은 젊은이들에게 사회주의가 더 매력적이 되었습니다. 목사님께서는 해결책이 무엇이라고 생각하십니까? 어떻게 하면 핑크 공산주의로 향하는 물결을 되돌릴 수 있을까요?"

박 진 석 : "비록 한국이 미국보다 좀 늦게 이 싸움에 뛰어들긴 했지만 미국과 한국은 무척이나 비슷한 싸움을 싸우고 있습니다. 이 싸움은 약 70년 전에 시작되었던 공산주의와 고전적 자유주의 사이에서 벌어졌던 이념 전쟁의 연장입니다. 현재 우리는 신마르크스주의, 신바벨, 세계주의와 싸우고 있습니다.

한국 교회는 비대해졌지만 배금주의에 빠졌습니다. 신세대 목사들은 전세대의 기름부음과 영적 갈급함이 부족합니다. 현재, 교회는 이단 집단과 이단 교리로 어려움을 겪고 있습니다. 한편 한반도는 북한의 핵 확산 문제로 갑론을박을 계속하고 있습니다.

반격에 있어서 한국 교회의 역할에 대한 의견 불일치가 한국 교회 내에 지속되고 있는 것은 사실이지만, 한국 교회 내의 반격은 아직도 공격적으로 진전되고 있습니다. 2019년 6월 이후 많은 기도회가 있었으며, 수백만의 한국 성도들이 광화문 광장에 모여 문 대통령의 퇴진과 나라의 구원을 위해 기도하고 있습니다.

나는 진심으로, 대한민국이 성경 중심의 국가 연대를 위해서 가장 적합하게 준비된 나라라고 믿습니다. 이렇게 대담하게 말씀드리는 것은, 진실된 성경적 복음의 빛의 진정성을 잃지 않고, 이 영적, 지정학적 소임을 전달할 준비가 된 나라로 미국이 선택할 수 있는 나라 중 하나가 대한민국이라고 생각하기 때문입니다."

쵸콜란티 : "저는 기독교의 중심이 아시아로 옮겨졌다는 사실을 대부분의 나라들이 알고 있다고 생각하지 않습니다. 심지어 아시아인들도 기독교를 아직도 '서양 종교'라고 인식합니다만, 세계 최대의 교회들이 대한민국에 있습니다. 왜 한국이, 영적인 국가 연합을 형성할 때 미국이 연대할 자연스러운 대상이라고 생각하십니까?"

박 진 석 : "미국은 기독교 국가로 건국되었습니다. 한국도 1948년 이승만 대통령에 의해서 기독교 국가로 건국되었지만, 그때에 한국 교회 지도자들은 그 당시 서구 열방들이 주로 신봉하던 기독교적 세계관이 점점 더 치열해지는 이념의 도전 앞에서 그 순수성과 확신이 지속적으로 퇴보하고 있음을 보았습니다.

미국의 상황이 매우 어려운 만큼, 대한민국도 어려운 상황에 처해 있습니다. 하나님께서 정의라는 주제로 세계 교회를 새롭게 하고 재조직하고 계시므로, 저는 더 나은 변화를 일으키기 위한 강력한 성경적 세계관을 소유한 한국 교회와 한국을, 미국이 귀중한 동맹으로 여기고 포기하지 않도록 요청합니다. 우리는, 미국이 예수님의 주권 아래 연합하여, 악한 신바벨이라는 세계적 연대를 반격할 거룩한 동맹을 구축할 때 이를 도울 수 있는 가장 잠재력 있는 나라입니다."

쇼콜란티: "목사님은 지금 일본과 화해를 선도하고 계십니다. 왜 이것이 세계 평화에 중요한지 말씀해 주시겠습니까?"

박 진 석 : "미국과 한국의 거룩한 영적 동맹에서 함께해야 할 결정적으로 중요한 나라가 일본입니다. 대한민국은 일본의 신토(역자 주: 조상과 자연을 섬기는 일본 종교) 신앙을 종식시키고 일본을 하나님께서 예비하신 목적으로 이끌 수 있는 유일한 나라입니다."

대한민국은 1910년부터 1945년까지 36년간 일본 제국주의의 통치를 받았습니다. 일본의 타협 없는 전쟁과 한국 민족을 말살하려는 노력 등으로 한국 사람들은 일본인에 대하여 심한 적개심을 가지고 있습니다.

하지만 한국 사람들이 이 증오심을 극복할 수 있다면 영적으로 고난 당하고 있는 일본 사람들을 섬기기에 가장 전략적인 위치에 있습니다. 크리스천은 일본 사람들이 두려움 없는 그리스도의 군사로, 용감한 중생한 사무라이가 되어 국내에서뿐만 아니라 먼 곳까지 영적 부흥을 일으킬 수 있도록 도와야 합니다. 일본인과 한국인은 함께 십자가를 향한 사랑과 동료애로 강력한 영적 연대를 이룰 수 있습니다."

쇼콜란티: "한국과 일본 사이의 긴장을 고려하면, 그 비전은 하나

님의 기적 없이는 성취되기 어려울 것으로 보입니다. 한국과 일본의 영적 연대가 세계에 어떤 영향을 미칠까요?"

박 진 석 : "일본은 세계 3위의 경제대국입니다. 하나님 아버지께서 일본과 화해하실 때, 한국과 일본 연대가 북한에 복음을 전하는 열쇠가 될 것입니다. 또 두 나라는 함께 동남아를 축복하게 될 것이며, 중국의 민주화와 기독교화를 돌보게 될 것입니다. 아시아로부터 중동과 이스라엘을 향하여 복음이 서진할 것입니다."

쵸콜란티 : "하지만 한국 교회의 상황은 최근 퇴보한 것으로 보입니다. 한국인들은 길고 열정적인 기도로 알려졌었지만, 지금 한국은 기도보다 드라마, 케이 팝으로 더 세계에 알려진 것 같습니다."

박 진 석 : "하나님께서 기독교의 전략적 중심을 아시아로 옮기신다고 추정을 해보면, 사탄은 한국의 중심, 한국 교회에 선제공격을 하였습니다.

미국과 미국 교회도 지난 수십 년간 계속 버둥거리고 있습니다. 이 시기에 대한민국은 영적으로 경제적으로 성장했습니다. 그러나 사실은 우리도 말씀을 전하는 영적 토대, 권위, 능력을 상실했습니다. 무역과 외교를 통하여 복음 전파를 지원하는 일에 미국이 한국과 함께 하기를 요청합니다."

박진석 목사님이 시무하시는 교회를 둘러볼 기회가 있었는데 이 교회는 마침 적절한 때에 완공되어 2017년 포항 지진 피해자들을 구출하여 음식과 숙소를 제공할 수 있었다. 대규모 경제적, 사회적 필요를 선점하는 영적 지도력의 한 예이다. 우리의 대화를 3가지 요점으로 정리하면 다음과 같다.

첫째, 기독교 국가로 세워진 나라가 이 지구상에 많지 않다. 아르메니아가 그러하며, 미국이 그러하며, 대한민국이 그러하다. 어떤 나라는 다른 종교로 시작하였으나 기독교 국가로 변한 나라가 있다. 형가리와 폴란드는 유럽에서 기독교 국가로 간주될 수 있다. 대부분 다른 나라는 비기독교 국가이며, 일부는 다른 종교에 대하여 관용적이나, 대부분은 비관용적이며 적극적으로 기독교를 탄압한다. 그러므로 미국의 자연스러운 영적 동맹은 대한민국이다.

둘째, 한국은 세계에서 제일 큰 교회가 있는 곳이다. 여의도순복음교회가 서울에 있으며, 80만 명의 성도가 있다. 그뿐만 아니다. 한국 장로교에도 대형 교회가 많이 있다. 나에게 한국의 장로교는 장로교보다 오히려 미국의 오순절 교단처럼 보인다. 이들 중의 많은 교회는 24시간 기도회가 있고, 교인들이 언제라도 이용할 수 있는 기도실이 있다.

싱가폴과 인도네시아에 있는 대형 교회들을 봐도 기독교 무게 중심이 아시아로 옮겨졌음을 알 수 있다. 그러므로 핑크 공산주의에 대항하는 반격전에서 전략적 동반자를 찾으려면 성경적 정의에 깨어 있는 아시아의 크리스천 지도자를 찾아야 한다.

셋째, 공산주의는 스스로를 통제하는 사람들에게 영적인 적이므로, 이의 세속화 및 중앙집중화의 영향에 대항하는 전쟁에서 이기기 위해서는 영적인 전술이 필요하다. 강력한 교회는 정부에 대하여 도덕적 견제를 할 수 있는 유일한 기구이다. 교회는 정부로부터 독립적이며, 정부 아래 들어가서는 안된다. 크리스천이 지하에 존재할 수는 있지만, 문화에 영향을 미치는 강력한 교회는 오랫동안 지하에 있을 수 없다. 교회는 숨을 쉴 자유의 공기를 필요로 한다. 그러므로 전체주의 정신을 패퇴시킬 수 있는 비군사적인 전술의 하나는, 크리스천에 대한 차별의 종식을 요구하는 국가들의 영적 연합을 형성하는 것이다.

크리스천 개헌은 어떤가?

1863년 2월에 처음 제안되었던 크리스천 개헌안이 헌법 전문에 기독교 하나님을 인정한다는 내용을 포함시킬 뻔하였다. 비슷한 제안이 1874년, 1896년 그리고 1910년에 제출되었지만 통과되지는 못하였다. 마지막 시도는 1954년에 있었는데 투표에 이르지 못하였다.[21]

크리스천 개헌의 문제는, 제3차 대각성이 일어나서 미국 인구의 구성비를 바꾸지 않는다면, 의회를 통과하기 위한 2/3를 확보하기가 가능할 것 같지 않다는 점이다. 우리는 다양한 사회에 살고 있으며, 크리스천 개헌은 크리스천에게 너무 유리하다고 주장한다. 다른 나라들은 불교의 나라, 신토의 나라, 무슬림의 나라라고 부르는 것에 대해 부끄러워하지 않는다. 많은 서양인들은 자신들을 기독교 국가라고 부르는 것에 부끄러움을 느낀다.

현재 우리의 정치 지도자들은 좌파 교육기관에서 교육을 받았으며, 기독교를 혐오하고, 부드러운 공산주의(언론법과 행동 수정을 통하여 다른 사람의 삶을 통제하기 위하여 무슨 짓이라도 한다는 이념)가 주입되어 있다. 그러므로 증오를 종식하는 것을 최우선으로 삼는 것이 좋겠고, 한편으로는 기독교적인 가치가 교단의 교육, 소셜 미디어, 지금 당신이 읽고 있는 이런 책을 통하여 사회에 유기적으로 영향을 미치도록 해야 한다. 하나님께서 제3계명에서 하신 것처럼, 법은 부정적으로 규정하는 것이 좋다.

세계 평화를 위한 계획

크리스천이 지구상에서 가장 핍박 받는 소수라는 사실에 비추어 보면, 모든 평화를 사랑하는 지도자들은 이 특정 그룹에 대한 차별과 학대를 종식시켜야 한다. 다른 종교 그룹을 포함시켰더니 오히려 크리스천의 핍박이 증가되는 결과를 가져왔다. 왜냐하면 공격적이고 전투적인 그룹들은 "혐오언론법"을 이용하고, 기독교 신념이 증오에 해당한다는 주장으로 이를 왜곡하였기 때문이다. 이것은 보기에도 우스꽝스러운 일이다. 기독교 국가는 증오의 나라가 아니다. 기독교 국가는 증오를 피하여 도망하는 사람들의 피난처가 되었다. 기독교 국가는 지구상에서 가장 자유롭고 평화로운 나라들이다. 그러므로 우리는 세계 평화를 위하여 크리스천에 대한 차별을 종식시키기 위하여 협력해야 한다.

평화의 촉진자 도널드 트럼프

도널드 트럼프는 이 임무를 수행하도록 하나님께서 지명한 사람이다. 2017년 5월 4일 트럼프는, 1954년부터 비영리 단체가 특정 정치인을 지지하거나 반대하는 것을 금지시키는 함구령인 존슨 개정안을 무효화시켰다. 2018년 트럼프는 터키에 외교적 압력과 경제 제재를 수개월 지속하였고, 터키 대통령 에르도간(Erdogan)은 2년간 터키 감옥에 수감되어 있던 앤드류 브룬슨(Andrew Brunson) 목사를 석방하였다. 브룬슨 목사는 2018년 10월 12일 집으로 돌아왔고, 다음날 백악관에 초청되어 트럼프 대통령을 위하여 안수기도를 했다. 트럼프는 종교의 자유에 관한 유엔의 첫 회의에 참석하기 위하여 2019년 9월 23일 대부분의 유엔 기후 정상회의에 불참했다. "종교의 자유를 위한 세계의 부름"에서 그가 한 연설은 지금까지 그가 대통령으로 한 연설 중에 가장 중요한 연설로 간주된다.[22] 2020년 1월 16일 트럼프는 공립학교에서 부당하게 기도를 억제하는 것을 종식시키겠다고 맹세했다. 미국의 보건복지부 장관 알렉스 아자(Alex Azar)는 후에, "지금까지 대통령 집무실에 앉았던 대통령 중 가장 위대한 종교의 자유 보호자가 트럼프 대통령이다."[23]라고 언급하였다.

종교의 자유는 첫 번째 자유이다. 모든 다른 자유를 뒷받침한다. 사람들에게는 생각을 비판할 권리가 있지만, 직장에서, 학교에서 혹은 공공장소에서 크리스천을 차별할 자유는 없다. 종교의 자유를 증진시키는 것이 핑크 공산주의라는 작은 여우를 격퇴하는 가장 확실한 방법이다. 그러면 북한이나 중국과 같은 나라도 친구로 만들 수 있다.

제11장

기후 변화교(敎)

: 제 4계명 :

너를 위하여 새긴 우상을 만들지 말고, 또 위로 하늘에 있는 것이나, 아래로 땅에 있는 것이나, 땅 아래 물 속에 있는 것의 어떤 형상도 만들지 말며, 그것들에게 절하지 말며, 그것들을 섬기지 마라. 나 네 하나님 여호와는 질투하는 하나님인즉 나를 미워하는 자의 죄를 갚되, 아버지로부터 아들에게로 삼사 대까지 이르게 하거니와, 나를 사랑하고 내 계명을 지키는 자에게는 천 대까지 은혜를 베푸느니라 (출 20:4)

최초의 환경주의자는 하나님

하나님은 환경주의자이시다. 성경에서 하나님은 땅을 오염하는 사람에게 벌을 내리겠다고 약속하셨다. "이방들이 분노하매 주의 진노가 내려 죽은 자를 심판하시며 종 선지자들과 성도들과 또 작은 자든지 큰 자든지 주의 이름을 경외하는 자들에게 상 주시며 **또 땅을 망하게** 하는 자들을 **멸망시키실** 때로소이다"(계 11:18). 하나님은 자연을 돌보시는 분이시며 그 일을 사람에게 맡기셨다.

세상에 많은 신들이 있지만, 자기 계명에 동물에 대한 온정을 포함한 신은 우리 하나님이 유일하다. 안식일을 기억하여 거룩하게 지키라는 제4계명에서 '가축'이 구체적으로 명시되어 있는 것을 보면 알 수 있다.[1] 인간의 음란으로 인해 세상이 멸망하게 된 노아 시대에도 하나님은 노아에게 명하여 아내와 아들, 며느리뿐 아니라 동물과 새도 최소 암수 한 쌍씩 방주로 이끌어들여 생명을 보존하게 하라고 말씀하셨다. 하나님만이 반(反)환경적 죄를 모두 세는 유일한 분이시며 따라서 하나님의 전지(全知)하심 없이 환경 정의란 있을 수 없다.

기후 변화 옹호론자들의 말은 맞는 말인가

성경적 관점에서 보았을 때 '인간이 지구 날씨에 영향을 끼치고 있다.'라는 기후 활동가의 말이 맞기는 하지만, 그들이 생각하는 방식과는 다른 방식으로 영향을 끼치고 있다. 창세기는 인간의 원죄로 인해 창조 세계가 철저히 파괴되었다고 말한다. 기후 활동가가 이 참된 진리를 알았더라면 플라스틱 빨대와 화석 연료 사용 단속에 치중하는 게 아니라 인간 스스로의 말과 행동을 단속했을 것이고, 그래서 하나님 말씀을 저버리지 않는 것이 환경을 보호할 수 있는 최상의 해결책임을 알았을 텐데 말이다.

신약성경은 우리가 온전히 속량 받을 그날에 피조물도 속량 받기를 고대한다고 말하고 있다. 우리의 처음 속량은 영적 속량이고, 마지막 속량은 육적 속량이다.

> 그 바라는 것은 피조물도 썩어짐의 종 노릇 한데서 해방되어 하나님의 자녀들의 영광의 자유에 이르는 것이니라 피조물이 다 이제까지 함께 탄식하며 함께 고통을 겪고 있는 것을 우리가 아느니라 그뿐 아니라 또한 우리 곧 성령의 처음 익은 열매를 받은 우리까지도 속으로 탄식하여 양자 될 것 곧 우리 몸의 속량을 기다리느니라(롬 8:21-23)

최초의 환경주의자는 하나님이다. 하나님께서는 당신의 구속 계획을 말씀하셨을 때 환경을 언급하지 않아도 되었는데도 언급하셨을 만큼 환경을 신경 쓰시는 분이시다. 그래서 진정한 그리스도인이라면 모두 환경주의자이다. 그러나 유사 환경주의가 있으니 이는 하나님이 창조주이심을, 죄가 환경 파괴범임을 그리고 그리스도가 만물의 구세주임을 부인한다.

역사적으로 사람들은 종교 신념인 것 마냥 '인간이 지구 날씨를 조절할 수 있다.'고 믿어 왔다. 그러나 날씨 조절은 현 과학 수준 밖의 일인데, 과학자들은 날씨의 작동 기제를 거의 이해하지 못할 뿐더러 강수량, 심지어 인공위성에서 관측 가능한 허리케인의 경로도 정확하게 예측하지 못한다.

기후 변화를 왜 신앙의 영역 내에서 다루어야 하는지에 대한 이유 몇 가지를 이 장에서 더 제시할 것이다. 하지만 기후 변화를 다루는 데 있어서 다른 모든 종교를 다루듯이 다루어야 한다고 생각하기 때문에, 나는 기후 변화를 기후 변화'교'(敎)라고 일컫겠다. 존중을 해주어야 할 부분에는 존중을 해주고 경고를 해야 할 부분에는 경고를 해야 할 것이다. 기후 변화가 이단 종교라면, 이른바 '기후 테러'라고 칭할 만한 극단주의적 활동에 '이상한' 요소가 있다는 점을 반드시 알아차려야 한다.

기후 테러리스트

이 세상에는 기후 테러리스트가 있다. 2010년 한 부부는 지구 온난화가 두렵다는 이유로 두 살 난 아들을 살해하고 일곱 달 난 딸의 가슴에 총을 쏘았다.(딸은 기적같이 살아남았다.) 이 부부가 남긴 유서에는 아르헨티나 정부가 기후 변화 조치를 더 취하지 않는다는 그들의 분노가 표출되어 있었다.[2]

2019-2020년 호주 산불로 28명이 목숨을 잃고 동물 십억 마리가 죽었을 때 기후 변화 경고론자는 이 국가적 비극을 가지고서 탄소 배출, 글로벌 세금 의제를 내세우는 데 이용했다. 그들의 주장은 호주 산불이 '기후 변화 때문에' 발생했다는 것이다. 그들은 파리기후 변화 협정 이행에 있어 호주가 조치를 더 취하지 않았다며 비난했다.(이 중요한 주제 또한 곧 다룰 것이다.)

산불은 서양인이 호주 대륙에 오기 전부터 있어 왔던, 매년 발생하는 사건이자 산림 주기에서 자연스러운 한 부분이다. 2019-2020년 호주 산불이 최악의 산불은 아니었다. 2009년에 호주 빅토리아주(州)에서 173명의 목숨을 앗아간 '검은 토요일'이라는 산불이 있었다. 내가 기억하는 한, 이 산불이 지구 온난화 때문에 일어났다고 말한 사람이 아무도 없었는데,[3] 그 이유는 수사 결과 몇몇 화재는 전직 호주 소방청 봉사자였던 빅브렌든 소칼룩(Brendan Sokaluk)이라는 사람이 고의로 방화했다는 사실이 드러났기 때문이다. 법원이 이 사건에 대해 호주 언론에 수일간 보도 금지 명령을 내렸지만 곧 명령이 해제되었다.

소칼룩은 방화 열 건에 대해 유죄 판결을 받고 17년 9개월 징역형을 선고 받았다. 그가 아동 음란물 소지 혐의 또한 받았다는 점은 우연이 아니다. 이 땅이 고통에 탄식하는 것은 죄 때문이지 하나님도, 지구 온난화도 그리고 분명히 말하건대 생명 활동에 쓰이는 화학물질인 탄소 때문도 아니다. 호주에서 발생하는 산불의 87%는 사고든 고의든 인간의 손에서부터 시작된 것이 사실이다.[4]

2009년, 산불 수사 중 또다른 사실이 밝혀졌다. 산불 한 건은 전력선이 강풍으로 인해 떨어져 나오면서 나무에 불이 붙어 발생했다는 사실이 드러난 것이다. 전력선 일대 나무를 관리하지 못한 책임은 전력회사에 있다고 할 수 있지, 탄소 배출이나 기후 변화에 있는 게 아니다.

2020년으로 다시 돌아와 보자. 2019 - 2020년 호주 산불 방화 용의자 200여 명을 경찰이 체포했다는 보도가 나오자, '산불이 "기후 변화 때문에" 발생했다.'라고 말하던 기후 경고론자들은 '산불이 기후 변화 때문에 "악화된 것 같다."'고 말을 바꿨다. 자가용이 내뿜은 매연 때문에 산불이 악화되었다는 사실을 증명할 수 있을까? 증명할 수 없다.

2019-2020년 산불 방화범은 누구일까? 「데일리텔레그래프」(*Daily Telegraph*) 신문 기사 제목을 보자. "불 낸 십대, 법정에 나와 웃다."[5] 나는 언론이 범죄자에 대한 표현을 고의로 누락하는 것 같다는 의심이 자주 든다. 정당을 비난하고 싶을 때 언론은 갖가지 형용사를 동원해 비난한다. 그러나 누군가를 비호할 때에는 이상하리만큼 무미건조하게 보도를 해나간다. 만약 트럼프 대통령 지지자가 호주 산불을 냈다고 가정한다면 언론은 '백인'이니 '자국우선주의자', '보수주의자' 같은 형용사를 쏟아내며 범인을 묘사했을 것이고 트럼프 대통령의 이름을 몇 번이나 거론하면서 그가 암시되었다는 듯한 뉘앙스를 풍겼을 것이다. 언론은 나쁜 소식을 전하고서는 무리를 해서라도

트럼프와 엮어 탓하는 경향이 있다.

그러나 이미 드러났듯이 시드니 외곽에 불을 지른 시드니 '십대'들은 파디 즈라이카(Fadi Zraika)와 아브라함 즈라이카(Abraham Zraika)라는 '무슬림 형제단' 소속 근본주의자였다. 본인을 '평화의 이맘'(역자 주: 이슬람교 성직자 호칭을 이맘이라 함)이라 칭하는 호주 무슬림 학자 타우히디(Tawhidi)는 2020년 1월 15일에 트위터를 통하여 이렇게 성토했다.

> 이슬람 극단주의자 두 명이 체포되어 시드니에 불을 질렀다는 혐의를 받고 있다. 주택 파괴 및 다수의 시민을 살인한 계획적인 방화로 보인다. 나는 이들의 행위를 테러라고 부르겠다. 그들은 이 부분에 있어서도 비웃고 있다.[6]

기후 변화가 아니라 기후 테러리스트가 자행한 기후 테러라는 사실에 대해 언론은 그 증거를 거의 내보내지 않고 있다. '십대'들이 한 행동이라며 지나치게 평범한 표현을 써서 사실을 덮을 뿐이다.

호주 산불에 대해 주요 언론사들이 기사를 써 내려가는 방식을 보고 있자니, 2015년과 2017년 사이 무슬림 이민자가 백인 소녀와 중국인 소녀를 강간한 사건에 대한 언론의 태도가 생각난다. 기사 제목에는 강간범에 대한 말이 빠져있었다. "십대, 스칸디나비아 반도 여아 강간해"라며 유럽에서 벌어진 이민자 범죄를 덮고 있었다. 언론인이 "아시아인, 영국 소녀 강간"이라 보도하지만 강간범은 중국인도 아니고 일본인이나 한국인도 아니다. 백인 및 중국인 소녀를 성폭행한 무슬림 이민자들을 '아시아인'이라는 단어로 암시했던 것이다. 제대로 사고하는 사람이라면 모든 무슬림이 백인 소녀 (그리고 소년)을 강간한다는 말을 믿지 않는다. 공익을 위한다면 강간범의 신원을 묘사할 필요가 있다. 강간범이 무슬림 테러리스트인 경우, 전체 무슬림 중 지극히 일부인 그 극단주의자를 정의의 심판대에 올림으로써 같은 범죄가 일어나지 않도록 막을 수 있다.

기후 테러리스트들은 미국에도 있다. 캘리포니아주에서도 호주에서와 같이 정기적으로 산불이 발생한다. 캘리포니아에서 산불이 일어날 때마다 기후 경고론자들은 언론에 편승하여 그 비극을 정쟁화하고 기후 변화 때문에 일어났다고 주장한다. 정치계에서는 이런 명언이 있다. "절대로 위기를 낭비하지 말라." 미국 민주당 소속 전(前) 시카고 시장이자 오바마 행정부 비서실장을 지낸 람 이매뉴얼(Rahm Emanuel)은 이 정치 명언을 이렇게 정리했다. "심각한 위기를 절대 낭비하지 말라. 즉 그전에 할 수 없었던 일을 펼칠 기회이다."[7]

산불에 대한 진실

그럼 모든 산불은 기후 변화의 증거인가? 결과는 덜 놀라울지도 모르겠다. 2015년 이래 캘리포니아주에서 일어난 최악의 산불 열 건 중 다섯 건은 PG&E라는 전력 회사와 연관되어 있다.[8]

2015년 두 명의 목숨을 앗아간 새크라멘토시(市) 화재는 전력선에 나무 한 그루가 넘어지면서 발생한 화재이다. PG&E는 나무 관리를 소홀히 한 유책 회사인 것이다.

2017년 나파시(市) 산불은 PG&E 전력선에 나무 몇 그루가 넘어지면서 발생했다.

2018년 캘리포니아에서는 역사상 최악의 산불이 덮쳤다. 기후 경고론자는 잽싸게 이를 기후 변화 탓으로 돌렸다. 그러나 법정에 제출된 증거로 심리가 사뭇 다르게 진행되었다. 송전탑 수명이 99년인데, 수명을 25년이나 더 넘긴 노후 송전탑을 사용한 사실이 드러나 PG&E가 유죄라는 판결이 내려졌다. 송전탑에서 전기가 흐르는 전력선이 떨어져나와 산불을 일으켰고 가옥 14,000채를 파괴하고 85명의 생명을 앗아갔다. 도로 위 자동차 모두가 내뿜는 가스보다 더 심각한 오염이 산불로 인한 오염이며 이는 기후 변화와 아무 관련이 없다.

책임 방기 죄로 인한 산불 외에 나머지 산불은 기후 테러리스트들이 저지른 범죄이다. 공공의 이익을 위해서라면 책임 소재가 누구에게 있는지 명백히 밝혀야 한다. 다음은 말도 안 되는 말이다. "모든 전력 회사가 나쁜 건 아니니까 PG&E는 언급하지 마세요." 이성적인 사람이라면 모든 전력 회사가 범죄를 저지른다고 생각하지 않는다.

마찬가지로 '모든 무슬림이 방화범은 아니다.'라는 이유로 무슬림 테러리스트들이 무고한 사람을 살해했다는 사실을 덮는 것도 이치에 맞지 않는다. 이성적인 사람이라면 모든 무슬림이 방화범이라고 생각하지 않기 때문이다. 그러나 앞서 언급한 무슬림 방화범은 불신자를 증오하고 불신자가 있는 환경을 철저히 멸한다는 무슬림 이념을 바탕으로 방화했다. 비(非)무슬림을 개 취급하고 자연을 쓰레기통 취급하는 사악한 철학에 선량한 사람들이 노출되어야 하겠는가?

20년 동안 안보 및 반테러리즘을 연구해온 대니얼 레우코비츠 (Daniel Lewkovitz)는 2020년 1월, 호주 밖에서 의도적 및 고의적 산불 방화가 일어나고 있는데, 이는 호주도 '불의 지하드'(성전[聖戰])의 희생양이 될 수 있음을 경고했다.[9]

2005년 미국 해병대 소령인 로버트 아서 베이드(Robert Arthur Baird)는 그가 쓴 논문에서 이렇게 말한다.

> 산불 연구 결과, 테러리스트에게 있어 산불은 저(低)수고·저(低)위험이면서도 핵무기와 동일한 효과를 낼 수 있을 만큼 파괴력이 크다. 과거 세계무역센터 건물이 테러리스트의 고의적 방화로 철골이 내려앉고 스스로 무게를 못 견디어 결국 붕괴했듯이, 향후에는 미 국토안보부의 방위력을 피해 재앙적인 산불 형태로 국가 취약점을 공격할 것이다. 미래의 테러리스트가 이를 테러 무기로 활용하는 건 이제 시간 문제이다.[10]

기후 지하드로 이득을 보는 자가 있다. 테러리스트 입장에서 선진국에 방화하는 행위가 고약한 폭탄을 터뜨리는 행위보다 더 쉽다. 방화를 하면 자유국가의 국가적 취약성을 건드린다. 산불은 효과적인 대량살상 무기이다. 서구 정치인들은 좌파 동료에게서 '이슬람 혐오주의자'라는 딱지를 받기 싫다는 이유로 기후 지하드에 반하는 행동을 거의 하지 않으며, 법원의 엠바고 명령이나 언론을 이용하여 기후 테러리즘을 덮으려고 한다. 또한 글로벌주의자가 내세우는 기후 변화나 탄소세 관련 정책 의제를 지지하면서 정치적 마일리지를 쌓으려고 테러 행위를 덮고 있다.

호주 법학자 아우구스토 짐머만(Augusto Zimmermann)은 2019 -2020년 산불에 대한 호주 정치인의 반응에 대해 이렇게 발언했다. "호주 연방 정부 및 주 정부는 테러리스트들이 저지른 화재에 대한 잠재적 위협을 인정하지 않아 왔고, 이 테러 전략이 예측 가능하고 임박한데도 호주 농어촌을 보호하는 조치를 취하지 않고 있다."[11]

호주 정부는 피해자 권리보다 범죄자 권리를 더 보호하는 걸로 악명이 높다. 지금껏 호주에서 일어난 테러 중 기독교인이 저지른 테러는 없었고[12] 이슬람교인이 저지른 테러만 있었는데도, 호주 정부는 '이슬람 혐오주의에 대한 조치'를 취할 뿐, 실은 이보다 더 만연한 기독교인 혐오주의에 대해서는 조치를 취하지 않았다. 이런 법 제도를 볼 때 종교 테러리스트와 좌파 글로벌주의자 모두 기후 지하드 덕을 보는 것 같다. 소기의 목적을 달성하며 상부상조하는 이 둘은 같은 정신을 공유하고 있는 것 같다.

기후 변화가 가짜 뉴스라는 증거

나는 기후 변화를 부정하는 게 절대 아니며, 오히려 기후가 변하고 있다고 믿는다. 내가 의문을 제기하는 것은 이것이다. "이상적인 지구 기온은 몇 도인가?" 이 질문에 대한 답을 아는 사람이 아직 아무도 없는데 어떤 목표를 세워야 할지 어떻게 알겠는가? 왜 기후 변화가 항상 나쁘다고 가정하는가? 세상이 만일 조금 더 따뜻해진 거라면 최소 식물 입장에서 잘된 일인 것은 아닐까? 절대 일어날 리 없는 기후 경고론자의 예상에 질문을 던지는 것이다.

기후 변화 경고론이 사기라는 사실은 증명해내기 쉬우며, 경고론자들의 예측을 믿는 엘리트 계층은 없다. 신중하게 계산하여 도출한 향후 12년 간 예상 해수면 상승치는 약 1.8미터 또는 6피트다.[13] 해수면이 한 곳에서 상승하면 결국에는 모든 곳에서 해수면이 상승한다.

지구상에서 인도양 도서국가인 몰디브만큼 해수면 상승 위협을 받는 나라는 없을 것이다. 몰디브의 평균 지표면 높이는 세계에서 가장 낮은 해발 1.8미터 혹은 6피트이다. 지구 온난화가 실제라면 몰디브는 곧 완전히 쓸려나가게 될 것이고 화가 덮친 그곳 주민은 도망쳐 나와야 할 것이다. 그러나 오히려 몰디브에는 부자들이 오고 있다! 재산 가격이 치솟고 있다. 관광업이 흥하고 있다. 2017년 압둘라 야민(Abdulla Yameen) 몰디브 대통령은 국제공항을 이을 새로운 고속도로를 건설할 4억 달러 프로젝트를 발족했다. 정부는 또 공항 리모델링을 위해 8억 달러를 쏟아부을 계획이다.[14]

이 사람들이 정신이 없어서 이러고 있겠는가? 도망치지도 않고? 기후 변화에 대한 선제 조치를 취할 만큼 지구 온난화를 믿고 있는 부자와 권력자는 명백히 없다.

전 세계적으로 은행들은 여전히 해변가에 콘도와 아파트, 대저택을 짓는 개인 업자에게 30년 만기 대출을 내주고 있다. 12년 뒤에 그 모든 재산에 재앙이 덮칠 걸 몰라서 은행들이 그러고 있겠는가? 부정론자라서 이러고 있겠는가? 돈을 잃으려고 이런 사업을 벌이고 있겠는가?

보험회사는 또 어떤가? 해변가에 위치한 재산을 보유자에게 말도 안 되는 위험을 감수하면서 보험을 대주고 있겠는가? 만일 녹색 종교가 사실이라면 곧 지구 온난화의 희생자가 될 사람들한테 그런 수십

억 달러를 보장해주려고 하겠는가?

보험회사는 실제 금융업계의 예언가와 같은 존재이다. 사소한 위험성까지도 계산기를 두드리는 사람들인데, 그들은 명백히 해수면 상승이 재앙적인 수준까지 갈 거라는 위험성이 '0'이라고 생각하고 있는 것이다. 은행은 지구 온난화를 믿지 않는다. 개발 업계의 큰 손들은 지구 온난화를 안 믿는다. 그 어떤 엘리트 계층도 지구 온난화가 사실이라는 양 움직이지 않는다.

그래서 앨 고어(Al Gore)가 2010년 900만 달러를 들여 캘리포니아 해변이 훤히 보이는 대저택을 매입한 것이고, 버락 오바마가 2019년에 1,500만 달러를 주고 마서스 비니어드(Martha's Vineyard)에 있는 해변가 부동산을 구입한 것이다.[15] 빙하가 녹아 캘리포니아 해변가나 마서스 비니어드가 없어진다고 두려워하지 않는 것일까? 그렇다. 이들에게는 그런 두려움이 없는 것이다.

과연 앨 고어와 버락 오바마는 자기 인생 최악의 투자를 한다고 생각할까? 아니, 그렇지 않다. 그들은 대중에게 팔고 있는 지구 온난화에 대한 히스테리를 전혀 믿지 않는 것이다. 그들은 그저 정치적인 쇼를 하고 있는 것이다. 몰디브와 마서스 비니어드에 어떤 일도 일어나지 않는다고 생각하며 산다. 하나님의 심판이 떨어지기 전까지는 이 같은 일이 일어나지 않을 것이고, 우리가 말하는 탄소 배출과 하나님의 심판은 아무런 관련이 없을 것이다.

글로벌주의자는 개발도상국을 통제하고 부유 국가에 세금을 물리려고 기후 변화라는 간판을 내건다. 기후 변화 옹호론자는 두려움 팔이를 하고 있지만, 정작 자기들은 개인 비행기를 타고 날아다니며 대저택에 살고 해변에 위치한 부동산을 매입하고 있다. 인류 역사상 희대의 사기극이 벌어지는 이유에는 제2계명의 위배가 있다.

도널드 트럼프와 파리기후협정

도널드 트럼프는 이 점을 잘 알고 있었다. 2019년 2월 5일, 두 번째 신년 국정연설에서 그는 이렇게 말했다. "이곳 미국에서 사회주의 체제로 가려는 움직임이 있습니다. 미국은 자유와 독립 위에 세워진 나라이지 정부의 독단과 장악, 통제 위에 세워진 나라가 아닙니다. 우리는 자유로운 존재로 태어났고, 우리는 자유로운 존재로 살 것입니다. 오늘 밤, 미국은 절대 사회주의 국가가 되지 않겠다는 우리의 결의를 새로이 다집니다."

2017년 6월 1일, 트럼프는 파리기후협정에서 왜 탈퇴했을까? CNN의 울프 블리처(Wolf Blitzer)는 말하길, "사안이 엄중하다. 지구에 위험이 도사리고 있다."[16] 그러나 파리협정을 거세게 옹호한다는 전문가들이 협정을 읽어보기는 했을까? 파리기후협정과 사랑에 빠진 사람치고 협정문을 제대로 읽어본 적 있는 사람은 거의 없다는 사실이 이미 드러났다.

「하버드법률평론지」(*Harvard Law Review*) 편집자인 오렌 카스(Oren Cass)는 협정문을 읽어본 사람이다. 존 스토슬 (John Stossel)과의 인터뷰에서 밝힌 그의 소감을 보자.[17]

"파리협정은 코미디와 사기극 중간쯤에 있다고 보면 됩니다. 각국이 제출한 '공약'(commitment)을 보면 각국이 온실가스를 언급하고 싶지 않을 때 굳이 언급하지 않았다는 사실을 발견할 겁니다. 각국이 제출한 서류를 한데 모아 철한 종이 다발을 놓고서 '파리협정'이라 부르는 것입니다.… 이미 시행하는 사항을 공약이라 내건 국가도 있고, 미달 기준을 공약으로 내건 국가도 있습니다.

예를 들어 중국은 '이산화탄소 배출 최대치를 2030년 전까지 달성하겠다'고 했습니다. 글쎄요, 미국이 이미 연구한 바에 따르면 중국이 탄소 배출양의 정점을 찍을 텐데 그 시기가 2030년이라는 것입니다.… 그래서 사실 중국은 언젠가는 올 그 시기를 지키겠다고 내걸었습니다. 하지만 중국이 제출한 공약은 그나마 낫습니다.

인도는 탄소 배출에 대한 공약을 아예 언급하지 않았습니다. 그저 효율성을 더 높이겠다는 말만 했을 뿐인데, 자국의 효율성 속도보다 더 느리게 시한을 잡았습니다. 그래서 인도의 공약은 효율성을 더 느리게 달성하겠다는 말입니다.

저는 파키스탄이 제일 낫다고 생각합니다. 파키스탄은 언젠가 탄소 배출량 정점 이후에 배출량을 줄이겠다고 약속했습니다. 각국이 제출한 서류를 한 데 모아 철해놓고서 '우리 이제 전지구적인 협정을 맺었어'라고 말하는 격인데, 실은 실천하겠다는 내용이 없는 협정문입니다. 과거에는 '왜 아무 조치도 안하고 있나?'라고 비판이라도 했지만, 이제는 '아무것도 하지 않는 너에게 박수를 보내줄게'라고 말하는 협정문이 만들어진 형국입니다."[18]

도널드 트럼프가 보기에 말도 안 되는 시나리오는 이것이다. 다른 국가들은 환경을 위한 약속이랍시고 공약한 배출량대로 마음껏 배출하는 한편, 미국에게는 가장 무거운 족쇄를 차고서 제일 많은 돈을 내야 하는 것이다. 그러나 미국은 글로벌주의자 감시 없이도 이미 에너지 효율성과 에너지 자립을 달성하고 있다. 파리협정은 '협정'이 아니라 허무맹랑한 정치적 목적을 위해 빈 약속들만이 적힌 종이 다발이다.

단연코 중국과 인도는 세계에서 가장 많이 오염원을 배출하는 국가이지만 두 국가의 공약 모두 배출량 증가이다. 파리협정은 환경을 위해 하는 일도 없으면서 정치인들만 배불리는 협정이다. 정치인들은 이 협정을 건수 잡아 카메라 앞에서 자기들의 인증샷을 남겼다. 시간 내서 파리기후협정문을 읽어 보지 않은 유권자들은 이 정치인들을 훨씬 더 지지하게 되었다.

대선 후보 시절 트럼프는 '미국우선주의'를 공약했다. 그는 2017년이 부당한 협정에서 탈퇴함으로써 자기가 내건 공약을 이행하였다.

2019년 8월 26일, 기후 변화를 의제로 한 G7정상들의 마지막 회의에 트럼프는 굳이 자리를 빛내주지 않았다. 미국 의석만 비어있자 대중매체는 미쳐 날뛰기 시작했다. 당시 브라질 아마존에 산불이 나던 중이었고 트럼프가 참석하지 않자, 불의한 언론들은 트럼프가 환경을 전혀 생각하지 않는 증거를 잡았다며 떠들어댔다. 한편 회의 기간 동안 산불 진압을 위해 아마존 9개 국에 미화 2,200만 달러 원조라는 선심성 제안을 한 프랑스 대통령 에마뉘엘 마크롱(Emmanuel Macron)은 가장 돋보인 인물로 떠올랐다.

여기서 주목할 점은 브라질 대통령 자이르 보우소나루(Jair Bolsonaro)가 마크롱의 제안을 즉시 거절했다는 사실이다. 보우소나루는 2019년 8월 26일 아래와 같이 트윗했다.

> "마크롱이라는 대통령은 브라질을 식민지나 무인도인 양 아마존을 '구하겠다'며, 자신의 의도를 감춘 채 G7국가 '연합군' 뒤에 숨어서 말도 안 되고 음흉한 공격을 했다. 우리는 이를 받아들일 수 없다."

기후 변화 군주들이 원하는 게 무엇인지는 브라질 대통령이 쓴 이 트윗에 드러났다. 바로 중남미의 주권이다. 호주 산불이 정기적이듯이 아마존 산불도 해마다 일어나는 자연적인 일이다. 지구 온난화 공포를 조장하는 사람들이 기후 변화 의제를 밀어붙이기 한참 전인 수천 년 전부터 산불은 있었다. 기후 변화 아젠다 뒤에는 서구 글로벌주의자들이 주권 국가 위에 군림하려는 야욕이 숨겨져 있다.

유럽식 식민주의의 귀환

기후 변화는 과학이 깜짝 출연한 유럽식 식민주의의 새로운 얼굴이다. 역사를 공부한 학생이라면 나치가 '약하고' '진화가 덜 된' 유대인을 대량 살상할 때 과학 용어를 써가며 그 살상을 정당화한 사실을 알리라. '과학'이라는 이름 하에 자행된 만행을 사진으로 접하면서, 아돌프 히틀러에게 홀린 사람이 수백만 명이었다는 사실에 어안이 막힐 정도로 놀라게 된다.

그러나 서구 엘리트가 다시 이 만행으로 돌아가고 있으니, 그들은 저개발국가에 비해 도덕적 우위가 있다고 말하면서 세상을 접수하고자 한다. 이번에는 지구 온난화, 다시 말해 기후 변화, 또 다시 말해 기후 위기라는 '과학'을 통해서다. 유럽인들은 세계를 식민지로 만드려는 시도를 여러 차례 해왔고, 그 결과 잔인한 식민 역사와 두 차례에 걸친 세계대전을 초래했다. 이 시도는 그칠 줄 모른다. 군사에서 금융으로 전략을 바꿔 국제통화기금(IMF)과 세계은행(World Bank)을 앞세워 빈국에게 부채를 짐 지운다. 그러나 금융 전략만으로는 부족했나 보다. 사람들이 스스로 와서 굴복하게 할 영적인 대의(大義)가 필요했던 것이다.

지구 온난화로부터 '지구를 구하겠다'라는 약속을 하사하면 사람들이 기꺼이 자신의 자유를 헌납할 거라고 생각했나 보다. 빈국은 이에 맞설 힘이 없었지만 중남미에서 강한 지도자와 경제 대국을 모두 갖춘 브라질은 이에 맞서 싸우기로 결심했다. 서구 엘리트가 보우소나루를 싫어하고 트럼프를 싫어하는 이유가 여기에 있는 것이다. 그들이 보기에 이 두 지도자는 '기후 변화교' 교리에 반하는 이단자이자 부정론자, 신성모독자이다.

제2계명 위배

노르웨이의 물리학자인 이바르 기야바(Ivar Giaever) 박사는 말한다. "지구 온난화는 신흥 종교가 되어버렸다."[19] 기야바 박사는 좌익도 아니고 기후 변화 부정론자도 아니다. 저명한 과학자인 그는 1973년에 노벨물리학상을 수상하고 어플라이드바이오피직스(Applied Biophysics

Inc.)라는 회사의 최고 기술 책임자를 역임했으며, 2008년도에 버락 오바마 행정부를 지지한 사람이다. 하지만 후에 동료 과학자 100명과 함께 오바마 대통령에게 공개 서한을 보내 이렇게 말했다. "기후 변화의 경고가 대체로 너무 과장되어 있는 것으로 사료됩니다."[20]

지구 온난화나 기후 변화의 신앙 체계에는 이단 종교에 있는 특징이 모두 담겨 있다. 기야바 박사의 발언을 놓고 이 말을 하는 게 아니다. 기후 변화에 관한 정부간협의체(IPCC) 의장을 역임한 라젠드라 파차우리(Rajendra Pachauri)의 발언을 보라. "지구를 보호하는 일은 … 내 신앙이자 '다르마'이다."[21]

다르마는 힌두교의 경전이다. '샤리아'에 대한 힌두어인데, 샤리아란 전인격적이고 도덕적이며 법적인 행동 강령이다. 다르마에서는 세속과 신앙 간에 구분이 없다고 말한다. 다르마는 삶의 모든 영역 위에 있는 법인 것이다.

유엔 기구 수장이 한 이 공개 고백은 제2계명을 위배한다. 도덕과 신앙 고백이지 과학적 발언이 아닌 것이다. 하나님을 어기면서 도덕의 가치를 내세우는 좌익 열심당원 다수가 그러하듯 파차우리는 2015년 성범죄로 고소당해 유엔직을 사임했다.

어떻게 이렇게 많은 청년들이 기후 변화를 대안 종교로 받아들이게 되었을까? 서구 사회에서(약 1950년대-1960년대) 성경과 기도가 학교에서 사라지면서 영적 진공상태를 채워 줄 무언가가 필요했다. 그리고 제2계명에 위배된 일종의 우상 숭배인 자연 숭배사상이 그 진공을 채웠다.

자연을 숭배하는 그 어떤 형태 모두 우상 숭배이다. 하나님이 자연을 창조하셨기 때문에 하나님은 자연 위에 계시는 분이다. 자연이 망가진 것은 하나님의 창조에 문제가 있어서가 아니라, 자연을 관리하라는 하나님의 명을 인간이 어겼기 때문이다. '자연환경에 대한 책임은 인간에게 있다'는 기후 경고론자 말이 틀린 건 아니다. 피조물의 최종 속량은 우리 인간의 속량과 연결되어 있다.

기후 변화라는 이단의 희생자는 우리 아이들

기후 변화 신념에 빠져 지구를 위해 아이를 낳지 않는다는 청년이 늘어나고 있다. 미국 캘리포니아에서 '재활용 컨설턴트'인 한 여성은 '환경을 보호하려고' 2012년에 임신중절 수술을 받았다.[22] 이 사람 외에도 환경을 위해 아이를 낳지 않는 부부가 증가하고 있다.

기후 경고론자들이 이렇게 아이를 가지는 것에 대해 어른에게 공포심을 불어넣는 한편, 우리 아이들에게도 공포심을 불어넣고 있다. 영국 심리학자들이 2019년 9월에 펴낸 보고서에 따르면 '기후 변화 때문에 불안해하고 우울해하는' 아동이 증가하고 있다.[23] '기후가 복수를 하고 있어요'[24] 등 우리 아이들은 종교에서나 들을 법한 말들을 하고 있는데, 이같은 말은 불교의 업보 개념과 비슷하다. 하나님이 없다고 가정했을 때 누가 반 환경적 죄를 지켜보고 있겠는가?

미국심리학회 보고서는 '에코 불안증'이 생겨나고 있다고 지적한다.[25] 스웨덴에서는 '플리그스캄'(flygskam)이라는 신조어가 있는데, '기후 변화교'의 영향을 받아 사람들이 비행기를 타면서 수치심을 느낀다는 것이다. 그러나 기후 변화 종교의 대제사장 격인 앨 고어(Al Gore), 엘리자베스 워런(Elizabeth Warren), 레오나르도 디카프리오(Leonardo DiCaprio), 영국 찰스 왕자(Prince Charles)는 설교 따로 행동 따로이다. 비행기 타는 사람들에게 죄책감을 안기는 한편, 본인들은 이보다 화석 연료를 더 많이 내뿜는 개인 제트기 및 개인 헬리콥터를 타고 다닌다. 이렇게 기후 변화교는 신봉자에게 엄청난 스트레스를 안겨다 준다.

우리는 창조주 하나님께서 모든 만물을 돌보신다는 사실을 믿고 평안 가운데 있어야 하겠다. 하나님께서는 인간에게 말씀하셨다. "생육하고 번성하라." 결혼을 하고 자녀를 양육하는 행동은 인간이 이 세상에서 경험하는 것 가운데 가장 또는 상당한 행복을 선사한다. 이 땅에 살아가면서 다른 것과 비교할 수 없는 축복인 것이다. 그러나 극좌 세력은 가정과 아이들에게 못된 짓을 하고 있다. 아직 태어나지도 않은 태아를 공격하다 못해 이제는 '자발적 불임'을 하게 하거나 세상에 아기가 더 태어나지 못하도록 사람들을 조종하고 있다.

인간은 어떻게 해결책이 될 수 있을까?

지구상에서 가장 큰 보배는 인간이다. 이 세상에 태어나는 모든 아기는 혁신, 발명, 해결책, 생산성을 위한 새로운 잠재성 그 자체이다. 트럼프 대통령이 행사에 참석해 연설할 때 자주 하는 말이 있다. "모든 아이는 하나님이 주신 선물입니다."[26]

인간을 위해 지구가 창조되었지, 지구를 위해 인간이 창조된 것이 아니다. 인간이 존재하고 개입할 때 지구는 더 좋고, 더 푸르고, 더 아름다워진다.

세계적인 강연회 테드(TED)에 출연 강연자이자 환경주의자 앨런 새이버리(Allan Savory)는 목초지의 사막화 현상을 연구해 왔다. 그가 고안한 '전방위적 관리'를 통해 세계 다섯 대륙에서 대지 1,500만 헥타르가 살아나고 있다.[27] 자연을 생각하는 정말 많은 사람이 새이버리가 깨달은 해결책을 듣고서 놀라는 게 사실이다.

사막화는 기후 변화 문제 중에서도 가장 심각하다고 할 수 있는데 그 이유는 나무만 없어지는 게 아니라 가난과 전쟁, 대량 이민을 불러일으키기 때문이다. 그렇지만 환경에 대한 우려 중에서 사람들이 관심을 덜 가지는 주제이기도 하다. 왜 그럴까?

내 생각에는 이미 실효성있는 해결책이 나와 있음에도 불구하고 글로벌주의자가 내세우는 반 인간적 아젠다와 맞지 않아서이다.

앨런 새이버리도 기후 변화가 있다고 믿는 사람이다. 1960년대에 그는 사막화로부터 야생동물과 땅을 구해내고자 아프리카 면적 상당 부분을 '국립공원'으로 지정하자고 고안했다. 새이버리는 말하길 모든 과학자들이 사막화는 인간 때문에 생긴다고 믿었었다. 그래서 그가 처음으로 한 일은 국립공원에서 사람들을 내보내는 일이었다.

사람들이 떠나자마자 땅은 더 황폐해졌다. 이를 본 그는 이게 어떻게 된 영문인지 몰랐다. 데이터를 수집하고 '증거 기반 이론'을 만든 뒤 그는 코끼리 때문이라고 결론을 내린다. 전문가 패널도 이에 동의하면서 결국 코끼리 4만 마리가 살육되었다.

그러나 결과는 더 참혹한 사막화였다. "제 인생 최악의 실수였습니다. 저는 죽을 때까지 할 말이 없습니다."[28] 문제는 동물에게 있지 않다는 사실이 밝혀진 것이다.

풀을 스스로 자라게 내버려두었을 때 계절이 바뀌어가면서 죽어갔다. 하지만 동물이 풀 뜯어먹은 땅은 좋은 상태를 계속 유지했다. 동물의 배설물은 땅을 기름지게 했고 동물이 땅을 밟고 다니면서 좋은 토양이 만들어졌다. 여기서 빠뜨리지 말아야 할 점이 하나 있다. 동물만 놓아 둘 경우 동물이 풀을 너무 많이 먹어 땅이 휑해진다는 사실이다. 반면에 농부가 가축을 놓아 관리할 경우 사막화 현상이 멈추고 건강한 땅으로 회복된다.

가축이 인간의 관리 하에 있으면 이 땅 저 땅 고루고루 다니게 된다. 여기서 놀라운 사실은 지난 수천 년 그래왔듯이 인간이 자기 이익을 위해 자연스럽게 행동했을 뿐인데 사막화된 땅이 회복되는 것이다. 반면, 정치인을 비롯한 '남들이 싫다고 하는데도 굳이 선행을 하려는 자'들이 개입했을 때는 사막화 방지는 실패로 돌아갔고 상황은 더 악화되었다.

지구 온난화를 경고하는 사람들이 불편할 만한 진실이 있다.

새이버리의 성과는 중남미 최남단, 인구가 드문드문 분포하는 광야 파타고니아에서도 입증되었다. 양떼 25,000마리를 이끌고 파타고니아로 간 그의 연구진은 일 년도 되지 않아 50%라는 놀라운 생산성 증가를 일구어냈다.[29]

사막을 초지로 바꾸는 게 화석 연료와 탄소세에 집착하는 것보다 훨씬 긍정적인 결과를 도출해낸다. 가난에서 벗어나고 생활 수준 향상을 보기 위해 인간에게는 화석 연료가 필요하다. 탄소는 부산물이지 독성물질이 아니다. 생활하는 데 꼭 필요한 요소이자 식물이 자라고 숲을 울창하게 하는 성분이다.

새이버리는, 인간이 750만 헥타르 면적의 사막을 되살리기만 해도 땅 위에 있는 식물이 공기 중에 떠다니는 탄소를 흡수해서 대기질이 산업화 이전 수준으로 회복되고 동시에 사람들의 먹거리도 더 많아질 것이라 추산했다. "우리의 지구를 위해, 여러분과 저의 자녀를 위해, 그리고 인류를 위해 이보다 더 희망을 주는 해결책은 별로 없다고 생각해요."라고 새이버리는 말했다.[30]

하나님께서 인간을 창조하시고서 "땅에 충만하라, 땅을 정복하라."고 말씀하신 것을 기억하며 환경 문제에 장기적으로 대처하기 위해서는 반드시 인간을 포함해야 한다.[31] 하나님은 인류의 조상 아담에게 "바다의 물고기와 하늘의 새와 땅에 움직이는 모든 생물을 다스리라."고 말씀하셨다.[32]

하나님께서 인간에게 주신 권한이 생물을 다스리라는 것이지 지구 온도나 계절을 다스리는 게 아님을 기억하자. 앨런 새이버리가 사막을 초지로 되살리면서 얻은 깨달음은 하나님께서 아담에게 주신 권한과 일치한다!

성경은 진리의 말씀이다. 하나님의 말씀은 지구와 그 지구에 사는 사람들을 살리는 기준이다. 환경의 원수는 우리 아이들이 아니다. 죄가 환경의 원수이다. 하지만 지구 온난화라는 종교는 우리 아이들에게 겁을 주고 사람들에게 겁을 줘서 아이를 낳지 못하게 한다.

자본주의는 환경을 파괴하지 않나요?

더 나은 지구를 만들기 위해 사람, 특히 하나님의 법을 따라 행하는 사람이 더 있어야 한다. 하나님은 인간에게 사유재산을 가질 권리를 주셨고 청지기 정신으로 자원을 관리하고 자원에 가치를 더해 자발적으로 교역할 수 있게 해주셨다. 이 점이 자연 보호의 대표적인 원칙을 말해준다. 바로 '무언가를 보호할 유일한 방법은 그것을 사라' 이다. 무엇을 사든지 간에 여러분은 경제 활동을 통해 더 많은 걸 얻는 경향이 있다. 모든 그리스도인은 이 원칙을 잘 알아둘 필요가 있는데 왜냐하면 우리의 그리스도가 우리를 구하시려 아무 죄 없으신 주님께서 보혈을 흘리사 우리를 '속량' 내지 값을 주고 사셨기 때문이다. 대가 지불 없는 구원은 있을 수 없다. 만일 하나님이 우리를 '사는' 행위 없이 그저 '보호만' 하셨더라면 법적 구제란 있을 수 없고 정당한 소유권도 없으며 공의와도 부합하지 않았을 것이다. 공의가 없다면 그리스도인은 더 적었지 더 많지 않았을 것이다.

일례로, 인간은 나무를 사서 집과 가구, 종이를 만들어 사용한다. 벌목 산업이 활발하게 이루어지는 나라가 스웨덴이다. 스웨덴 산림 면적은 세계 상업 산림 면적의 1%도 되지 않지만, 세계 벌목과 펄프, 종이 시장에서 공급의 10%를 차지한다. 스웨덴 산림에는 어떤 일이 있었던 걸까?

스웨덴 산림 면적은 백 년 전에 비해 두 배 이상 늘어났다.[33] 사기업의 역할이 컸다. 스웨덴 정부는 나무가 잘 자라는 환경을 관리했는데, 구체적으로 경제 주체자들이 이윤을 추구하는 과정에서 정부는 경제 활동의 활력을 불어넣는 역할을 했지 경제활동을 가로막거나 중단시킨 게 아니었다. 35년 전에 비해 세계적으로 나무 수가 더 증가했다.[34] 우리 아이들이 학교와 언론이 자행하는 선전·선동을 당하게 된다면 사실과는 정반대인 말을 사실이라고 믿게 될 것이다. 그러나 학교와 언론은 사실을 말하고 있지 않다.

기후 경고론자는 위기 의식과 감정 패닉을 계속해서 조장하고 있는데, 그들의 목적은 연구 자금과 정부 지원금이 자기 진영으로 흘러들어오게 하는 것이다. 이에 우리 청년들은 두려움과 무기력함 속에 세뇌되어, 미래 세대를 위해서라면 좌익 정치 아젠다에 투표해야 한다는 선동을 당하고 있다.

그러나 노아가 방주 밖으로 나온 이래 우리 사는 환경은 이보다 더 좋을 수가 없다. 기후 관련 사망은 현저히 감소했다. 과거 몇 백 년 동안 극심한 더위나 추위로 사람이 죽어갔지만 이제 더 이상 그렇게 죽어나가지 않는다. 북극곰 개체 수 또한 증가했지 감소하지 않았다. 산림 훼손 순 면적은 점점 줄어들어 궁극적으로 '0'을 향해 가고 있는데, 주로 이윤 추구 목적으로 산림 복원이 세계적으로 이루어지고 있기 때문이다. 나무를 사면 나무가 더 생긴다고 할 수 있겠다.

시민단체인 '인간진보'(Human Progress)의 알렉산더 해몬드(Alexander Hammond)는 이렇게 보고한 바 있다. "북미나 유럽 같은 세계 부유한 지역에서 산림 면적이 증가하고 있을 뿐 아니라 산업화 이전보다 산림 면적이 더 증가하였다. 영국의 경우 1919년 이래 영국의 산림 면적은 세 배 이상 증가했다. 영국에서 『둠스데이북』(the Domesday Book)이 쓰였던 약 천 년 전 시절처럼, 울창하게 된 숲을 곧 있으면 다시 보게 될 것이다."[35]

우리 아이들은 미래를 생각할 때 희망과 긍정으로 가득 차 있어야 한다. 그러나 기후 변화라는 이단 종교가 우리 아이들의 마음에 독약을 풀고 있다. 단순히 과학적으로 호도해서가 아니다. 그보다 더 나쁜 점은 우상 숭배로 이어진다는 점이다. 이 우상 숭배가 우리 아이들의 마음을 오염하고 인간의 영성에 독을 퍼뜨리고 있다. 반 하나님 종교적 행위이므로 반 인간적인 아젠다이다.

> 그들이 땅 위에 피를 쏟았으며 그 우상들로 말미암아 자신들
> 을 더럽혔으므로 내가 분노를 그들 위에 쏟아(겔 36:18)

지구를 오염하는 것이 있으니, 에스겔서에 따르면 가장 큰 오염원 두 가지는 (낙태를 포함한) 살인과 우상 숭배이다. 기후 변화는 하나님 아버지 자리에 '지구 어머니'를 치환해 버리는 녹색 종교 놀음이기에 땅을 더럽히는 오염원인인 것이다.

에너지 위기

2019년 9월 나는 지구 온난화 회의론자인 토니 헬러토니 헬러 (Tony Heller)를 인터뷰하였다.[36] 그는 저명한 지질학자이자 전기 공학자, 컴퓨터 공학자이다. 여러분 중에서는 "이 사람이 '기후 과학자' 는 아니지 않나요."라고 반문할 수도 있겠다.

앨 고어(로스쿨 자퇴)와 레오나르도 디카프리오(고등학교 자퇴), 빌 나이(학사 전공이 기계공학인 과학 연구가) 중 어느 누구도 기후 과학자 인 사람은 없다. 그래도 이들은 기후 변화 운동에서 잘 나가는 사람 들이지 않은가!

쵸콜란티: 환경을 생각할 때 가장 우려스러운 부분이 무엇인가요?
헬   러: 저는 일생 동안 환경이라는 대의에 몸담아 왔습니다.

녹색 에너지가 환경에 가장 위협이 된다고 생각합니다. 녹색 에너지에 문제점이 정말 많습니다. 녹색 에너지 옹호론자들이 펼치는 해결책은 가히 파괴적입니다. 풍력발전 단지는 독수리를 비롯한 조류에 큰 위협입니다. 태양광 발전에 쓰이는 패널이나 전기차 배터리에 투입하는 광물은 환경에 끔찍한 영향을 미칩니다. 모두 문제가 많죠. 더 논할 가치 없이 문제가 많습니다.

쵸콜란티: 인간이 기후 변화에 책임이 있나요?

헬 러: 그건 아무도 모르는 일입니다. 매우 복잡한 문제이죠. 무엇이 기후를 이끄는 힘인지 진정 아는 사람이 없잖아요. 알고 있다고 말하는 사람치고 진실을 말하는 사람이 없습니다.

그 사람들은 1930년대 폭염과 가뭄을 설명해내지 못해요. 그 시절 왜 그런 일이 발생했는지도 모르죠. 과거를 설명할 수 없으면 미래 예측은 더더욱 할 수 없습니다. 제 관점에서 참혹한 현실이라는 거죠.

온실가스가 기후를 통제한다고 주장하는 사람은 진실을 말하고 있지 않거나 아니면 자기가 무슨 말을 하고 있는지도 모르는 사람입니다. 기후의 작동 기제는 무엇인가요? 진지하게 진행한 연구는 현재까지 거의 없습니다. 그들은 그냥 온실가스만 잡아내려고 혈안이 되어 있습니다.

쵸콜란티: 기후 변화에 대해 무엇을 해야 할까요?

헬 러: 기후 변화에 대해서 거짓말하는 것을 막아야 합니다.

아이들을 정치 볼모로 삼는 걸 멈춰야 합니다. 토론을 하자구요. 서로 반대되는 의견을 가진 두 사람이 토론을 하면 되는 거 아닙니까. 그러나 현 시점에서 한 쪽은 발언도 못하게 막아 놓았습니다. 어떤 악랄한 일이 벌어지고 있습니다. 캐서린 헤이호(Katharine Hayhoe)같은 기후 경고론자 생각에 만일 제가 틀렸다면 저와 무척이나 토론하고 싶어했을 겁니다. 하지만 지금 하고 있는 게 있나요? 그냥 저를 피합니다. 토론의 장으로 나오려 하지 않습니다. 왜 그럴까요? 답은 간단합니다. 질 게 뻔하니까 그러는 겁니다.

그는 자신의 인기 블로그(realclimatescience.com)에서 기후 과학에 대한 그의 접근법을 설명해 놓았다. "나는 기후 과학 속 주장을 분석할 때 내가 과학·공학에서 쓰는 것과 같은 기술적 방법으로 접근한다. 여러분이 사용하는 컴퓨터와 게임 콘솔이 잘 작동하고 있다면 내 노력도 거기 기여하고 있는 것이다. 그러나 이와는 반대로 기후 과학은 전혀 작동하고 있지 않은데 이유는 대게 부정직하고 무능한 돌팔이들이 주도하고 있기 때문이다."[37]

브라질이 주는 예

그래서 자이르 보우소나루 브라질 대통령은 마크롱 프랑스 대통령이 주도한 G7정상회의 제안인 2,200만 달러 '원조'를 거절했던 것이다. 헌법학자이자 호주에 사는 브라질인인 아우구스토 짐머만

(Augusto Zimmermann)은 페이스북에 이렇게 남겼다.

> "브라질 국립공간연구소(INPE)는 아마존 산불은 건기에 통상
> 적으로 일어나며 올해 산불 횟수가 증가하지 않았다고 입장
> 을 발표했다. 사실 이 지역 전체에서 산불 횟수는 감소했었
> 다. 그러나 유럽연합의 좌파 정부들과 대중매체, 편향된 학
> 자들은 브라질 보수 행정부 수장인 자이르 보우소나루 대통
> 령에 대한 잘못된 정보 확산을 사납게 펼치고 있다.
> 그들이 이런 짓을 하는 근본 이유는 아마존이 위치한 브라질
> 북부 지역에 이해관계가 있기 때문이다. 자연 자원의 보고인
> 브라질은 물맛도 좋고 좋은 미네랄과 석유 등이 풍부히 있는
> 국가이다. 유럽연합은 (프랑스 성당 수천 채에 난 불도 막지도 못
> 하는) 프랑스 대통령 마크롱과 독일 총리 메르켈, 아일랜드,
> 핀란드를 필두로 엘리트주의를 표방하고 있으며 생태학적 이
> 단 종교라 할 수 있는 가이아 숭배 사상을 가지고 브라질을
> 공격하려 전세계적인 허위 정보를 퍼뜨리고 있다. 이는 궁극
> 적으로 브라질의 주권을 침해하는 행위이다."[38]

개발도상국이 자국 환경을 제대로 관리할 능력이 안 된다며 비판
하고 '해외 원조'를 통해 내정간섭을 하는 행위는 소리 없이 자행되는
제국주의라 할 수 있다.

영국의 시사잡지 「스파이크드」(Spiked)의 편집장 브렌든 오닐 (Brendon
O'Neil)은 이 점을 주목한다.

"이러한 비판 뒤에는 신 식민지배적 본능이 있다. 브라질, 중국, 인도 같은 신흥개발국의 현대화가 있기 수십 년 전에 이미 산업혁명의 혜택을 본 서구 특권층이 휘두르는 말도 안되는 소리이다. 외부에서 간섭하려고 이들 국가를 어떻게 해보려는 게 더 심각한 문제다. G7은 열대우림 산불을 고친다며 자원을 보내는 데 이미 합의를 했으며, 서구 녹색주의자들은 '녹색유지군'이라는 군대를 보내 개발도상국 주민들의 파괴적 행위를 저지하고 자연을 구한다는 명목으로 전세계를 다니게 한다는 생각에 열광하고 있다. 얼마나 못되먹고 침해적인 제국주의 발상인가. 현대 환경주의 운동의 전세계적 트렌드를 보면 왜 우리가 외국인을 범죄자 취급하는지 알 수 있다. 그들은 우리가 이미 가진 것을 탐내기 때문이다."[39]

녹색주의자들이 극단주의자이자 인종주의자인 다섯 가지 이유

녹색 아젠다가 가장 인기를 끄는 곳이 과거 기독교에서 혜택을 가장 많이 받은 국가, 현 부유국임을 주목할 필요가 있다. 빈국과 개발도상국은 '갈색 아젠다'를 따라 자국 도시 영세민이 가난에서 벗어나게 하려는 경향이 있다. 갈색 환경 아젠다는 녹색 아젠다와 다르다. 덜 이상적이다. '현 시점과 현 지역' 중심으로 자국 도시인에게 초점을 맞춘다. 둘 모두 환경 아젠다이지만 아래 다섯 가지 면에서 다르다.[40]

1. 갈색 아젠다의 관점은 인간은 지구와 함께 어울릴 수 있고 불가분의 관계라고 보는[41] 반면, 녹색 아젠다는 인간을 환경에게 해를 끼치는 존재로 본다.

2. 갈색 아젠다의 최우선 순위는 인간의 건강인 반면, 녹색 아젠다의 최우선 순위는 자연 내지 환경이다.

3. 갈색 아젠다가 추구하는 방향은 깨끗한 물과 음식, 주거, 의료 시설, 위생 인프라구조, 쓰레기 관리, 높은 생활 수준 등 인간의 기본 욕구를 채우는 것인 반면, 녹색 아젠다는 화석 연료가 가져다 주는 생활 수준 향상과 경제 개발, 그리고 인간은 하나님이 창조한 피조물 가운데 으뜸이라는 기독교 세계관을 인간에게서 빼앗으려 한다. 녹색 아젠다는 반(反) 개발 반 자본주의, 반 기독교라 할 수 있다.

4. 갈색 아젠다는 인간을 함께 일할 수 있는 존재로 보는 반면, 녹색 아젠다는 인간을 '교육'해서 행동을 통제하려고 한다.

5. 갈색 아젠다는 환경이 인간의 욕구를 위해 존재한다고 보고 효율적인 방식으로 환경을 더 사용하려하지만, 녹색 아젠다는 환경을 보호하고 환경을 덜 사용해야 한다고 주장한다.

이 다섯 가지 차이점을 보면 녹색 아젠다가 엘리트주의이자 제국주의적이라는 것을 분명히 알 수 있다. 후기 기독교 사회를 살아가는 서구인들만이 녹색 아젠다를 감당할 수 있다. 경제적인 성공을 거둔 나라는 대체로 과거에 기독교를 믿었기 때문인데, 가난한 나라의 개발을 통제하려고 안달이다.

서양에서 일어난 종교개혁이 만약 녹색주의 이해관계를 따지고, 자연이 인간 위에 있다는 세계관이 만연한 시대에 일어났더라면, 서구가 이렇게 개발되리라 생각할 사람이 어디에 있겠는가? 중세 암흑시대에 여전히 갇혀 있었을지도 모를 일이다. 녹색 아젠다는 태생적으로 인종주의이다. 갈색 아젠다의 지도자들이 성공을 거두고나서 이후 스타벅스 커피를 마셔가며 녹색 정치로 갈아타는 사치를 누릴 수 있는 것이 아닐까?

가장 강력한 해결책

트럼프 대통령과 현명한 정책 입안자들은 하나님이 당신의 형상을 따라 만든 인간을 생각하면서 동시에 하나님이 만든 지구를 잘 돌보기 위해 고심하고 있으리라. 우리 인간의 삶의 질과 장수, 번영은 에너지에 달려있다. 가장 깨끗하고 가장 지속 가능한 에너지 해결책은 무엇일까? 정답은 꽤나 간단하다.

다른 거짓 종교처럼 기후 변화교는 선을 악이라 부르고 악을 선이라 부른다. 기후 변화교에게 '사탄'은 사실 환경에게 있어 구원자라 할 수 있는 원자력 에너지이다. 어떻게 이게 가능할까?

기후 정책 전문가인 마이클 쉘렌버그(Michael Schellenberger)는 테드 강연을 통해 녹색 에너지 관련 데이터를 보여주어 청중을 놀라게 했다. 녹색 에너지는 서구 세계 전역에서 생산성 감소와 연결되어 있었다.

"사람들은 캘리포니아 하면 청정 에너지 기후 면에서 앞서나가는 곳이라 생각합니다만, 데이터를 보시면 알 수 있듯 사실 2000년에서 2015년 사이 캘리포니아에서 배출된 탄소량은 미국 평균보다 더 더디게 감소했습니다. 독일은 어떻습니까? 독일에서는 청정 에너지에 매진하고 있죠. 하지만 데이터가 보여주듯이 독일의 탄소 배출량은 실제로 2009년 이래 증가해왔고, 2020년까지 독일이 제시한 이행안이 지켜질거라 말할 사람은 아무도 없습니다.

이유는 어렵지 않습니다. 태양광과 풍력이 제공하는 전력은 우리 사는 시대에 필요한 전력의 10-20% 정도입니다. 즉 해가 쨍쨍하지 않고 바람이 잠잠할 때에도 여러분은 병원에서, 가정에서, 도시에서, 공장에서 여전히 전기를 필요로 하게 될텐데, 배터리 기술이 최근 괄목할 만한 진전을 보이긴 했지만, 절대로 전력망만큼 효율적이지 않을 거라는 게 함정입니다. 배터리 하나에 전기를 충전해서 쓸 때마다 20-40%는 방전되어 버립니다."[42]

환경적으로나 재정적으로나 언제나 숨은 비용은 있기 마련이다. 녹색 에너지를 배터리에 저장해서 사용하려는 국가는 그래도 여전히 백업용으로 천연가스 같은 화석 연료에 엄청나게 의존해야 한다. 그 자체로만 보았을 때 녹색 에너지는 그렇게 녹색이 아니다. 태양광 패널을 제조하는 데 화석 연료가 매우 많이 들어간다. 태양광 패널 사용 기간이 어느날 만료되면 패널이 함유하고 있는 그 모든 독성 물질을 어떻게 할 셈인가? 많은 사람들이 잘 모르는 점이 있는데 가장 친환경적인 녹색 에너지는 바로 원자력이다.

원자력은 에너지원 전체 중 미운 오리새끼와 같은 존재다. 사람들이 원자력 에너지를 떠올리면 부정적으로 생각하는 경향이 있다. 쉘렌버그는 테드에서 이렇게 말했다. "기후 변화에 관한 정부간 협의체

(IPCC)가 연료에 함유된 탄소를 조사한 적이 있는데 그 중 탄소가 가장 적게 함유된 연료가 핵연료였습니다. 심지어 실제 탄소량이 태양광 에너지보다 더 적은 게 원자력이었습니다. 더구나 분명한 사실은, 원자력 에너지가 하루 24시간 내내 일주일 내내 엄청난 양의 전력을 공급할 수 있다는 것입니다."[43]

원자력이 얼마나 많은 전력을 생산할 수 있을까? 신형 포드급의 미 항공모함 하나의 무게가 10만 톤인데, 그 무게를 원자력으로 추진해 나간다는 사실을, 그리고 연료 재 주입 없이 25년 동안 움직일 수 있다는 사실을 알고 있었는가? 미 해군은 1975년 개발한 니미츠급 항공모함을 이 신형 포드급으로 교체하고 있다.

프랑스는 자국 전력량의 93%를 수력 발전과 원자력 발전, 주로 이 두 청정 에너지원을 통해 생산한다. 프랑스의 전기 가격은 독일보다 절반 수준이다. 독일 정치인이 깨끗한 원자력 에너지를 폐기하고나서 독일 전기 값은 천정부지로 치솟았다.[44]

원자력 공포증

그렇다면 원자로 폭발 위험성, 방사능 폐기물 위험성, 핵무기 위협에 대해서는 어떻게 보아야 할까?

인체 유해성을 먼저 다뤄보겠다. 미국 시민단체인 환경진보(Environmental Progress)에서 유럽 내 사망 건수 중 에너지 생산 때문에 생긴 사고와 대기오염으로 인한 사망 건수를 측정한 적이 있다. 가장 위험한 연료부터 가장 덜 위험한 순서대로 배열한 결과는 다음과 같다. 석탄, 석유, 바이오매스, 천연가스, 원자력.

그렇다. 원자력이 가장 안전하다.

쉘렌버그는 이렇게 말한다. "원자력 에너지를 훨씬 더 안전하게 만드는 방법을 측정하기란 어렵습니다.… 모두 원자력 사고를 두려워하고 있죠. 그래서 후쿠시마와 체르노빌 같은 원자력 사고 관련 데이터를 살펴보게 되는데요, 세계보건기구(WHO)에 따르면 인간에게 가장 피해를 입히는 대부분 요인은 인간의 패닉이고, 인간이 패닉 상태에 빠지는 이유는 원래부터 그것을 두려워했기 때문입니다. 즉 핵발전 시설이나 방사능이 피해를 준다기보다 우리의 두려움이 주는 피해가 대부분입니다."[45]

방사능 폐기물은 어떠한가? 대다수가 놀랄만한 두 가지 사실을 공개하겠다. 첫 번째, 원자력발전소는 어떤 형태로든 온실가스 배출이 없다. 두 번째, 방사능 폐기물은 그리 많지 않다. 쉘렌버그는 이렇게 풀이한다. "이제껏 미국에서 나온 방사능 폐기물 전량을 미식축구장에 갖다놓는다 칩시다. 그러면 약 20피트(약 6.1미터) 높이 밖에 안 됩니다. 그런데도 사람들은 유해물질에 노출된다고 말하거나 있지도 않은 위험이 있다고 말하곤 합니다. 하지만 방사능 폐기물은 그냥 제자리에 있습니다. 철저한 관리가 이루어지고 있고 양도 엄청 많은 게 아닙니다."[46]

이와는 대조적으로 다른 에너지원에서 나오는 배출가스는 감시하지도 않고 있는데 방사능 폐기물보다 양이 더 많다.

그러면 핵무기에 관해서는? 여기에 대한 쉘렌버그가 대답이다. "원자력 발전한다고 말해놓고서 핵무기를 개발해버린 나라는 없었습니다. 오히려 정반대인 경우가 있었죠. 핵무기를 없앨 수 있는 유일한 방법은 플루토늄과 탄두를 원자력 발전소에 쓰는 연료로 전용하는 것이고, 그래서 핵무기를 세상에서 없애고 싶으면 원자력 발전을 더 많이 돌리면 됩니다."[47]

원자력 발전이 깨끗하고 저렴한 가격에다 에너지 양이 풍부함에도 불구하고 미국이나 독일 같은 서방 국가에서는, 오바마가 5억 3,500만 달러라는 혈세를 쏟아붓고도 에너지 생산을 못하고 문 닫은 벤처 기업 솔린드라(Solyndra) 사태를 잊지 못하고, 여전히 녹색 에너지 사기극에 빠져있는 것 같다.

원자로를 새로 지어 환경을 보전하고 사람들이 청정 에너지를 누리게 하기는커녕, 기존 원자로를 폐쇄하고 있는 게 녹색 정치인들이 하는 일이다. 일본의 경우 원자력 발전소 전체 가동을 멈추었다. 그러고나서 대신 돌리는 에너지가 무엇인가? 기후 변화 옹호론자들이 그렇게 질색하던 석탄과 석유, 천연가스이다!

환경주의자 마이클 쉘렌버그는 이 모습을 '청정 에너지 위기'라고 일컫는다.[48] 물질 고농축 연료에서 에너지 고농축 연료로 바꾸는 것이 친환경 에너지 전환이다. 오늘날 인간이 사용하는 에너지 가운데 가장 깨끗하고 가장 에너지가 고농축된 연료는 원자력이다.

'기후 변화교'로부터 미국 구하기

기후 변화를 부정하고 함께 사는 지구를 오염하지 말아야 한다는 말을 부정하는 사람은 없다. 지도자들이 이런 질문을 해야 한다. "환경을 파괴하지 않으면서도 더 나은 삶을 살아가도록 에너지를 사용하려면 어떻게 하면 될까?" 그리고 나서 이를 과학적인 방법으로 해결하면 되는 것이다.

녹색 아젠다는 태생적으로 반(反) 과학적이고(인간은 지구 날씨를 통제할 수 없기 때문에) 종교성을 띠고 이단적이며, 공산주의 · 제국주의 · 인종주의이자, 반 인간적, 반 그리스도적이다. 이단이 가장 고약한 점이 우리 아이들에게 해를 끼친다는 것이다.

청년층은 가장 영향을 받기 쉬운 대상이므로 학교에서 대중없이 녹색 아젠다 사상을 주입하는 것을 멈춰야 한다. 녹색 아젠다 사상을 이단 종교로 인식해야 한다. 더 나아가 기후 테러리스트들에게 정의의 심판을 얼른 내려야 한다.

기후 변화 경고론자들이 심어놓은 비이성적이고 신경질적인 두려움 때문에 우리 아이들의 사회관과 경제 전망관, 그리고 영적 건강이 피폐해지고 있다. 하나님께서는 우리를 사랑하셔서 환경을 창조하셨으며 인간에게 환경을 잘 관리하고 영원히 누리라고 해주셨는데, 서구 글로벌주의의 영적 전선인 기후 변화를 신봉하는 자들은 하나님을 저버리고 우상을 숭배하고 있다. 우리는 지구가 멸망해 버릴 것이라는 두려움에 떨어서는 안 된다.

> 그의 성소를 산의 높음같이, 영원히 두신 땅 같이 지으셨도다
> (시 78:69)[49]
> 한 세대는 가고 한 세대는 오되 땅은 영원히 있도다(전 1:4)[50]

제12장

청소년 살리기 : 교육개혁과 성경문맹퇴치

: 제 5계명 :

너는 나 외에는 다른 신을 네게 두지 말라 (출 20:3)

예수님은 제1계명을 "첫째는 이것이니 이스라엘아 들으라 주 곧 우리 하나님은 유일한 주시라 네 마음을 다하고 목숨을 다하고 뜻을 다하고 힘을 다하여 주 너의 하나님을 사랑하라"라고 긍정적으로 말씀을 풀어주셨다. 이것이 제1계명이다.[1]

이 말씀에서 예수는 유대교 예배에서 가장 중요한 기도인 신명기 6장 4-5절의 "쉐마"를 직접 인용하고 있다. 이 쉐마[2]의 첫 부분은 우리에게 잘 알려져 있다.

> 이스라엘아 들으라 우리 하나님 여호와는 오직 유일한 여호와이시니 너는 마음을 다하고 뜻을 다하고 힘을 다하여 네 하나님 여호와를 사랑하라(신 6:4-5)

우리의 영과 혼과 육을 다하여 하나님을 사랑하라는 것이 제1계명이다. 나는 우리가 이 원칙을 공공 정책에 어떻게 적용할 것인지에 대하여 잠시 후 생각해 볼 것이다. 그런데 이 쉐마에는 첫 부분인 제1계명처럼 잘 알려져 있지는 않은 두 번째 부분이 있다. 이 부분은 하나님을 사랑하라는 제1계명 바로 뒤에 이어져 기도의 일부를 이루고 있기 때문에, 우리는 이 부분이 하나님을 어떻게 사랑하라는 것인지에 대한 설명이라고 볼 수도 있고, 하나님을 사랑하는 것 다음으로 가장 중요한 것을 설명하고 있는 것이라고 볼 수도 있다. 어떻게 보아야 할까? 말씀을 잘 들어보자.

> 오늘 내가 네게 명하는 이 말씀을 너는 마음에 새기고 네 자녀에게 부지런히 가르치며 집에 앉았을 때에든지 길을 갈 때에든지 누워 있을 때에든지 일어날 때에든지 이 말씀을 강론할 것이며 너는 또 그것을 네 손목에 매어 기호를 삼으며 네미간에 붙여 표로 삼고 또 네 집 문설주와 바깥 문에 기록할지니라(신 6:6-9)

만약 우리가 하나님을 사랑하는 것이 하나님이 우리에게 원하시는 첫 번째 부분이라면, 두 번째 부분은 우리 자녀들을 가르치는 것이다. 디아스포라 전반에 걸친 유대인 역사에서 유대인들은 2,000년 동안 교육을 매우 중요하게 여겨 왔으며, 지금도 여전히 교육을 중시하고 있다. 이 쉐마에 따르면, 교육이 미국 헌법에 포함되었어야 했다. 미국을 살리기 위하여는 적절한 성교육을 포함하여 교육의 개혁이 시급하다.

마이크 펜스 부통령은 2019년 10월 23일 "다음 선거에서 승리하는 것만으로는 충분하지 않다. 우리는 자유를 위하여 다음 세대까지도 승리하여야 한다."고 말했다. 하나님은 부모들에게 자녀들을 가르칠 권리와 책임을 주었다. 한 국가의 아이들을 가르치는 사람이 그 국가의 미래를 좌지우지한다. 하나님이 주신 부모의 권리를 세속적인 정부로 넘겨준 것이 부도덕성의 증가, 자유의 상실, 지적수준 하락의 주된 원인이 되어 왔다.

우주적 연관

2011년 8월 도널드 트럼프, 로버트 키요사키(Robert Kiyosaki), 토니 로빈스(Tony Robbins)가 호주에 왔을 때가 생각난다. 나의 가족이 뉴욕 업스테이트의 부동산 개발업자여서 나는 어릴 때부터 도널드 트럼프에 대한 이야기를 들었다. 트럼프의 저서 『거래의 기술』(*The Art of the Deal*)은 1987년 크리스마스 때 우리 가족이 서로에게 준 선물이었다. 하지만 나는 〈어프렌티스〉(The Apprentice[견습생들], 역자 주: 트럼프가 경영 견습생들의 자질을 심사하는 내용으로 진행했던 리얼리티 TV쇼)를 한 번도 본 적이 없어서 트럼프를 몰랐기 때문에 로버트 키요사키와 토니 로빈스에게 더 끌렸다. 둘 다 나처럼 대중 연설가였기 때문에 무대에서 그들의 실력을 보고 싶었다. 내가 멜버른에 살고 있어서 그들을 보기 위해 시드니로 날아갔다. 나중에 트럼프와 '우주적 연관' 관계를 맺게 될 줄은 상상도 못했다. 2016년 선거 때에는 트럼프에 관한 바이럴 동영상을 제작해 유튜브에서 수백만 건의 조회수를 기록하게 되었다. 나는 또한 한 번도 그를 만나려고 계획한 적이 없는

데 세계 여기저기에서 트럼프 대통령과 마주치기도 했다.

2017년 내가 성지순례팀을 이끌고 이스라엘을 방문했을 때, 트럼프는 예루살렘 '통곡의 벽'을 방문하고 있었다. 2018년 마라라고에서 열린 컨퍼런스에 참석하고 있을 때, 트럼프도 그날 아침에는 그곳에 있었지만 워싱턴 DC로 돌아가기 위해 일찍 떠났다. 2019년 초 내가 펜실베니아에 있었을 때에도 트럼프는 거기서 같은 시간에 공화당 전당 대회를 열고 있었다. 2019년 말 내가 텍사스에 있었을 때에도 트럼프는 같은 시각 댈러스에서 또 다른 전당대회를 열고 있었다. 나는 댈러스에 갈 수도 있었지만, 샌안토니오에서 해야 할 사역이 있었다. 호주에 사는 내가 미국의 그런 장소에 가는 것은 흔치 않은 일이기 때문에, 주님께서 나를 보내시는 곳이라면 그곳이 어디든 근처에 트럼프 대통령도 있을 것이라는 특별한 인상을 받았다.

나는 여호와께서 주시는 환상을 보는 사람은 아니지만, 하나님은 나를 사용하셔서 다른 사람을 위하여 꿈을 해석하게 하신다. 2019년 초 어느 날 밤, 대통령이 나를 찾아오는 꿈을 꾸었다. 나는 흰 티셔츠를 입고 있었는데, 예의를 갖추지 못하고 너무 간소하게 옷을 입고 있는 것이 당황스러웠다. 2020년 2월 나는 유튜브에서 『트럼프의 남겨진 사명』(*Trump's Unfinished Mission*)이라는 책이 완성되었다는 첫 영상 발표를 하였다. 그런데 흰 티셔츠를 입고 녹화를 한 것은 그때가 처음이라는 것을 나중에 알게 되었다. 몇 달 전 꿈 속에서 입었던 것과 똑같은 흰색 티셔츠. 전혀 계획하지 않았던 일이었다.

2019년 8월 1일 라라 트럼프(역자 주: 트럼프 대통령 차남의 부인)가 나를 트럼프 대통령과 만나게 해주려는 꿈을 꾸었다. 나는 이것이 상징적인 것인지 아니면 앞으로 실제로 이루어질 것인지는 모르겠다. 하지만 이것이 트럼프 대통령과 나 사이에 우주적 연관 관계가 있다는 의미이다. 2011년 그날 시드니로 갔을 때, 나는 트럼프에 관한 책이나 그를 위한 책을 쓰게 되리라고는 꿈에도 상상하지 못했다.

세 명의 연사 모두 매우 인상적이었다. 토니 로빈스는 요즈음과는 달리 무대에서 욕설을 하지 않았다. 도널드 트럼프는 자신의 머리가 자신에게 얼마나 중요한지 이야기했는데, 그는 샴푸 챙기는 걸 잊어버렸다고 불평했고, 평범한 사람들이 사용하는 제품인 '헤드앤숄더스'(역자 주: 샴푸 브랜드명)를 사오도록 도우미를 보냈다. 그때까지 만해도 그는 우연히 수십억 달러를 가지게 된 평범한 사람으로 보였다.

세 명의 연사 모두에게 한 가지 분명하고 공통적인 주제는 우리의 교육이 자녀들에게 은행계좌 개설, 대출, 창업, 주택 구입, 계약 협상, 결혼, 자녀 양육, 은퇴 계획 같은 성인이 되어서 실제로 해야 할 일들을 준비시키지 못하고 있다는 것이었다. 극히 일부를 제외한 모든 사람들이 그러한 일들을 해야 하지만, 모든 사람들은 최소 12년의 학교생활 동안 이러한 필수적인 삶의 기술들을 하나도 배우지 않고 있다.

로버트 키요사키는 아이들에게 가장 기본적인 교육으로 자산과 부채의 차이에 대하여 가르쳐야 한다고 말했다. 우리 가족이 출석하는 교회에서는, 적어도 일 년에 한 번은 주일학교에서 자산과 부채의 차이에 대하여 아이들에게 가르친다. 공립학교에서도 이런 것을 가르쳐야 하지 않겠는가?

우리는 자녀들에게 무엇을 가르치고 있는가?

내 아들 오스틴이 초등학교 2학년 때, 같은 반 남학생이 트럼프 대통령 흉내를 내며 말했다. "그가 화성에 간대. 오지 말고 그냥 그곳에 남아 있으면 좋겠어." 그때 선생님은 그 아이에게 대통령을 존경하도록 가르치기보다, "그래, 나도 그가 돌아오지 않았으면 좋겠어." 라고 맞장구를 쳤다. 그 선생님은 8살짜리 아이들 앞에서 트럼프 대통령이 죽기를 바라고 있었다. 우리는 시민 의식과 예의에 대해 잘못된 것을 가르치는 학교에 왜 자금을 지원하고 있는가?

많은 교사들이 우리 아이들에게 영어, 수학, 인성을 잘 가르치지 못하면서 기후 변화와 자신들의 정치적 견해로 학생들을 세뇌시키고 있다. (그해 이후 우리는 아이들을 기독교 학교로 옮겼다.) 2019년 10월에 실시된 한 조사에 따르면, 이러한 교육 저하의 결과로, 밀레니얼 세대(역자 주: 1980-2000년 초반 출생한 세대. IT에 능통하고 대학교육을 받은 비율이 높으나 취업이 어려워 평균소득이 낮다.)의 36%가 공산주의를 호의적으로 보고 있고, 70%가 사회주의자에게 투표할 것으로 나타났다.[3]

코미디언 저널리스트인 그렉 거트펠트(Greg Gutfeld)가 말했다. "아마 우리 탓일 것이다. 어느 시점부터 우리는 역사의 진실을 다가오는 다음 세대에게 전달해야 하는 일을 하지 않았다. 우리는 우리가 젊은 사람들에게 가르쳐 주지도 않은 것을 그들이 잊어버렸다고 그들을 비난할 수 없다. 그리고 사회주의가 사탕발림뿐인 아이디어이기는 해도, '백만 명을 죽이는 사탕발림 아이디어 입문'이라는 대학 과정은 없다. 같은 조사에서, 미국인의 72%가 공산주의가 지난 100년 동안 죽인 사람들은 1억 명에는 못 미친다고 잘못 알고 있다. 실은 1억 명이 넘는다. 오늘날 많은 사람들이 좋게 생각하고 있는 공산주의가 1억 명 이상의 사람들을 죽였다."[4]

어떻게 교사들은 그렇게 현실에서 동떨어져 있는가? 공산주의자들은 자기 나라의 수백만 시민들을 살해한다. 사회주의자들은 앙골라, 캄보디아, 쿠바, 북한, 베네수엘라 같은 국가의 경제를 파괴한다.

학생들은 미국의 흑인과 히스패닉 취업률이 트럼프 대통령 시절로 들어서면서 가장 좋아지고 있다는 것을 학교에서 듣지 못하고 있다.[5] 실제로 트럼프 대통령 정부의 평균 실업률은 미국 역사상 가장 낮은 것으로 나타났다.[6] 트럼프 대통령이 전화를 걸어 김정은을 만나려는 의지로 인해 북한과의 핵전쟁은 피할 수 있게 되었는데, 이러한 협상은 11명의 이전 역대 대통령들이 꺼려했던 일이다. 소아성애자와 인신매매범들이 트럼프에 의해 기록적인 숫자로 체포되었다.[7] 그 공은 트럼프뿐 아니라 트럼프가 백악관으로 초청한 크리스천들이 드린 기도에도 돌아가야 한다.

학생들은 또한 세계 역사에 있었던 기독교의 긍정적인 측면들에 대해 배우지 못하고 있다. 여기에는 생존권을 신장시켜 온 것, 전세계적으로 노예제 폐지의 당위성을 이끌었던 것, 미국에서 인종 차별을 종식시켰던 것, 여성의 교육과 권리를 신장시켰던 것, 그리고 전세계적으로 수만 개의 병원과 학교를 만들고 유지해 왔던 것 등이다. 이런 것들을 볼 때 "왜 공산주의의 부정적인 측면과 기독교의 긍정적인 측면은 교육의 장에서는 드러나지 않고 숨겨져 있는가?"하는 의문을 갖게 된다.

실생활과 상아탑

아버지께서 자주 이야기하셨는데 교사들은 상아탑에 머물고 있다. 12년 동안 학교를 다닌 후, 그들은 4년간의 교육대학(혹은 대학)을 거쳐 다시 학교로 돌아와 사회생활을 시작한다. 교사들은 그들보다 어리고 대부분은 그들보다 덜 똑똑한 학생들에 둘러싸여 평생을 학교에서 보내게 된다. 대다수의 직업 교사들은 "실생활"의 인생 경험을 거의 가지고 있지 않다.

실생활에는 실패와 성공이 모두 있다. 돈을 가르칠 최고의 교사는 돈을 좀 잃어 보고, 거기에 적응을 한 후 돈을 버는 데 성공한 사람이다. 연기를 가르칠 최고의 교사는 배역을 거절당해 보고, 스스로 개선의 노력을 한 다음 배우로 선발된 사람이다. 최고의 과학 교사는 실험에서 실패를 거듭하다가 결국 해결책을 찾아내고 발명특허를 얻어낸 사람이다. 가장 훌륭한 영어 교사는 처음에는 형편없는 글을 썼지만, 계속 노력해서 결국 누구든 사서 읽고 싶어하는 책을 출판한 사람이다. 실제의 경험을 가진 이러한 사람들을 어디서 찾을 수 있을까?

성경에 답이 있다.

> "너희 자녀들아 와서 내 말을 들으라 내가 여호와를 경외하
> 는 법을 너희에게 가르치리로다"(시 34:11)

우리는 인생의 경험을 가진 놀라운 사람들이 어디에나 있다는 것을 알아차리지 못한다. 그들은 부모이다. 왜 부모가 학교에서 가르치는 것을 "쇼앤텔"(Show and Tell. 역자 주: 미국 초등학교에서 각자 물건을

가져와 발표하는 수업 활동의 하나)이나 "커리어데이"(Career Day. 역자
주: 미국 초등학교에서 학생의 부모가 자신의 직업에 대하여 설명하는 수업
활동의 하나)와 같이 일 년에 한 번으로 제한하는가?

교사의 다양성을 높인다

우리는 우리의 자녀들을 실패와 성공을 경험해 본 최고의 교사인
부모들에게 맡겨야 한다. 시편 34편 11절에서 이야기하고 있는 것은
'여호와를 경외하는 법'을 아는 부모들이 직접 자녀들을 가르쳐야 한
다는 것인데, 이것은 나이가 들고 많은 실패를 겪고 나서야 배울 수
있는 것이다. 그런 부모들은 가르칠 수 있는 것이 많다. 그러나 우리
사회는 학교에서 유일하게 '선생님'이라고 불릴 수 있는, 경험이 없
는 계층을 발전시켰다.

모든 교사들이 경험이 부족한 것은 아니므로, 나처럼 가르치는 직
업에 종사하고 있는 사람들을 불쾌하게 하고 싶지는 않다. 하지만 인
생에서의 가장 중요한 경험들을 학교 울타리 안에서만 겪은 대학 졸
업생들만이 유일한 "선생님들"이 아니라는 것을 교육자들은 인정해
야 한다. 만약 그들이 우리의 유일한 교사들이라고 한다면, 학교가
이루는 결과는 낡은 것이고, 많은 교사들은 학생들에게 실질적인 삶
을 준비시키는 데 실패한 것이다.

성경은 어린이를 가르치는 교사들을 위한 전문 수업이 있어야 된
다고 하지 않는다. 모든 부모가 교사이다. 예수는 그의 부모님이 가
르치셨지만 그는 훌륭하다는 정도를 훨씬 넘어선 사람이 되었다. 그
는 세상을 바꾸었다.

우리가 성경의 바람직한 이상에서 얼마나 멀리 벗어났는가? 학교의 신통치 않은 결과와 학교 관계자들의 반도덕성에 낙담한 일부 학부모들은 자녀들을 위하여 홈스쿨링 방식의 교육을 선택했다. 하지만 두 부모가 맞벌이를 해야 하는 현대적인 생활방식에서, 홈스쿨링을 할 수 있는 가정은 많지 않다. 우리는 바람직한 해결책에서 너무 멀리 벗어나 있어서 신속하게 이 문제를 해결하기는 어려울 것이다. 하지만 우리가 비전을 갖게 되면, 비전을 향해 나아가기 시작할 수 있다.

솔로몬 왕은 "계시가 없으면 백성들은 망하나"라고 말했다.[8] 나는 어린 사람들과 함께 하는 것으로 한정된 인생 경험 밖에 없는 교사들에게 돈을 지불하며 가르치도록 하는 대신, 부모들이 일을 쉬고 학교에 와서 일 년에 일주일 또는 한 달에 하루 동안 가르치도록 장려하는 방법들에 대해 교육계 지도자들이 브레인스토밍을 시작하도록 제안한다.

나는 직업적 교사들도 필요하다고 믿는다. 언어, 수학, 음악 등과 같이 실생활 경험이 없어도 가르칠 수 있는 기초분야에서 교사는 뛰어난 실력을 발휘할 수 있다. 그러나 일단 학생들이 성숙하게 되면, 학생들은 실제 세상에서 삶의 깊은 경험을 가지고, 각각의 분야에서 오랫동안 일하며 성공을 겪어 온 다양한 형태의 교사들을 접해야 한다.

전문직 교사들은 "학문적 기준은 어떻게 하겠느냐? 아마추어 교사들을 교실로 데려오면 학교가 어려워지지 않겠느냐?"며 반대할지도 모른다. 각 분야에서 가장 성공한 사람들로 팀을 구성하면 어느 지식

분야에서든 우수한 교육 커리큘럼을 쉽게 만들 수 있다. 교육부의 연간 600억 달러 예산 중 일부를 사용하여 다양한 분야의 경험이 있는 사람들에게 자신의 지식을 공유하도록 장려해 보라. 특별한 업적을 가진 사람들이 드러날 것이다. 그런 사람들을 찾아라! 우리 아이들은 최고의 교사들이 가르치는 교육을 받을 자격이 있다.

미국 건국시대 문서들을 가장 많이 개인 소장하고 있는 역사학자 데이비드 바톤은 미국 역사 과목의 교육과정을 엄청나게 개선할 수 있을 것이다.

51개국에서 3천 2백만 권이 넘게 팔린 책(역자 주: 부자 아빠 가난한 아빠 등)의 저자 로버트 키요사키는 학생들을 위하여 재정에 관한 최고의 수업을 만들 수 있을 것이다.

16년 동안 최고 등급의 케이블 뉴스쇼인 〈오라일리 팩터〉(The O'Reilly Factor)를 열었던 빌 오라일리(Bill O'Reilly)는 독립적인 탐사보도 분야에서 탁월한 실적을 보유한 검증된 기자들과 함께 미디어 관련 과목을 만들 수 있을 것이다.

터커 칼슨(Tucker Carlson)도 후보이다. 그는 CNN, MSNBC, Fox 뉴스 채널에서 근무했다. 그는 현재 상위권 TV 뉴스쇼를 가지고 있다. 2010년에 그는 최고의 뉴스 웹사이트 중 하나인 '더데일리콜러'(The Daily Caller)를 공동 설립했다.

존 스토셀(John Stossel)도 생각난다. 그는 19개의 에미상과 5개의 내셔널프레스클럽(National Press Club, 역자 주: 워싱턴에 있는 국내외 저널리스트들의 회원제 클럽)상을 수상했다.

머스크: 교육의 롤모델?

페이팔의 창립자이자 테슬라, 스페이스X의 CEO인 엘론 머스크 (Elon Musk)는 아이들을 발명가와 기업가로 교육하는 것에 대해 많은 아이디어를 가지고 있다. 그는 다섯 명의 아들을 캘리포니아의 사립학교에서 빼내어서 AI와 윤리, 그리고 기상관측용 벌룬, 화염방사기, 전투로봇 같은 것들을 만드는 법을 배우게 했다.

그는 공립이든 사립이든 "학교"가 마땅히 해야 할 일을 하지 않고 있다고 했다. 학교는 아이들에게 엔진을 보여주고, 분해하도록 해서 "이래서 스크류드라이버가 필요한 거구나!"하며 엔진과 도구의 관련성을 스스로 배우도록 하는 것이 아니라, 스크류드라이버가 무엇인지 가르친다. 엘론 머스크의 교육 철학은 "도구에 대하여 가르치는 것이 아니라 문제를 어떻게 이해하고 해결해야 할지를 가르치는 것이다."[9]

머스크는 "내가 보기에 교육에서 자행되는 실수는 교사들이 아이들이 어떤 과목을 왜 배워야 하는지 설명해주지 않는 것"이라고 말한다. "너는 그냥 수학에 떠밀려 가는 것 같구나. 너는 수학을 왜 배우니? 이게 네게 무슨 소용이 있어? 왜 나는 이런 이상한 문제들을 풀어야 하는 걸까? 사물에 대한 '왜'라는 의문이 매우 중요하다."[10] 학생들은 과목 그 자체만이 아니라 그 과목이 어떻게 실제의 삶에 연관되어 있는지에 대해 배울 필요가 있다.

세계 23위의 부자인 엘론 머스크[11]는 그가 만든 상당히 파격적인 홈스쿨을 자기 소유의 사립 아카데미로 설립할 수 있는 정도의 재산도 가지고 있다. 2014년에 머스크는 자기 소유의 사립학교 '애드아스트라'(Ad Astra: 라틴어로 '별들을 향해'라는 뜻)를 공동 설립했는데, 이 곳에서는 스포츠와 음악은 가르치지 않는다.

반대로, 내가 딸 알렉시스의 공립학교 6학년 졸업식에 참석했을 때, 졸업식은 스포츠와 음악 공연을 중심으로 이루어졌고, 환경보호에 관한 형식적인 찬사로 이어졌었다. 나는 슬라이드쇼와 함께 흘러나오는 최신 팝차트 노래와 아이들이 부르는 노래만 들었을 뿐, 실제 세상을 살아가도록 졸업생에게 준비시켜야 하는 학문이나 삶의 기술 같은 그 어떤 것들도 듣지 못했다. 학교 교육에 대한 목적의식이 없기 때문에, 공립학교 교사들과 학생들은 그 공백을 메우기 위해 환경보호로 끌려가고 있다고 나는 생각한다. 인간은 목적 없이 존재할 수 없는데도, 학교는 우리가 태어나 어떠한 일을 해야 하는지 깨닫도록 하는 대신 즐거움과 환경보호에 집중하도록 하는 것이다.

머스크의 교육에 관한 파격적인 행보가 대다수 '정규 학교'에서 환영 받으리라고 상상하기는 어렵다. 그러나 교육자들은 다음과 같은 질문을 해야 한다. 무엇을 보면 학교가 성공적이라는 것을 알 수 있는가? 머스크의 학교는 기존의 학교보다 나은가?

머스크는 자신이 세운 사립학교 애드아스트라에 대해 "아이들은 학교에 가는 것을 정말 좋아한다. 좋은 징조인 것 같다. 내 말은, 내가 어렸을 때는 학교에 가는 게 너무 싫었다는 거다. 그건 고문이었다. 그런데 아이들은 진짜 방학이 너무 길다고 생각한다. 학교로 돌아가고 싶어한다."[12]

머스크의 프로그램에 있는 그의 아이들과 학생들의 반응을 보면 적어도 두 가지를 알 수 있다. 첫째, 머스크 같은 부모들이 전통적인 학교들은 생각도 해 본 적 없는 새로운 교육의 해결책을 아이들에게 제공하고 있다는 것과 둘째, 머스크 같은 부모들을 선임하여 과학, 공학, 기업가 정신에 관한 수업 교재를 다시 만들도록 해야 한다는 것이다.

진실된 교과서 개편

모든 전문가가 데이비드 바튼처럼 훌륭하게 글을 쓸 수 있는 것은 아닐 것이다. 모든 전문가들이 그럴 필요는 없다. 오라일리와 키요사키가 한 것처럼 다른 사람을 고용하여 대필하게 해서 완성본을 만들어라! 우리 아이들을 위해서, 우리가 낸 세금을 사용하여 최고의 편집자, 최고의 일러스트레이터, 그리고 최고의 출판사를 고용하여 고품질의 교과서를 만들어라!

3년마다 반복되도록 프로세스를 설계하여(미국 고등학교는 4년, 호주는 6년 과정인 것을 고려하여), 새로운 지식이 교과 과정에 통합되고 투명한 개편 작업이 이루어지도록 하라.

이 교과 개편 과정은 그 자체로 아이들이 어른들은 어떻게 실수를 하는지 배울 수 있는 교육이다. 어른들이 어떻게 실수하는지 아무도 모른다. 그렇지만 전문가들을 포함한 모든 사람들은 실수를 모두 자백할 수 있을 만큼 겸손해야 한다. 우리 인생의 실수는 많을 것이다.

정직이 최선의 정책인 이유

현재의 교과서는 정확히 정반대다. 교과서는 실수와 사기(의도를 가진 거짓)로 뒤덮여 있다. 역사, 경제, 과학의 가르침은 그러한 것들로 가득하다. 예를 들어, 과학에서, 우리는 독일의 생물학자인 언스트 해켈(Ernst Haeckel)이 위조한 배아 그림을 보면서, 이 그림이 모든 척추동물은 공통의 조상을 가진다는 것을 증명한다고 생각한다. 이것은 학생들이 예전에 생물학 과목에서 배웠던 문구 "개체발생은 계통발생론을 요약해 보여주고 있다."[13]와 같은 거짓을 많이 만들어 냈다. 이 배아 비교 그림은 여전히 생물학 교과서에 기재되어 있다.

1912년 필트다운 맨(Piltdown Man)이 영국 남부에서 발견한 뼈는, 원숭이와 호모 사피엔스 사이의 진화적 간극을 메꿔주는 과도기적 유인원이 영국에 존재했었다는 것을 증명하는 것이었다. 그러나 발견 40년 후인 1953년, 케네스 오클리(Kenneth Oakley) 박사는 필트다운 맨의 뼈를 가장 위대한 화석인류학 조작의 하나로 폭로했다.

그 두개골은 현대인의 것이고 턱뼈와 이빨은 오랑우탄에서 나온 것이었다. 치아를 사람 치아처럼 보이게 하기 위해 줄로 썰었다. 뼈와 치아는 오래 된 것처럼 보이도록 화학적으로 처리하였다. 이 사기극이 드러나지 않았던 40년 동안 여러 세대의 학생들이 세뇌되었다. 과학자들은 그것을 믿고 싶어했다.

영국의 교과서에 실린 '회색가지나방'에 관한 유명한 이야기가 거짓으로 드러났다. 시카고 대학의 진화생물학자 제리 코인은 진화론자들이 이 이야기가 거짓말이라는 것을 깨달았을 때 마치 산타클로스가 진짜가 아니라는 것을 알았을 때와 같은 느낌을 가졌다고 이야기했다.[14]

반은 조류이고 반은 공룡인 아르카이오랩터는 완전히 다른 두 개의 화석을 접착제로 붙인 조작으로 밝혀졌다.[15]

웹사이트 retractionwatch.com은 한정된 연구자금을 확보하기 위해 경쟁하는 과학자들 사이에서 너무나 흔하게 일어나고 있는 현대 과학 조작 사건들을 추적하고 있다. 그러나 학생들은 과학자들이 객관적이고, 편견도 없고, 다른 사람들의 나약함과 유혹으로 인하여 부패하지도 않는다고 듣는다. 만약 과학자들이 어떤 것에 동의한다면, 학생들은 그것이 사실일 것이라고 믿도록 배운다.

교육자들은 학생들에게 그리 정직하지 못했다. 학생들은 종종 사실이 아니고, 시대에 뒤떨어지고, 삶에 도움도 되지 않는 것들을 배우고 믿는다. 공교육을 받는 대부분의 학생들이 갖게 되는 세계관은 대체로 젊은이들에게 받아들이도록 강요된 좌익 선전의 산물이다. 그중 상당 부분은 사기이지만 수정된 적은 없다. 이러한 사기는 경제사 분야에도 많지만, 아마도 심리학과 성에 관한 분야에서 가장 확실하게 드러날 것이다.

성에 관한 여러 거짓의 근원

오늘날 공립학교들이 제공하는 성교육은 "세계 최초의 성(性) 생태학자"인 알프레드 킨지(Alfred Kinsey, 1894 – 1956) 덕분이다. 킨지는 감리교 가정에서 그가 독실한 기독교 신자라고 묘사한 부모와 함께 자랐다. 킨지는 아버지의 엄격함에 반항하여 무신론자로 변신해 기독교의 엄격함을 깨뜨리겠다고 다짐했다. 킨지의 가장 잘 알려진 두 권의 책은 많은 기독교의 금기를 깨며 1960년대의 성해방 혁명에 지적으로 기여했다.

이 두 책은 인디애나대학과 록펠러재단의 자금지원을 받은 『남성의 성적 행동』(*Sexual Behavior in the Human Male*, 1948)과 『여성의 성적 행동』(*Sexual Behavior in the Human Female*, 1953)이었다. 이 책들은 함께 "킨지 리포트"(*The Kinsey Reports*)라고 불렸다.

그의 첫 번째 책은 남성의 50%가 간통죄를 저지르고, 남성의 69%가 매춘부를 방문했으며, 남성의 37%가 적어도 한 번의 동성애적 만남을 가졌으며, 남성의 95%가 정기적으로 성적 일탈에 빠졌다는 등의 터무니없는 주장을 했다. 이것은 1940년대에 읽기에는 추잡한 내용이었다.

킨지의 연구가 사기였다는 것, 그가 대부분의 직원들과 함께 잠을 잔 성적 일탈자라는 것, 그의 동료이자 주 "연구원"인 렉스 킹(Rex King)이 800건의 아동 강간 혐의로 유죄 판결을 받은 범죄자라는 것은 얼마 지나지 않아 밝혀졌지만, 그의 연구에 관한 개정은 전혀 이루어지지 않았다. 오히려 구글과 위키피디아는 여전히 "킨지 리포트"를 "20세기의 가장 성공적이고 영향력 있는 과학 서적"으로 홍보하고 있다.[16] 이것이 정말 과학이었을까?

킨지는 매춘부, 범죄자, 성도착자들을 실험 대상자로 선발하고 이들이 미국 인구를 정상적으로 대표하는 그룹이라고 주장함으로써 자신의 조사 결과를 왜곡시켰다. 킨지의 실험 대상자 중 55%가 실제로 감옥에 있었던 것으로 밝혀졌다!

학계는 아무런 사과도 하지 않았다.

1947년 '비트'(bit)라는 용어와 1958년 '소프트웨어'(software)라는 용어를 만든 천재 수학자 존 터키(John Tukey)는 킨지의 통계에 대해 "킨지가 뽑은 300명의 집단보다 무작위로 뽑은 3명의 대표성이 더

나았을 것"이라고 평했다.[17]

미국의 문화평론가 거숀 레그만(Gershon Legman, 1917-1999)은 킨지를 "증거에 관계없이 결론을 내리는 사람"이라고 묘사했다. 킨지의 다 알려진 비밀스러운 의도는 동성애를 합법화한 다음 소아성애를 정상화시키고, 마침내 기독교의 성적으로 "억압적인" 유산을 없애는 것이었다. 우리의 교육 및 법 시스템은 지난 70년 동안 알프레드 킨지가 만들어 놓은 형판(形板)을 그대로 따라왔다.

다른 '과학자들'의 킨지를 향한 존경심을 떨어뜨릴 수 있는 사기극의 증거가 있음에도 불구하고, 지식인과 학자들 사이에는 킨지에 대한 찬사가 널리 퍼져 있다. 전 호주 대법관이었던 마이클 커비(Michael Kirby)의 말은 엘리트들이 킨지에 대해 어떻게 느끼는지를 보여주는 전형적인 예이다. "내 견해로 알프레드 킨지 박사는 20세기의 가장 위대한 과학자 중 한 명이다. 그는 인디애나대학의 가장 위대한 학자들 중 한 명이다."[18] 급진적 사회공학 의제가 어디서 시작되었고 왜 그렇게 빠르게 움직이는 것처럼 보이는지를 이해하는 기독교 보수주의자는 거의 없다.

우리는 소아성애자를 "소수자에 끌리는 성인"이라고 완곡하게 부르는 단계에 와 있다. 조만간 성경을 인용하는 자체가 모든 성적 변태를 정상화하려는 킨지의 목적에 상치된다는 이유로 "증오 연설"로 간주될 것이다.

"세이프스쿨"(Safe School) 또는 "예의바른 관계"(Respectful Relationships)라고 일컬어지는 미국, 호주, 캐나다의 성교육 커리큘럼은 알프레드 킨지를 존경하는 학자들에 의해 개발되었다. 니콜라스 제닝스

(Nicholas Jennings, 버락 오바마 대통령이 임명한 세이프스쿨의 황제), 벤저민 레빈(Benjamin Levin, 현재 포르노 제작과 여성에게 자신의 아이를 강간하도록 코치해 준 혐의로 감옥에 수감되어 있는 캐나다의 세이프스쿨 대표), 게리 도셋(Gary Dowsett, 라트로브대학 교수 겸 호주 세이프스쿨 프로그램 제작자), 로즈 워드(Roz Ward, 세이프스쿨 공동 설립자. 극단적인 정치적 견해 때문에 프로그램에서 도중 하차함)가 그 학자들이다. 로즈 워드는 세이프스쿨이 학교폭력과 왕따를 방지하기 위한 프로그램이 아니라는 것을 인정했다. 그녀의 말을 빌리면, 그 프로그램은 "성 취향의 다양성을 지지하기 위한 것이다. 일반적 다양성을 축하하기 위한 것도 아니고 왕따를 방지하기 위한 것도 아니다."[19]

만약 이러한 프로그램들이 왕따를 방지하기 위한 것이라면, 무엇보다 먼저 기독교인들이 왕따 당하지 않도록 하는 것을 목표로 해야 할 것이다. 기독교인들은 세계적으로 가장 박해 받는 소수자들이다. 서양에서 기독교인들의 왕따는 공립학교에서 시작된다. 나는 세속적인 교수들이 수업 중에 너무 극단적으로 반 기독교적이었기 때문에 호주 대학교 강의 수강을 포기한 몇몇 학생들을 안다.

기독교인들에 대한 차별은 직장에서도 계속되고 있다. 2017년 동성결혼에 대한 호주 국민투표(plebiscite. 미국의 총선거[referendum]에 해당)에서 호주 기업들은 찬성투표를 대대적으로 홍보하며 결혼의 정의를 바꾸어 놓았다. 나는 전통적인 결혼을 유지하기 위해 반대투표를 장려한 기업은 하나도 보지 못했다. 직장에서의 메시지는 분명했다. 동성결혼에 반대하는 사람은 경제적으로 고통받을 것이다. 소셜미디어에 기독교적 견해를 올린 사람들이 해고당했다는 이야기도 들었다. 물론 인사담당 부서에서는 종교적인 이유로 해고되었다고 하지는 않을 것이다.

어떤 소식도 기독교인들을 변호하지 못했다. 기독교인을 보호하기 위한 정부의 조사도 이루어지지 않았다. 엘리트들의 메시지는 분명하다. "우리에게 동의하지 않는 견해를 가진 사람들을 왕따시킨다면, 왕따도 괜찮다."

새로운 공산주의

워드는 "마르크스주의만이 진정한 인간 해방의 이론과 실천을 제공한다."[20]며 자신을 교육 행동주의자로 이끈 것이 이데올로기라는 것을 인정했다. 독일 철학자 칼 마르크스(1818-1883)는 『공산당 선언』을 써서, 일자리를 만든 기업가들이 사실은 가난한 사람들의 압제자라고 주장함으로써 가난한 사람들에게 희생자 의식과 증오와 편협성을 불러일으켰다. 압제자들, 즉 지주와 기업가들을 없애는 방법으로만 해방이 올 수 있다고 주장했다.

경제 마르크스주의의 시도는 소련, 동유럽, 앙골라, 캄보디아, 북한, 그리고 가장 최근의 베네수엘라 등 모든 곳에서 실패했다. 그 국가들의 경제는 모두 붕괴되었다. 정치적으로 중앙당국과 연결된 그룹을 제외하고는 모두가 가난에 빠졌다.

문화 마르크스주의라고 불리는 새로운 종류의 마르크스주의자들이 부상했다. 그들은 그들의 조상처럼 "붉은 공산주의자"가 아니다. 그들은 "핑크빛 공산주의자"에 가깝다. 그들의 새로운 신조는 사회를 모든 권위, 즉 남성, 남편, 아버지, 지도자, 목사 그리고 경찰 등의 문화적 억압자가 갖는 영향력으로부터 자유롭게 하고, 그 자리를 마르크스주의자가 대신하도록 하는 것이다.

조국을 사랑하는 세계의 지도자가 어떻게 하면 알프레드 킨지와 칼 마르크스의 위험한 이념 주입으로부터 젊은이들을 보호할 수 있을까? 젊은이들을 검열할 것이 아니라, 반대되는 관점을 함께 그들에게 가르쳐야 한다.

우리는 칼 마르크스의『자본론』(*Das Kapital*, 1867)과 함께 아담 스미스의『국부론』(*The Wealth of Nations*, 1776)을 가르쳐야 한다. 대학에서 경제학을 공부할 때 나는 둘 다 읽어야 했다. 프리드리히 하이에크(Friedrich Hayek)의『노예의 길』(*The Road to Serfdom*)도 이 과정을 마치기 위한 필독서였다. 오늘날 대다수 경제학 수업들은 학생들이 고전들을 읽지 않은 채 개념을 공부하게 한다. 학생들은 가격 탄력성의 그래프를 그리는 법은 알고 있지만 공산주의에 얼마가 많은 희생과 비용이 따르는지는 모른다.

중국 공산당 주석이었던 마오쩌둥은 4천 5백만에서 7천 7백만 명의 중국 국민의 죽음에 대해 책임이 있다.[21] 소련 공산당의 총서기 요셉 스탈린은 강제노동수용소 캠프나 굶주림, 처형에 의하여 죽은 2천만 명의 소련 국민의 죽음에 책임이 있다. 전부 계산하면, 1900년에서 1987년 사이에 공산당 권력에 의하여 조직적으로 이루어진 대량학살로 1억 천만 명이 죽었다고 추정되는데, 이것은 평화의 시기에 정부 요원들이 무장하지 않은 시민들을 의도적으로 죽인 것이다.[22]

그러나 대부분 학교의 교사들은 "종교가 모든 전쟁의 원인"이라는 거짓말로 학생들을 호도한다. 공산주의 무신론자가 87년간 죽인 사람들의 숫자가 5천 년 동안 종교전쟁으로 죽은 사람들의 숫자보다 많다.

사실 이것은 비교할 수도 없는 일이다. 세속적이고 하나님을 부정하는 공산주의는 인간에게 알려진 가장 치명적이고 사악한 믿음 체계이다. 학생들이 졸업하기 전에 이 사실을 반드시 배우도록 해야 한다.

보다 나은 성교육

우리가 이미 강의실에 들어와 있는 성혁명과 "성교육"이 갖는 은밀한 의제가 알프레드 킨지가 꿈꾸었던 혼음과 소아성애를 정상적인 것으로 만들려는 의도라는 것을 깨닫게 되면 우리는 그에 대한 해결책을 모색해 볼 수 있다.

해결책은 있을까?

나는 간단하고 분명한 해결책을 하나 제안한다. "임신과 육아 강좌." 우리가 성교육을 하면 젊은이들에게 섹스에 대하여 준비시키게 된다. 우리가 임신과 육아를 가르치면 우리는 젊은이들에게 가정에 대하여 준비시키는 것이다. 어느 것이 우리의 목적인가?

우리의 목적은 학생들이 삶에 필요한 기술들을 갖추고 학교를 졸업하도록 실용적인 교육을 만들어 내는 것이다. 우리의 목적은 가정을 강화하는 것이다. 우리의 목적은 문화를 파괴시키려는 물결의 방향을 바꾸어 놓는 것이다.

'섹스는 어떻게 해야 하는가'라는, 가르칠 필요가 없는 것을 가르치는 것은 교육의 실패이다. 그러는 사이 교사들은 젊은이들에게 임신하거나 아기를 낳았을 때 무엇을 기대해야 하는지를 가르치는 것은 등한시했다. 어째서 대다수의 다 큰 어른들이 임신했을 때 일어나는 여성 신체의 변화, 해산의 고통, 해산의 과정, 아기가 탄생한 이후의 결혼생활의 변화 등과 같은 임신의 단계에 대하여 그렇게 무지한가? 대부분의 젊은이들은 아기를 어떻게 돌봐야 하는지에 대한 강의를 한 번도 들어본 적이 없다. 가정에 대하여 가르치는 교육자들은 이것을 얼마나 진지하게 생각하는가? 그들은 단순히 섹스에만 집착하고 있는가?

호주에서는 임신한 커플은 출산 전 강의에 참여하도록 장려한다. 아내가 임신했을 때, 우리 부부는 우리가 십대였을 때 부모나 학교에서 가르쳐줬으면 좋았을 만한 교육 내용들을 보고 들었다. 사람들의 마음에 독을 주입하고 있는 포르노의 재앙에 대한 치료법을 나는 감히 발견했다고 할 수 있다.

젊은이들에게 "임신 포르노"라고 이름 붙인 동영상을 보여주라!

나는 여자가 출산하는 비디오를 상영할 때 예비 아빠들이 어떤 반응을 보이는지 이야기해 줄 수 있다. 덩치가 크고 다 큰 남자들이 벌거벗은 여인이 극심한 산통으로 고통스러워하며 아이를 낳는 것을 보면서 자리에 앉아 안절부절 어쩔 줄을 모른다. 젊은이 중에 둘은 도중에 나가 버렸다. 그들은 아빠가 될 사람들이었다! 출산 중에 있는 벌거벗은 여인은 섹시하지 않다. 나는 그 자리에 세 번이나 있었다.

나는 출산의 이미지가 자연스럽게 젊은 남자들에게 책임감을 느끼게 하며 여성을 섹스의 대상으로만 바라보지 않도록 한다고 믿는다. 섹스는 신성한 것이고 아이를 낳게 되는 것이다.

공립학교의 교사들은 "학생들이 어떻든 포르노를 볼 것"이며 "어떻든 섹스를 할 것"이라고 믿기 때문에 나의 제안은 사람들에게 그리 불쾌하지 않을 것이다. 젊은이들에게 "섹스는 아이를 갖게 한다."는 것을 보여주는 것은 소돔과 고모라가 어땠는지를 가르치는 것보다 훨씬 유익하다. 임신에 어떻게 대처하고 어떻게 육아를 잘 할 수 있는지를 가르치는 것은 어떻게 이성의 복장을 하면 좋은지에 대해 가르치는 것보다 훨씬 교육적 가치가 있다.

오늘날의 '성교육'은 교육이 아니다. 그것을 '임신과 육아' 강의로 바꾸자. 그러면 더 나은 가정을 세울 수 있게 될 뿐 아니라 착취적 포르노에 대한 욕구에 간접적으로 재갈을 물릴 수 있게 될 것이다. 누가 포르노 중독을 끝내고 싶어하지 않고 변태가 되기를 바라겠는가?

실패한 교육개혁의 개혁

존 듀이(John Dewey, 1859-1952)는 20세기의 영향력 있는 교육 개혁가였다. 그는 교육이 너무 길고 너무 체계적이라고 했다. 그는 학생들이 반복이 아니라 경험으로 배우기를 원했다. 이러한 "경험에 기초한" 교육은 호레이스 만(Horace Mann)이 추진했던 "보통학교"(common schools)의 암기식 교육과는 상반되는 것이었다.

아마도 미국에서 "보편적 공교육"이 채택된 것의 책임은 전적으로 호레이스 만(1796-1859년)에게 있을 것이다. 만은 보편적 공교육만이 다루기 힘든 미국 아이들을 규율 있는 시민으로 만드는 길이라고 주장한 변호사 겸 정치인이었다. 그는 교육 경험이 없었다.

1837년 만은 매사추세츠 교육 위원회의 초대 사무총장(Secretary)이 되었다. 그는 그 후 공교육 시스템을 연구하기 위해 유럽으로 갔다. 그는 미국 공립학교(public schools)들이 그가 그 당시 최고의 시스템이라고 생각했던 프러시아 교육 시스템을 모방하기를 원했다. 프러시아 교육 시스템은 1763년 프레데릭 대왕에 의해 설립되었으며, 1830년대에는 유능한 군인, 광부, 공장 노동자, 관료 그리고 "좋은 시민"을 효율적으로 배출하는 것으로 명성을 얻었다. 그것은 국가의, 국가에 의한, 국가를 위한 교육이었다.

만의 교육개혁은 특수학교(당시는 "정규학교", 현재는 교육대학으로 불리고 있음)에서 훈련된 전문 교사에 의해 단체로 교육되는 개념을 미국 학생들에게 소개하였다. 최초의 공립학교(public school)는 "보통학교"(common schools)라고 불렸다. 학교나 커리큘럼, 정부 프로젝트를 묘사할 때 쓰이는 "보통"(common)이라는 형용사를 들을 때마다 나는 "공산주의자"(communist)의 약자로 생각한다. "common"이라는 단어는 "공산주의자"(communist)와 "집산주의자"(collectivist, 역자 주: 토지, 철도 등 주요 생산 수단을 국유화하는 것을 이상적이라고 보지만 개별 소비의 통제 여부에 대해서는 논하지 않는 정치 이론 신봉자)의 이데올로기를 의미하는 완곡어법으로 볼 수 있다. 만은 자신의 교육강좌(1850)에서 "인간의 조건을 평등하게 하기 위해 보통학교"가 존재했다고 썼다.[23]

보통학교의 학생들은 독립적 논리로 사고하는 법을 배우지 않았다. 그들은 단체로 줄을 맞춰 걷고, 시간 맞춰 울리는 종에 따르고, 개인 스포츠가 아닌 팀별로 경쟁하는 것으로 사회화되었다. 이곳은 이념 주입의 자연 번식지였다.

오늘날 학교에서 학생들에게 이념을 주입한다고 해서 놀랄 일은 아니다. 학교는 배운 대로 복종하는, 생각 없는 어른들을 양성하기 위해 설계되었던 것이다. 학생들은 자신들이 배운 것을 그대로 가르치는 교사들로부터 가르침을 받았다. 이런 방식으로 미국의 공립학교들이 관료제적 직업과 패스트푸드 직종에 적합한 학생들을 배출하는 이념 주입 캠프가 되었다.

듀이의 개혁은, 호레이스 만이 만들고 대부분의 주에서 채택한 이 시스템을 바꾸려고 했다. 듀이는 좋은 교사의 가장 중요한 자격요건이 교사 훈련이라고 믿지 않았다. 사실 그는 "나는 종종 가르치는 기술에 대해 공부해 본 적이 없는 일부 교사들이 어떻게 매우 훌륭한 교사로 가르치고 있는지에 대한 질문을 받았다."[24] 이것은 그에게 놀랄 만한 일은 아니었다.

호레이스 만 이전에는 부모와 성직자가 지역의 아이들 교육을 담당했다. 전문적 직업교사 양성 학교는 없었다. 듀이는 가장 훌륭한 교사들은 지적 호기심을 가지고 배우기를 좋아하는 사람들이라고 했다. 학생들은 "만의 표준"(Mann's norms)으로 일컬어지는 교육학적 기준보다 듀이의 생각으로부터 더 많은 혜택을 받았다. 듀이는 1919년부터 1921년까지 그를 "제2의 공자"[25]라고 칭송하는 중국인들에게 거의 200회의 강연을 했다.

우리의 현재 공교육 시스템은 상아탑 밖 세상의 경험이 별로 없는 교사들에 의한 이념 주입식 프러시아 교육 모델로부터 벗어나는 데 성공한 적이 없다. 공교육 시스템은 좀더 실용적이고 삶에 필요한 기술을 전수하기 위해 변화할 필요가 있다. 우리는 부모들과 종교 지도자들을 포함한 다른 지도자들의 경험을 통합할 필요가 있다. 이런 것이 연장자들에 대한 존경심과 종교에 대한 존경심을 고취시킬 것이다. 공립학교가 연장자와 도덕적 지도자들을 존중하지 않고 그들이 가르치는 것을 허용하지 않는데 학생들이 어떻게 그들을 존경할 수 있겠는가?

미국의 로스쿨[26]에서 학자들은 변호사 경력을 쌓은 후에 법학자나 교수가 될 필요가 있다. 이렇게 하는 것이 교수가 되기 위한 훈련만을 받은 교수들에게 배우는 것보다 훨씬 낫다. 대부분의 학생들이 경험에 기반한 학습을 필요로 한다면, 교수들 중 일부에게 경험에 기초한 자격증을 부여하는 것이 필요하다. 그런데 호주에서는 그렇게 하지 않는다. 대학 차원에서도 실무 변호사 경력이 있는 법학자는 거의 없다. 그들은 훌륭한 교수일 수도 있지만 그렇지 않을 수도 있다. 그 누구도 학자들이 보유하고 있는 실제 삶의 기술로 학자를 평가하거나, 그들이 가르친 결과인 학생들의 수준에 대해 책임을 묻지 않는다.

가장 중요한 것은 교과서에서 가르치는 정보를 4년마다 평가해야 하며, 잘못된 것으로 보이는 부분은 투명한 과정을 통하여 수정해야 한다는 것이다.(부록에 수정 시간표가 제안되어 있다.) 지금은 특히 성교육, 가정교육과 과학, 역사, 경제학의 일부가 대대적으로 개정되어야 한다. 재정 관련 내용과 컴퓨터 사용능력도 중등교육에서 중요하게 다루어야 할 필요가 있다. 그러나 교육은 또 하나의 필수적인 내용을 빼고는 완성되지 않는다.

가장 중요한 읽고 쓰는 능력

예수님은 제1계명이 "…마음을 다하고 목숨을 다하고 뜻을 다하고 힘을 다하여 주 너의 하나님을 사랑하라"는 것이라고 하였다. 우리가 하나님을 사랑하려면 하나님을 알아야 한다. 우리가 누군가를 알 수 있는 가장 좋은 방법은 그들의 말을 통해서이다.

요즘의 세대는 하나님 아버지 그리고 미국 건국의 아버지들과 거리가 먼 세대이기 때문에, 우리는 이 세대에게 고등학교를 졸업하기 전에 성경과 헌법을 읽도록 해야 한다. 어떻게 학생들이 12년 동안의 교육을 받으면서도 서구 영어권 문명의 가장 중요한 문학작품인 성경과 미국의 헌법을 한 번도 읽지 않을 수 있는가?

마음과 힘을 다하여 여호와를 사랑하라는 하나님의 명령 때문에 교육은 경건한 이 나라의 헌법에 포함되었어야 할 중요한 것이다. 하지만 건국의 아버지들은 그렇게 하지 않았다. 그들은 미국 헌법, 독립선언서, 권리장전 등에 성경적 가치를 절묘하게 포함시켰다. 그러나 그들은 미국의 거의 모든 사람들이 기독교인이라고 가정했기 때문에 교육에 대해서는 대체로 소홀히 했다. 그들이 가졌던 유일한 염려는 기독교의 한 교파가 다른 모든 교파들을 지배하지 않도록 하는 것이었다. 모든 기독교 교파는 사람들의 마음과 생각을 얻기 위해 자유롭게 경쟁해야 한다는 것이 대략 250년 전 그들의 사고방식이었다.

그들은 성경을 모르는 사람이 언젠가 국가의 지도자가 될 것이라고는 상상도 하지 못했다. 그들은 사람들이 인터넷, 소셜 미디어, 그리고 다양한 형태의 오락에 전적으로 의존하게 될 것이라고 전혀 상상하지 못했다. 그들은 "의회는 종교를 만들거나 자유로운 종교활동을 금지 … 하는 어떤 법도 만들 수 없다"는 제1차 수정헌법 제1조가 공공 장소에서 기독교인과 성경을 배제하는 것을 정당화하도록 왜곡

될 수 있으리라고 결코 상상하지 못했다.

나는 성경을 종교적인 텍스트가 아니라 빌려온 아이디어들의 1차 자료로 다시 학교에 가져갈 것이다. 성경은 시와 문학에서 사용되는 많은 은유들의 1차 자료이다. 성경은 미국 사법제도 법률의 1차 자료이다. 성경은 역사의 여러 운동과 과학의 돌파구를 만들어내는 데 영감을 주었다.

학생들은 성경의 해설서만 읽을 것이 아니라 성경 자체의 원문으로 직접 읽어야 한다. 헌법과 권리장전 또한 그에 관한 해석과 견해들을 듣기 전에 그 자체로 전체를 읽어야 한다. 사람들은 스스로 성경과 헌법을 읽어본 적이 없기 때문에 성경과 헌법의 가치를 알지 못한다. 학교에서 가르치지 않았다.

미국 독립선언서의 서명자, 미국 최초의 성서학회 창립자, 미국 조폐국장(Treasurer of the US Mint)이었던 의사 벤자민 러시(Benjamin Rush, 1745-1813) 박사는 1791년에 「성경을 학교 도서로 사용해야 하는 해명서」(A Defence of the Use of the Bible as a School Book)라는 소논문을 썼다. 그는 끝까지 한 번도 성경 구절을 인용하지 않으면서 성경을 공립학교에서 가르쳐야 하는 이유 12가지를 제시했다. 그는 세상적인 언어로 상식적인 논리를 가지고 독자들에게 호소했다.

기독교인들은 이런 방법으로 대중을 설득하는 것을 배워야 한다. 다음은 그가 주장한 전제 중 세 가지의 요약이다. 세 가지 중 어느 것도 종교적 색채가 없다.

1. 성경은 최고의 책이다. 그것에 반대할 수 없을 것이다. 성경은 세계에서 가장 많이 읽히고, 가장 많이 출판되고, 가장 많이 번역되

고, 가장 많이 배포되고, 가장 영향력이 있는 책이다. 러시 박사는 "성경에는 세상의 어떤 책보다도 현상태의 인간에게 필요한 지식이 더 많이 포함되어 있다."고 썼다.

2. 성경을 가장 잘 이해할 수 있는 방법은 성경 자체를 읽는 것이다. 성경은 종교적인 주장이 아니라 문학적인 주장이며, 논리적이고 철학적인 주장이다. 만약 성경이 최고의 책이라면 성경을 이해하는 가장 좋은 방법은 성경을 읽는 것이다. 러쉬 박사는 "이 종교(기독교)에 대한 더 나은 지식을 얻으려면 다른 어떤 방법보다도 성경을 읽어야 한다."고 했다.

3. 성경을 배우기 시작하는 가장 좋은 시기는 어린 시절이다. "성경의 지식은 어린 시절에 전해졌을 때 가장 오래 지속되고, 신앙적 가르침이 매우 유용하다." 성경을 배울 수 있는 가장 좋은 시기는 어릴 적이다.

세 가지 단순하고 논리적인 주장은 오랫동안 효력을 발휘하다가, 사법적 행동주의가 도입되고 1963년 법원이 성경에 반대하는 심리 보고서의 의견을 따름으로써 그 효력을 잃었다. 아빙톤 대 쉠프 사건 (Abington v. Schempp)에서 클라크 재판관은 법원의 의견을 말하면서 전문가 증인이었던 솔로몬 그레이젤(Solomon Grayzel) 박사의 증언을 인용했다. "… 신약성서의 일부를 설명 없이 읽으면 … 심리적으로 아이에게 해로울 수 있다."[27]

오늘날 이런 말은 '종교적 비방'이라고 불릴 것이지만, 당시 법원은 그 의견을 받아들였다. 성경을 교과서로 다시 가져오면, 화학 과목을 제공함으로써 모든 학생들이 평생 화학을 공부할 수 있도록 하는 것만큼 학생들이 성경도 평생 동안 공부할 수 있도록 할 것이다. 학생들은 성경의 주제들에 손쉽게 노출될 것이다. 성경을 다시 학교로 가져오면 어떤 특정 교파를 국교로 삼지도 않게 된다.

어린이들에게 성경을 가르치는 것의 이점

1798년 『에세이, 문학, 도덕과 철학』(*Essays Literary, Moral & Philosophical*)이라는 책에 러시 박사가 보스턴의 제레미 벨냅 목사에게 보낸 편지가 기록되어 있다. 그 편지에서 러시 박사는 학교에서 성경을 가르치게 되면 "두 세대 이내에 불륜이 사라지고, 국가가 거의 필요없는 시민정부를 가지게 될 것"이라는 대담한 약속을 했다. 다시 말하자면, 정부의 역할을 최소한으로 유지하는 유일한 방법이라는 것이다!

아이들에게 성경을 가르치는 국가의 역사적 사례가 있다. '쉐마'나 신명기 6장 4-9절에 수록된 대로 유대 민족이 아이들에게 성경을 가르치라는 계명에 복종했을 때, 유대는 중동에서 가장 영광스러운 나라가 되었다. 당시의 예루살렘 제1성전은 고대 세계의 건축 불가사의로 우뚝 섰으며, 외국의 지도자들은 솔로몬의 지혜를 들으러 몰려왔다.

성경 교육이 국가의 큰 진전을 이루게 되는 이러한 과정은 역사 속에서 여러 번 반복되었다. 러시 박사가 「성경을 학교 도서로 사용해야 하는 해명서」에서 지적했듯이, "성경을 어린 시기부터 보편적으로 가르치는 것의 혜택은 유대 국가에만 국한된 것이 아니다. 종교개혁

이후 유럽의 많은 나라에서 그 효과가 나타났다. 많은 독일 연방의 국가들을 특징 짓는 질서와 근면의 습관은 성경을 통해 기독교의 원리를 어릴 적부터 가르쳤던 것에서 유래되었다. 성경이 오랫동안 학교의 도서로 사용되어 온 스코틀랜드와 뉴잉글랜드 일부 지역의 주민들은 종교와 과학에서 가장 계몽된 사람들이고, 도덕에서 가장 엄격한 사람들이며, 그리고 지구상에서 내가 역사를 알고 있는 인종 중 가장 총명한 사람들이다."

이것을 부연해서 아름답게 표현하자면, 독일인들은 아이들에게 성경을 가르쳤고, 그래서 그들은 그렇게 똑똑한 민족이 되었고, 결국 과학적 발명과 발견에서 세계 지도자들을 배출하게 되었다.[28] 기독교 이전에는 로마인들은 게르만족을 "야만인"(barbarians)이라고 불렀던 것을 기억하라. 1517년 프로테스탄트 종교개혁 이후, 평민들은 자신들만의 언어로 성경을 배우게 되었고 그리고 모든 것이 변화되었다.

그 이후 독일에서는 지식인, 철학자, 하나님을 믿지 않는 심리학자들이 기독교를 공격하였다. 기독교화된 사회의 혜택은 여전했지만 기독교의 도덕성은 퇴색했다. 일부 부도덕한 사람들은 제2차 세계대전을 시작하기 위해 독일의 선진 기술을 사용했다.

미국의 건국의 아버지들은 미국의 가장 위대한 세대였고, 그들은 성경에 대해 가장 잘 아는 사람들이었다. 알렉스 뉴먼(Alex Newman)이 말했듯이, "건국의 아버지들에게는 성경과 하나님이 없는 교육이란 상상할 수도 없는 것이었을 뿐만 아니라, 설사 교육을 할 수 있다 해도 터무니없는 것이었을 테다."[29] 그들의 글에는 성경 말씀과 기독교 세계관이 스며들어 있다. 2대 대통령 존 애덤스는 말했다. "먼 지역에 있는 어느 나라가 그들의 유일한 법전을 위해 성경을 가져가야 하고, 모든 구성원들이 그 법전에 게시된 계율들에 의해 행동을 규제해야 한다고 생각해보라! … 이러한 곳이 유토피아, 낙원이 아닌가!"

제3차 대각성

2019년에 성경을 가르치는 것이 교육의 화두로 부상했다. 2019년에는 플로리다, 인디애나, 미주리, 노스다코타, 버지니아, 웨스트버지니아 등 6개 주에서 성경 교육 법안이 도입되었다. 국회의원의 이러한 제안들은 공립학교들이 성경의 문학적, 역사적 중요성과 관련된 선택 과목들을 제공하도록 권장하고 있다.[30]

주의 공립고등학교에서 성경 관련 선택 과목을 제공하도록 하는 법안의 공동후원자인 노스다코타주 공화당 하원의원 애런 맥윌리엄스(Aaron McWilliams)는 "성경은 우리 사회의 필수적인 부분이며, 교실의 한 부분을 차지할 만한 자격이 있다."고 말했다.[31]

2018년에는 앨라배마, 아이오와, 웨스트 버지니아에서 세 개의 성경 과목 도입 법안이 검토되었으나 통과된 것은 없었다.

2017년 6월, 켄터키 주지사 맷 베빈(Matt Bevin)은 성경 과목 도입 법안에 서명하여 통과시켰다. 이 법안의 공동 입안자인 켄터키주 D.J. 존슨(Johnson)[32] 공화당 하원의원은 "성경이 하나님의 말씀이라고 믿든, 아니면 완전히 허구라고 생각하든, 성경이 우리 문화에 끼친 영향을 부인할 수 없다."고 말했다.

학교에서 성경을 가르치자

ACLU는 이 교육 법안이 교회와 국가의 경계를 모호하게 하거나, 선을 넘을 수도 있다고 비판하며 반대한다. 베빈 켄터키 주지사는 "사람들이 학교에서 성경을 선택 과목으로 제공하기를 바라지 않는다고 생각하는 것은 말도 안되는 것이다. 나는 왜 모든 주가 이 법안을 받아들이지 않는지, 왜 국가의 차원에서 이 법안을 받아들이지 않는지 모르겠다."[33] 그러나 충분한 자금이 지원되면 정치적 압력은 작동한다. 켄터키 주에서 새로운 법이 통과되었음에도 불구하고, 앤더슨카운티고등학교의 이사회 이사 8명은 만장일치로 성경교육 과목 개설을 반대했다. 대신 그들은 세계종교 강의를 제공하기로 했다. 크리스 글래스(Chris Glass) 교장은 "나는 이러한 강의를 제공하는 것에 따르는 헌법 상의 책임에 관해 우려를 가지고 있다. 나는 일요일에 교회에 다니지만 동시에 우리가 헌법 상의 경계선을 가지고 있다는 것도 알고 있다. 교회와 국가를 분리하는 것은 우리가 학교에서 일을 할 때에도 지켜져야 한다."고 이야기했다.[34]

이것은 연방 정부가 종교를 공인하지 못하도록 금지한 수정헌법 제1조의 제정조항을 잘못 이해한 것이다. 수정헌법은 개별 주가 종교를 공인하거나 장려하는 것을 금지하지 않는다. 수정헌법이 공립학교가 미국에서 200년 동안 규범이 되어온 성경을 가르치는 것을 금지하지 않는다는 것은 확실한 사실이다.

켄터키는 76%가 기독교 신자로, 그 중 49%는 복음주의 개신교 신자들이다. 성경은 대다수 주민들에게 중요하다. 왜 그들의 목소리는 반종교적인 소수자에 의해 묻혀야 하는가?

대법원은 공립학교에서 종교를 가르칠 수 있다고 일관되게 판결해 왔지만, 많은 교사들이 법적 또는 사회적 압력 때문에 두려워하고 있다. 이는 수정헌법 제1조나 "기독교 문화유산 보호법"이라고 할 수 있는 교육 법안을 명확하게 함으로써 중단시켜야 할 종교적 박해의 한 형태다.

"종교는 학교에서 가르쳐서는 안 된다"고 믿는 무신론자들은 어떻게 해야 할까? 그들은 자신들의 의견을 말할 권리가 있으며, 성경 과목 수강을 선택하지 않음으로써 그들의 의견을 행사할 수 있다. 그것이 성경 과목들이 선택 과목인 이유다.

그러나 나는 모든 학생들이 서양 역사와 시민교양 과목의 일부로 성경 과목을 필수 과목으로 정해야 한다고 제안한다. 미국 건국에 있어서 성경의 중요성과 역할은 역사적 사실이며 보호되고 촉진되어야 한다. 성경은 독립선언서와 다른 건국 문서의 작성에 영향을 주었다. 학생, 교과서, 학교 커리큘럼에서 기독교의 기억을 지워버리는 것은 교육적인 목적에 기여하는 것이 아니라 정치적 이념에 기여하는 것이다.

2017년 1월 24일, 나는 "역사는 문화의 기억이다. 진실한 역사가 없다면, 문화는 기억을 잃은 것이고 필연적으로 그 정신도 잃은 것이다."[35]라고 트위터에 올렸다. 데이비드 바톤은 다음과 같이 말했다. "문제는 많은 학교들이 법적으로 불가능하다고 생각하기 때문에 (성경 관련 수업을 제공)하지 않는다는 것이다. 우리는 '아니다, 할 수 있다'고 말해주고 있다."[36]

1926년 상원에서 열린 의회 토론에서는 프린스턴신학교 교수 존

그레샴 메이첸(John Gresham Machen) 교수의 말을 인용하였다. "교육의 자유가 유지되지 않는다면, 다른 어떤 분야에서 자유를 유지하려는 노력도 소용이 없다. 정부의 관료들에게 우리의 아이들을 맡기는 것보다 차라리 우리의 모든 것을 그들에게 맡기는 것이 낫다."[37]

『교육자의 범죄』(*Crimes of the Educators*)의 공동저자인 알렉스 뉴먼(Alex Newman)은 미국 교육의 역사를 기록하면서, "'교회와 국가의 분리'라는 근대적 관념은 미합중국이 궁극적으로 어떠한 국가가 되어야 하는지에 대한 토대를 놓은 청교도 국부들의 생각과는 완전히 동떨어진 것이었다. 그들에게 국가는 하나님이 정하신 계명, 즉 주로 악을 응징하는 일을 수행하기 위하여 하나님의 명으로 만들어진 신성한 기관이었다. 그래서 그들은 아이들을 교육하기 위해서, 분리될 수 없는 교회와 국가 모두를 사용하는 것이 적절하다고 생각했다."[38]라고 이야기했다.

하나님을 사랑하라는 것은 모세와 예수가 이야기한 첫 번째 계명이며, 이 계명의 바로 뒤에는 "… 네 자녀에게 가르치며"라는 구절이 이어지기 때문에, 나는 뒤의 구절이 제1계명의 연장이거나, 두 번째로 중요한 계명이라고 믿는다.

그래서 모든 기독교인들의 동의를 얻어 국회에 로비를 함으로써 바꿔야만 하는 단 하나의 법이 있다면, 나는 그것이 성경 금지령을 없애고 성경을 가르칠 수 있도록 헌법으로 정하는 것이라고 믿는다. 나는 모든 기독교인들이 하나로 단결하여 이 내용을 교파를 초월하여 우리 모두가 동의할 수 있는 정책으로 그리고 국가를 변화시킬 수 있는 정책으로 만들 것을 제안하고자 한다.

주님의 지혜에 순종하여 모든 학교에서 학생들에게 1차 자료인 교재로 성경을 가르치자. 이것이 모든 기독교인들이 국회의원들에게 요구해야 할 일이다. 우리는 기독교를 국교로 정하라고 요구하는 것이 아니다. 우리는 성경에 대한 검열을 하지말 것을 요구하는 것이다.

경건한 지도자들이 헝가리가 그랬던 것처럼 미국의 기독교 문화 유산을 보호하기 위한 헌법 개정을 해야 한다. 2019년 11월 부다페스트에서 열린 제2차 기독교 박해 국제회의 연설에서, 빅토르 오르반(Viktor Orbán) 헝가리 총리는 "헝가리인들은 기독교의 가치가 평화와 행복으로 이어진다고 믿고 있으며, 이 때문에 헝가리 헌법은 기독교의 보호가 헝가리 국가의 의무라고 규정하고 있다. 이 헌법에 의해 헝가리는 박해 받고 있는 전세계의 기독교 공동체를 보호해야 할 의무가 있다."[39]

말을 행동으로 뒷받침하기 위해 2017년 오르반 총리 정부는 "박해 받는 기독교인들에 대한 구호"의 실행을 정부 부처 수준에서 하도록 격상하고, 박해를 받고 있는 기독교 단체와 기독교인들을 돕기 위해 "헝가리 헬프"(Hungary Helps)를 설치했다. 오르반 총리는 "박해 받고 있는 형제 자매들을 옹호하기 위해 맞서는 것은 우리 자신과 다른 사람들에게 용기를 불어넣는다"고 말했다.[40]

미국은 이제 공공장소에서 성경을 가르칠 수 없도록 하는 성경금지법(Bible ban)을 끝내야 한다. 미국인들은 학교에서 아이들이 성경을 읽지 못하도록 제한하는 것을 더 이상 용납해서는 안 된다. 이것은 미국을 변화시킬 뿐만 아니라 더 나아가 미국을 구하게 될 것이다.

제13장

결론:
독자에게 부탁드리는
세 가지 일

2020년 트럼프 대통령의 국정연설에서 불법체류 외국인에 의해
상처를 입거나 죽은 희생자 가족들에게 다음과 같이 말했다.

> "우리는 여러분들이 정의가 지켜지는 것을 볼 때까지 쉬지
> 않을 것입니다. … 나는 의회에 성소도시(역자 주: 미국에서 불
> 법체류자들이 거주하거나 일할 수 있도록 허용된 도시)의 희생자
> 들을 위한 정의법(Justice for Victims of Sanctuary Cities Act)을
> 즉시 통과시켜 줄 것을 요청합니다. 미국은 불법체류 범죄
> 자들이 아니라 법을 준수하는 미국인들을 위한 성역이 되어
> 야 합니다!"[1]

트럼프가 해결해야 할 문제도 항상 정의에 관련된 이슈일 것이며,

트럼프가 승리를 얻는 이슈도 항상 정의에 관련될 것이다. 지금은 하나님의 공의가 드러나는 계절이다. 당신이 지금 손에 들고 있는 책은, 믿는 자들에게 하나님의 공의를 일깨우는 세계적인 움직임의 일환이다. 하나님은 수십 년 전에 개인적 축복의 부흥을 시작하셨지만, 이제 나라를 구원하시는 때가 되었다. 당신이 이 책에 끌린 이유는 아마도 여호와께서 당신을 세계의 정의와 평화를 증진시키기 위해 그가 하고 계신 일에 참여하도록 부르셨기 때문일 것이다.

교회의 많은 부분이 분열되었다. 비록 대부분의 교회 신도들이 공화당에 투표하지만, 상당수는 민주당에도 투표한다. 심지어 더 적은 비율이긴 하지만 무소속에 투표한다. 그러나 모든 기독교인들이 투표하는 것은 아니며, 투표하는 기독교인들도 모두 그들의 신념이나 분명한 기독교적 목적에 의해 인도되는 것은 아니다.

우리의 임무는 국가의 도덕적 기관이 되는 것이기 때문에 우리의 메시지는 교회에 투표하는 법이나 도널드 트럼프를 지지하는 법을 말하려는 것이 아니다. 우리는 "성경을 믿어라. 성경이 좋은 정부와 우리나라의 자유를 지키기 위한 우리의 책임에 대해 뭐라고 말하는지 알아라."라고 말하고 있는 것이다. 제3의 대각성을 향한 운동을 전진시키기 위하여 여러분이 당장 해주시길 부탁드리는 세 가지 일이 있다.

1. 이 책을 당신이 아는 모든 지도자에게 10부씩 나누어 줘라

그들이 기독교인인지 아닌지는 중요하지 않다. 모든 역사와 사회 선생님께 한 권씩 드려라. 의원, 상원의원, 목사님 한 분 한 분씩. 할 수 있다면 북한의 김정은에게도 한 권 줘라. 마이크 펜스, 트럼프 가족에게도 하나씩 줘라. 이스라엘에 있는 베냐민 네탄야후(Benjamin Netanyahu)와 베니 간츠(Benny Gantz)에게 한 권씩 주라. 필리핀의 로드리고 두테르테(Rodrigo Duterte)와 매니 파키아오(Manny Pacquiao)에게 하나씩 주라. 헝가리의 빅토르 오르반과 폴란드의 안드르제 두다(Andrzej Duda)에게 한 권씩 주라. 당신의 주변을 변화시키기 위해 부름을 받은 모든 사람에게 한 권씩 주라.

모든 개혁가는 직업 정치인과 부패한 기득권의 적이 된다. 그래서 개혁가에게는 설계도가 필요하다. 복잡할 필요는 없다. 하지만 그것은 한 가지 문제에만 초점을 맞추어서는 안 된다. 미국의 많은 기독교인들은 하나의 대의명분에만 초점을 맞춘다는 것을 의미하는 "하나의 이슈를 가진 유권자"로 낙인찍혔다. 그것은 특히 정의의 다른 문제에 관심을 갖는 젊은이들과 기독교 유권자들을 거부했다. 일부 위기 상황에서는 기독교인들이 노예제, 낙태, 반유대주의와 같은 하나의 대의명분을 중심으로 일치된 노력을 기울이는 것이 필요했다. 그러나 나는 우리가 하나의 이슈의 정치를 지지하는, 하나의 이슈의 교회로 머물러 있으면, 미래의 선거에서 이길 수 없고 미래 사람들의 마음을 얻을 수 없을 것이다. 비록 우리가 옳고 그들이 틀렸다는 것을 충분히 확신할 수 있지만(생명 존중론자들은 이렇게 느낄 것이다.) 한 가지 문제에 대해 하나님의 편에 서라고 누군가를 설득할 수 없다 하더라도, 우리는 포기할 이유가 없다. 우리는 최소한 아홉 가지 다른 핵심 이슈를 가지고 있다. 그렇기 때문에 이 책에는 개혁자를 승리로 이끄는 데 도움이 될 수 있는 10대 개혁안이 포함되어 있다.

1933년부터 1995년까지 민주당원들이 사실상 지속적으로 의회를 장악하고 있었다는 사실을 알고 있었는가? (이것이 미국 문화, 학교, 정치가 극적으로 좌경화된 것에 대해 많은 것을 설명한다.) 첫 회복은 1994년 뉴트 깅리치와 딕 아르메이의 미국과의 계약으로 이루어졌다. 난 그것을 잘 기억한다. 공화당은 모든 사람들이 이해할 수 있는 분명한 계획을 내놓았다.

이들은 미국 국민이 자신들을 하원에서 다수당으로 만들어 주면 의회 첫 날 8개 실행 개혁안을 표결에 부치고, 100일 이내에 10개 주요 개혁안을 표결에 부치겠다고 공약했다. 실행 개혁 중 하나는 "국가에 적용되는 모든 법률을 의회에도 적용되도록 하는 것"이었다. 이러한 두 가지 정책 개혁 법안은 "개인 책임법"과 "상식적 법률개혁법"이었는데, 전자는 불법적 임신과 십대 임신을 억제하는 효과가 있었고, 후자는 제조물 배상책임에서 징벌적 배상액에 제한을 가하며 "패자가 비용을 부담"하게 됨으로써 사소한 일에도 소송을 제기하는 관행을 억제하는 효과가 있었다. 공화당은 40년 만에 처음으로 의회를 되찾았다. (불행히도 민주당 빌 클린턴 대통령은 사람들이 원했고 의회가 통과시킨 많은 법안들을 거부하였다.)

간단한 공식, 즉 반부패 개혁은 항상 적을 만든다. 그렇기 때문에 개혁가들은 매일 기도가 필요하고, 트럼프 대통령이 "늪을 비우기"라고 부른, 부패를 다스리고 뿌리뽑는 고대의 모형에 근거한 현대적인 정보를 제공하는 이 책을 받아야 한다.

2. 성경적 정의의 부활과 미국의 제3차 대각성을 위해 하루에 적어도 10분씩 기도하라

미국이 가는 대로 자유 세계도 간다. 미국은 그만큼 중요하다. 우리가 어떻게 주님께 탄원해야 할까? 시편은 영감을 받은 기도 모음집이다. 그들은 정의로운 자들이 정의를 내려 달라고 부르짖는 주제로 가득 차 있다. 네가 의롭기만 하면, 하나님의 거룩한 정의의 불 속에 서 있을 수 있다.

모든 사람을 향한 사랑과 용서를 실천하는 삶을 살면서, 그리스도 안에서 의롭다는 것을 확신하라. 그러면 하나님은 당신을 그의 정의의 일꾼으로 사용할 수 있을 것이다.

> 여호와께서 정의를 사랑하시니 성도를 저버리지 아니하시니라 그것들은 영원히 보존되나, 악인의 자식은 끊길 것이다
>
> (시 37: 28)

여러분이 어떻게 기도해야 할지 잘 모르며, 죄의 용서를 빌고, 구세주를 신뢰하고 싶다면, 하나님께 이렇게 큰 소리로 기도하라.

> "하나님, 부디 저의 잘못과 죄를 용서해 주시옵소서. 하나님의 마음을 아프게 하고 계명을 어긴 것을 뉘우칩니다. 당신의 아들 예수를 보내셔서 나를 구원하시고, 내 죄를 용서하려고 십자가에서 죽으시고, 죽은 자로부터 살아나심을 감사드립니다. 예수님은 내 원수들인 죽음과 지옥과 악마를 물리치

셨습니다. 그래서 나는 예수께서 나를 구원하여 영원한 생명
을 주심을 믿습니다. 나를 하나님의 가족으로 맞아줘서 감사
합니다. 예수님의 이름으로 기도합니다. 아멘."

성경적 정의라는 주제에 대해 자세히 알고 싶으면 후속 책과 교재
에 대한 통지를 구독하기 바란다. 우리는 당신의 정보를 제3자에게
팔지 않으며, 당신에게 메일을 보내지 않는다. 중요한 뉴스는 다음을
참고하라. http:// www.discover.org.au/subscribe

3. 당신의 나라에서 순회 강연회를 주최하거나 조직하라

그러므로 믿음은 들음에서 나고, 들음은 그리스도의 말씀으로 말
미암는다."[2] 사람들은 단지 읽는 것만이 아니라 들을 필요가 있다.
"하나님께서 전도의 미련한 것으로 믿는 자들을 구원하시기를 기뻐
하셨도다."[3] 어떤 것도 입소문처럼 잘 퍼지는 것은 없다. 실제 사건보
다 더 빠르고 효과적으로 사람들의 마음을 변화시키는 것은 없다. 당
신은 우리 팀이 연설 이벤트를 할 수 있는지 확인하기 위해 Discover
Ministrys에 연락할 수 있다. 20년 동안, 나는 매우 다양한 기독교적
주제에 대해 가르쳤다. 당신의 조직적인 행사에 관심을 모으기 위한
일반적인 주제는 "종말적 각성", "예언적 업데이트" 그리고 "성경적
정의"이다. www.discover.org.au/invite에 문의하기 바란다.

하나님은 정의를 위한 일꾼을 찾고 있다. 현재 도널드 트럼프와 마
이크 펜스 부통령은 하나님의 일꾼이다. 이전에 트럼프에 대해 확신
하지 못했던 사람이라도, 이제는 그의 생명옹호적, 친기독교적 정책

을 보고 확신해야 한다. 미국위닝연합(American Winning Coordination)의 회장 겸 트럼프 대통령의 2020년 선거자문위원회 위원인 스티븐 로저스(Steven Rogers)와 만났을 때, 나는 대통령의 기독교 신앙에 대하여 개인적으로 아는 것이 있느냐고 물었다. 로저스는 이에 대해 확신을 갖고 말한 몇 안 되는 정치인 중 한 명이었다.

> "한 가지 확인할 수 있는 것은 그가 하나님의 사람이라는 것이다. 그는 절대적으로 주님께서 현재의 자신으로 인도하셨다고 믿는다. 그는 기도한다. 나는 그것을 알고 있다. 그는 매우 훌륭한 기독교 목사들에게 둘러싸여 있다. 프랭클린 그레이엄(Franklin Graham)이 한 명이다. 또 다른 사람을 들자면 다렐 스콧(Darrell Scott)이다.
> 나는 백악관에서 그가 기도하고, 기도하는 사람을 환영하는 것을 직접 본 적이 있다. 나는 몇 년 전의 한 크리스마스가 기억난다. 그때 내 아내와 나는 백악관에 있었고 그와 멜라니아는 연단 뒤로 나가서 '우리가 이 집에서 어떤 일을 하기 전에, 우리는 기도할 것이다.'라고 말했다. 그리고 천장 쪽을 가리키며 '나는 위에 하나님이 계신다는 것을 알고 있고 그의 도움 없이는 이 일을 할 수 없다'고 말했다."[4]

과거로 대통령을 판단했던 기독교인들은 그가 변화한 사람이라는 것에 하나님께 감사해야 한다. 하나님은 구원을 믿으신다! 그러나 어느날 현재 백악관에 있는 두 지도자는 모두 사라질 것이다. 교회는 여전히 여기 있을 것이다. 우리는 여호와께서 오실 때까지 10가지 하나님의 미션을 수행해야 한다.

우리가 트럼프 대통령에게 제시한 10가지 예언이나 원칙 중 하나하나가 모두 좋은 정부에 대한 마스터클래스(역자 주: 명인, 대가, 거장이 직접 하는 수업), 즉 기름부음 받은 정치에 대한 마스터클래스다. 이 원칙들이 합쳐져서 정의로운 사람이 집권할 때 무엇을 할 것인가에 대한 성경적 모형을 형성한다. 그가 그것을 할 수 있는지 없는지는 그와 하나님께 달려 있을 것이다. 지옥의 무리들이 그에 대항할 것이기 때문에, 이 각각의 원칙들이 실행될 수 있도록 그는 무릎을 꿇고, 기도하고, 하나님을 믿어야 할 것이다.

좋은 소식은 정치가 하류에 있고 교회가 상류에 있다는 것이다. 우리는, 우리 나라가 회개하고 기도하고 진실을 전파하고 치유하고 정의를 집행하도록 앞장서야 한다. 이제 우리는 공의와 정의의 완전한 복음을 설파하고, 성령이 이끄는 대로 국가에 치유와 단결을 가져올 때가 되었다. 교회의 상당 부분이 성경에 동의하기 전에는 기독교인들의 단결은 가능하지 않을 것임을 깨달아야 한다. 우리는 이제 너무나 많은 것을 잃어가고 있다. 우리의 교회에는 변절자가 있는데, 그래서 계시록 3장에 나오는 라오디게아교회처럼 되었다. 마지막 세대의 일부 신자들을 예언적으로 대표하는 이 교회에 대하여 예수님께서는 다음과 같이 말씀하셨다.

"내가 네 행위를 아노니 네가 차지도 아니하고 뜨겁지도 아니하도다 네가 차든지 뜨겁든지 하기를 원하노라. 네가 이같

이 미지근하여 뜨겁지도 아니하고 차지도 아니하니 내 입에

서 너를 토하여 버리리라"(계 3:15-16)[5]

이 말을 듣는 사람은 누구나 회개하고 경건한 지도자들이 다스리기를 기도해야 한다. 주요 교파의 교회 지도자들 중 더 이상 성경의 영감과 무오함을 믿지 않는 자들이 있다. 하나님이 책을 쓸 수 있다고 믿는 것이 종말론의 이슈가 되어가고 있다!

우리는 교회를 위한 정치적 아젠다는 없다. 우리는 교회를 위한 영적인 아젠다를 가지고 있다. 하나님의 십계명이 현대에 어떻게 적용되는지 그 맥락에서 정의(justice)를 이해하게 되면, 교회는 종말 예언에서 무슨 일이 일어나고 있는지 깨닫게 될 것이다.

우리는 하나님이 정의롭다는 것을 알기 때문에 미래를 알 수 있다. 하나님의 계획이 완성되어 갈 때, 지구상에서 하나님의 정의 역시 이루어질 것이다.

"이는 한 아기가 우리에게 났고 한 아들을 우리에게 주신 바

되었는데 그의 어깨에는 정사를 메었고⋯ 그 정사와 평강의

더함이 무궁하며"(사 9:6-7)[6]

위 예언은 하나님의 사랑과 공평의 본질을 바탕으로 신의 정의(God's justice)를 말하고 있다. 그러므로 정의는 예언이다.

부록

주 석

서문

1 이사야 9:6

1장 트럼프에 관한 진실

1 Moody, Chris, "Trump in '04: 'I probably identify more as Democrat'," CNN, 2015년 7월 22일, https://edition.cnn.com/2015/07/21/politics/donald-trump-election-democrat/index.html

2 고레스가 페르시아(바사)의 왕이 되기 150년 전에 이사야가 한 예언을 보라. 이사야 44:28, "고레스에 대하여는 이르기를 내 목자라 그가 나의 모든 기쁨을 성취하리라…" 이사야 45:1, "여호와께서 그의 기름 부음을 받은 고레스에게 이같이 말씀하시되 내가 그의 오른손을 붙들고…" 고레스 왕은 유대인과, 예루살렘과 성전의 중요성을 알고, 하나님의 백성으로 하여금 그들의 임무를 수행하도록 도왔다. 고레스가 없었더라면 예수님은 초림 때에 성전을 거닐거나 성전에서 가르칠 수가 없었을 것이다.

3 로마서 13:4(ESV)

4 Davis, Sean, "Intel Community Secretly Gutted Requirement Of First-Hand Whistleblower Knowledge," The federalist, 2019년 9월 27일, https://thefederalist.com/2019/09/27/intel-community-secretly-gutted-requirement-of-first-hand-whistleblower-knowledge/

5 Barton, David, "Restraining Judicial Activism," Wallbuilder Press, 2003(디지털).

6 Godwin's Law, https://tvtropes.org/pmwiki/pmwiki.php/Main/GodwinsLaw

2장 미국의 각성

1 Ferguson, Niall, "The World; Why America Outpaces Europe (Clue: The God Factor)," The New York Times, 2003년 6월 8일, www.nytimes.com/2003/06/08/weekinreview/the-world-why-america-outpaces-europe-clue-the-god-factor.html.

2 에스겔 38-39

3 요한계시록 16:16

4 Shear, Michael, "If G.O.P. Loses Hold on Congress, Trump Warns, Democrats Will Enact Change 'Quickly and Violently'," The New York Times(2018년 8월 28일), https://www.nytimes.com/2018/08/28/us/politics/trump-evangelical-pastors-election.html

5 솔로몬의 지혜는 열왕기상 3:1에 나와 있는 바와 같이 아이 하나를 두고 싸우는 두 어머니의 재판에서 잘 드러난다. 잠언에도 기록되어 있으며, 마태복음 12:42에 따르면 예수님께서도 인용하셨다. 열왕기상 4:29-31에는 "하나님이 솔로몬에게 지혜와 총명을 심히 많이 주시고 또 넓은 마음을 주시되 바닷가의 모래 같이 하시니 솔로몬의 지혜가 동쪽 모든 사람의 지혜와 애굽의 모든 지혜보다 뛰어난지라 그는 모든 사람보다 지혜로워서 예스라 사람 에단과 마홀의 아들 헤만과 갈골과 다르다보다 나으므로 그의 이름이 사방 모든 나라에 들렸더라"라고 하고 있다.

6 메시아의 또 다른 히브리어 명칭은 창세기 38:29과 미가 2:13에 나오는 "파괴자"(Perez)이다. 랍비들은 성경을 깨어서 여는 능력 혹은 재해석하는 능력이 메시아의 표징이라고 생각했다. 그는 모든 것을 깨끗게 하실 수 있다. 그는 심지어 부정한 것도 정결하게 만들 수 있다. 랍비인 샤피라(Shapira)는 그의 책 "코셔 돼지"(역자 주: 코셔는 유대인의 율법에 맞게 만들어진 요리)에서 유대 성경을 통해서 메시아를 인식하게 되었다고 하며 다음과 같이 적고 있다. "미가 2:13이 의미하는 바는 메시아가 토라의 바른 이해와 재발견을 통하여 명목상의 유대주의에 도전하고 이를 확장할 것이라는 점이다."

7 Barton, David, "Wisdom in the Constitution," http://www1.cbn.com/wisdom-in-the-constitution(12 April 2019).

8 열왕기상 22:8, "이스라엘의 왕이 여호사밧 왕에게 이르되 아직도 이믈라의 아들 미가야 한 사람이 있으니 그로 말미암아 여호와께 물을 수 있으나 그는 내게 대하여 길한 일은 예언하지 아니하고 흉한 일만 예언하기로 내가 그를 미워하나이다 여호사밧이 이르되 왕은 그런 말씀을 마소서"(이사야 30:10, 예레미야 11:21, 아모스 2:12; 7:13-16을 보라)

9 이것은 예수님 시대에는 샤마이 학파와 힐렐 학파 두 개의 주요 파벌로 나누어진 바리새인에 대한 간단한 설명이다. 샤마이 추종자들은 율법을 적용함에 있어서 더 엄격하였고, 힐렐 추종자들은 좀 더 유연하였다. 더 자유로운 힐렐 제자들은 제2성전이 파괴된 후에 유대교를 지배하게 되었다.

10 이사야 33:22, "대저 여호와는 우리 재판장이시요 여호와는 우리에게 율법을

세우신 이요 여호와는 우리의 왕이시니 그가 우리를 구원하실 것임이라"

11 Steve Cioccolanti의 DVD "How Jews & Christians Interpret the Bible Differently,"
    를 보기 바람. www.discover.org.au/bookshop에서 구입 가능함.

12 Rohde, David, "An Exaggerated Trump Achievement Worthy of Applause," The
    New Yorker(2019년 3월 19일자, 2019년 8월 8일 읽음)

13 잠언 11:14; 15:22; 24:6

14 McDowell, Stephen "Equal Justice Under God's Law: Building Nations with the
    Blueprint of God's Word," Providential Perspective Book(전자서적)

3장 선거, 이민 및 임기제한

1 Smartmatic, Wikipedia, https://en.wikipedia.org/wiki/Smartmatic

2 노아의 7법에 관하여 더 알고자 하면 내가 쓴 책 "The DIVINE CODE: A
   Prophetic Encyclopedia of Numbers, 1권 및 2권" 중 1권을 보기 바람.

3 Barton과 Garlow, "This Precarious Moment: Six Urgent Steps that Will Save You,
   Your Family, and Our Country," Salam Books, 2018.(Digital)

4 McMaken, Ryan, "Switzerland Bans Welfare Recipients From Obtaining
   Citizenship," The Mises Institute(2018년 1월 11일 접속), https://mises.org/
   power-market/switzerland-bans-welfare-recipients-obtaining-citizenship
   (2019년 8월 22일 접속)

5 Ibid.

6 "Divorce or death: right of foreign spouses and children to stay in Switzerland"
   https://www.ch.ch/en/right-to-reside-in-switzerland-after-death-or-
   divorce/ (2019년 8월 22일 접속)

7 Tüscher, Adrian, "Swiss immigration: new language requirements," KPMG (2019
   년 2월 21일), https://home.kpmg.ch/en/blogs/home/posts/2019/02/swiss-
   immigration-language-requirements.html (2019년 8월 22일 접속)

8 2017, 2018, 그리고 2019. "Overall Best Countries Ranking," https://www.
   usnews.com/news/best-countries/overall-rankings (2019년 8월 22일 접속)

9 Smith, Michael W., "The Sacrifices Made By The Declaration Signers," 2015년
   7월 4일, https://michaelwsmith.com/2015/07/04/the-sacrifices-made-by-
   the-declaration-signers/ (2019년 8월 22일 접속)

10 민수기 35장, 신명기 4장 및 19장, 여호수아 20−21장에 따르면, 사고로 사람을 죽인 자들이 피난해서 보호를 받을 수 있는 레위인의 마을이다. 성경에서 명시된 6개의 도피성: 골란, 라못, 베셀(요단강 동편); 게데스, 세겜, 헤브론(요단강 서편). 이들은 미국의 "성소 도시"(sanctuary cities)와는 다르다. 미국의 성소 도시는 이민집행국(ICE)이 접근하지 못하도록 하여 서류미비 불법 이민자들을 보호하는 자유주의적 도시로 연방법을 어기고 있다.

11 Glöckner, Andreas, "The irrational hungry judge effect revisited," 2016년 11월, http://journal.sjdm.org/16/16823/jdm16823.html

12 https://www.youtube.com/watch?v=PYbjU−−zIdk

13 "How Much Does It Cost to Become President?," Investopedia, 2019년 6월 25일, https://www.investopedia.com/insights/cost−of−becoming−president/ (2019년 8월 22일 접속)

14 45억불에서 31억불로. Walsh, John, "Trump has fallen 138 spots on Forbes' wealthiest−Americans list," Business Insider, 2018년 10월 28일, https://www.businessinsider.com.au/trump−forbes−wealthiest−people−in−the−us−list−2018−10 (2019년 8월 23일 접속)

15 Carlson, Tucker, "How did Maxine Waters afford $4.3M mansion?," Fox News, 2017년 7월 5일, https://video.foxnews.com/v/5493622538001 (2019년 8월 23일 접속)

4장 디지털 권리장전 및 가짜 뉴스

1 Rabbi Kantor, Mattis, "Codex Judaica: Chronological Index of Jewish History," Zichron Press, New York, 2005.

2 CNN 대본, CNN의 Amanpour, "Mueller Speaks to Congress," 2019년 7월 24일, http://edition.cnn.com/TRANSCRIPTS/1907/24/ampr.02.html

3 "Watch: Rep. Debbie Lesko's full questioning of Robert Mueller | Mueller testimony," 2019년 7월 24일, https://youtu.be/Y6CYXdspaBY

4 How many people did Lee Kuan Yew sue throughout his life? Quora, 2015년 5월 2일, https://www.quora.com/How−many−people−did−Lee−Kuan−Yew−sue−throughout−his−life

5 Husock, Howard, "Public broadcasting shouldn't get a handout from taxpayers

anymore," 2017년 5월 17일, https://www.washingtonpost.com/posteverything/
wp/2017/03/17/public-broadcast-has-outlived-its-mandate-time-to-
justify-its-government-subsidy/

6   ibid.

7   Roberts, Michael, "Why we need lower barriers for relief from internet defamation,"
     Googliath, 2018년 12월 5일, https://www.googliath.org/we-need-lower-
     barriers-for-relief-from-internet-defamation/

8   Ibid.

9   Ibid.

10   Ibid.

11   Santariano, Wakabayashi and Kang, "Trump Accuses Google of Burying
     Conservative News in Search Results," New York Times, 2018년 8월 28일,
     https://www.nytimes.com/2018/08/28/business/media/google-trump-news-
     results.html

12   Zimmermann, Augusto, "Why is Facebook censoring a conference on Christianity
     and religious freedom?," 2019년 4월 9일, https://www.spectator.com.
     au/2019/04/why-is-facebook-censoring-a-conference-on-christianity-
     and-religious-freedom/

13   Cioccolanti, Steve, "Open Letter to President DONALD TRUMP: How to
     BREAK UP Google, Facebook, Twitter & Other Tech Giants," Newswars, 2018
     년 9월 18일, https://newswars.com.au/google-break-up-facebook-social-
     media-bias-open-letter-president-trump-jeff-sessions-steve-cioccolanti/

14   Elliott, Larry, "Is it time to break up the tech giants such as Facebook?," The
     Guardian, 2018년 3월 25일, https://www.theguardian.com/business/2018/
     mar/25/is-it-time-to-break-up-the-tech-giants-such-as-facebook

15   Cioccolanti, Steve, "Open Letter to President DONALD TRUMP: How to
     BREAK UP Google, Facebook, Twitter & Other Tech Giants," NewsWars, 2018
     년 9월 18일, https://newswars.com.au/google-break-up-facebook-social-
     media-bias-open-letter-president-trump-jeff-sessions-steve-cioccolanti/

16   "Google Spain SL v. Agencia Española de Protección de Datos," Harvard Law
     Review, 2014년 12월 10일, https://harvardlawreview.org/2014/12/google-
     spain-sl-v-agencia-espanola-de-proteccion-de-datos/)

17   Heilweil, Rebecca, "How Close Is An American Right-To-Be-

Forgotten?," Forbes, 2018년 3월 4일, https://www.forbes.com/sites/rebeccaheilweil1/2018/03/04/how-close-is-an-american-right-to-be-forgotten/#7718c076626e

18 Roberts, Michael, "Why Google Ranks Negative Content Higher by Private Investigator Michael Roberts of Rexxfield," YouTube, 2012년 5월 2일, https://www.youtube.com/watch?v=tMTCCT_NtBk

5장 사회주의 그리고 재정적인 늪 비우기

1 Young, Jamie, "The Strangest State Taxes Across America," https://www.gobankingrates.com/taxes/filing/weird-us-state-taxes/amp

2 신명기 15:6

3 성경은 믿는 자가 꾸어주는 것을 허락하므로 상대방이 꾸는 것도 허락한 것으로 보인다. 꾸는 자의 목적과 갚을 능력이 중요한 고려사항이다. 사치품을 사기 위해서 부채를 지는 것은 후퇴하는 것이고, 투자나 사업을 위해서 빌리는 것은 전진하는 것이다. 성경은 과도한 이자를 금하며, 제때에 갚을 능력이 없으면서도 빌리는 것을 금한다.

4 균형재정법이나 개정안이 빨리 통과될수록 더 좋다. 캘리포니아는 2004년에 균형재정법을 투표해서 통과시켰다. 하지만 낭비 지출은 수년간 문제가 되었고 적자는 커지고 있다. 2015년 현재 주정부 및 지방의 부채는 1.3조 달러이다

5 "Sen. John Cornyn says 49 states have a balanced budget amendment in their state constitutions," Politifact, 2010년 12월 25일, https://www.politifact.com/texas/statements/2010/dec/25/john-cornyn-sen-john-cornyn-says-49-states-have-balanced-budge/

6 Moore, Stephen, "Who Balanced the Budget?," Cato Institute, 1997년 8월 7일, https://www.cato.org/publications/commentary/who-balanced-budget

7 Collin, Dorothy, "Reagan Signs Bill to Balance Budget," Chicago Tribune, 1985년 12월 13일, https://www.chicagotribune.com/news/ct-xpm-1985-12-13-8503260303-story.html

8 Moore, Stephen, "Who Balanced the Budget?," Cato Institute, 1997년 8월 7일, https://www.cato.org/publications/commentary/who-balanced-budget

9 Gregory, Andy, "More than a third of millennials approve of communism, YouGov

poll indicates," The Independent, 2019년 11월 8일, https://www.indepen-dent. co.uk/news/world/americas/us-politics/communism-millennials-capitalism-socialism-bernie-sanders-cold-war-yougov-a9188116.html

10　Gstalter, Morgan, "7 in 10 millennials say they would vote for a socialist: poll," The Hill, 2019년 10월 28일, https://thehill.com/homenews/cam-paign/467684-70-percent-of-millennials-say-theyd-vote-for-a-socialist-poll

11　일부 평론가들은 희년이 이스라엘의 토지에만 적용되었다고 주장한다. 여호수아 시대에 토지는 13개의 명확한 지파에 분배되었으므로 토지의 소유권은 추적이 쉬웠고, "원"주인에게 돌려 주기도 쉬웠다. 하지만 그들은 이스라엘이 세상의 모델이 되도록 선택되었다는 점을 놓치고 있다.

12　Crews, Clyde, "Trump Exceeds One-In, Two-Out Goals On Cutting Regulations, But It May Be Getting Tougher," Forbes, 2018년 10월 23일, https://www.forbes.com/sites/waynecrews/2018/10/23/trump-exceeds-one- in-two-out-goals-on-cutting-regulations-but-it-may-be-getting-tougher/#5788946a3d40

13　막스 카이저(Max Keizer)는 재무적 은유로 잘 알려져 있지만 전적으로 그렇지만은 않다. 타이타닉은 침몰하는 데 두 시간 이상이 걸렸지만, 사실상 빙산과 충돌할 때 이미 침몰할 운명에 처한 것이었다. 그 배의 설계자 토마스 앤드류(Thomas Andrews)는 그 배에 타고 있었으며, 다섯 개의 분리된 구역에 물이 찰 때 그는 침몰할 것을 알았다. 그는 선장인 에드워드 스미스(Edward Smith)에게 이 나쁜 소식을 전했고, 즉시 배를 포기하고 구조 신호를 보내도록 설득했다. 그렇게 했더라면 수백 명은 더 살릴 수 있었을지도 모른다. 앤드류와 스미스는 타이타닉과 운명을 같이 했다.

14　"The licensing system," Australian National University, https://slll.cass.anu.e-du.au/centres/andc/licensing-system

15　Ibid.

16　Ibid.

17　Davis, Miranda, "On deadline day for the USDA, few workers relocate to KC," Kansas City Business Journal, 2019년 10월 1일, https://www.bizjournals.com/kansascity/news/2019/10/01/usda-relocation-kansas-city.html

18　Bouleanu, Anne, "US: A history of Chicago teacher strikes," Al Jazeera, 2019년 9월 1일, https://www.aljazeera.com/news/2019/10/history-chicago-teacher-strikes-191031222319933.html

19 Katz, Eric, "Interior Department Delivers Hundreds of Relocation Notices to Employees," Government Executive, 2019년 11월 12일, Interior Department Delivers Hundreds of Relocation Notices to Employees

20 역대상 12:32

21 신명기 33:19

22 Durkee, Alison, "Trump is one step closer to the 'Space Force' of his dreams," Vanity Fair, 2019년 8월 30일, https://www.vanityfair.com/news/2019/08/trump-space-command-space-force

6장 사법개혁 및 심리학이라는 폭군

1 Strang, Stephen, "God, Trump and the 2020 Election," Frontlines.

2 Dale, Daniel, "Fact check: Breaking down Adam Schiff's account of Trump's Ukraine call," 2019년 9월 27일, https://edition.cnn.com/2019/09/27/politics/fact- check-adam-schiff-trumps-ukraine-call/index.html

3 누가복음 18:2 (ESV)

4 미국과 영연방 국가 등의 차이점에 유의하라. 미국 법대의 학자는 학자가 되기 전에 변호사 실무경험이 있어야 하므로, 미국 법대의 법학 교수는 기본적으로 현재 변호사이거나 전직 변호사이다. 단지 소수의 학자만이 법률가로서의 실무 경험이 있는 호주의 법대는 그렇지 않다.

5 예를 들면, ACLU 는 좌익, Federalist Society는 우익.

6 "Writings of Thomas Jefferson Vol. XV," Andrew A. Lipscomb, Editor, (William Charles Jarvis에게, 1820년 9월 28일), The Thomas Jefferson Memorial Association, Washington DC, 1904, p. 277

7 McCarthy, Niall, "America's Most & Least Trusted Professions," Forbes, 2019년 1월 11일, https://www.forbes.com/sites/niallmccarthy/2019/01/11/americas-most-least-trusted-professions-infographic/#6cc5bbaf7e94

8 닐 고서치(Neil Gorsuch)는 카톨릭으로 성장했고 카톨릭 신자임을 고백했지만 미국판 성공회인 에피스코펠리안교회에 출석하고 있다.

9 School District of Abington Township, Pennsylvania v. Schempp (No. 142), 1963년 6월 17일, https://www.law.cornell.edu/supremecourt/text/374/203

10 형사 사건에서는 정부가 "합리적 의심의 여지없이" 혐의를 입증해야 한다. 민사

사건에서는 원고가 자기 주장의 "입증책임", 즉 원고의 주장이 맞을 가능성이 50% 이상임을 증명할 책임을 진다. 판사들은 심리학자의 의견에 의존함으로써 의심스러운 주장이 증거의 저울을 기울도록 허용한다. 이러한 이유로 압도적인 증거가 있는 범죄자가 범죄를 저지른 후에, 심리학자들이 "정신질환"(소위 심신상실 주장)에 의한 것이라고 주장함에 따라, 풀려나는 경우를 듣게 된다.

11 Dr. Szasz, Thomas, "The Myth of Mental Illness," Harper, 1961 (Digital).

12 "APA GUIDELINES for Psychological Practice with Boys and Men," APA, Aug 2018, https://www.apa.org/about/policy/boys-men-practice-guidelines.pdf

13 Dr. Szasz, Thomas, "The Myth of Mental Illness," Harper, 1961 (Digital).

14 Dr. Szasz, Thomas, "The Myth of Mental Illness," Harper, 1961 (Digital).

15 Political Abuse of Psychiatry in the Soviet Union, https://en.wikipedia.org/wiki/Political_abuse_of_psychiatry_in_the_Soviet_Union

16 Dr. Peele, Stanton, "From God's Mouth to Biden's Ear —— Addiction IS a disease, and it's against the law to say otherwise," Psychology Today, 24 Aug 2008, https://www.psychologytoday.com/au/blog/addiction-in-society/200808/gods-mouth-bidens-ear-addiction-is-disease-and-its- against-the-law

17 Dr. Szasz, Thomas, "The Myth of Mental Illness," Harper, 1961 (Digital).

18 Waxmana, Olivia, "Why the 'Goldwater Rule' Keeps Psychiatrists From Diagnosing at a Distance," TIME, 2017년 7월 27일, https://time.com/4875093/ donald-trump-goldwater-rule-history/

19 Bulman, May, "Donald Trump Has 'Dangerous Mental Illness', Say Psychiatry Experts at Yale Conference," The Independent, 2017년 4월 21일.

20 Molyneux, Stefan, "The Truth About Karl Marx," YouTube, 2014년 1월 11일, https://youtu.be/yA2lCBJu2Gg, 역사학자 Paul Johnson의 책 Intellectuals(1988)을 인용.

21 Ibid.

22 Azarian, Bobby, "A Complete Psychological Analysis of Trump's Support," Psychology Today, 2019년 12월 27일, https://www.psychologytoday.-com/au/blog/mind-in-the-machine/201812/complete-psychological-analysis-trumps-support

23 Dr. Szasz, Thomas, "The Myth of Mental Illness," Harper, 1961 (Digital).

24 Ganeva, Tana, "A Yale psychiatrist explains how Donald Trump's mental incapacity was exposed by Robert Mueller," Salon, 2019년 5월 7일, https://

www.salon.com/2019/05/07/a-yale-psychiatrist-explains-how-donald-trumps-mental-incapacity-was-exposed-by-robert-mueller_partner/

25 Ibid.

26 Meagher, Liam, "Assessing the Role of Family Consultants when Providing Evidence in Parenting Disputes," Macquarie Law Journal 85 [2012], http://www.austlii.edu.au/cgi-bin/sinodisp/au/journals/MqLawJl/2012/5.html

27 갈라디아서 5:20, 요한계시록 9:21; 18:23; 21:8; 22:15

28 사도행전 25:11-12

29 "Roger Stone Found Guilty of Obstruction, False Statements, and Witness Tampering," USDOJ, 2019년 11월 15일, https://www.justice.gov/usao-dc/pr/roger-stone-found-guilty-obstruction-false-statements-and-witness-tampering

30 요한복음 18:31

31 사도행전 22:4-5 (NIV)

32 McDowell, Stephe, "Equal Justice Under God's Law: Building Nations with the Blueprint of God's Word," Providential Perspective Book, 2011 (digital).

33 Barton, David, "Restraining Judicial Activism," Wallbuilder Press, 2003 (digital).

7장 태아 생명 보호 및 낙태 금지

1 엄격히 말하자면 미국 헌법에 국가와 교회의 분리는 명시되어 있지 않다. 이 용어는 토마스 제퍼슨이 코넥티컷주 댄버리에 소재한 댄버리침례교협회에 보낸 1801년 10월 7일자 편지에서 차용한 것이다. 댄버리의 침례교인들은 정부의 침해로부터 종교를 보호하는 문제에 대한 관심을 표현하였으며, 이에 대한 제퍼슨의 회신은 국가가 종교의 자유를 침해하는 일을 없을 것이라고 확인시켜 주는 것이었다. 이 편지가 지금에 와서는, 종교로부터 국민을 보호하기 위하여 국가는 종교를 간섭할 모든 권리가 있다는 식으로 오해되고 있다.

2 Barnhart, Melissa, "7 states already allow abortion up to birth-not just New York," The Christian Post, 2019년 1월 30일, https://www.christian-post.com/news/7-states-already-allow-abortion-up-to-birth-not-just-new-york.html

3 Ibid.

4 시편 139:14(NKJ)의 인용 "내가 주께 감사하옴은 나를 지으심이 심히 기묘하심이라 주께서 하시는 일이 기이함을 내 영혼이 잘 아나이다"를 인용한 것임.

5 "Remarks by the President at the 47th Annual March for Life," https://www.whitehouse.gov/briefings-statements/remarks-president-trump-47th-annual-march-life/

6 이것은 론 폴의 자유주의적인 견해로, 생명은 고귀하며, 생명은 보호되어야 하며, 낙태는 사소한 문제가 아니다라는 기독교적 관점과 일부 상통한다. 그러나 기독교의 주장은 나아가 생명은 수정되는 순간, 즉 정자와 난자가 만나는 시점부터 시작하며, 수정을 막을 수 없다면 생명은 보호되어야 한다는 것이다. "플랜 B 피임"은 수정을 방지할 수도 있고 그렇지 않을 수도 있다. 이는 수정된 난자가 자궁의 벽에 착상되는 것을 막을 수도 있다. 크리스천은 수정된 난자를 낙태시키기 위한 낙태약을 복용하지 않을 것이다.

7 Paul, Ron, "Abortion and Liberty," The Foundation for Rational Economics and Education, Texas, 1983, pp 19-20.

8 Murphy, Sara, "Norma McCorvey, "Jane Roe" Of Roe V. Wade, Is Dead At 69," 2017년 2월 19일, https://www.refinery29.com/en-us/2017/02/141666/norma- mccorvey-roe-vs-wade-obituary

9 Cioccolanti, Steve, "12 Facts About Roe v. Wade & Norma McCorvey's Death," Newswars, 2017년 3월 15일, https://newswars.com.au/roe-v-wade-norma-mccorvey-abortion-drain-swamp-Trump/

10 Ibid.

11 정의재단의 앨런 파커와 저자의 인터뷰, 2019년 11월.

12 https://rebeccakiessling.com/rebeccas-story/

13 https://juda4praise.com/Biography.htm

14 "Pregnant From Rape At 11, My Mother Rejected Abortion," Live Action, 2020년 2월 4일, https://youtu.be/ZkV0T-hTmXs

15 Kiessling, Rebecca, "Conceived in Rape: Rebecca's Story," https://rebecca-kiessling.com/rebeccas-story/

16 https://twitter.com/OmarHamada/status/100881365191461888800

17 Paul, Ron, "Abortion and Liberty," The Foundation for Rational Economics and Education, Texas, 1983, p 22.

18 Strand, Paul, "250,000 People Just Asked the Supreme Court to Overturn

Legalized Abortion," CBN News, 2019년 10월 1일, https://www1.cbn.com/cbn-news/us/2019/october/250-000-people-just-asked-the-supreme-court-to-overturn-legalized-abortion

19 2014-2018년의 데이터. "Gun Violence Archive," https://www.gunviolencearchive.org/past-tolls

20 "Abortion Statistics in the United States," Wikipedia, https://en.wikipedia.org/wiki/Abortion_statistics_in_the_United_State

21 "Mortality in the United States, 2016," CDC, 2017년 12월, https://www.cdc.-gov/nchs/products/databriefs/db293.htm

22 2010-2014년의 데이터. "Preventing Unsafe Abortions," WHO, 2019년 6월 26일, https://www.who.int/news-room/fact-sheets/detail/preventing-unsafe-abortion

23 Utter, Eric, "Abortion number-one cause of death globally?" American Thinker, 2019년 9월 7일, https://www.americanthinker.com/blog/2019/09/abortion_num-ber_one_cause_of_death_globally.html

24 Ibid.

25 Nussman, Dvaid, "US Supreme Court Lets Keynote Pro-Life Law Stand," Church Militant, 2019년 12월 9일, https://www.churchmilitant.com/news/article/us-supreme-court-kentucky-pro-life-law

26 "Woman Who Had Nine Abortions Sees Last Baby," CBN News, 2017년 5월 3일, https://www1.cbn.com/cbnnews/us/2017/may/woman-who-had-nine-abortions-sees-last-baby-she-was-absolutely-hysterical

27 Terzo, Sarah, "Woman Laughs Ahead of Her 9th Abortion and Then Sees Her Aborted Baby," LifeSiteNews, 2017년 5월 3일, https://www.lifenews.-com/2017/05/03/woman-laughs-ahead-of-her-9th-abortion-and-then-sees-her-aborted-baby/

28 Ibid.

29 Ibid.

30 "Dr. Levatino Destroys Abortion in 2 Minutes," YouTube, 2018년 8월 3일, youtu.be/OZXQBhTszpU

31 Ibid.

32 "Expert Tells Congress Unborn Babies Can Feel Pain Starting at 8 Weeks,"

https://oneofus.eu/2013/05/expert−tells−congress−unborn−babies−can−feel−pain−starting−at−8−weeks/

33   Allan Parker와의 인터뷰, 2019년 11월.

34   Dr. Coleman, Priscilla, The British Journal of Psychiatry, 2011년 8월, Vol. 199 Issue 3, pp 180−186.

35   Campbell, Hank, "Are There Mental Health Effects Related To Abortion?," Science 2.0, 2011년 10월 14일, https://www.science20.com/science_20/are_there_mental_health_effects_related_abortion−82205

36   "Amicus Brief of 2,624 Women Injured by Abortion," https://www.supreme−court.gov / DocketPDF / 18/18− 1323 / 127053 / 20191230152741647 _39028%20pdf%20Parker%20br.pdf

37   Gonzales v. Carhart, 2007년 4월 18일, https://www.law.cornell.edu/supct/html/05−380.ZO.html

38   "AmicusBriefof2,624WomenInjuredbyAbortion,"https://www.supreme−court.gov/DocketPDF/18/18−1323/127053/20191230152741647_39028%20pdf%20Parker%20br.pdf .

39   "4,660 Testimonies of Women Injured By Abortion," https://www.dropbox.com/sh/t0i6esr58vwy2df/AAC8IVWfkKPITs0zVKkI78yZa?dl=0

40   Ibid.

41   "Amicus Curiae Brief of Melinda Thybault, Founder of The Moral Outcry Petition," 를 보라. https://www.supremecourt.gov/DocketPDF/18/18−1323/127515/2020009115858693_18−1323%2018−1460%20bsac%20Melin−da%20Thybault%20et%20al..pdf

42   https://safehaven.tv/states/

43   "Amicus Curiae Brief of Melinda Thybault, Founder of The Moral Outcry Petition ," https://www.supremecourt.gov/DocketPDF/18/18−1323/127515/20200109115858693_18−1323%2018−1460%20bsac%20Melin−da%20Thybault%20et%20al..pdf

44   Ibid.

45   Ibid.

46   Starr, Penny, "Planned Parenthood President: Burying, Cremating Aborted Babies 'Stigmatizes Abortion Care'," Breitbart, 2019년 5월 29일, https://www.breitbart.com/politics/2019/05/29/planned−parenthood−president−burying−

cremating−aborted−babies−stigmatizes−abortion−care/

47 "Remarks by the President at the 47th Annual March for Life," https:// www. whitehouse.gov / briefings−statements / remarks−president − trump − 47th − annual−march−life/

8장 가정에서의 정의, 이혼과 탄핵

1 에베소서 6:2−3

2 말라기 4:6 (ESV) 그가 아버지의 마음을 자녀에게로 돌이키게 하고 자녀들의 마음을 그들의 아버지에게로 돌이키게 하리라... Psalm 82:2 (ESV) 너희가 불공평한 판단을 하며 악인의 낯 보기를 언제까지 하려느냐

3 디모데전서 5:8 (ESV)

4 Nowell, Laurie, "Dad launches 'criminal' charges against ex−wife," The Herald Sun, 2010년 1월 24일, https://www.heraldsun.com.au/news/dad−launches−criminal−charges−against−ex−wife/news−story/35587ab763908123b54d2a029 affedd6

5 Big Boy TV, "Kanye West on 'Jesus is King', Being Canceled, Finding God + A Lot More," 25 Oct 2019, https://www.youtube.com/watch?v=t568Nd7k_Yk

6 Tavana, Art, "Here is the Unpublished Playboy Interview with Candace Owens," https://medium.com/@artintweets/here−is−the−unpublished−playboy−interview−with−candace−owens−bb61cb18afad. 오웬은 오바마가 2008년 6월에 아버지의 날에 했던 연설을 인용한다. https://www.politifact.com/truth−o−meter/statements/2008/jun/23/barack−obama/statistics−dont−lie−in−this−case/

7 Pelosi, Nancy, "Pelosi says Democrats have 'no choice' but to impeach Trump as she opens impeachment debate," 2019년 12월 19일, https://www.the−guardian.com/us−news/video/2019/dec/18/pelosi−says−democrats−have−no−choice−but−to−impeach−trump−as−she−opens−impeachment−debate−video

8 Barton, David, "Restraining Judicial Activism," Wallbuilder Press, 2003 (digital).

9 2017/18년 호주의 가정법원 연간보고서, http://www.family−court.gov.au/wps/wcm/connect/001154bb−53a2−4e5a−bcc5−32ad74bb4406/2940−FCoA_AnnualReport_2017−18_WEB.pdf

10 호주의 가정법원은 "국내적으로나 보나 국제적으로 보나 가장 복잡한 가정법 분쟁"을 심리한다. 단순하고 간단한 가정 분쟁도 변호사들이 연루되면 간단함 과는 거리가 먼 아주 복잡한 분쟁이 되는데, 그럼에도 불구하고 이 분쟁들은 가 정법원보다 훨씬 많은 사건을 심리하는 연방순회법원에서 심리를 하게 된다.

11 캔디스 오웬스의 말을 인용해서 프라거U가 2019년 9월 19일에 트윗을 함.

12 Robertson, Josh & Davoren, Heidi, "Family court report writer guilty of professional misconduct lobbied government for less scrutiny," ABC News, 2019 년 11월 18일, https://mobile.abc.net.au/news/2019-11-18/family-court-report-writer-guilty-of-professional-misconduct/11682902

13 Ibid.

14 낸시 펠로시의 공식 웹사이트, 2018년 10월 1일, https://pelosi.house.gov/news/pelosi-updates/i-believe-dr-christine-blasey-ford

15 미국에서는 결혼과 이혼법이 주별로 정해졌기 때문에 미국에서 "무책주의" 이 혼이 발효된 날짜는 따로 정해져 있지 않다. 캘리포니아 주는 1970년에 처음으 로 그것을 도입했고 로널드 레이건 주지사(이혼자)가 그것을 법으로 제정했다. 1980년대에 들어서 대부분의 주가 그 뒤를 이었다.

16 Brohier, Christopher & Zimmermann, Augusto, "Avoiding Unnecessary Divorce and restoring Justice in Marital Separations," The Western Australian Jurist, Vol 6, 2015, http://classic.austlii.edu.au/au/journals/WAJurist/2015/5.html

17 Ibid.

18 Ibid.

19 예를 들어, 한 당사자는 주택 계약금을 지불하고, 다른 당사자는 매달 주택담 보대출금을 지불했을 수도 있다. 쌍방의 기여금이 정확히 반반인 경우가 아니 면 각각의 당사자에게 반반씩 분할할 수 없다. 각자 자신이 불입한 것을 받을 권리가 있다. 각 당사자의 개인 소비 부채는 해당 당사자에 속한다. 공유채무 만 쌍방이 부담해야 한다.

20 "The Rise in Dual Income Households," Pew Research Center, 2015년 6월 18일, https://www.pewresearch.org/ft_dual-income-households-1960-2012-2/

21 "Australian Social Trends," Australian Bureau of Statistics, 2009년 9월 24일, http://www.abs.gov.au/AUSSTATS/abs@.nsf/Lookup/4102.0-Main+Features50Sep+2009

22 Dr. Baker, Amy, "How to Find a Parental Alienation Expert, Part 3," Psychology Today, 2015년 11월 10일, https://www.psychologytoday. -com/au/blog/caught-

between−parents/201511/how−find−parental−alienation−expert−part−3

23 Dr. Miller, Steve, "Why Courts Fail to Recognize Parental Alienation," 2015년 8월 17일 업로드함, https://www.youtube.com/watch?v=5fgRJh26Jho

24 Ibid.

25 Allan, Alfred, "Psychologists as expert witnesses in courts and tribunals," InPsych Vol 32, 2010년 8월, http://www.psychology.org.au/publications/inpsych/2010/august/allan/

26 Meagher, Liam, "Assessing the Role of Family Consultants when Providing Evidence in Parenting Disputes," Macquarie Law Journal 85 [2012], http://classic.austlii.edu.au/au/journals/MqLawJl/2012/5.html

27 Ibid.

28 Berkovic, Nikola, "Appeal on judge's rape case decision," The Australian Business Review, 2019년 12월 26일, https://www.theaustralian.−com.au/business/legal−affairs/appeal−on−judges−rape−case−decision/news−story/387d0dac7cbb5af4fc1d4b52b37b56f6

29 Ibid.

30 Parkinson, Patrick; Cashmore, Judy; and Single, Judi, "Post−Separation Conflict and the Use of Family Violence Orders," Sydney Law Review, Vol 33:1, http://classic.austlii.edu.au/au/journals/SydLawRw/2011/1.pdf

31 Ibid.

32 사무엘상 13:14

33 누가복음 16:2 (NET)

34 "Nunes compares Ukraine call hysteria to Russia hoax," Foxnews, 2019년 9월 26일, https://www.foxnews.com/transcript/nunes−compares−ukraine−call−hysteria−to−russia−hoax

35 그 밖에 탄핵된 사람들: 2명의 대통령(앤드류 존슨과 빌 클린턴), 관방장관 1명, 상원의원 1명.

36 "Writings of Thomas Jefferson Vol. XV," Andrew A. Lipscomb, Editor, (William Charles Jarvis에게, 1820년 9월 28일), The Thomas Jefferson Memorial Association, Washington DC, 1904, p. 277.

37 Barton, David, "Restraining Judicial Activism," Wallbuilder Press, 2003 (digital).

38 "Judge Scolded for Jailing Domestic Violence Victim," The Daily Beast, 2017년 4월 13일, https://www.thedailybeast.com/cheats/2016/09/01/judge−slammed−

for-jailing-domestic-violence-victim.

39 Wead, Doug, "Inside Trump's White House: The Real Story of His Presidency," Center Street, 2019. (Digital)

9장 내전을 피하려면

1 "Religion in Early Virginia," https://www.history.org/almanack/life/religion/religionva.cfm

2 유대인은 있었으나, 아메리카 원주민 인디언의 신앙 외에 무슬림이나 다른 종교를 믿는 사람은 없었다.

3 데이비드 바튼의 다음 저서 참고. America's Godly Heritage, Documents of Freedom, Keys to Good Government, Original Intent, Separation of Church and State: What the Founders Meant, The Question of Freemasonry and the Founding Fathers, The Jefferson Lies.

4 저자의 저서 보기. http://amazon.com/author/newyorktimesbestseller

5 "Weird Holidays in http://www.holidayscalendar.com/categories/weird/Amazon: 2020,"

6 "Fourth of July—Independence Day," A&E Television Networks, https://www.history.com/topics/holidays/july-4th

7 "Proclamation of Thanksgiving," Abraham Lincoln Online, http://www.abrahamlincolnonline.org/lincoln/speeches/thanks.htm

8 Giles, Thomas, "Columbus and Christianity: Did You Know?," Christianity Today, https://www.christianitytoday.com/history/issues/issue-35/columbus-and-christianity-did-you-know.html

9 히브리서 6:1-2에 '그리스도의 도의 초보' 여섯 가지가 다음 순서대로 나열되어 있음. 죽은 행실을 회개함, 하나님께 대한 신앙, 세례들, 안수, 죽은 자의 부활, 영원한 심판.

10 Daly, Jeffrey, "Call on God's Protection, Mr. President," Xulon Press, FL, 2018. 국가 회개의 날에 대한 이야기가 이 책자에 나온다.

11 Daly, Jeffrey, "Call on God's Protection, Mr. President," Xulon Press, FL, 2018, pp 2-4.

12 다음을 참조. https://www.thoughtco.com/the-quasi-war-americas-first-

conflict- 2361170 and also https://www.americanhistorycentral.com/entries/quasi-war/

13 Federer, William J., "America's God and Country Encyclopedia of Quotations" (digital)

14 Ibid.

15 Schlote, Tyrel, "God Has Responded to Past National Days of Prayer," https://www.thetrumpet.com/16401-god-has-responded-to-past-national-days-of-prayer

16 Daly, Jeffrey, "Call on God's Protection, Mr. President," Xulon Press, FL, 2018, pp 13-14.

17 일곱(또는 아홉) 가지 성경 절기는 두 권으로 구성된 저자의 저서 "The DIVINE CODE: A Prophetic Encyclopedia of Numbers, Vol. 1 & 2"에 설명되어 있다. Amazon.com에서 구매 가능하다.

18 Frost, Natasha, "For 11 Years, the Soviet Union Had No Weekends," History Channel, 2018년 5월 25일, https://www.history.com/news/soviet-union-stalin-weekend-labor-policy

19 유대인 식으로 지키는 안식일을 일컬을 때만 '안식일'이라 쓰는 한편, 예수님께서 죽은 자 가운데서 다시 살아나신 날을 일컫는 기독교의 주일을 포함해 다른 휴일 전체는 '휴일'이라 쓴다.

20 일곱 절기와 각 절기가 담는 의미는 저자의 저서 "The DIVINE CODE: A Prophetic Encyclopedia of Numbers, Vol. 1 & 2"에 자세히 설명되어 있으며, 다음 웹사이트서 구매 가능하다. http://amazon.com/author/newyorktimesbestseller

21 성경에서는 아담과 하와를 죽음에 이르게 한 그 나무를 '선악을 알게 하는' 나무라 칭하는데, 옳고 그름의 원칙을 상징함. 즉 종교를 상징한다. 하나님을 벗어난 도덕은 인간을 죽음에 이르게 하고 하나님과 사람 사이를 죽게 한다.

22 https://whatscookingamerica.net/History/IceCream/Sundae.htm

23 정체성에 기반해서 만든 날. 위키피디아 설명에 따르면 싱글인의 날에 모여 자신의 처지를 함께 즐거워하거나 함께 슬퍼한다. https://en.wikipedia.org/wiki/Singles_Awareness_Day

24 1984년, 로널드 레이건 대통령은 1월 22일을 '미국 인간생명존엄의 날'로 선포하였다. 미국에서 공적 기금으로 지원받는 낙태 건수가 봇물처럼 쏟아지게 된 계기인 '로 대 웨이드'(Roe v. Wade) 판결 기념일과 동일한 날짜로 '인간생명존엄의 날'을 제정한 것이다. 조지 H.W. 부시, 조지 W. 부시, 도널드 트럼프는

대통령 재임기간 중 해마다 이 날을 국경일로 기념하였다. 반면, 빌 클린턴과 버락 오바마는 기념하지 않았다.

25 우리네 가정이 탄탄하고 부부가 관리비를 내고 빚을 갚느라 맞벌이에 매여 있지 않았다면 군이 휴일로 지정할 필요가 없는, 세상 직업 홍보용 주간. https://familydaycare.com.au/fdcweek

26 호주 빅토리아 주가 제정한 휴무일. 빅토리아 주민이 경마와 도박, 패션쇼에 참석하는 이 날을 저자가 폐지하자고 주장하는 것이 아니다. 의미 있는 휴일이라기보다 상업적인 날에 지나지 않는다는 점을 말하고 있는 것이다.

10장 종교적 자유 및 핑크 공산주의

1 마가복음 15:29 (NKJ)

2 누가복음 22:63–65 (NKJ)

3 누가복음 23:39 (NKJ)

4 사도행전 18:6 (NKJ)

5 요한계시록 13:6 (NKJ)

6 Blair, Leonardo, "Margaret Court, Tennis Legend–Turned–Pastor, to Boycott Qantas Airlines Over Gay Marriage Support," The Christian Post, 2017년 5월 25일, https://www.christianpost.com/news/margaret–court–tennis–legend–pastor–to–boycott–qantas–airlines–over–gay–marriage–support.html

7 https://www.opendoors.org.au/persecuted–christians/about–persecution/

8 마태복음 10:34–39 (NKJ)

9 Duffy, Conor, "Australian students behind in maths, reading and science, PISA education study shows," ACB News, 3 Dec 2019, https://www.abc.net.au/news/2019–12–03/australia–education–results–maths–reading–science–getting–worse/11760880

10 첫 번째 선단은 영국에서 호주로 보내진 기결수가 탄 11척의 배였다. 그들은 1788년 1월 보타니 베이에 도착했으며, 유럽에서 온 첫 호주 정착자들이었다. 이것은 1783년 미국의 독립전쟁으로부터 불과 5년만이라는 사실에 유의하라. 미국이 그 전쟁에서 졌더라면 이 죄수들은 최초 13개 식민지 주로 보내졌겠지만, 독립 이후여서 미국은 이 영국 죄수들을 받지 않았다. 이 형사 식민지는 시드니를 건설했다.

11 독일어로 이 당의 약자는 National Socialist German Worker's Party를 나타내는 NSDAP이다. 아돌프 히틀러는 헌신된 사회주의자였다는 사실을 절대 잊어서는 안된다. 러시아는 전세계적인 사회주의를 건설하려 했으나, 히틀러는 민족 사회주의를 건설하려 했다. 2차 대전 이후 유럽의 사회주의 엘리트들은, 히틀러가 사회주의자가 아니라 "우익"이었다고 대중을 설득하기 위하여 책, 학회, 교과 과정 및 기타 선전에 수많은 돈을 쏟아 부었다. 히틀러의 공식 정책과 현대 사회주의자의 정책을 비교해보면 민족주의 부분만 제외하고는 정확히, 심지어는 순서까지도 일치한다. 오늘날 사회주의자들은 글로벌주의자들이기도 하다.

12 Seymour, Bryan, "We don't shy away from that: Islamic group in Australia calls for ex-Muslims to be executed," Yahoo News, 2017년 3월 27일, https://au.news.yahoo.com/hizb-ut-tahrir-islamic-group-in-australia-calls-for-ex-muslims-to-be-executed-34811965.html

13 누가복음 19:13

14 마태복음 25:32-33 (ESV)

15 "Turn the Tide: Reclaiming Religious Freedom in Australia," Barnabas Fund, March 2018, page 19, https://barnabasfund.org/sites/default/files/re-sources/campaigns/our-religious-freedom/turn-the-tide-booklet-au.pdf

16 Ibid, pp 41-43.

17 Vondracek, Christopher, "VA secretary rejects Obama religious expression rules," The Washington Times, 2019년 8월 27일, https://www.washingtontimes.com/news/2019/aug/27/robert-wilkie-va-secretary-rejects-obama-religious/

18 https://twitter.com/vp/status/1166825900588978176

19 아가 2:15

20 Londonño, Ernesto and Casado, Letiícia, "Brazil Under Bolsonaro Has Message for Teenagers: Save Sex for Marriage," The New York Times, 2020년 1월 26일, https://www.nytimes.com/2020/01/26/world/americas/brazil-teen-pregnancy-Bolsonaro.html

21 https://en.wikipedia.org/wiki/List_of_proposed_amendments_to_the_United_States_Constitution

22 https://www.whitehouse.gov/briefings-statements/remarks-president-trump-united-nations-event-religious-freedom-new-york-ny/

23 "HHS secretary calls Trump 'the greatest protector of religious liberty who has ever sat in the Oval Office'," MSN News, 2020년 1월 17일, https://www.

msn.com/en-us/news/politics/hhs-secretary-calls-trump-the-greatest-protector-of-religious-liberty-who-has-ever-sat-in-the-oval-office/vp-BBZ3Wnl

11장 기후 변화'교'(教)

1   출애굽기 20:10
2   Sacks, Ethan, "Seven-month-old baby survives shot to chest in parents' murder-suicide pact blamed on global warming," Daily News, 2010년 3월, https://www.nydailynews.com/news/world/seven-month-old-baby-survives-shot-chest-parents-murder-suicide-pact-blamed-global-warming-article-1.176034
3   예전까지만 하더라도 '지구 온난화'라는 용어를 선호했지만 지금은 '기후 변화'라는 용어를 쓰고 있는데, 나중에는 '기후 위기'라는 용어가 사용될 것으로 전망된다. 저자는 이 세 용어를 섞어 사용하였으며 영어 원문에서 대문자를 써서 표기하였는데, 이유는 이 개념이 미신 이상으로 이단 종교가 되어버렸기 때문이다.
4   다음 기사 읽기를 권함. Paul, "Arson, mischief and recklessness: 87 per cent of fires are man-made," The Sydney Morning Herald, 2019년 11월 18일, https://www.smh.-com.au/national/arson-mischief-and-recklessness-87-per-cent-of-fires-are-man-made-20191117-p53bcl.html
5   https://www.dailytelegraph.com.au/newslocal/parramatta/teen-accused-of-lighting-fire-laughs-after-court-appearance/news-story/1f8e27db12131c-c603a9436b61a715c6
6   https://twitter.com/Imamofpeace/status/1217136321686171649
7   "Rahm Emanuel on the Opportunities of Crisis," The Wall Street Journal, 2008년 11월 19일, https://www.youtube.com/watch?v=_mzcbXi1Tkk
8   Penn, Eavis & Glanz, "How PG&E Ignored Fire Risks in Favor of Profits," The New York Times, 2019년 3월 18일, https://www.nytimes.com/interactive/2019/03/18/business/pge-california-wildfires.html
9   Zimmermann, Augusto, "Jihad by fire?," Spectator Australia, 2020년 1월 29일, https://www.spectator.com.au/2020/01/jihad-by-fire/
10 Ibid.
11 Ibid.

12 호주에서 예수의 이름으로 폭력을 행사한 기독교인은 없었다. 그런 범죄를 저지른 사람이 있다 하더라도 기독교 가르침을 실천하기 위한 행동이 아니다. 반면, 테러를 자행하는 무신론자나 무슬림은 자기가 믿는 종교의 가르침에 의거한 행동이라고 말할 것이다. 그들이 종교에 근거해 행동한다면 그들의 행위는 무신론자 테러 또는 무슬림 테러라고 불려야 한다. 기독교에서는 이런 가르침이 없기에 기독교인은 테러를 저지를 수 없다.

13 Strauss, Benjamin, "What Does U.S. Look Like With 10 Feet of Sea Level Rise?," Climate Central, 2014년 5월 13일, https://www.climatecentral.org/news/us-with-10-feet-of-sea-level-rise-17428

14 "President launches US$400m airport runway project," Maldives Independent, 2017년 2월 27일, ttps://maldivesindependent.com/business/president-launches-us400m-airport-runway-project-129040

15 Worrall, Eric, "Sea Level Rise? President Obama Just Bought a Beachside Property," 2019년 8월 24일, https://wattsupwiththat.com/2019/08/24/sea-level-rise-president-obama-just-bought-a-beachside-property/

16 CNN 기록, The Situation Room, 2017년 7월 1일, http://edition.cnn.com/TRANSCRIPTS/1706/01/sitroom.02.htm

17 Stossel, John, "The Paris Climate Fraud," 2018년 3월 19일, https://www.youtube.com/watch?v=cVkAsPizAbU

18 Ibid.

19 Sherwell, Philip, "War of words over global warming as Nobel laureate resigns in protest," The Telegraph, 2011년 9월 25일, https://www.telegraph.-co.uk/news/earth/environment / climatechange / 8786565 / War-of-words-over-global-warming-as-Nobel-laureate-resigns-in-protest.html

20 Ibid.

21 "U.N. Official Admits Belief In Global Warming Is Religious," Investor's Business Daily, 2015년 2월 26일, https://www.investors.com/politics/editorials/climate-chief-rajendra-pachauri-resigns-from-united-nation/

22 Fleming, Amy, "Would you give up having children to save the planet? Meet the couples who have," The Guardian, https://www.theguardian.com/world/2018/jun/20/give-up-having-children-couples-save-planet-climate-crisis

23 "Children suffering 'eco-anxiety' over climate change," Straits Times, 2019년 9월 20일, https://www.nst.com.my/world/2019/09/522806/children-

suffering—eco—anxiety—over—climate—change

24 Ibid.

25 Ibid.

26 트럼프 대통령의 성명서를 폭스 뉴스가 인용했다. https://twitter.com/foxnews/status/999083926479167493?lang=en

27 Lillie, Ben, "Fighting the growing deserts, with livestock: Allan Savory at TED2013," TEDBlog, 2013년 2월 27일, https://blog.ted.com/fighting-the-growing-deserts-with-livestock-allan-savory-at-ted2013/

28 Ibid.

29 Ibid.

30 Ibid.

31 창세기 1:28

32 창세기 1:28

33 Gray, Alex, "Sweden's forests have doubled in size over the last 100 years," World Economic Forum, 2018년 12월 13일, https://www.weforum.org/agenda/2018/12/swedens-forests-have-been-growing-for-100-years/

34 Wood, Johnny, "Earth has more trees than it did 35 years ago," World Economic Forum, 2018년 8월 20일, https://www.weforum.org/agenda/2018/08/planet-earth-has-more-trees-than-it-did-35-years-ago/

35 Hammond, Alexander, "No, We Are Not Running Out of Forests," Human Progress, 2018년 5월 24일, https://humanprogress.org/article.php?p=1295

36 2019년 9월 13일, 토니 헬러(Tony Heller)와의 인터뷰.

37 Heller, Tony, "Who is Tony Heller?," 2019년 4월 3일, https://realclimatescience.com/2019/04/who-is-tony-heller/

38 Prof. Zimmermann, Augusto, "BRAZIL WILL NEVER SURRENDER ITS SOVEREIGNTY OVER THE AMAZON TO THE GREEDY AND HEARTLESS GLOBALIST ELITES," 2019년 8월 27일, https://www.facebook.com/augusto.zimmermann.9/posts/10217722383645126

39 O'Neill, Brendan, "The myth of ecocide," Spiked, 2019년 8월 27일, https://www.spiked-online.com/2019/08/27/the-myth-of-ecocide/

40 남아프리카공화국 법학자 아아 두 플레시스(AA Du Plessis)의 다음 논문에서 발췌함. "The 'brown' environmental agenda and the constitutional duties of local government in South Africa: A conceptual introduction," 2015, http://www.sci-

elo.org.za/scielo.php?script=sci_arttext&pid=S1727−37812015000500021

41 Ibid.

42 Schellenberger, Michael, "How fear of nuclear is hurting the environment," TED Talks, 2016년 6월, https://www.ted.com/talks/michael_shellenberger_how_fear_of_nuclear_power_is_hurting_the_environment?language=en

43 Ibid.

44 Shellenberger, Michael, "Why I changed my mind about nuclear power," TEDxBerlin, 2017년 11월 17일, https://www.youtube.com/watch?v=ciStnd9Y2ak

45 Schellenberger, Michael, "How fear of nuclear is hurting the environment," TED 연설, 2016년 6월, https://www.ted.com/talks/michael_shellenberg−er_how_fear_of_nuclear_power_is_hurting_the_environment?language=en

46 Ibid.

47 Ibid.

48 Ibid.

49 시편 78:69

50 전도서 1:4

12장 청소년 살리기: 교육개혁과 성경문맹퇴치

1 마가복음 12:29−30 (NKJ)

2 쉐마(Shema)는 신명기 6장 4절의 첫 번째 히브리 단어로 영어로는 "듣다"(Hear)이다.

3 "Fourth Annual Report on US Attitudes Toward Socialism, Communism, and Collectivism," Victims of Communism, 2019년 10월 28일, https://www.victimsof−communism.org/2019−annual−poll

4 Gutfeld, Greg, "Gutfeld on Millennials favoring socialism and communism," The Five, Fox News, 2019년 10월 29일, https://video.foxnews.com/v/6098884840001#sp=show−clips

5 Fitzgerald, Maggai, "Black and Hispanic unemployment is at a record low," CNBC, 2019년 10월 4일, https://www.cnbc.com/2019/10/04/black−and−hispanic−unemployment−is−at−a−record−low.html

6 Klein, Philip, "Trump's average unemployment rate is the lowest in

recorded history," Washington Examiner, 2020년 1월 10일, https://www.washingtonexaminer.com/opinion/trumps-average-unemployment-rate-is-the-lowest-in-recorded-history

7   Crokin, Liz, "Why the MSM is ignoring Trump's Sex Trafficking Busts," Townhall, 2017년 2월 25일, https://townhall.com/colum-nists/lizcrokin/2017/02/25/why-the-msm-is-ignoring-trumps-sex-trafficking- busts-n2290379

8   잠언 29:18 (KJV)

9   "Elon Musk Created Own Schools for His 5 Kids," YouTube, 2015년 5월 25일, https://www.youtube.com/watch?v=STt0dpgn900

10 "Elon Musk Attacks The Education System," YouTube, 2017년 8월 4일, https://www.youtube.com/watch?v=UVHPHNegJNc

11 2019년 12월 17일자 Forbes에 따르면, https://www.forbes.com/profile/elon-musk/#750527 557999

12 "Elon Musk Created Own Schools for His 5 Kids," YouTube, 2015년 5월 25일, https://www.youtube.com/watch?v=STt0dpgn900

13 Cobb, Matthew, "How fudged embryo illustrations led to drawn-out lies," New Scientist, 2015년 1월 14일, https://www.newscientist.com/arti-cle/mg22530041-200-how-fudged-embryo-illustrations-led-to-drawn-out-lies/

14 Weiland, Carl, "Goodbye, peppered moth," Creation Ministries, 1999년 6월, https://creation.com/goodbye-peppered-moths

15 White, A.J., "The Piltdown Man Fraud," Creation Ministries, 2006년 2월 6일, https://creation.com/the-piltdown-man-fraud

16 https://en.wikipedia.org/wiki/Kinsey_Reports. 저자가 2019년 12월 17일에 확인한 바에 의하면 구글은 이 잘못된 정보를 검색 결과의 가장 위에 박스로 하이라이트해서 홍보하고 있다.

17 Leonhardt, David, "John Tukey, 85, Statistician; Coined the Word 'Software'," The New York Times, 2000년 7월 28일, https://www.nytimes.-com/2000/07/28/us/john-tukey-85-statistician-coined-the-word- software.html

18 Kirby, Michael, "Sexuality and Global Forces: Dr. Alfred Kinsey and the Supreme Court of the United States," Indiana Journal of Global Legal Studies, Vol. 14, 2007, http://www.repository.law.indiana.edu/cgi/view-content.cgi?article=1361&context=ijgls

19   '세이프스쿨'은 왕따에 관한 것이 아님을 주최자가 인정했다!, YouTube, 2016년 3월 17일, https://www.youtube.com/watch?v=j5uNocBCw3Q

20   Donnelly, Kevin, "The real goal is banning faith," The Catholic Weekly, 2018 년 10월, https://www.catholicweekly.com.au/kevin-donnelly-the-real-goal-is-banning-faith

21   Johnson, Ian, "Who Killed More: Hitler, Stalin, or Mao?," NYRDaily, 2018 년 2월 5일, https://www.nybooks.com/daily/2018/02/05/who-killed-more-hitler-stalin-or-mao/

22   공산주의 체제에서의 대학살, https://en.wikipedia.org/wiki/Mass_killings_under_communist_regimes

23   Mann, Horace, "Lectures on Education," Ide & Dutton, 1855, p.57-58.

24   John Dewey, https://en.wikipedia.org/wiki/John_Dewey

25   John Dewey, https://en.wikipedia.org/wiki/John_Dewey

26   미국에서는 JD(Juris Doctor, 법학박사)는 학사학위 다음의 학위이자 대학원 학위이다. 영 연방국가인 호주와 대부분의 유럽 국가에서의 LLB(Legum Baccalaureus, 법학학사)는 학사학위 과정이다. LLM(Master of Laws, 법학석사)은 LLB나 JD과정 다음에 취득할 수 있다.

27   School District of Abington Township, Pennsylvania v. Schempp (No. 142), 1963년 6월 17일, https://www.law.cornell.edu/supremecourt/text/374/203

28   "List of German Inventions and Discoveries," Wikipedia, https://en.wikipedia.org/wiki/List_of_German_inventions_and_discoveries

29   Newman, Alex, "How Horace Mann Worked to Destroy Traditional Education —and America," 2019년 10월 10일, https://www.theepochtimes.com/how-horace-mann-worked-to-destroy-traditional-education-and-america_3109589.html

30   Richards, Eric, "Bible classes in public schools? Why Christian lawmakers are pushing a wave of new bills," USA Today, 2019년 1월 23일, https://www.usatoday.-com/story/news/education/2019/01/23/in-god-we-trust-bible-public-school- christian-lawmakers/2614567002/

31   Ibid.

32   Siemaszko, Corky, "Kentucky Gives Blessing to Bible Classes in Public Schools," NBC News, 2017년 6월 29일, https://www.nbcnews.com/news/us-news/kentucky-gives-blessing-bible-classes-public-schools-n777721

33   Siemaszko, Corky, "Kentucky Gives Blessing to Bible Classes in Public Schools,"

NBC News, 2017년 6월 29일, https://www.nbcnews.com/news/us-news/kentucky-gives-blessing-bible-classes-public-schools-n777721

34 Kobin, Billy, "Kentucky high school drops 'Bible Literacy' course over constitutional concerns," Courier Journal, 2019년 8월 9일, https://www.courier-journal.com/story/news/2019/08/09/kentucky-anderson-county-high-school-not-offer-bible-literacy-course-over-concerns/1952765001/

35 https://twitter.com/22610257/status/823748995658850304

36 Richards, Eric, "Bible classes in public schools? Why Christian lawmakers are pushing a wave of new bills," USA Today, 2019년 1월 23일, https://www.usatoday. - com/story/news/education/2019/01/23/in-god-we-trust-bible-public-school- christian-lawmakers/2614567002/

37 Congressional Record, Proceedings and Debates, Vol LXVII, Part 2, 1926, https://books.google.com.au/books?id=sja3QfEf_DgC

38 Newman, Alex, "How Horace Mann Worked to Destroy Traditional Education —and America," 2019년 10월 10일, https://www.theepochtimes.com/how-horace-mann-worked-to-destroy-traditional-education-and-america_3109589.html

39 McLean, Dorothy, "Hungarian PM: Persecuted Christians will help us save Europe," LifeSiteNews, 2019년 11월 26일.

40 Ibid.

13장 결론: 독자를 위한 세 단계

1 https://time.com/5777857/state-of-the-union-transcript-2020/

2 로마서 10:17 (NKJ)

3 고린도전서 1:21 (KJV)

4 스티븐 로저스와 저자가 Upper Montclair 컨트리클럽에서 가진 인터뷰, New Jersey, 2019년 7월 16일.

5 데살로니가후서 2:3 (KJV)

6 이사야 9:6-7 (NKJ)

트럼프의 남겨진 사명
Trump's Unfinished Mission

2020년 6월 29일 초판 발행

지 은 이 | 스티브 초콜란티 (Steve Cioccolanti)
옮 긴 이 | 조이수, 조대연, 곽희은

편   집 | 김수홍
디 자 인 | 허지혜
펴 낸 곳 | 도서출판 하영인
등   록 | 제504-2019-000001호
주   소 | 포항시 북구 삼흥로411
전   화 | 054) 270-1018
홈페이지 | https://blog.naver.com/navhayoungin
S N S | https://www.instagram.com/hayoungin7
이 메 일 | hayoungin814@gmail.com

ISBN 979-11-966074-9-4

※ 낙장 · 파본은 교환해 드립니다.

이 도서의 국립중앙도서관 출판예정도서목록(CIP)은 서지정보유통지원시스템 홈페이지(http://seoji.nl.go.kr)와
국가자료종합목록 구축시스템(http://kolis-net.nl.go.kr)에서 이용하실 수 있습니다. (CIP제어번호 : CIP2020024113)